O Livro Vermelho
de Jung

Dados Internacionais de Catalogação na Publicação (CIP)
(Câmara Brasileira do Livro, SP, Brasil)

Nante, Bernardo
   O Livro Vermelho de Jung : chaves para a compreensão de uma obra inexplicável / Bernardo Nante ; tradução de Caio Liudvik. – Petrópolis, RJ : Vozes ; Argentina : Editora El Hilo de Ariadna, 2018.

   Título original : El Libro Rojo de Jung : claves para la comprensión de una obra inexplicable
   Bibliografia.

   2ª reimpressão, 2021.

   ISBN 978-85-326-5815-9

   1. Jung, Carl Gustav, 1875-1961. Livro Vermelho 2. Psicologia junguiana I. Título.

18-17081   CDD-150.1954

Índices para catálogo sistemático:
1. Jung, Carl Gustav : Psicologia analítica   150.1954
1. Psicologia analítica junguiana   150.1954

Cibele Maria Dias – Bibliotecária – CRB-8/9427

Bernardo Nante

O Livro Vermelho de Jung

Chaves para a compreensão de uma obra inexplicável

Tradução de Caio Liudvik

ELHILOÐARIADNA

EDITORA VOZES

Petrópolis

Tradução realizada a partir do original em espanhol intitulado
El Libro Rojo de Jung. Claves para la comprensión de una obra inexplicable

© 2010, Bernardo Nante
© 2015, El Hilo de Ariadna (ed. original 2010)
Todos os direitos para a edição em língua espanhola em âmbito mundial.
Cabello 3791 Piso 3º Of. M, Ciudad Autónoma de Buenos Aires, Argentina
t. (+54 11) 4802-2266 / info@elhilodeariadna.org
editorialelhilodeariadna.com.ar

Direitos de publicação em língua portuguesa:
© 2018, Editora Vozes Ltda.
Rua Frei Luís, 100
25689-900 Petrópolis, RJ
www.vozes.com.br
Brasil

Todos os direitos reservados. Nenhuma parte desta obra poderá ser reproduzida ou transmitida por qualquer forma e/ou quaisquer meios (eletrônico ou mecânico, incluindo fotocópia e gravação) ou arquivada em qualquer sistema ou banco de dados sem permissão escrita da editora.

CONSELHO EDITORIAL

Diretor
Gilberto Gonçalves Garcia

Editores
Aline dos Santos Carneiro
Edrian Josué Pasini
Marilac Loraine Oleniki
Welder Lancieri Marchini

Conselheiros
Francisco Morás
Ludovico Garmus
Teobaldo Heidemann
Volney J. Berkenbrock

Secretário executivo
João Batista Kreuch

Editoração: Leonardo A.R.T. dos Santos
Diagramação: Victor Mauricio Bello
Revisão gráfica: Nilton Braz da Rocha / Nivaldo S. Menezes
Capa: Ygor Moretti

ISBN 978-85-326-5815-9 (Brasil)
ISBN 978-987-3761-10-2 (Argentina)

Editado conforme o novo acordo ortográfico.

Este livro foi composto e impresso pela Editora Vozes Ltda.

Pai dos profetas, amável Filêmon.

O que dizes? Tuas palavras movem meus lábios, em meus ouvidos soa tua voz, meus olhos te veem a partir de mim. Realmente, tu és um mago. Tu saíste do círculo giratório? – que confusão! Tu és eu, eu sou tu? [...] O que fizeste, pai? Ensina-me!

C.G.Jung, O Livro Vermelho.

Sumário

Prólogo à segunda edição, 9
Prólogo, 15
Lista de obras de Jung e abreviaturas, 21
Introdução, 27
Cronologia, 65

Primeira parte – Em busca das chaves, 81

1 O *Liber Novus*: a voz do espírito da profundeza, 85
2 Algumas chaves para compreender o inexplicável, 94
3 Uma profecia que clama em cada homem, 110
4 O suprassentido: imagem do 'Deus que virá', 122
5 As tradições religiosas no *Liber Novus* – O peculiar 'sincretismo' da psique, 129
6 A alquimia – Uma chave do *Liber Novus*, 179
7 O legado de uma obra inacabada, 201

Segunda parte – O caminho simbólico do *Liber Novus*, 215

1 Introdução, 217
2 *Liber Primus* – O caminho daquele que virá, 259
3 *Liber Secundus* – As imagens do errante, 333
4 *Liber Tertius* – Aprofundamentos, 434

Índice onomástico de O Livro Vermelho, 481
Índice temático de O Livro Vermelho, 485
Índice geral, 489

Prólogo à segunda edição

O notável êxito editorial de *O Livro Vermelho de C.G. Jung* em sua versão original alemã (2009) e em suas diversas traduções: inglesa (2009), castelhana (2010), japonesa (2010), portuguesa (2010), italiana (2010), tcheca (2010), francesa (2011) e romena (2011) alcançou, em alguma medida, *O Livro Vermelho de Jung – Chaves para a compreensão de uma obra inexplicável*, cuja primeira edição (2010) se esgotou em poucos meses.

Por isso, a apenas dois anos de sua primeira edição (dezembro de 2010) e a menos de um ano de sua edição espanhola realizada em conjunto com a Editora Siruela de Madri (setembro de 2011), a Editora El Hilo de Ariadna* sob a generosa condução de Soledad Costantini e Leandro Pinkler, reedita este companheiro de *O Livro Vermelho*.

Quando escrevi este livro, enquanto cuidava da versão castelhana de *O Livro Vermelho*, não existia, em sentido estrito, nenhuma literatura crítica sobre o tema. *Chaves* surgiu na solidão de um diálogo com o texto e com minha própria profundidade, inspirado por aquilo que a alma disse ao 'eu' de Jung:

> Então escuta, tu me menosprezas? Ainda não sabes que não escreves um livro para alimentar tua vaidade, mas para que fales comigo? (*Liber Novus, Liber Primus,* cap. IV, p. 237**).

Até agora foram publicados numerosos artigos e estudos parciais em várias línguas, mas não existe ainda nenhuma outra obra que pretenda abordar de modo

---

* O Fio de Ariadne, alusão ao conhecido mito grego [N.T.].

** Tradução e numeração das páginas sempre segundo a primeira edição brasileira de *O Livro Vermelho* (Petrópolis: Vozes, 2010) [N.T.]

integral o trajeto simbólico do *Liber Novus*. Espero que essa obra apareça em breve para poder iniciar um diálogo público sobre um tema que não concerne apenas a quem se interessa por *O Livro Vermelho*, mas a todos os que se dedicam à ressignificação de nosso convulsionado tempo. Quiçá a recente edição italiana de *Chaves* (*Guida alla lettura del Libro Rosso di C.G. Jung*. Turim: Bollati Boringhieri, 2012) amplie essa possibilidade de diálogo.

Por outro lado, o trabalho seminal em *Chaves* segue oferecendo seus frutos e proporciona um incessante estímulo a ulteriores investigações, publicações e atividades de docência e investigação. Assim, no ano de 2011, El Hilo de Ariadna publicou uma coletânea intitulada *La voz de Filemón – Estudios sobre El Libro Rojo de Jung*, obra que reúne trabalhos de Francisco García Bazán, Leandro Pinkler, Enrique Galán Santamaría, Victoria Cirlot, Luigi Zoja, Valentín Romero e deste que aqui escreve.

A investigação realizada em *Chaves* acompanhou meu trabalho de docência em seus diversos níveis, seja na apresentação de várias sínteses não reducionistas do conjunto da obra, seja na análise de ulteriores detalhes e matizes de seu texto e imagens. Isso se refletiu e se reflete nos seminários que realizei no Centro de Estudios Ariadna (Malba, Fundação Costantini) nos anos de 2010 e de 2011, no seminário permanente que dou há dois anos no Instituto de Investigaciones Junguianas (Fundación Vocación Humana), nas conferências e seminários apresentados em várias universidades da América Latina, na Espanha (*master* em Estudios Comparados de Literatura, Arte y Pensamiento, Universidad Pompeu Fabra, Barcelona), na Itália (Doutorado em Filosofia da Comunicação da Università degli Studi di Insubria, Como) e na Suíça, na célebre Fundação Eranos, Ascona.

Mas há mais, pois *O Livro Vermelho* convida a um compromisso pessoal com a profundidade da época, com aquilo que sobrepuja o "espírito dessa época" e que está em germe na própria *dynamis* inconsciente. Paul Valéry advertia que a obra não se acaba, se abandona. *O Livro Vermelho* é um testemunho de obra inconclusa, não só porque Jung abandonou sua execução, mas porque sua misteriosa potência convida a ser continuada e renovada em diversos registros: na busca interior, na ação e no pensamento.

Por isso quis abordar em diversas ocasiões questionamentos atuais desde o ponto de vista de *O Livro Vermelho*. Parte deste trabalho será publicada proximamente nos célebres *Jahrbücher* [Anuários] de Eranos; é o caso de "La vía de lo venidero: una respuesta a la fragilidad contemporánea – Una aproximación a partir de *El Libro Rojo* de Jung" [O caminho daquele que virá: uma resposta à fragilidade contemporânea – Uma aproximação a partir de *O Livro Vermelho* de Jung], apresentado na última *Tagung* [Jornada] de Eranos (setembro de 2011) e "Crepúsculo y aurora de la figura del Maestro en el mundo actual. Una lectura a partir de *El Libro Rojo de C.G. Jung*" [Crepúsculo e Aurora da figura do mestre no mundo atual – Uma leitura a partir de *O Livro Vermelho* de C.G. Jung], conferência pronunciada em fevereiro de 2012 no Monte Verità, Ascona, Suíça.

No meu prólogo anterior eu consignei uma lista considerável de agradecimentos. Para honrar a brevidade, me remeto à lista ali consignada e, para honrar a verdade, renovo meu fervoroso agradecimento a todos aqueles que apoiam meu trabalho de investigação e docência. Uma particular menção merece Valentín Romero, que ajudou e ajuda com diligência e idoneidade em todas as tarefas editoriais e de investigação. Por último, não posso deixar de reiterar minha gratidão aos editores Soledad Costantini e Leandro Pinkler, que conduzem sua empresa editorial ao modo de uma "*impresa*" do Renascimento, ou seja, como uma gesta guiada por altos ideais que se plasma nobremente no papel.

Perto do final do *Liber Primus*, depois de uma profunda experiência iniciática, Elias diz ao 'eu' de Jung:

> Tua obra está acabada aqui. Outras coisas virão. Procura incansavelmente e, sobretudo, escreve fielmente o que vês (*Liber Novus – Liber Primus*, cap. XI, p. 252).

Tal fidelidade ao que acontece nutre meus sonhos e prolonga minhas vigílias; nessa sintonia *Chaves* foi concebido com a esperança de que estimule a vida simbólica dos leitores.

Bernardo Nante
Abril de 2012

Prólogo

O leitor tem em suas mãos uma obra que parece tentar um labor impossível. *O Livro Vermelho* é, com efeito, uma obra inexplicável, pois não pode ser abordada com os critérios e recursos habituais de análise.

Quando me ocupei da edição de *O Livro Vermelho* em castelhano, junto com uma esmerada equipe de tradutores, encontrei-me com uma obra extraordinária, serpentina e inapreensível. Embora algumas das situações e imagens me fossem conhecidas, e eu pudesse reconhecer de imediato numerosas ideias e símbolos que aparecem na obra teórica de Carl Gustav Jung, o texto em seu conjunto se me apresentou como um insondável cosmos em estado de formação. A partir de então, as inevitáveis dificuldades de tradução passaram a um segundo plano, pois a tarefa principal consistiu em compreender a obra, sem reduzir seu mistério. Senti que me encontrava com algo incomum para nosso tempo, com um verdadeiro mito. Como terão sido no passado remoto as primeiras leituras ou audições dos mitos recém-revelados?

O Livro Vermelho – como toda a obra de Jung – assinala que o homem deve aceitar suas experiências; mas, ao mesmo tempo, deve evitar identificar-se com elas. *O Livro Vermelho* é, como tal, um símbolo do Pleroma que reúne todos os opostos, esse 'nada pleno' que é mister ter em vista, sem deixar-se apanhar por ele. *O Livro Vermelho* é – nesse sentido – um desafio, porque, quando se ingressa nele com fervor, é possível escorregar sem saber em que terreno se está pisando e aonde se está indo. Em mais de uma ocasião me recordei do célebre conto de Borges "El libro de arena", onde aparece um livro sagrado e monstruoso que não se pode reler, pois cada página está a uma distância infinita da outra. Em algum momento senti que em *O Livro Vermelho* cada ideia ou símbolo estava a uma distância infinita entre si, mas logo compreendi que se tratava disso, de aceitar o enigma.

Assim, ao mesmo livro fui oferecendo algumas chaves de compreensão que tentei contextualizar à luz da obra de Jung e de suas fontes. Deste labor que custou muitas vigílias do ano de 2010 e que se nutriu do estudo e da pesquisa realizados durante três décadas, foi-se decantando *O Livro Vermelho de Jung – Chaves para a compreensão de uma obra inexplicável*.

Não posso deixar de assinalar algumas das ideias centrais que confirmaram meu modo de compreender a cosmovisão junguiana. Por ora me limito a três:

1) O *opus* junguiano excede o marco de uma psicologia empírica científica e é uma fenomenologia da experiência (humana). Isso significa que a teoria psicológica é, em sentido estrito, apenas um aspecto parcial de toda a *démarche* junguiana.

2) A obra junguiana é, em última instância, 'apocalíptica' pois antecipa a *imago dei* que se gesta na alma humana e que constitui a profundidade orientadora da época.

3) A alquimia constitui a chave hermenêutica fundamental da obra junguiana a partir da década de 1930; é a tradição que dá conta do simbolismo que deve ser assumido nesse movimento apocalíptico[1].

Certamente esta obra não pretende ser exaustiva, nem muito menos substituir a leitura de *O Livro Vermelho*. Pelo contrário, aspira a ser uma modesta companheira que o leitor poderá esquecer quando for capaz de seguir os ditames de sua própria profundidade.

Tanto a realização desta obra como a edição de *O Livro Vermelho* em castelhano são o resultado do esforço e da colaboração de muitas pessoas.

Em relação a *O Livro Vermelho,* quero agradecer à equipe de tradutores constituída por Valentín Romero e Romina Scheuschner, sob a direção especializada de Laura Carugati, por facilitar meu trabalho de supervisão geral e por aceitar com a melhor disposição as múltiplas e reiteradas revisões impostas por uma obra tão exigente.

A versão castelhana do *Liber Novus* vem hoje à luz como um marco fundamental de uma longa série de obras de Jung publicadas em castelhano. Os primeiros textos traduzidos ao espanhol foram artigos publicados a partir de 1925 na *Revista de Occidente*, em Madri. É significativo que a primeira tradução ao castelhano de um livro de Jung provavelmente tenha sido realizada para a Editorial Sur de Buenos Aires pelo chileno-espanhol Ramón de la Serna y Espina – que

---

[1] "[...] a alquimia constituiu sua orientação fundamental durante os últimos trinta anos do desenvolvimento de sua concepção" (GARCÍA BAZÁN, F. & NANTE, B. "Introdução à edição espanhola". *Psicología y alquimia* [OC 12], p. IX). Cf. tb. o "Epílogo" de *El Libro Rojo*, p. 360.

não deve ser confundido com Ramón Gómez de la Serna – por indicação da escritora argentina Victoria Ocampo. Jung escreveu, em 1934, um Preâmbulo a esta tradução, mas o livro veio à luz apenas em 1936. Por isso, em sentido estrito, a primeira edição de um livro de Jung foi *La psique y sus problemas actuales* (Madri/Buenos Aires: Poblet, 1935). A partir da Guerra Civil – e até a década de 1960 – diversas editoras argentinas, mexicanas e venezuelanas levaram a cabo traduções, nem sempre adequadas, de várias obras de Jung. A partir da publicação da *Obra Completa* em inglês e em alemão – iniciadas, respectivamente, em 1953 e em 1958 – se fixaram as versões originais definitivas dos respectivos trabalhos, mas as sucessivas publicações espanholas de Jung nem sempre se remeteram àquelas. Não obstante, ainda não contamos com uma edição crítica da *Obra Completa* em alemão e, por outro lado, há ainda numerosos trabalhos inéditos. Comemoramos que a Philemon Foundation se tenha proposto a árdua tarefa de sanar essa falta, começando pela edição do *Liber Novus*. Mas o atraso da literatura junguiana em espanhol teria sido maior, porém, no fim da década de 1990, quando só se havia publicado de modo fragmentário menos de um terço da obra completa em espanhol, a Editora Trotta de Madri empreendeu a edição da *Obra Completa* sob os cuidados da Fundación Carl Gustav Jung de España, criada com esse propósito, em 1993. É mérito pessoal de Enrique Galán Santamaría – então titular da Fundação – que essas novas edições permitissem assentar um vocabulário junguiano em castelhano, publicassem todas as ilustrações e se traduzissem os originais em outras línguas modernas e clássicas. É de se desejar que essa louvável empreitada, ainda inacabada, e na qual pudermos participar oportunamente, possa prosseguir com o rigor que seu mentor tentou imprimir. Também será de grande proveito para os estudos junguianos que os investigadores de sua obra levem em conta o vocabulário técnico que surge das boas edições em castelhano, já que não poucas imprecisões aconteceram, particularmente devido ao emprego de anglicismos. E isso tem hoje ainda mais validade dado que o *Liber Novus* põe em perspectiva a *démarche* junguiana, pois reclama uma nova revisão de toda a obra de Jung e de suas fontes.

Quero agradecer também ao espaço da Fundación Vocación Humana e de seu Instituto de Investigaciones Junguianas, onde cultivamos o estudo de Jung e de suas fontes, assim como àqueles que, caso de Alejandro Azzano, José María Bocelli, Sandra Hatton, Lucila Luis, Teresa Mira, Alex Nante, Mariano Nante, Sylvie Nante, María Ormaechea, Alicia Rodríguez, Pablo Tizón, Andrea Trejo, Romina Scheuschner, José Villar, se somaram a este projeto desinteressadamente, movidos pelo seu desejo de saber. Nesse mesmo contexto, merece uma menção particular a incondicional ajuda da incansável Elvira D'Angelo e o aporte de Valentín Romero que, além de revisar esta obra, ajudou na elaboração da cronologia e do índice onomástico e temático, instrumentos úteis para o leitor.

Agradecemos a Francisco García Bazán, Victoria Cirlot, Paula Savon e Antonio Tursi por seus valiosíssimos aportes e conselhos referidos às áreas respectivas de seu saber, e a Silvia Tarragó e Enrique Galán Santamaría, da Fundación Jung de Espanha, por seu apoio moral para fazer com que a publicação castelhana de *O Livro Vermelho* se tornasse realidade.

Assim também, nosso particular e maior agradecimento a Soledad Costantini e à Malba-Fundación Costantini, por ter possibilitado tanto a publicação de *O Livro Vermelho* quanto a desta obra, e pela confiança depositada em minha pessoa para levar adiante ambas as empreitadas. *Last but not least*, minha gratidão à Editora El Hilo de Ariadna e Malba-Fundación Costantini, dirigida por Soledad Costantini e Leandro Pinkler, porque sua generosidade e seu compromisso imarcescível com o sagrado foram o fio que tornou possível que nos atrevêssemos a ingressar no labirinto do *Liber Novus*.

Habent sua fata libelli; os livros têm seu destino, diz o conhecido adágio latino. Obviamente, o destino de *O Livro Vermelho de Jung – Chaves para a compreensão de uma obra inexplicável* está atado indissoluvelmente ao do *Liber Novus*.

Ambas as obras aguardam o seu destino em tuas mãos, estimado leitor, embora quiçá seja o teu destino que aguarda a sua leitura.

Lista de obras de Jung e abreviaturas

Nesta edição reproduzimos os textos que o editor da versão alemã transcreve das obras de Carl G. Jung, segundo a *Obra Completa* [OC] (Madri: Trotta). A seguir oferecemos uma lista da *Obra Completa* e detalhamos quais são os volumes publicados até agora.

No caso dos volumes ainda não publicados pela Editora Trotta traduzimos diretamente do alemão desde *Gesammelte Werke* [GW] quando outras traduções não nos resultaram satisfatórias, e assinalamos as edições existentes em nota de rodapé. Entre colchetes indicamos as traduções satisfatórias que utilizamos*.

A – Obra Completa [OC]
Vol. 1: *Estudos psiquiátricos* [OC 1]
Vol. 2: *Estudos experimentais* [OC 2]
Vol. 3: *Psicogênese das doenças mentais* [OC 3]
Vol. 4: *Freud e a psicanálise* [OC 4]
Vol. 5: *Símbolos da transformação* [OC 5]
Vol. 6: *Tipos psicológicos* [OC 6]
Vol. 7: *Psicologia do inconsciente* [OC 7/1]
    O eu e o inconsciente [OC 7/2]
Vol. 8: *A energia psíquica* [OC 8/1]
    A natureza da psique [OC 8/2]
    Sincronicidade [OC 8/3]

---

* Esta tradução se valerá, nas citações diretas de textos de Jung, dos livros editados no Brasil pela Vozes. É o caso da *Obra Completa* (Petrópolis, 2011) e de seminários que vêm sendo publicados para além daquela coleção em 18 vols. [N.T.].

Vol. 9: *Os arquétipos e o inconsciente coletivo* [9/1]
Aion [OC 9/2]
Vol. 10: *Presente e futuro* [OC 10/1]
Aspectos do drama contemporâneo [OC 10/2]
Civilização em transição [OC 10/3]
Um mito moderno sobre coisas vistas no céu [OC 10/4]
Vol. 11: *Psicologia e religião* [OC 11/1]
Interpretação psicológica do Dogma da Trindade [OC 11/2]
O símbolo da transformação na missa [OC 11/3]
Resposta a Jó [OC 11/4]
Psicologia e religião oriental [OC 11/5]
Escritos diversos [OC 11/6]
Vol. 12: *Psicologia e alquimia* [OC 12]
Vol. 13: *Estudos alquímicos* [OC 13]
Vol. 14: *Mysterium Coniunctionis* – Os componentes da *Coniunctio*; *Paradoxa* – As personificações dos opostos [OC 14/1]
Mysterium Coniunctionis – Rex e Regina; Adão e Eva; A Conjunção [OC 14/2]
Mysterium Coniunctionis – Epílogo; Aurora Consurgens [OC 14/3]
Vol. 15: *O espírito na arte e na ciência* [OC 15]
Vol. 16: *A prática da psicoterapia* [OC 16/1]
Ab-reação, análise dos sonhos e transferência [OC 16/2]
Vol. 17: *O desenvolvimento da personalidade* [OC 17]
Vol. 18: *A vida simbólica* [OC 18/1]
A vida simbólica [OC 18/2]
Índices gerais – Onomástico e analítico

B – Seminários
- Conferências no Clube Zofíngia
- Análise dos Sonhos*
- Sonhos Infantis*
- Sobre o Zaratustra de Nietzsche
- Psicologia analítica*
- A Psicologia do *yoga kundalini*
- Visões

---

* Já publicados no Brasil pela Editora Vozes [N.T.].

C – Autobiografia
Memórias, sonhos, reflexões

D – Epistolário
• Cartas I (1906-1945)
• Cartas II (1946-1955)
• Cartas III (1956-1961)
Correspondência Freud/Jung

E – Entrevistas
Conversaciones con Carl Jung y reacciones de A. Adler, de I. Evans. Encuentros con Jung.
GW – JUNG, C.G. *Gesammelte Werke*. Düsseldorf: Walter Verlag.
Esboço – Esboço do *Liber Novus*. In: *Arquivo Família Jung* (*AFJ*).
Recuerdos [*Memórias*] – JUNG, C.G. *Recuerdos, sueños y pensamientos*. Barcelona: Seix Barral, 2001 [trad. castelhana: M. Rosa Borrás] [trad. portuguesa de Dora Ferreira da Silva: *Memórias, sonhos, reflexões*. Rio de Janeiro: Nova Fronteira, 2015].
Libro Negro 2-7 – Livros de notas de Jung, no Arquivo Família Jung.
RB – JUNG, C.G. *The Red Book – Liber Novus*. Nova York/Londres: W.W. Norton/Philemon Series, 2009 [ed. de Sonu Shamdasani; trad. de Mark Kyburz, John Peck e Sonu Shamdasani].
ELR [*LV*] – JUNG, C.G. *El Libro Rojo – Liber Novus*. Buenos Aires: Malba/Fundación Costantini, 2010 [ed. de Bernardo Nante; trad. de Laura Carugati, Romina Scheuschner e Valentín Romero].

Introdução

Imagens de *O Livro Vermelho* que se mostram na sequência:

1) Imagem 2 – Inicial historiada "D".
2) Imagem 28 – Texto do manuscrito original.
3) Imagem 50 – Encantação 1.
4) Imagem 54 – Encantação 5.
5) Imagem 55 – Encantação 6.
6) Imagem 63 – A árvore das encantações.
7) Imagem 154 – Filêmon.
8) Imagem 125.

er rothe · cap. i.

Die thüre des mysteriums ist hinter mir geschloß, ich fühle, daß mein wollen gelähmt ist, und daß der geist in die tiefe mich besinnt. Ich weiß nichts von einem kommenden und kann darum nicht dieses noch jenes wollen, der nicht deutlich mir an, ob ich dieses oder jenes wolle. Ich erwarte, ohne zu wissen, was ich erwarte. Aber schon in der folgenden nacht fühlte ich, daß ich einen festen punkt erreicht hatte. Ich finde, daß ich auf einem hohen thurme eine burg stehe. Ich fühle es ist lust an, ich bin ferne zurück in die zeit. weithin schweift mein blick als ein samhaftes gnädiges land, eine abwechslung von feldern und wäldern. Ich trage ein grünes gewand, ein horn hängt mir an der schulter. Ich bin thurm wacht. Ich schaue hinaus in die weite. dort draus sehe ich einen reiter, er kommt näher auf gewundener straße, verschwindet bisweilen in wäldern und kommt wieder hervor. es ist ein reiter in rothem mantel, der rothe reiter. er reitet zu meiner burg: er reitet schon durch das thor. Ich höre schritte auf der treppe, die stufe knarrt, es pocht: eine seltsame angst kommt mir an: da steht der rothe, seine lange gestalt ganz in roth gehüllt, selbst sein haar ist roth. Ich denke: am ende ist es der teufel.

d: rothe: ich grüße dich, mann auf hohem thurm. ich sah dich von ferne, ausschauend und erwartend. deine erwartung hat mich gerufen.

ich: wer bist du?

d: wer ich bin? du denkst, ich sei der teufel. urtheile nicht, du kannst vielleicht auch mit mir reden, ohne daß du weißt, wer ich bin. was bist du für ein aberglaübischer gesellle daß du gleich an den teufel denkst?

I: wenn du nicht ein übernatürliches vermögen hast, wie könntest du sehn, daß ich erwartend auf meinem thurme stand, ausschauend nach dem unbekannten und neuen? mein leben auf der burg ist arm, da ich immer hier oben sitze und niemand zu mir heransteigt.

d: was erwartest du denn?

I: ich erwarte vielerlei und besonders erwarte ich, daß etwas vom reichthum der welt, die wir nicht sehn, zu mir kommen möchte.

d: dann bin ich bei dir wohl am rechten ort. ich wandere seit lang durch alle lande und suche mir die, die wie du auf hohem thurme sitzen und nach ungesehenen dingen umschau halten.

I: du machst mir neugierig. du scheinst von seltner art zu sein. dein aussehn ist mir nicht gewohnt, au – verzeih mir scheint es mir, als brächtest du eine merkwürdige luft mit dir, so etwas weltliches, freches oder auch gelassenes, oder – eigentlich gesagt – etwas heidnisches.

d: du beleidigst mich nicht, im gegentheil, du triffst den nagel auf den kopf, aber ich bin kein alter heide, wie du zu denken scheinst.

I: das will ich auch nicht behaupten, dazu bist du der nicht breitspurig und lateinisch genug. du hast nichts classisches an dir. du scheinst ein sohn unserer zeit zu sein, aber wie ich bemerkt muß sein etwas ungewöhnliches du bist kein ächter heide, sondern ein heide, der nicht unserer christlich religion verläuft.

d: du bist wahrhaftig ein guter räthselrath. du machst deine sache besser als viele andere, die mir gänzlich verkannt haben.

I: dem kön ich kühl und spöttisch. hast du denn dein herz nie gebrochen für die allerheiligsten mysterien unser christlichen religion?

d: du bist ja ein unglaublich schwerfälligen und ernsthafter mensch. bist du immer so eindringlich?

I: ich möchte – vergolt – immer so ernsthaft und mir selber getreu sein, wie ich es versuche zu sein. es wird mir allerdings schwer in deiner gegenwart. du bringst eine art galgenlust mit, gewiß bist du einer von der schwarz schule zu Salerno, wo verderbliche künste gelehrt werden von heid und heidenabkömmling.

d: du bist aberglaübisch und zu deutsch. du nimmst es aufs wort genau, was die heilig schrift sagt, sonst könnte du mich nicht so hart beurtheilt.

Vom gottes sohn möchtest du hör/ d' strahlte v' gab v' zeugte v' d' wiedergeborn wurde/ wie die erde d' soñe grüne v' bunte kind gebärt.

Von ihm möchtest du hör/ d' strahlend' erlös'/ d' als ein sohn d' soñe die gespinste d' erde zerschnitt/ d' die magisch' säd' zerriß v' das gebundene löste/ d' sr selbs besaß v' niemandes knecht war/ d' kein aussög v' deß schatz kein erschöpfte.

Von ihm möchtest du hör/ d' vom schatt d' erde nicht verdunkelt wurde/ sondern ihn erhellte/ d' all' gedank' sah v' deß gedank' niemand errieth/ d' in sr all' dinge stü besaß v' deß stü kein ding ausdrück' koñte.

Der einsame floh die welt/ er schloß die aug'/ verstopfte die ohr' v' vergrub sr in eine höhle in sr selbst/ aber es nützte nichts. die wüste sog ihn aus/ d' stein fraß seine gedank'/ die höhle wid' hallte seine gefühle/ v' so wurde er selb' z' wüste/ z' stein v' z' höhle. v' es war alles leer v' wüste v' unvermög' v' unfruchtbar/ deñ er strahlte nicht v' blieb ein sohn d' erde d' ein ertr aus sog v' selbst von d' wüste losgesog' wurde. er war begehr' v' nicht glanz/ ganz erde v' nicht soñe.

Darum war er in d' wüste als ein klug' heilig'/ d' wohl wußte/ daß er sich sonst von d' andern erden schnur nicht unterscheid' würde. hätte er aus sr getrunk'/ so hätte er seins getrunk'.

Der einsame gieng in die wüste, um sr z' find'. er begehrte ab' nicht/ sr z' find'/ sondern d' vielfältige stü des heilg' buches. du hast die unermeßlichkeit des kleinen v' des groß' in dir saug'/ v' du wirst leer v' eine leere/ deñ unermeßliche fülle v' unermeßliche leere sind eins.

er begehrte im äußern z' find'/ was er bedurfte. d' vielfältig' stü findest du ab' nur in dir/ nicht in dingen/ deñ die mañigfaltigkeit des sinnes ist nicht durch das zugleich gegeb' ist/ sondern es ist ein nacheinand' von bedeutung. die einand' folgend' bedeutung liegt nicht im dinge/ sondern sie liegt in dir/ d' du viel wechseln unterworf' bist/ insofern du am leb' theil hast. auch die dinge wechseln/ ab' d' achte es nicht/ weñ du nicht wechselst. weñ du ab' wechselst/ so ändert sr das angesicht d' welt. d' vielfältige stü d' dinge ist dem vielfältige stü. es ist nutzlos/ sich in d' ding' ergründ' z' woll'. v' darum eigentl' gieng d' einsame in die wüste/ ab' nicht sr selbst ergründete er/ sondern das ding. v' darum gieng es ihm wie sed' einsam'/ weñ er begehrt: d' teufel kam z' ihm mit glatter rede v' erleuchtend' begründ' v' wußte das rechte wort im recht' augenblick. er lockte ihn auf sein begehr'. ich mußte ihm wohl als d' teufel erscheiñ'/ deñ d' habe meine finsterniss' angenom'. daß die erde v' d' trank' die grüne v' d' wand' ein grünend' baum/ d' d' einsame steht v' wächst.

54

Was freüt uns macht? wie wolt nicht versch- wie wolt- leb/ wie wolt das licht v die wärme v darum be
dürff wir deine. wie die grünende erde v ieglich leibende körp do sonne bedarff so bedarf wir als geist deines
lichtes v deine wärme. ein sott-loso geist wird z- schmarotzo des körpers. do gott ab nährt d- geist.

154

Ich gehe meine Straße weiter. ein feingeschliffen, in zehn feuern gehärtet stahl, im gewande gebor. g, ist mein beglei. t, ein panzerhemd liegt mir um die brust, heimlich unter dem mantel getragen, üb. nacht gewañ i' die schlang. lieb, v habe ihr räthsel errath. v sehe mi z' ihn auf die heiss. steine am wege. v weiß sie listig v grausam z' fang, jene kalt. teufel, die d' ahnungslos. in die ferse stech. v bin ihr freund geword. v blase ihn. eine mildtönende flöte. meine höhle abo schmücke v mit ihr. schillernd. häut. wie v so meins wegs dahinschritt, da kam v z' ein röttlich. fels, darauf lag eine grosse buntschillernde schlange. da i' nun beim gross. ΦΙΛΗΜΩΝ die magie gelernt hatte, so holte v meine flöte hervor v blies ihr ein süß. zauberlied vor, das sie glaub. machte, sie sei meine seele. als sie genügend bezaubert war,

> *[...] os verdadeiros mistérios não
> se pode revelá-los*[1].
> CARL GUSTAV JUNG

O Livro Vermelho ou *Liber Novus* narra e ilustra belamente as fulgurantes e aterradoras visões de C.G. Jung, acontecidas entre 1913 e 1916 ou 1917, e seu audaz intento de compreendê-las. *O Livro Vermelho* não é um livro filosófico, científico, religioso, literário ou de arte e, contudo, suas impactantes imagens literárias e plásticas transmitem uma cosmovisão tão arcaica quanto inovadora. *O Livro Vermelho* é surpreendente e inclassificável, pois não se ajusta a nenhum dos gêneros literários conhecidos e só pode ser comparado com os grandes relatos proféticos ou míticos do passado mais remoto. Não obstante, essa obra expressa a vivência e a voz de um homem de nosso tempo, eco da voz da profundeza, que transmite uma nova compreensão de si como resposta à desorientação do homem contemporâneo. Paradoxalmente, *O Livro Vermelho* permaneceu inédito por quase um século e, contudo, os escassos fragmentos que dele se conheciam exerceram uma notável influência na cultura. O estudioso de Jung conta hoje com um inestimável documento, até agora inacessível, que proporciona chaves fundamentais para compreender a gênese de sua obra teórica e de sua práxis. Para além da obra de Jung, todo leitor interessado em desvelar o horizonte simbólico de nossos tempos encontrará em *O Livro Vermelho* um estímulo incessante para seu pensamento e sua imaginação.

O Livro Vermelho não é só uma obra inclassificável, mas também enigmática, e como tal resiste a uma abordagem superficial. Nosso trabalho consiste não só em

---

[1] "O bem e o mal na psicologia analítica" [OC 10/3], § 886.

oferecer chaves gerais para abordar *O Livro Vermelho*, mas também em realizar um comentário integral desta obra à luz da própria cosmovisão junguiana, com o simples propósito de facilitar a leitura de um texto mercurial, mutante e, não poucas vezes, inapreensível. Quando se entra nessa obra apenas com a razão crítica, o texto resulta inexplicável. Quando se deixar a razão de lado, a letra fascina e espanta, mas tal imersão em seu mar simbólico, frequentemente, turva e intoxica. Para evitar estes dois extremos que levam ao 'sem sentido', pretendemos realizar aqui uma travessia pelo caminho simbólico de *O Livro Vermelho* com a abordagem compreensiva sugerida pelo próprio texto, quer dizer, nutrindo-nos de suas próprias chaves. Isso significa que abandonamos em alguma medida o 'sentido', a 'razão', e nos entranhamos no incerto deserto do 'contrassentido', mas sem perder nossa âncora no 'sentido'. Para isso nos baseamos nos critérios gerais que desenvolvemos na primeira parte e naqueles particulares que surgem no transcurso do comentário mais detalhado que realizamos na segunda parte.

Contudo, o *Liber Novus* reclama um compromisso de si, e nenhuma interpretação emprestada substitui o labor solitário a que o texto convida. O *Liber Novus* não só admite, mas também, em certo sentido, parece reclamar uma primeira leitura ingênua, pois recria essa história fundamental que, embora não o saibamos, nossa própria alma pretende contar. Em palavras do próprio Jung, essa história começa assim:

> Em algum lugar, alguma vez, houve uma flor, uma pedra, um cristal; uma rainha, um rei, um palácio; um amado e uma amada, há muito, sobre o mar, em uma ilha, há cinco mil anos [...] É o amor, é a flor mística da alma, é o centro, é o si-mesmo[2].

É a história universal da realização das 'núpcias místicas', da união dos opostos, que exige ser contada com a própria vida de um modo único e irrepetível. Mas o homem contemporâneo se tornou incapaz de viver seu próprio mundo simbólico, por isso Jung acrescenta:

> Ninguém entende isto, só alguns poetas, só eles me compreenderão [...][3].

Nas suas *Memórias*, Jung assinala:

> O homem atual já não é capaz de criar fábulas. Por isso se lhe escapam muitas coisas, pois é importante e saudável falar também de coisas inacessíveis[4].

---

[2] SERRANO, M. *El Círculo Hermético* – De Hermann Hesse a C.G. Jung. Buenos Aires: Kier, 1982, p. 96.

[3] Ibid.

[4] *Memórias*, p. 306.

Nesse sentido, *O Livro Vermelho* é por si só um 'mito' que traz como uma de suas principais mensagens a necessidade de que cada um recupere seu próprio mito, sua 'história simbólica'.

Para poder compreender melhor, é necessário apresentar sinteticamente o conteúdo do *Liber Novus*.

O conteúdo

O *Liber Novus* trata, fundamentalmente, do renascimento de Deus na alma ou de sua imagem, o suprassentido, a paradoxal conciliação de opostos. E, mesmo que tal renascimento se apresente a partir das experiências do próprio Jung, a natureza dessas visões e o intento de compreensão, que ali se consignam, excedem a esfera pessoal e constituem uma mensagem para o homem contemporâneo.

Tal renascimento é, por definição, inexplicável, porque aquilo que renasce, necessariamente, sobrepuja toda referência conhecida. Contudo, é possível 'compreender' o texto, recorrendo a um lento labor de contextualização e indagando nas chaves que a própria obra oferece.

Por isso, nosso livro tenta acompanhar a leitura de *O Livro Vermelho* com os seguintes critérios:

1) A primeira parte apresenta as ideias centrais do *Liber Novus*, seu contexto em relação com os símbolos tradicionais que ali aparecem, uma leitura alquímica do mesmo, e uma breve referência a seu legado na obra junguiana.

2) A segunda parte consiste em um percurso pelas três partes do *Liber Novus*: *Liber Primus*, *Liber Secundus* e *Aprofundamentos*, de acordo com os seguintes critérios:

> 2.1) Sintetizamos as visões e os comentários principais de toda a obra, capítulo por capítulo e parágrafo por parágrafo, com o propósito de facilitar uma visão de conjunto e de ajudar a que o leitor possa manter o nexo, sustentado por este modo de abordagem.
>
> 2.2) Completamos o anterior com esquemas, ou seja, quadros e diagramas que antecipam e recolhem o caminho realizado. Tenha-se em conta que essa aproximação sinóptica do livro é intencionalmente redutiva e didática, e não substitui a minuciosa leitura do texto.
>
> 2.3) Comentamos, a partir da síntese mencionada no ponto 1, os principais conceitos, símbolos e mitologemas mediante um trabalho de contextualização. Ou seja, à luz da obra de Jung e de suas fontes, articulamos seus conteúdos a um contexto mais compreensivo, reduzindo a um mínimo toda reflexão crítica. Por exemplo, quando no capítulo XXI

do *Liber Secundus* aparecem os Cabiros, pretendemos dar conta de seu significado a partir das referências na obra de Jung e de seu significado na tradição respectiva.

Em síntese, três são os contextos que temos em conta:

a) O próprio *Liber Novus*, ou seja, a intratextualidade.

b) A obra de Jung como amplificação teórica da trajetória simbólica.

c) As fontes de Jung, não só a partir do conceito de intertextualidade, mas também sob o enfoque de um fenômeno de recepção, ou seja, desde o ponto de vista de um símbolo que está vivo porque mantém sua *dynamis*, sua potência transformadora e renovadora.

Embora se trate de um processo de individuação, evitamos – a não ser excepcionalmente – a tentação de aplicar analiticamente os critérios junguianos. O magma simbólico de *O Livro Vermelho* convida a ressignificar a aproximação, por vezes esquemática, que se realiza aos processos inconscientes. Sombra, *anima*, *animus* etc., quando se aplicam mecanicamente, perdem sua qualidade evocativa, se transformam em meras explicações e não alimentam a compreensão. Em definitivo, aspiramos a que nosso texto estimule uma primeira leitura do *Liber Novus* e posteriores leituras de aprofundamento.

Por outro lado, só um comentário justalinear* permitiria dar conta de todos os conceitos, seus símbolos e os matizes próprios de seus movimentos íntimos, algo que escapa a nossas possibilidades atuais. E quando pudermos ter acesso ao material ainda inédito de Jung e, sobretudo, ao restante de seus cadernos e esboços[5], poderemos completar e porventura corrigir parte do labor realizado. Deve ter-se em conta, por outro lado, que nosso trabalho carece praticamente de antecedentes e é de se esperar que o futuro aporte de outros estudiosos enriqueça esta nossa primeira aproximação.

Salvo quando for imprescindível e como um tipo de 'amplificação pessoal' ou hermenêutica do indivíduo, em raras ocasiões nos detemos nas circunstâncias biográficas. Isso se deve a duas razões: a primeira, ligada às limitações de toda informação biográfica, e a segunda, porque o que interessa é dar conta de sua mensagem universal.

---

* Ou seja, aquele disposto numa coluna ao lado daquela do texto comentado, "traduzindo-o" linha por linha [N.T.].

[5] Cf. "Nota do editor". In: *ELR*, p. 224.

Tampouco nos ocupamos dos complexos e controvertidos detalhes que giram em torno das razões pelas quais não se publicou em sua totalidade até o ano de 2009, pois o leitor pode se informar a respeito com a leitura da "Introdução" a *O Livro Vermelho* a cargo de Sonu Shamdasani[6].

O caminho simbólico

O Livro Vermelho relata uma grande viagem pelas imagens interiores que se apresentam ao 'eu' de Jung. Toda a obra junguiana posterior proporciona um marco teórico para compreender a estrutura dinâmica e, por conseguinte, a orientação dessa trajetória. Uma aproximação adequada a *O Livro Vermelho* ajuda a ressignificar a compreensão de um processo de individuação que, geralmente, se apresenta de modo muito esquemático a partir de uma aplicação rígida dos conceitos.

É sabido que, ao menos nos inícios de sua obra teórica, Jung concebe o mito do herói como uma das expressões simbólicas universais mais adequadas para dar conta do processo de individuação[7]. Em definitivo, o herói se entrega a uma aventura fascinante e tremenda, adentra nas obscuridades e incertezas de suas próprias trevas, enfrenta potências numinosas com as quais luta e se reconcilia, criando-se, assim, uma personalidade mais ampla. A princípio, o herói conta apenas consigo mesmo, com a débil consciência individual, mas com a consecução de sua aventura se torna cada vez mais com maior evidência a presença de um guia, de um 'espírito superior', de um *daimon*, que constitui uma consciência mais alta, uma consciência capaz de se antecipar à imediatez dos fatos e de captar o sentido constelado em um determinado momento. Já em *Transformações e símbolos da libido* (1912)*, Jung assinala que os heróis, por exemplo Gilgamesh, Dionísio, Héracles, Mitra etc., são viajantes, ou melhor, 'errantes', já que o 'errante' é um símbolo do anseio que nunca encontra onde se saciar, pois não pode se libertar da nostalgia da mãe perdida, quer

---

[6] Cf. *ELR*, p. 213-216. Também se poderá encontrar uma "Nota do Editor" que enumera os diversos manuscritos que se utilizaram para estabelecer o texto inacabado do *Liber Novus*, bem como os critérios adotados para tanto, cf. p. 224-225.

[7] Sobre o mito do herói, BAUZÁ, H.F. *El Mito del Héroe* – Morfología y Semántica de la Figura Heroica. Buenos Aires: Fondo de Cultura Económica, 1998.

* Primeira versão do livro que mais tarde Jung republicaria, em edição revista, como *Símbolos da transformação* [N.T.].

dizer, do inconsciente, do indiferenciado[8]. A história da consciência descreve, de algum modo, o árduo caminho heroico da separação do inconsciente, mas Jung assinala que com o herói, ou com o *daimon*, a libido abandona a esfera do impessoal e adota forma humana:

> [...] a imagem do ser que passa da tristeza para a alegria e da alegria para a tristeza, o ser que ora resplandece no zênite, como o Sol, ora imerge em noite profunda e dessa mesma noite renasce para novo esplendor[9].

Jung se nutre, para seu estudo, do mito da obra de Otto Rank, que já em 1909 havia feito uma interpretação psicanalítica do mito do herói, e sobretudo de Leo Frobenius, antropólogo difusionista, que em uma obra de 1904 viu no herói o protagonista de um mito solar[10]. Em suas múltiplas viagens, Frobenius havia recolhido e sintetizado uma enorme quantidade de exemplos que davam conta da mesma estrutura: o herói é devorado por um monstro marinho no Oeste, o animal viaja até o Leste com o herói, que em seu ventre acende fogo e se alimenta cortando um pedaço de seu coração; quando chega à costa começa a cortar o animal a partir de dentro, desliza para o exterior e, por vezes, também liberta a todos que haviam sido devorados antes[11]. O caráter solar do herói, que corresponde à tendência da libido rumo à consciência, estaria indicado por esta submersão no ventre materno e incubação que ali se realiza para logo alcançar o Leste, a luz. Pois bem, tanto na obra teórica de Jung como no *Liber Novus*, a gesta é eminentemente interior. Por isso, o modelo que melhor caracteriza o processo de individuação é o da iniciação, a gesta heroica que procura uma mutação ontológica. Nesse sentido, o herói deve superar o maior dos pecados – talvez o único –, isto é, a inconsciência:

> Um conhecimento psicológico mais profundo demonstra até que não se pode viver sem pecar – "*cogitatione, verbo et opere*" – (por pensamentos, palavras

---

[8] Aparece aqui a ideia do "errante", "Das Wandern ist ein Bild der Sehnsucht". In: *Wandlungen und Symbole der Libido. Beiträge zur Entwicklungsgeschichte des Denkens* (1912). Munique: Deutscher Taschenbuch/GMBH, 199, p. 206. Aliás, corresponde a OC 5, § 299, em castelhano: *Símbolos de transformación*. Op. cit., p. 218. [O peregrino é uma imagem da nostalgia – N.T.]

[9] *Símbolos da transformação*, § 251. Cf. NEUMANN, E. *Ursprungsgeschichte des Bewusstseins* [História da Origem da Consciência]. Zurique: Rasher, 1949.

[10] Cf. RANK, O. *El mito del nacimiento del heróe*. Buenos Aires: Paidós, 1961. • FROBENIUS, L. *Das Zeitalter des Sonnengottes* [A era do deus solar]. Berlim: Georg Reimer, 1904.

[11] *Símbolos da transformação*, § 309.

e obras). Só uma pessoa altamente ingênua e inconsciente pode presumir ser capaz de escapar ao pecado. A psicologia não se pode mais permitir semelhantes ilusões infantis, mas tem de obedecer à verdade, e até constatar que a inconsciência não somente não é uma desculpa, como, até mesmo, um dos piores pecados[12].

O herói é forçado por sua estrela, por seu *daimon*, a realizar uma travessia que será um mero vagabundear errante se não compreende que, em definitivo, é uma peregrinação. Mas, devido às banalizações que a interpretação do mito do herói sofreu, é fundamental antecipar nesta questão a índole peculiar de sua presença no *Liber Novus*. Em outras palavras, se se quer falar de mito do herói ou de peregrinação no *Liber Novus*, é mister introduzir ao menos dois esclarecimentos:

1) Embora se possam estabelecer etapas e estruturas no mito do herói tradicional, o essencial do mito e de seus símbolos não admite nenhuma esquematização. A *New Age* fez uma paródia do mito e do símbolo em geral, de maneira tal que, por exemplo, o herói realiza façanhas previsíveis, padece provas muito conhecidas e sua redenção é um triste simulacro, pois se limita a um ilusório contentamento da mediocridade do 'eu'. Por certo, esta decadência espiritual pós-moderna tem antecedentes, e o próprio *Liber Novus* atesta a degradação moderna do símbolo, própria de um racionalismo desencantado ou de uma devocionalidade superficial. Assim, por exemplo, no capítulo XVII do *Liber Secundus*, os personagens representam parodicamente uma passagem do *Parsifal*. Aqui o arquétipo se degrada em estereótipo e o símbolo em mero simulacro.

2) O *Liber Novus* manifesta uma variante, ou porventura um aprofundamento, do mito do herói tradicional que permite sua reatualização em nossos tempos. Esse herói é chamado a "matar o herói", a entregar-se à escuridão, ao 'contrassentido', mas não ao modo de um 'anti-herói', mas como a tarefa necessária para seguir seu caminho sem apoios. Se se quer, esse 'herói do suprassentido' é uma peculiar síntese de um herói ('sentido') e de um anti-herói ('contrassentido'). E se, até certo ponto, isso pode ser visto como uma variante alquímica do mito do herói (o dragão *é* o herói, o herói *é* o dragão), a própria meta da gesta heroica não está predeterminada, pois o protagonista, esse estranho herói que é o 'eu', deve se entregar a situações inesperadas e assumi-las de um modo inesperado. Nesse sentido, o peregrino é, paradoxalmente, um vagabundo, pois se atém a aquilo que se apresenta inesperadamente em seu caminho, que é tentação, prova, guia e, em definitivo, meta. A cada passo esse estranho herói assume algo daquilo que se lhe aparece e a cada

---

[12] *Um mito moderno sobre coisas vistas no céu* [OC 10/4], § 676.

vez se diferencia. Se, por exemplo, aparece uma forma do 'diabo' e lhe traz a alegria da dança e da instintividade, assume algo disso sem identificar-se, assimilando-o – por assim dizer – a sua 'seriedade'. Mas seu desafio é permanente e o modo de sua resolução é imprevisível. Por isso, a imaginação não admite restrições prévias; ela exercita sua criatividade com uma potência esmagadora e insondável.

Em *O eu e o inconsciente*, Jung assinala:

> O caminho da função transcendente é um destino individual. Mas não se imagine que esse caminho seja semelhante ao de um anacoreta, ou que leve à alienação do mundo[13].

Ou seja, trata-se de aceitar tudo o que ocorre na psique e no mundo, como expressão de uma vida que requer da consciência para sua integração. A propósito, o mesmo texto adverte que este não é um caminho para preguiçosos, mas que o conhecimento que esse processo procura permanece inacessível para quem se refugia num caminho de retorno à Igreja e, mais ainda, a quem põe sua expectativa no mundo da ciência. Esta entrega a um destino único, que deve ser assumido de um modo único, é o que belamente diz o *Liber Novus*:

> O astro do teu nascimento é uma estrela errante e em transformação. Estes, ó filho daquele que virá, são os milagres que darão testemunho de que és um verdadeiro Deus[14].

A mensagem fundamental do *Liber Novus* consiste, então, em afirmar que esse Deus se renova de modo único e irrepetível em cada homem. Mas o perigo para o homem contemporâneo é compreender esse caráter, essa singularidade, como um fechamento no 'eu', quando na realidade o que é 'único' é a entrega que o 'eu' faz de si a uma personalidade maior, ao si-mesmo. Por outro lado, tampouco se trata de assimilar-se a um (suposto) absoluto prefixado previamente, daí o cuidado de Jung em evitar afirmações metafísicas[15], já que a psique reflete e apresenta questões últimas, mas o faz como expressão de um dinamismo incessante, de um sentido (ou, se se quer, 'suprassentido') que se renova no caminho.

O caminho se renova em permanência e, contudo, retoma uma ou outra vez o já assumido; daí que a circum-ambulação (lat. *circumambulatio*) seja uma de suas

---

[13] OC 7/2, § 369.

[14] *Liber Primus*, cap. VIII, p. 243.

[15] *Memórias*, p. 224.

características. O termo, que se aplica inicialmente à dança ritual, consiste em um movimento em espiral que representa a conjunção de elementos periféricos mediante a aproximação a um elemento central e abarcador. Do ponto de vista psicológico significa um percurso pelos aspectos da psique que devem ser assumidos, diferenciando-os e integrando-os mediante esta aproximação espiralada rumo ao centro. Os estudos comparativos de Jung o constatam nos mandalas das tradições, nas viagens míticas, nos ritos (p. ex., o da missa) e, por certo, em sonhos e visões. Mas, ainda que haja antecedentes de tudo isso na obra anterior de Jung, tais constatações são posteriores a *O Livro Vermelho* e surgem, inicialmente, do estímulo recebido por volta de 1928, pela leitura de *O segredo da flor de ouro*. Esse movimento pelos pontos cardeais atualiza uma personalidade total, um Homem Primordial:

> É o *Anthropos*, o primeiro homem, simbolizado pelos quatro elementos, idêntico ao *lapis* que possui a mesma estrutura. Também é caracterizado pela cruz, cujas extremidades correspondem aos quatro pontos cardeais [...]. Este motivo é frequentemente substituído por viagens que lhe correspondem como a de Osíris, os trabalhos de Hércules, as viagens de Enoque e a *peregrinatio* simbólica aos quatro pontos cardeais, em Michael Maier (1568-1622) [...]. Na realidade, é mais provável que este autor tenha representado o *opus* como uma viagem ou odisseia semelhante à dos argonautas, à procura do *aureum vellus* (velo de ouro), mencionado no título de mais de um tratado[16].

O leitor poderá observar que em nossa trajetória pelo texto damos conta destas circum-ambulações simbólicas que às vezes explicitam sua passagem pelos pontos cardeais[17]. Mas à luz do que foi assinalado anteriormente, a natureza do centro (ou sua consciência) se renova a cada passo, de maneira tal que o 'eu' não possa se identificar com ele. O movimento rumo a um centro com o qual *não* há que identificar-se produz uma transmutação do tempo (*aión*), no fim das contas, da energia psíquica. Assim é como o homem, cada homem, cumpre sua vocação quando recria o centro, isto é, o 'absoluto', de um modo único.

Precisamente, esse 'éon' requer essa renovação que começa com o labor de cada homem, pois:

> [...] toda vida individual é, ao mesmo tempo, a vida do *éon* da espécie[18].

---

[16] OC 12, § 457.

[17] Cf. *Liber Secundus*, cap. VIII.

[18] *Psicologia e religião* [OC 11/1], § 146.

Civilização em transição

O *Liber Novus* está vinculado às visões que anteciparam a Jung o advento da Primeira Guerra Mundial. Mas disso decorre que na psique individual é latente a psique coletiva; mais ainda, é ali onde pode renovar-se. Ao longo desta obra insistiremos na presença desse tema no *Liber Novus*, mas gostaríamos agora de deixar assentadas as ideias básicas que, a esse respeito, Jung desenvolveu posteriormente, e que dão conta da 'transição' pela qual está passando nossa civilização.

Civilização em transição é o título do décimo volume da obra completa de Jung que reúne textos referentes a questões sociopolíticas, relacionados com aspectos da civilização em temos de pré e pós-guerra. Mas escolhemos esse título porque Jung, ao longo de sua extensa obra, faz reiteradas referências ao trânsito (ou seja, à mudança rápida e incerta) no qual se encontra nossa civilização. Sustenta que nossa época consiste na entrega da consciência humana ao indeterminado e indeterminável; ainda que, contudo, essa indeterminação não seja alheia a leis anímicas que permitem 'antecipar' – que em sentido junguiano não significa necessariamente 'predizer'–, ou seja, orientar mediante uma apresentação da situação da época em termos simbólicos; precioso tesouro para a consciência ainda não alienada, para a consciência desperta. Em 1933, Jung escreveu:

> Não podemos negar que a nossa época é um tempo de dissociação e doença. As condições políticas e sociais, a fragmentação religiosa e filosófica, a arte e psicologia modernas, tudo dá a entender a mesma coisa. Será que existe alguém, mesmo tendo só um pouquinho de sentimento de responsabilidade, que se sinta bem com esse estado de coisas? Se formos honestos, temos de reconhecer que ninguém mais se sente totalmente bem no mundo atual; aliás, o mal-estar vai aumentando. A palavra crise também é expressão médica que sempre designa um clímax perigoso da doença[19].

Assim também, em uma conferência pronunciada em Viena em 1932, Jung afirmou:

> As catástrofes gigantescas que nos ameaçam não ocorrem nos elementos de natureza física ou biológica, mas são acontecimentos psíquicos. Ameaçam-nos de modo aterrador guerras e revoluções, que nada mais são do que epidemias psíquicas. A qualquer momento alguns milhões de homens podem

---
[19] OC 10/3, § 290.

ser acometidos de uma ilusão, e poderemos ter outra guerra mundial ou uma revolução devastadora [...]. [Um] deus do terror [*einen Gott des Schreckens*] [...] reside na alma[20].

A conferência é de 1932 e, embora reflita a incerteza própria do pré-guerra, apresenta o ponto de vista psicológico desde o qual Jung aborda o problema da civilização. Se bem que esse ponto de vista seja, se se quiser, modesto, limitado, 'meramente psicológico', dele derivam consequências graves e relevantes porque, sendo assim, a crise que aflige a civilização tem suas raízes na alma humana.

De fato, a interconexão do homem com seu meio não se limita àquela socialmente conhecida, consciente, mas se prolonga na escuridão do inconsciente. Isso explicaria por que Jung pôde antecipar a Segunda Guerra Mundial ao perceber a aparição recorrente de Wotan nos sonhos de seus pacientes germânicos, pois ele é uma

> característica fundamental da alma alemã, "fator" psíquico de natureza irracional, um ciclone que derruba e abate a forte pressão cultural[21].

A presença do mal não assumido na alma, mas projetado sobre o próximo, é de gravíssimas consequências em nossa época, pois o homem, por um lado, está espiritualmente desamparado e, por outro, conta com um enorme poder de destruição. Em um texto de 1958, intitulado "O bem e o mal na psicologia analítica", lemos:

> O diabo de nossa época é algo aterrador. Observando a situação atual, não dá para dizer onde tudo vai parar. O desenvolvimento prosseguirá impreterivelmente. Todas as forças divinas que se encontram na criação são postas aos poucos nas mãos do homem. Com a divisão nuclear algo terrível aconteceu; algo terrível foi colocado sob o poder do homem. Quando Oppenheimer viu o primeiro teste da bomba atômica, ocorreram-lhe as palavras do *Bhagavad Gita*: "[...] mais ofuscante do que mil sóis". As forças que sustentam o mundo caem nas mãos do homem que, inclusive, pensa em criar um sol artificial. São forças divinas que vieram às nossas mãos, mãos humanas tão frágeis[22].

O que fazer ante esse poder demoníaco ao alcance da mão do homem, que se enraíza no mais desconhecido de sua própria alma? Para Jung, é necessário descer

---

[20] "Da formação da personalidade" [OC 17], § 302. [Tradução ligeiramente modificada, aqui como em outros momentos, em vista de maior adequação ao texto de Nante – N.T.]

[21] "Wotan" [OC 10/2], § 389.

[22] OC 10/3, § 879.

ao fundo primitivo da alma, assumir as trevas, viver o temor do primordial para assim ascender à luz. Contudo, a aceleração do tempo contemporâneo e a alienação do homem impedem que nos conectemos adequadamente com a alma arcaica que, em parte, nos constitui. Em uma entrevista radiofônica dada em Munique a 1º de janeiro de 1930, assinala:

> Se ainda existem em nós certos vestígios primitivos – e certamente existem – pode-se imaginar quanta coisa existe em nós, pessoas civilizadas, que não acompanha nossa pressa desenfreada na vida diária, produzindo aos poucos uma divisão e uma contravontade que às vezes pode assumir a forma de uma tendência destrutiva da cultura[23].

Nosso autor em nenhum momento pretende trazer uma 'solução' a tamanha crise, mas em sua descrição da dinâmica anímica que a acompanha, manifesta e antecipa, proporciona certa orientação, um sabe ao qual ater-se. Em uma carta assinala que só se evita que todos os povos se aniquilem uns aos outros se surgir

> um movimento religioso que abarque todo o mundo, o único que pode barrar o diabólico impulso destrutivo[24].

A religiosidade constitui, para Jung, uma dimensão humana fundamental, mais ainda, a dimensão humana fundamental; inspirando-se em Rudolph Otto, afirma:

> Entendo a religião como uma atitude especial do espírito humano, atitude que – de acordo com o conceito originário de *religio* – podemos qualificar como respeito e observância cuidadosos de certos fatores dinâmicos concebidos como "potências" (espíritos, demônios, deuses, ideias, ideais ou qualquer que seja a designação que o homem tenha dado a esses fatores) que, dentro do seu mundo*, a experiência lhe tenha apresentado como suficientemente poderosos, perigosos ou úteis para que o encaremos com respeitosa consideração; ou suficientemente grandes, belos e razoáveis para que o adoremos piedosamente e o amemos[25].

---

[23] OC 18/2, § 1.289.

[24] JUNG, C.G. Carta de 12 de dezembro de 1945 ao Pastor Hans Wegmann. In: *Briefe*, Olten-Friburgo, 1972, vol. 1, p. 487.

* Essa expressão "dentro do seu mundo" mostra que Jung enfatiza, de modo congruente com sua metodologia fenomenológica, a religião como uma vivência "intramundana" do homem, como diria a sociologia weberiana; essa imanência não impede as religiões de entretecer discursos sobre supostas esferas "extramundanas" ou transcendentais [N.T.].

[25] *Psicologia e religião* [OC 11/1], § 8 [trad. mod.].

Por isso, o labor terapêutico – para além de uma abordagem limitadamente psicopatológica – recupera o sentido da antiga *epiméleia*, da *cura animarum* [cura d'almas]:

> O principal interesse do meu trabalho não reside no tratamento da neurose, mas na aproximação ao numinoso. É, contudo, assim: o ingresso no numinoso é a verdadeira terapia, e na medida em que a pessoa chega à experiência numinosa, ela se liberta do temor da enfermidade[26].

O homem é, para Jung, um ser duplamente coletivo, social e arquetipicamente. Cada um desses atributos apresenta um aspecto criador e outro destruidor; a consciência coletiva oferece valores culturais que permitem o trabalho coletivo, a diferenciação e a adaptação do indivíduo, mas pode operar colaborando com a sua identificação com a máscara* e portanto com a massificação; o inconsciente coletivo (ou mais precisamente, o si-mesmo) proporciona impulsos e símbolos que orientam o crescimento da personalidade, mas pode tirá-la de órbita e até dissolvê-la nas obscuridades do inconsciente, se o eu não se faz responsável por sua vocação. Mas entendemos que, se nos limitássemos a essas especificações, se poderia concluir que o influxo da sociedade é puramente consciente e não parcialmente inconsciente. O inconsciente junguiano admite um nível cultural e social, cuja herança (para além de possíveis disposições genéticas) se realiza através do processo educativo; em outras palavras, a denominada consciência coletiva é 'consciência' para a sociedade como um todo, mas é assumida pelo indivíduo, em grande medida, inconscientemente, através da própria atmosfera na qual ele se educa. Por isso, a educação mais elevada é, em boa medida, autoconhecimento através da formação cultural que, em parte, colaborou na 'construção' do sujeito. Assim, do ponto de vista individual, essa 'consciência coletiva' é, em maior ou menor grau, conforme o caso, inconsciente. Daí que os conflitos sociais se reflitam (e mais, ainda, se elaborem) na psique individual.

Jung descobre que os pacientes dependem dos grandes problemas da sociedade, de tal maneira que o conflito de aparência meramente individual se revela como um conflito geral de seu ambiente e de sua época. O terapeuta – na medida

---

[26] JUNG, C.G. Carta de 28 de agosto de 1945 ao psicólogo inglês P.W. Martin. In: *Briefe*, Olten-Friburgo, 1972, vol. 1, p. 465. [Jung toma a ideia de numinosidade de Rudolf Otto, que no clássico *O Sagrado*, de 1917, define o numinoso como o inefável, o misterioso, o assustador e o "completamente outro" na experiência divina do ser humano – N.T.]

* Sinônimo do conceito junguiano de *persona* [N.T.].

em que verdadeiramente o seja – ajuda a curar a sociedade e a cultura através de sua ação terapêutica individual, pois é ali, no indivíduo, que se 'sofre' a época:

> Olhando para a história da humanidade só vemos a superfície mais externa dos acontecimentos [...]. Em nossa vida mais privada e mais subjetiva somos não apenas os objetos passivos, mas os fatores de uma época. Nossa época somos nós![27]

É verdade que esta ênfase no indivíduo levou a que, erroneamente, se rotulasse de individualista a teoria junguiana. Mas o termo 'indivíduo' em Jung alude a sua etimologia (lat. *individuus*, indivisível; *individuum*, átomo), ou seja, não ao homem que cremos ser e que costumamos identificar com nosso ego ou nossa personalidade consciente, mas à indivisível totalidade psíquica. Por outro lado, muitos dos textos referidos à sua defesa do indivíduo na perspectiva social (ou psicossocial) se originam de uma resposta às tendências coletivistas da época. De fato, a teoria junguiana se opõe tanto ao coletivismo como ao individualismo; ambos são formas de dissolução do si-mesmo. Só uma personalidade solidamente desenvolvida é socialmente fecunda; pelo contrário, Jung afirma:

> Quanto menor for a personalidade, tanto mais imprecisa e inconsciente se torna a voz [interior], até confundir-se com a sociedade, sem poder distinguir-se dela, privando-se [a personalidade] da própria totalidade para diluir-se na totalidade do grupo. A voz interior é substituída pela voz do grupo social e de suas convenções; em lugar da designação* aparecem as necessidades da coletividade[28].

Trata-se de uma regressão do homem a suas bases arcaicas; a consciência se dilui numa *participation mystique*, na qual não existem indivíduos, mas sim grupos. Mas enquanto o homem genuinamente arcaico mantém uma relação com os instintos (conta com o universo mítico, simbólico que o contém e dá sentido), o homem moderno e, mais ainda, o homem culto, é "*incapaz de perceber essa voz não garantida por nenhuma doutrina*", e corre assim o perigo de fundir-se em um gregarismo que, para Jung, era patente na Rússia, na Itália e nos Estados Unidos em tempos de guerra e pós-guerra. O homem moderno se unilateralizou e crê ter conquistado uma desmitologização (ou desmistificação). Contudo, como assinala uma já célebre passagem junguiana:

---

[27] "A importância da psicologia para a época atual" [OC 10/3], § 315.

* No sentido de destino, chamado, vocação [N.T.].

[28] "Da formação da personalidade" [OC 17], § 302.

> Ainda estamos tão possuídos pelos conteúdos psíquicos autônomos, como se estes fossem deuses. Atualmente eles são chamados: fobias, compulsões e assim por diante; numa palavra, sintomas neuróticos. Os deuses tornaram-se doenças. Zeus não governa mais o Olimpo, mas o plexo solar e produz espécimes curiosos que visitam o consultório médico; também perturba os miolos dos políticos e jornalistas, que desencadeiam pelo mundo verdadeiras epidemias psíquicas[29].

Tudo isso é consequência da moderna hipertrofia da consciência; *hybris*, que leva os homens a não repararem na perigosa autonomia do inconsciente:

> O pressuposto da existência de deuses ou demônios invisíveis é, em minha opinião, uma formulação do inconsciente, psicologicamente muito mais adequada, embora se trate de uma projeção antropomórfica. [...] Se o processo histórico da "des-animação" do mundo, ou, o que é a mesma coisa, a retirada das projeções continuar avançando, como até agora, tudo que se acha fora, seja de caráter divino ou demoníaco, deve retornar à alma, ao interior do homem desconhecido, de onde aparentemente partiu[30].

Os dois erros materialistas que dessacralizam a natureza externa ("*entre os sistemas galácticos não se pôde descobrir o trono divino*") e a interna ("*Deus é uma ilusão motivada pela vontade de poder ou pela sexualidade reprimida*") formam parte do mesmo movimento que se manifesta e culmina na "morte de Deus". Mas Jung alerta:

> Aquele para quem "Deus morre" se torna vítima de "inflação"[31].

Para Jung, a morte de Deus significa:

> Ele [Deus] abandonou a imagem que havíamos formado a seu respeito e nós, onde iremos encontrá-lo de novo? O inter-regno é cheio de perigos, pois os fatos naturais farão valer os seus direitos sob a forma de diversos "ismos", dos quais nada resulta senão a anarquia e a destruição; e isso porque, em consequência da inflação, a *hybris* humana escolhe o eu, em sua miserabilidade visível, para senhor do universo[32].

---

[29] "Comentário a 'O segredo da flor de ouro'" [OC 13], § 54.

[30] *Psicologia e religião* [OC 11/1], § 141.

[31] Ibid., § 142.

[32] Ibid., § 144.

E se essa morte de Deus enuncia uma verdade válida para a Europa, o Ocidente e, talvez, para o mundo inteiro, responde (ou 'acompanha') um movimento da energia psíquica em certo sentido arquetípico, presente no mitologema do Deus que morre ou desaparece e ressuscita ou reaparece, seja para toda a comunidade, ou para uns poucos; seja externamente, no ritual ou no renascer da natureza, ou na intimidade anímica. Nesta época de morte e desaparição de Deus, não se vê o ressuscitado; se perdeu o valor sumo que dá vida e sentido e não se descobriu nada em troca. Psicologicamente, o homem moderno não sabe projetar a imagem divina. A retirada e introjeção dessa imagem ameaçam o homem com a inflação e a dissolução da personalidade.

Jung descreve a aparição de mandalas ou figuras circulares na produção onírica e imaginativa de seus pacientes. As delimitações redondas ou quadradas do centro têm por finalidade a ereção de muros protetores ou de um *vas hermeticum* (recipiente hermético) que evite uma irrupção ou um desmoronamento. Nos antigos mandalas encontramos normalmente a divindade; no mandala do homem moderno não se substitui a divindade, ela antes aparece, habitualmente, simbolizada não poucas vezes na estrutura geométrica. Quando não se produz a projeção, o inconsciente cria a ideia de um homem deificado, protegido, quase sempre privado de sua personalidade e representado por um símbolo abstrato. Sem dúvida, isso conecta a psique do homem moderno com modos arcaicos de pensar; mas, ao mesmo tempo, o expõe a uma indeterminação, repleta de grandes perigos:

> A aventura espiritual do nosso tempo consiste na entrega da consciência humana ao indeterminado e indeterminável, embora nos pareça – não sem motivos – que o ilimitado também é regido por aquelas leis anímicas que o homem não imaginou, e cujo conhecimento adquiriu pela "gnose" no simbolismo do dogma cristão, e contra o qual só os tolos e imprudentes se rebelam; nunca, porém, os amantes da alma[33].

Talvez um dos maiores méritos da obra junguiana consista em haver percebido – desde o ponto de vista de uma ciência empírica, por certo ampliada em seu método – os vestígios do sagrado no simbolismo da psique do homem moderno, ou, se se quiser, contemporâneo. Ali parece despontar aquilo que permite sair do niilismo incompleto, para utilizar a expressão de Nietzsche, no qual estamos imersos. Pode-se projetar essa totalidade tomando a forma de uma megalomania da dominação planetária (um messianismo salvífico e destrutivo), pois não se trata

---

[33] Ibid., § 168.

apenas de constatar o surgimento do símbolo, mas também de comprometer-se com sua significação e sua força numinosa. Esse compromisso é espiritual, mais precisamente religioso, como já se disse. É mister a gestação de novos símbolos, desafio que requer a participação do eu consciente e da vontade, mas só como ponto de partida para provocar uma abertura a um sentido que há de se dar em uma linguagem e em um modo inesperado e, ao mesmo tempo, arcaico. Mas tal símbolo (ou conjunto de símbolos) deve superar a capacidade redutora do racionalismo e de toda forma de convencionalismo.

> Um símbolo perde, por assim dizer, sua força mágica, ou, se quisermos, sua força redentora, logo que for conhecida uma solucionabilidade. Por isso, um símbolo ativo tem de ter uma constituição inexpugnável. Deve ser a melhor expressão possível da cosmovisão de uma época [e cultura*], simplesmente insuperável em seu significado; e estar tão distante da compreensão que faltem ao intelecto crítico todos os meios de solucioná-lo** validamente; e, finalmente, sua forma estética deve ser tão adequada ao sentimento, que nenhum argumento sentimental possa erguer-se contra ele[34].

Trata-se, no fim das contas, do surgimento ou ressurgimento do Deus rejuvenescido; é o "Deus vindouro" que procura uma nostalgia escatológica e uma expectação fecunda. E esta é, como dissemos, a mensagem central do *Liber Novus*.

Como é sabido – do ponto de vista de uma psicopatologia da profundidade – na psicose, o paciente tende a projetar no mundo externo a iminente ruptura de sua personalidade, e o faz mediante alucinações e delírios vinculados ao fim do mundo. Mas, que acontece quando se produz o movimento inverso, ou seja, quando a própria consciência coletiva (como consequência de uma constelação da época) mostra sintomas de uma iminente ruptura, produto de uma dissolução do símbolo? Sem dúvida, isso dá lugar a uma psicose coletiva mais ou menos latente de proporções gigantescas. Será possível curar o universo simbólicos coletivo? Não me refiro a paliativos, nem a meras boas intenções, menos ainda a exortações morais. Do ponto de vista junguiano, isso requereria uma enorme força espiritual capaz de levantar projeções, para assim recuperar essa energia psíquica dissociada e conseguir que ela se ordena. E nos permitam aqui a utilização de uma linguagem metafórica: não supõe todo apocalipse

---

* Acréscimo de Nante [N.T.].

** Na acepção de uma "dis-solução" [N.T.].

[34] *Tipos psicológicos* [OC 6], § 446.

uma catástrofe (*katastrophé*: inversão, destruição, ruptura), mas uma catástrofe que duramente despeja e desvela a revelação, o apocalipse? Se "*apokálypsis*" (revelação) é o sentido interno da catástrofe, da destruição, não se poderá antecipar – no sentido junguiano do termo – esse processo? A tarefa heroica consistirá, então, na recuperação ou no descobrimento do símbolo pessoal, cultural, planetário. Mas a tarefa começa em cada um: *habentibus symbolum facilis est transitus*, com o símbolo a transição é fácil, diziam os alquimistas. E essa tarefa de cada um compromete a todos.

Jung afirmou:

> Pois algo de nossa alma não é indivíduo, mas povo, coletividade, humanidade. De algum modo somos parte de uma só grande alma, de um só *homo maximus*, para dizê-lo com as palavras de Swedenborg[35].

Unidade e diversidade do *opus* junguiano

Com o objetivo de tão somente ajudar ao leitor não especializado, fazemos uma breve referência à obra de Jung à luz do *Liber Novus* e consignamos, ao final, uma cronologia esquemática de sua vida e obra, intercalando as datas das visões[36].

Jung intencionou descobrir e compreender os símbolos que dão sentido ao efêmero acontecer humano. O homem contemporâneo, confiando unilateralmente em sua razão esclarecida, se crê livre de seu próprio mundo simbólico e das influências dos 'deuses' de outrora; mas, como assinalamos, para Jung os 'deuses' negados se transformaram em enfermidades.

A publicação de *O Livro Vermelho* acrescenta um novo desafio à série de confusões que a obra de Jung é pródiga em suscitar; e é também uma oportunidade para superar tais confusões. Por certo, não gostaríamos de contribuir, ao fazermos esta síntese arriscada, para a interminável série de mal-entendidos que, reforçados por alguns adversários e por supostos seguidores, mascaram sua obra, reduzindo-a a alguma fórmula. Sem dúvida, contribui com isso a habitual ignorância sobre

---

[35] "O problema psíquico do homem moderno" [OC 10/3], § 175.

[36] Baseamo-nos em nosso artigo de difusão "De los dioses escondidos en la mente". *Diario Clarín – Revista Ñ*, Buenos Aires, 24/02/2007. Cf. BAIR, D. *Jung*: a Biography. Nova York: Black Bay, 2003. • WEHR, G. *C.G. Jung* – Su vida, su obra y su influencia. Buenos Aires: Paidós, 1991. • JUNG, C.G. *Recuerdos, sueños y pensamientos* [Memórias, sonhos, reflexões]. Buenos Aires: Seix Barral, 2002, p. 229. • SHAMDASANI, S. "*Liber Novus*: El Libro Rojo de C.G. Jung". In: JUNG, C.G. *El Libro Rojo*. Buenos Aires: Malba-Fundación Costantini, 2010, p. 193-223.

sua obra. Em castelhano, apenas em 1999, a Editora Trotta começou o louvável trabalho de edição da *Obra Completa*, embora ainda não se conte – nem sequer em alemão – com uma edição crítica.

À frequente ignorância sobre sua obra se agrega a de suas múltiplas fontes, que nem sempre são meras 'influências'. Esse é o caso da alquimia, que para Jung forma "uma corrente subterrânea em relação ao cristianismo que reina na superfície. A primeira se comporta em relação ao segundo como um sonho em relação à consciência e da mesma forma que o sonho compensa os conflitos do consciente, assim o esforço da alquimia visa preencher as lacunas deixadas pela tensão dos opostos no cristianismo"[37]. O feminino, a matéria, o ctônico (as divindades subterrâneas) e o mal fazem parte essencial do universo simbólico do homem e devem ser integrados. Também contribui com tantos mal-entendidos o caráter inovador da teoria, somado às imprecisões terminológicas e às vacilações metodológicas próprias do pioneiro. Jung admitiu, já ancião, que se lhe fosse concedida uma segunda etapa de vida, reuniria os *disiecta membra* de sua obra e integraria os "começos sem continuação" em um todo[38].

Favorecem esta confusão supostos seguidores que fazem um uso acrítico da teoria e aqueles que a 'defendem' reduzindo-a a uma teoria psicológica a mais. Mas o mérito desta consiste, precisamente, em tentar compreender o homem não segundo 'o que está sendo' mas segundo o que pode chegar a ser, a partir do que, aparentemente, 'está sendo' e, por isso, recorre ao fio que conecta a abordagem – em sentido restrito – 'psicológica' inicial, limitadamente empírica da psique, e seu desdobramento no sagrado aberto ao metafísico. Para consegui-lo se constitui em uma fenomenologia da experiência humana, que só inicialmente é 'psicológica' em sentido restrito, mas que deixa de ser um mero 'método' para constituir-se em orientação ontológica. A psicologia volta a ser (contra Lange) 'psicologia da alma' e, no fim das contas, *cosmologia*.

A propalada 'lenda freudiana', de acordo com a expressão de Henri Ellenberger, segundo a qual Freud "descobriu o inconsciente" e foi o primeiro a estudar cientificamente os sonhos e a sexualidade, perdura ainda hoje, promovida pela negligência de não poucas histórias da psicologia[39]. Desta lenda decorre que ainda

---

[37] OC 12, § 26.

[38] Esta afirmação teria sido feita por Jung durante o Encontro de Eranos de 1940. Cf. JAFFÉ, A. *The Myth of Meaning in the Work of C.G. Jung*. Zurique: Diamon, 1986, p. 8.

[39] ELLENBERGER, H. *El descubrimiento del inconsciente*. Madri: Gredos, 1970.

se conceba a psicologia junguiana como um mero rebento – seja desviado ou melhorado – da psicanálise. A comparação entre ambas teorias e práticas – tarefa também tentada pelo próprio Jung – pode ser esclarecedora, mas se se quer compreender a teoria junguiana é mister fazê-lo, na medida do possível, em seus próprios termos.

Até antes de *O Livro Vermelho*, nosso conhecimento da vida de Jung se limitava a suas "memórias", *Memórias, sonhos, reflexões*, surgidas tanto de um labor estritamente autobiográfico como da pena de sua discípula, Aniela Jaffé, que organizou o texto e algumas referências indiretas. A informação incompleta acerca de uma vida incomum abriu brecha a biografias espúrias. Certamente a acusação de nazismo, que alguns levantaram contra Jung, se baseia em suspeitas infundadas, mas é sabido que a suspeita é psicologicamente mais efetiva que a evidência. Não podemos nos deter na questão, mas gostaríamos de assinalar que só há pouco tempo se descobriu que Jung foi o Agente 448 do *Office of Strategic Service* norte-americano e que, de algum modo, liderou uma malsucedida conspiração contra Hitler. Certamente, essa questão não afeta a teoria, mas o leitor interessado deveria começar por ler os textos de Jung sobre o tema, começando pelo "Posfácio" ao livro *Ensaios sobre a história contemporânea* [OC 10/2].

Carl Gustav Jung nasceu e morreu na Suíça. Desde pequeno sofreu por uma religiosidade esclerosada, desconectada da experiência do sagrado, embora alguns sonhos tenham funcionado como uma espécie de compensação desse vazio espiritual. Estudou medicina na Basileia, mas, desde jovem, seus interesses foram vastos e revelam sua cosmovisão: lia os clássicos, *Paracelso*, Mesmer, Swedenborg, Kant, Schopenhauer, Eduard von Hartmann e, sobretudo, Goethe e Nietzsche. Em 1900 ingressou no Burghölzli, a clínica psiquiátrica de Zurique dirigida por Eugen Bleuler. Em 1902 publicou sua tese em que sustenta que os fenômenos 'ocultos' merecem atenção, pois dão conta do caráter autônomo e criador do inconsciente. A partir de 1904 publicou trabalhos relacionados com experimentos de associação de palavras que lhe permitiram cunhar o conceito de 'complexo'. Em 1907 começou sua colaboração com Freud, que de imediato o considerou seu 'herdeiro'; ela durou até 1913. Em 1912 publicou *Transformações e símbolos da libido* (reelaborado em 1952) que determinou sua separação definitiva da psicanálise. Ali se lê que os símbolos funcionam como transformadores: transferem a libido de uma forma 'inferior' a uma forma 'superior'. A libido não é meramente sexual e demonstra caráter prospectivo, orientador e criativo:

> [...] era preciso um homem que primeiro experimentasse, em si mesmo, o duplo aspecto da psique, e tomasse conhecimento, em si mesmo, da legitimidade da totalização (ou individuação)[40].

Nesse sentido, *O Livro Vermelho* não é, *stricto sensu*, uma obra científica, mas em sentido amplo (e profundo) é um "experimento científico", como o próprio Jung o designa, e que lhe serve para fundamentar empiricamente sua teoria, pois ele próprio devia levar a cabo a experiência originária e se esforçar por fixá-la sobre um fundo de realidade; se não fosse assim, teria ficado em meras especulações subjetivas incapazes de ganhar vida. Por isso insiste em que toda a sua obra provém das imaginações e sonhos iniciais.

Talvez se possa fazer uma primeira aproximação à gênese de *O Livro Vermelho* a partir daquele primeiro sonho que Jung lembra e que o iniciara nos "segredos da terra". Ele se encontrava em um prado e descobriu uma cova fechada, retangular, por cujas escadas desceu relutante. Atrás de uma cortina divisou um suntuoso trono real. Ali estava uma figura elevada de carne e pele, cheia de vida, mas sem rosto nem cabelo e com um só olho que fitava para o alto. Logo escutou o grito de sua mãe: "Sim, olhe-o. É o ogro!"[41] O encontro com essa figura vital do submundo, talvez se poderia considerá-lo *in nuce* o que mais tarde apareceria como o "espírito da profundeza", cujo símbolo prístino, a serpente, será o *Leitmotiv* do livro. Mas, sem dúvida, o que preparou o terreno para *O Livro Vermelho* foi o profundo e compromissado estudo que Jung dedicou à mitologia e que, de alguma maneira, ficou plasmado na obra recém-mencionada *Transformações e símbolos da libido*. Daquela época Jung conta:

> [...] agora me parecia estar vivendo num manicômio construído por mim mesmo. Eu circulava com todas estas figuras fantásticas: centauros, ninfas, sátiros, deuses e deusas, como se fossem pacientes e eu os estivesse analisando. Eu lia um mito grego ou negro como se um maluco estivesse me contando sua anamnese [...][42].

É importante levar em conta que Jung não está psicopatologizando a mitologia, mas que, de um ponto de vista psicológico, descobre e experimenta o âmbito

---

[40] WEHR, G. Op. cit. p. 163.

[41] *Memórias*. Op. cit., p. 26-27.

[42] SHAMDASANI, S. Op. cit., p. 197. A citação corresponde a *Seminários sobre psicologia analítica*. Petrópolis: Vozes, 2014, p. 64.

em que é possível estabelecer um diálogo com o inconsciente através de figuras míticas. Isso o levou a perguntar-se sobre seu próprio mito, em poucas palavras, qual é o sentido de sua própria existência dentro de sua comunidade e no lugar e tempo que lhe tocou viver. Quem crê que vive sem um mito ou fora dele

> [...] é, na verdade, um erradicado* que não se encontra verdadeiramente vinculado com o passado, a vida dos ancestrais (que sempre vive em seu seio), nem com a sociedade humana do presente. Não mora numa casa com os outros, não come e não bebe igual aos outros, mas vive uma vida, envolto numa ilusão** subjetiva elaborada por seu intelecto, e que lhe parece a verdade recém-descoberta[43].

Nestas eloquentes palavras, escritas no prólogo da reedição desta obra quarenta anos depois de ser publicada, se encontra uma descrição do homem atual e, ademais – o que é mais lamentável –, se mantém o eco profético. Contudo, continua afirmando:

> Eu me senti compelido a perguntar-me com toda seriedade: "O que é o mito que você vive?" Não achei uma resposta e tive de confessar-me que na verdade eu não vivia nem com um mito nem dentro de um mito, e sim numa insegura nuvem de possibilidades de conceitos que eu olhava, aliás, com desconfiança crescente. Eu não sabia que vivia um mito e, mesmo se soubesse, não teria reconhecido o mito que minha vida tecia por cima de minha cabeça[44].

Certamente era necessário participar de seu mito, vivê-lo, para conhecê-lo realmente:

> Veio-me então, naturalmente, a decisão de conhecer "meu mito". E considerei isso como tarefa por excelência, pois – assim eu me dizia – como poderia prestar conta corretamente de meu fator pessoal, de minha equação pessoal, diante de meus pacientes, se nada sabia a respeito, e sendo isto, no entanto, tão fundamental para o reconhecimento do outro?[45]

---

* No sentido de um "desenraizado", vocábulo usual na crítica conservadora ou na análise marxista dos efeitos de "alienação" e isolamento engendrados pelo moderno individualismo [N.T.].

** A versão castelhana traz aqui a palavra "delírio", o que configuraria, da parte de Jung, uma inversão frontal da crítica usual do racionalismo moderno ao mito como delírio; delirante seria o indivíduo que renuncia às verdades e energias míticas da psique humana universal [N.T.].

[43] *Símbolos da transformação*. Petrópolis: Vozes, 2011, p. 13.

[44] Ibid.

[45] Ibid.

Ali, portanto, já estavam dadas as condições para a profunda indagação à qual se dedicou como um verdadeiro pioneiro que se dispõe a explorar terras desconhecidas. Por certo, não podemos seguir a evolução da obra junguiana que se reelabora e amplia permanentemente. Os desenvolvimentos teóricos se consignam nos volumes 6, 7, 8 e 9/1; sua leitura da cultura, nos volumes 9/2 a 15; as questões psicoterapêuticas, no volume 16; as questões de psicologia evolutiva, no 17. Em realidade, cada tema implica os demais e os 220 trabalhos da Obra Completa deveriam integrar-se com a leitura de seus seminários, cartas, memórias, com o estudo de suas fontes filosóficas, científicas, religiosas e mitológicas e, sobretudo, com as experiências cuidadosamente anotadas de *O Livro Vermelho*. A importância deste último transcende o âmbito do subjetivo. Jung compreendeu que as intuições conquistadas ali não estavam destinadas só para ele, mas que são uma resposta ao *Zeitgeist*, ao espírito desse tempo, constelado sobre o polo da justificação, da utilidade e do valor, como se assinala no começo. Retrospectivamente, vários anos mais tarde, ele diria:

> Quando hoje volto o olhar para trás e medito sobre o sentido do que me aconteceu na época de meu trabalho sobre as fantasias, me parece como se tivesse se apresentado a mim uma embaixada com plenos poderes. Nas imagens, havia coisas que não afetavam só a mim, mas também a muitos outros. Disso resultou que eu já não poderia considerar que eu me pertencia tão somente a mim e nada mais. A partir de então, minha vida pertencia ao universal[46].

Ante o confronto com o inconsciente, à diferença de Nietzsche, ele soube agarrar-se à vida cotidiana mediante três âncoras: a vida familiar, sua profissão de psicólogo clínico e o exercício de navegar a vela pelo lago de Zurique. Eventualmente praticava *yoga*, embora só até conseguir serenar e poder continuar o diálogo com o espírito da profundeza.

Mas naquele tempo se abria um abismo entre ele e seu próximo. Precisava encontrar a forma de elaborar o material e empreender o caminho de volta:

> Minha ciência foi o meio e a única possibilidade de sair daquele caos[47].

Só mediante a demonstração de que tais experiências são reais – porque atuam – e que como experiências coletivas podem repetir-se também em outros, podem costurar o mundo interno com o externo. Tarefa que se converteria, de certa forma, no sentido de sua vida e obra:

---

[46] *Memórias*. Op. cit., p. 229.

[47] Ibid.

> [Essa] me custou quarenta e cinco anos, por assim dizer, incluir no quadro de minha obra científica as coisas que então sentia e anotava [...] tropecei com esta corrente de lava, e as paixões que existiam em seu fogo transformaram e reestruturaram minha vida. Tal era a matéria-prima da qual se formou, e minha obra constitui um esforço mais ou menos bem-sucedido de incorporar esta matéria ardente na visão de mundo de minha época[48].

Para Jung, o inconsciente pessoal se constitui primariamente por conteúdos esquecidos ou reprimidos e o inconsciente coletivo, fundamentalmente, por arquétipos. Inicialmente ele esteve sob a influência, entre outros, de A. Bastian, H. Usener, Hubert e Mauss, L. Lévy-Bruhl e J. Burckhardt. Jung tomou deste último a expressão 'imagem primigênia', para referir-se a mitologemas que se plasmam através da história em inúmeras formas, dão conta do modo de compreender e de estar no mundo e aparecem em seus sonhos, visões, fantasias. A partir de 1919, introduz o termo 'arquétipo' que toma da tradição platônica tardia e, com ele, [introduz também] algumas precisões; os arquétipos são disposições que organizam o material captado conscientemente, não são representações herdadas, mas possibilidades herdadas de representações. Os arquétipos são inumeráveis, mas Jung se restringe sobretudo ao estudo da *persona*, da sombra, da *anima-animus* e do 'si-mesmo', que abarca consciente-inconsciente e se manifesta dinamicamente guiando a individuação. Esse processo supõe a apropriação do sentido imanente à energia psíquica por parte do eu. É fácil demonstrar que para Jung a energia psíquica, embora possa ser descrita a partir de um modelo energetista finalista-quantitativo, em última instância é 'atividade imaginativa'.

O processo de individuação não se limita a uma questão intrapsíquica, pois suscita uma maior consciência do mundo, do próximo e da transcendência. O conceito empírico de sincronicidade – que Jung elabora apoiando-se na física quântica e no taoismo – revela a existência de um sentido que subjaz e excede a dicotomia sujeito-objeto. Se a teoria junguiana se centra no processo de individuação, toda terapia é ou desemboca numa *cura animarum*, pois recupera a vivência do sagrado.

História da cultura e leitura da psique individual se complementam para compreender o mundo simbólico que antecipa os acontecimentos da humanidade. O mundo simbólico não assumido possui, invade e causa infinitos males; tal como ocorreu com a constelação de Wotan no mundo germânico e seguirá ocorrendo se o homem não se comprometer com seu processo de individuação. Para isso

---

[48] Ibid., p. 237.

apontam vários dos trabalhos incluídos em *Civilização em transição* [OC 10]; também seus trabalhos sobre arte e literatura – por exemplo, sobre Picasso e Joyce – tentam mostrar, na fragmentação do mundo contemporâneo, os sintomas de uma renovação (OC 15).

Mas os estudos sobre questões culturais particulares são concebidos a partir do pano de fundo de uma aproximação que tenta abarcar o movimento espiritual da humanidade como um todo, tal é o caso de *Aion* [OC 9/2] quem dá conta da versão do si-mesmo que vem se gestando no Ocidente desde cerca de dois mil anos. Por certo, a chave para compreender tal movimento provém, fundamentalmente, da alquimia (OC 12, 13 e 14). Dos variados textos referentes à religião ocidental, talvez o mais conhecido seja *Psicologia e religião* [OC 11], que desemboca na "morte de Deus", acontecimento vigente no homem contemporâneo, em cuja psique reaparece a divindade abismada.

Mas talvez o eco mais evidente de *O Livro Vermelho*, nós o encontremos no polêmico *Resposta a Jó*, que apresentamos brevemente à luz de um esclarecedor estudo de Henry Corbin[49]. Nele Jung examina a representação de Javé no Livro de Jó em termos de suas relações amorais e indiferenciadas com o homem. Javé aparece ali muito mais 'humano' do que divino; é injusto, irracional e com menor consciência moral do que o próprio Jó, que pede a Deus que o defenda do próprio Deus, situação que simboliza a natureza dual de Deus como protetor e perseguidor, como bom e mau ao mesmo tempo. Essa antinomia de Deus dá conta de uma potente tensão de opostos que começam a se conciliar no diálogo – em boa medida frustrado – entre ambos. A onipotência divina não condiz com a onisciência e a justiça que dele se espera. Sem dúvida, Jung não pretende realizar uma leitura exegética, mas uma análise psicológica e, para isso, mostra momentos de autorrevelação de Deus através de um percurso pela literatura sapiencial do Antigo Testamento e pela literatura cristã, particularmente apocalíptica. E embora esse 'Deus inconsciente' pareça assimilável ao demiurgo gnóstico, Jung descreve – em chave alquímica – a integração do homem e do divino em uma 'não dualidade' que corresponde, em chave psicológica, à integração eu/si-mesmo. Essa integração começa pela mediação de Sophia, força feminina coeterna com Deus. Sophia aparece em três momentos: primeiro no modo já descrito da ausência, em seguida numa anamnese que aparece em Provérbios, Sabedoria e Eclesiástico, e, por último, em sua exaltação, em chave apocalíptica.

---

[49] CORBIN, H. "La Sophia Éternelle". In: CAZENAVE, M. (org.). *C.G. Jung*. Paris: L'Herne, p. 264-292.

Com relação à anamnese, basta mencionar que os homens, ao sentir-se expostos à arbitrariedade de Javé, necessitam de Sophia, que até então só se opôs ao nada do homem. Mas Sophia preexistente reaparece anunciando uma renovação mediante uma *hierogamia* [casamento sagrado] divina, eterna, embora, até então, insuspeita, que desemboca na criação do segundo Adão, o Homem-Deus. Da meditação sobre as visões apocalípticas, projetar-se-á a alta abóbada do Dogma da Assunção de Maria, verdadeira resposta a Jó. Essa Mulher se une no Pleroma a Deus, o qual permitiria o nascimento do *filius sapientiae* [filho da sabedoria], como uma encarnação contínua. Antecipação joanina a Jakob Böehme e à alquimia, que reaparece em Mestre Eckhart ou Angelus Silesius. O homem empírico será, assim, o lugar do nascimento de Deus, que permite a correspondência (não a identificação psicologista) entre Deus e o si-mesmo.

Para compreender o surgimento do homem total é mister uma aproximação à espiritualidade oriental, complementária e não oposta à ocidental. Na obra junguiana, o equívoco termo 'Oriente' se centra, fundamentalmente, no *yoga*, em sua acepção ampla, compreendido como um fenômeno pan-asiático que inclui o budismo e o taoismo. Esses trabalhos surgem de um estímulo duplo: por um lado, os textos orientais o retiraram de seu isolamento, lhe permitiram compreender fenômenos arquetípicos que o *'yoga'* estuda e induz, análogos aos que se constatavam em alguns pacientes (p. ex., formações mandálicas) e, por outro lado, de sua amizade com destacados especialistas como Richard Wilhelm, Heinrich Zimmer, Daisetz T. Suzuki, Evans Wentz etc.

Jung reconhece o valor da espiritualidade oriental, mas critica tanto uma apropriação acrítica do Oriente – e que não leva em conta o próprio inconsciente cultural – como toda hipercrítica materialista, que desmerece a espiritualidade oriental ou a reduz mediante uma abordagem meramente erudita. O desafio ocidental consiste em "[...] a partir de dentro [...] atingir os valores orientais e não a partir de fora, buscando-os em nós, em nosso inconsciente"[50]. A imitação impede o processo de individuação e suscita uma perigosa possessão inconsciente. O Ocidente desenvolveu suas próprias práticas ou caminhos (teurgia, o hesicasmo, os exercícios de Santo Inácio), mas não estão vigentes. Jung não duvida que, com o correr dos séculos, o Ocidente produzirá seu próprio *yoga*, por sobre a base criada pelo cristianismo. Quiçá vislumbrou sua obra como um elo a mais nessa direção. Sua mensagem prática, dirigida a todos os homens, retoma – em chave contemporânea e com base científica – aquilo que as tradições espirituais sustentam em sua

---

[50] "Comentário psicológico sobre o livro tibetano da grande libertação" [OC 11/5], § 773.

essência desde sempre: o homem é responsável por descobrir um tesouro oculto em seu interior. Tal tarefa árdua, individual e universal, pessoal e coletiva, carece de garantias e não pode ser cumprida com pertenças a determinados grupos ou com simples rechaços.

O espírito da profundeza chama a uma aventura espiritual; ao fim das contas a narra com sua própria vida essa história imarcescível de que já falamos:

> Em algum lugar, alguma vez, houve uma flor, uma pedra, um cristal; uma rainha, um rei, um palácio; um amado e uma amada, há muito, sobre o mar, em uma ilha, há cinco mil anos [...] é o amor, é a flor mística da alma, é o centro, é o si-mesmo...[51]

---

[51] SERRANO, M. Op. cit., p. 96.

Cronologia

A seguir consignamos uma cronologia que dá conta de alguns marcos fundamentais da vida e da obra de Jung, e sublinhamos a data das visões, comentários e imagens de *O Livro Vermelho*. [**Abreviaturas:** *LV* (*O Livro Vermelho*), *LP* (*Liber Primus*), LS (*Liber Secundus*), OC (*Obra Completa*), RSP (*Recuerdos, sueños y pensamientos* [*Memórias, sonhos, reflexões*]).]

1875
Nasce a 26 de julho em Kesswill, Suíça. Criança, sonha que desce por um buraco a uma habitação onde encontra um tronco de pele e carne com um olho na parte superior, que relaciona com Jesus Cristo. Anos depois compreendeu que esse sonho foi uma espécie de iniciação aos "segredos da terra" (RSP, p. 30).

1887
Visão de Deus que, do seu trono, joga excremento demolindo a catedral. Primeira visão do "Deus vivente imediato, que se alça onipotente e livre por cima da Igreja" (RSP, p. 57).

1895-1900
Estudos de Ciências Naturais e depois Medicina na Universidade da Basileia. Sessões de espiritismo com sua prima médium Helene Preiswerk.

1900
Decide se especializar em psiquiatria. Ingressa, no fim do ano, na Clínica Burghölzli, sob a direção do Professor Bleuler.

1902
Doutorado em Medicina, concedido pela Universidade de Zurique, com a tese *Sobre a psicologia e a patologia dos fenômenos chamados ocultos* [in: OC 1], com grande influência de T. Flournoy. Viaja a Paris para estudar com P. Janet. No ano seguinte, se casa com Emma Rauschenbach, com quem tem cinco filhos.

1903-1905
Médico na Clínica Burghölzli. Descobrimento do complexo afetivo através de seu teste de associação de palavras [OC 2].

1905-1909
Médico superior na Burghölzli.

1905-1913
Professor suplente na Faculdade de Medicina da Universidade de Zurique.

1906-1907
Primeiros contatos epistolares com Freud e posterior encontro. Toma partido publicamente da psicanálise. Publica *A psicologia da dementia praecox: um ensaio* [in: OC 3].

1912
Publica *Transformações e símbolos da libido* (reeditado com o título *Símbolos da transformação* [OC 5]). Primeiras ideias sobre o inconsciente coletivo, concepção de símbolo e libido, importância da imaginação. Ruptura teórica com a psicanálise.

1913
Outubro
Repetida visão da inundação das terras do Norte por um mar de sangue e morte de milhares. Uma voz diz que isso se tornará real (RSP, p. 209-210).

27 de outubro
Carta a Freud em que rompe sua relação com ele ([OC D. Epistolário] Correspondência Freud/Jung, carta 357 J).

Novembro
Começa a escrever os *Livros Negros*, que logo transcreverá no *LV*.

12 de novembro
Cap. I: "O reencontro da alma" (LP).

14 de novembro
Cap. II: "Alma e Deus" (LP).

15 de novembro
Cap. III: "Sobre o serviço da alma" (LP).

28 de novembro
Cap. IV: "O deserto" (LP).

11 de dezembro
"Experiências no deserto" (LP).

12 de dezembro
Cap. V: "Descida ao inferno no futuro" (LP).

13 de dezembro
Conferência na Associação Psicanalítica de Zurique: "Sobre a psicologia do inconsciente".

17 de dezembro
Cap. VI: "Divisão do espírito" (LP).

18 de dezembro
Cap. VII: "Assassinato do herói" (LP).

19 de dezembro
Cap. VIII: "Concepção do Deus" (LP).

21 de dezembro
Cap. IX: "Mysterium – Encontro" (LP).

22 de dezembro
Cap. X: "Instrução" (LP).

25 de dezembro
Cap. XI: "Solução" (LP). Pé de um gigante pisando uma cidade, homicídio, sangrenta crueldade.

26 de dezembro
Cap. I: "O Vermelho" (LS).

28 de dezembro
Cap. II: "O castelo na floresta" (LS).

29 de dezembro
Cap. III: "Um dos degradados" (LS).

30 de dezembro
Cap. IV: "O eremita" (LS).

1914
1º de janeiro
Cap. V: "*Dies II*" (LS).

2 de janeiro
Cap. VI: "A morte" (LS). Visão de um mar de sangue e de um cortejo de multidões mortas.

5 de janeiro
Cap. VII: "Os restos de templos antigos" (LS).

8 de janeiro
Cap. VIII: "Primeiro dia" (LS).

9 de janeiro
Cap. IX: "Segundo dia" e
Cap. X: "As encantações" (LS).

10 de janeiro
Cap. XI: "A abertura do ovo" (LS).

12 de janeiro
Cap. XII: "O inferno" (LS).

13 de janeiro
Cap. XIII: "O assassinato sacrificial" (LS).

14 de janeiro
Cap. XIV: "A divina loucura" (LS).

17 de janeiro
Cap. XV: "*Nox secunda* [segunda noite]" (LS). Primeira aparição dos mortos no *LV*.

18 de janeiro
Cap. XVI: "*Nox tertia* [terceira noite]" (LS).

19 de janeiro
Cap. XVII: "*Nox quarta* [Quarta noite]" (LS).

22 de janeiro
Cap. XVIII: "As três profecias" (LS). Sua alma sobe das profundezas e lhe pergunta se ele aceitará a guerra e a destruição. Ela lhe mostra imagens de destruição, armas militares, restos humanos, barcos afundados, estados destroçados etc.

23 de janeiro
Cap. XIX: "O dom da magia" (LS).

27 de janeiro
Cap. XX: "O caminho da cruz" (LS).

27 de janeiro
Cap. XXI: "O mago" (LS). Parte 1. Primeira aparição de Filêmon.

29 de janeiro
Cap. XXI: "O mago" (LS). Parte 2.

1º de fevereiro
Cap. XXI: "O mago" (LS). Parte 3.

2 de fevereiro
Cap. XXI: "O mago" (LS). Parte 4.

9 de fevereiro
Cap. XXI: "O mago" (LS). Parte 5.

11 de fevereiro
Cap. XXI: "O mago" (LS). Parte 6.

13 de fevereiro
Conferência "Sobre o simbolismo do sonho" na Sociedade Psicanalítica de Zurique.

23 de fevereiro
Cap. XXI: "O mago" (LS). Parte 7.

30 de março a 13 de abril
Viagem a Ravena. Profunda impressão do monumento funerário de Gala Placídia (RSP, p. 334-339).

19 de abril
Cap. XXI: "O mago" (LS). Parte 8.

19 a 21 de abril
Aprofundamentos. Parte 1 e começo da parte 2.

20 de abril
Renúncia à presidência da Associação Psicanalítica Internacional.

30 de abril
Abandona sua cátedra na Faculdade de Medicina da Universidade de Zurique.

Abril-junho
Termina os *Livros Negros* (2-5) do LP e LS e escreve os *Livros Negros* 5 e 6, correspondentes aos *Aprofundamentos*. Tem três vezes o mesmo sonho: estava

num país estrangeiro, não tinha como regressar rapidamente a sua casa de barco, seguido pelo advento de um frio glacial. No último sonho, aparece uma árvore com uvas que ele oferece à multidão (RPS, p. 210).

21 de maio
Continua a parte 2 dos *Aprofundamentos*. Uma voz diz que os sacrificados caíram à esquerda e à direita.

23 a 25 de maio
Termina a parte 2 dos *Aprofundamentos*. Estado de profunda tristeza.

24 de junho
A alma lhe diz que o maior se torna o menor*. Depois permanece em silêncio por um ano inteiro (*Aprofundamentos*. Parte 2).

20 de julho
Conferência na Sociedade Psico-Médica de Londres sobre o método construtivo ("A interpretação psicológica dos processos patológicos" [OC 3]).

28 de julho
Conferência na Associação Médica Britânica sobre o aspecto compensatório do inconsciente ("A importância do inconsciente na psicopatologia" [OC 3]).

1º de agosto
Explode a Primeira Guerra Mundial. Compreende que suas visões não eram o pródromo de um surto esquizofrênico, mas visões antecipatórias da guerra.

9 a 22 de agosto
Presta serviço militar em Lucerna.

Novembro
Intenso estudo de *Assim falava Zaratustra*, de F. Nietzsche. Também lê *A divina comédia*, de Dante.

---

* *O Livro Vermelho*, p. 337 [N.T.].

1915

1º de janeiro a 8 de março
Serviço militar em Olten. Estuda obras gnósticas.

10 a 12 de março
Presta serviço no transporte de feridos.

Abril-maio
Escreve as citações bíblicas de Isaías e João que iniciam o *LV*.

3 de junho
Navegando por um lago, vê uma águia atacar um peixe e alçar voo. Sua alma lhe diz que é um símbolo do inferior que ascenderá. Começa a parte 3 de *Aprofundamentos*.

14 a 19 de setembro
Aprofundamentos. Parte 3.

Outubro
Conclui o serviço militar.

2 a 20 de dezembro
Aprofundamentos. Parte 4.

25 de dezembro
Imagem de Izdubar.
(p. 36, fac-símile).

1916

8 a 16 de janeiro
Aprofundamentos. Parte 5.

16 de janeiro
Anexo C. Impressão preliminar dos Sermões.

18 a 30 de janeiro
Aprofundamentos. Parte 6. Primeiro Sermão aos Mortos.

31 de janeiro
Aprofundamentos. Parte 7. Segundo Sermão aos Mortos.

1º de fevereiro
Aprofundamentos. Parte 8. Terceiro Sermão aos Mortos.

3 a 5 de fevereiro
Aprofundamentos. Parte 9. Quarto Sermão aos Mortos.

6 de fevereiro
Aprofundamentos. Partes 10 e 11. Quinto e sexto sermões aos mortos.

8 de fevereiro
Aprofundamentos. Partes 12 e 13. Sétimo Sermão aos Mortos.

17 de fevereiro a 12 de abril
Aprofundamentos. Termina Parte 13.

Fins de abril a 31 de maio
Aprofundamentos. Parte 14.

1º de junho
Aprofundamentos. Parte 15. O Epílogo foi escrito apenas em 1959.
Escreve "A função transcendente" [in: OC 8], que não publica até 1957, e "A estrutura do inconsciente" [in: OC 7], onde trata da importância da imaginação e da relação entre a psicologia individual e coletiva.

Outubro
Faz duas apresentações no Clube Psicológico sobre a relação do indivíduo com a adaptação coletiva (OC 18/2, § 1.084-1.106).

1917

Janeiro (aprox.)
Imagens das encantações (p. 50-61, fac-símile) e da árvore (p. 63, fac-símile).

4 a 15 de fevereiro
Imagem "Abertura do ovo".
(p. 64, fac-símile).

11 de junho a 2 de outubro
Serviço militar em Chateau d'Oex, detém sua produção.

Agosto e setembro
Desenha mandalas diariamente.

Agosto-outubro
Imagens de mandalas.
(p. 79-97, fac-símile).

Inverno
Começa a transcrever os *Aprofundamentos* ao *LV* composto de visões, desde abril de 1913 a junho de 1916, incluindo os *Sermões*.

1918
Escreve "Sobre o inconsciente" [OC 10/3]. O homem se encontra entre dois mundos: um da percepção externa e outro, da percepção do inconsciente, ambos unidos pelo símbolo. Começa a desenvolver *Tipos psicológicos* [OC 6].

1919
Abril
Imagem do Telésforo ou Fanes.
(p. 113, fac-símile).

Novembro
Imagem do *Lapis Philosophorum*.
(p. 121, fac-símile).

4 de dezembro
Imagem de Atmavictu, contrapartida do *Lapis*.
(p. 122, fac-símile).

1920
4 de janeiro
Imagem de homem regando flores que surgem do dragão e crescem Cabiros.
(p. 123, fac-símile).

Morre sua mãe. Dá início aos planos de construir a torre de Bollingen, cuja finalização será apenas em 1955, ano em que morre sua mulher.

1921
9 de janeiro
Imagem "*Amor triumphat*".
(p. 127, fac-símile).
Publica *Tipos psicológicos* [OC 6], onde estabelece as quatro funções da consciência, tipos extrovertido e introvertido, o si-mesmo. Conceptualmente é sua obra mais próxima de *O Livro Vermelho*.

1922
25 de novembro
Imagem de "Müspilli".
(p. 135, fac-símile).

1927
9 de janeiro
Imagem de mandala composto por uma flor, oito estrelas e oito portas.
(p. 159, fac-símile).

1928
Imagem do castelo dourado.
(p. 163, fac-símile).
Publica *O eu e o inconsciente* [OC 7/2] e *A energia psíquica* [OC 8/1], onde apresenta seu método da imaginação ativa e descreve o funcionamento da psique, respectivamente.

1930
Após publicar o "Comentário a 'O segredo da flor de ouro'" [in: OC 13], com R. Wilhelm, a alquimia se torna seu estudo predileto. Deixa de escrever *O Livro Vermelho*. Começa a proferir, em inglês, um seminário sobre *Visões* [OC B – Seminários], que durará até 1934.

1932
Profere o seminário *A psicologia do yoga kundalini* [in: OC B – Seminários]. Escreve sobre o *Ulisses* de Joyce e sobre Picasso [in: OC 15].

1934
Publica "Sobre os arquétipos do inconsciente coletivo" [in: OC 9/1] e profere o seminário *Sobre o Zaratustra de Nietzsche* [OC B – Seminários] até 1939.

1937-1938
Participa das Terry Lectures na Universidade Yale com seu trabalho *Psicologia e religião* [in: OC 11]. Escreve "As visões de Zósimo" [in: OC 13].

1940-1941
Interpretação psicológica do Dogma da Trindade [OC 11/2], "Paracelso, o médico" [in: OC 15] e *Introdução à essência da mitologia* com Karl Kerényi.

1944
Sofre um infarto. Série de intensas visões *post-mortem* e de *coniunctio*. Publica *Psicologia e alquimia* [OC 12].

1946
A *Psicologia da transferência* [in: OC 16/2], onde interpreta o texto alquímico *Rosarium Philosophorum*.

1952
Convalescente de uma grave enfermidade, escreve *Resposta a Jó* [OC 11/4], onde assume uma crítica despojada ao cristianismo, depois de haver publicado, no ano anterior, *Aion* [OC 9/2], de certa forma seu prelúdio. Publica sua última conferência em Eranos: "Sincronicidade como princípio de conexões acausais" [OC 8/3].

1955-1956
Publica sua obra capital *Mysterium Coniunctionis* [OC 14]. Aparece publicado anonimamente em *Du*, o *Systema Munditotius* do Anexo A de *LV*. Morre sua esposa.

1959
Escreve o Epílogo de *LV*.

1961
Escreve com seus discípulos sua única obra de divulgação: *O homem e seus símbolos*. A 6 de junho morre em Küsnacht, Zurique.

PRIMEIRA PARTE
Em busca das chaves

> *A prática mágica consiste em tornar compreensível o incompreensível de certa forma não compreensível*[1].
> Carl Gustav Jung, *O Livro Vermelho*.

Nesta primeira parte, tentaremos buscar as chaves de *O Livro Vermelho* a partir da própria obra, ou seja, faremos uma aproximação a suas ideias e símbolos fundamentais e aos critérios de compreensão ali sugeridos. Na segunda parte, realizaremos com esta *Chave* um percurso simbólico por toda a obra. Embora *O Livro Vermelho* seja labiríntico, inapreensível e, por assim dizer, 'abrasivo' para a consciência de um leitor médio, a obra facilita a compreensão, pois permanentemente reflete, se 'dobra' sobre si mesma: apresenta visões e ao mesmo tempo se mira a si mesma uma e outra vez e se transforma em um movimento recursivo, espiralado, como se tratasse de "unir o princípio com o fim". Isso não deve ser tomado como uma mera metáfora, mas como um símbolo, pois o próprio reconhecimento desse modo de se discorrer ajuda a aprofundar sua mensagem. Vale lembrar, *mutatis mutandis*, a experiência do próprio Jung por ocasião de sua leitura de uma obra de natureza bem diversa, o *Ulisses* de Joyce:

> A pessoa lê, lê e relê e pensa que compreende o que está lendo. Ocasionalmente deparamo-nos, através de um respiradouro, com uma frase nova –, mas uma vez atingido certo grau de dedicação, acostumamo-nos com tudo[2].

---

[1] *Liber Secundus*. Cap. XXI: "O Mago", p. 314 [citações sempre segundo a edição brasileira (Petrópolis: Vozes, 2010)].

[2] "*Ulisses*, um monólogo" [in: OC 15], § 165.

Talvez não se possa aplicar a esse caso que a pessoa 'se acostume com tudo', mas se deixar levar por esse texto com olhar fervoroso é descobrir essa condição serpentina, 'urobórica', da obra. Esperamos poder dar conta dessa estranha afirmação ao longo de todo o *Chaves*, mas primeiramente gostaríamos de apresentar essa ideia.

Quando Filêmon se apresenta inicialmente a Jung em um sonho, leva um molho de chaves e segura uma delas como se estivesse para abrir o portão de um castelo. Como é sabido, a chave iniciática que abre e fecha as câmeras secretas dos mistérios não é um instrumento externo que se possa conseguir utilizando o que Panikkar denominava a 'epistemologia do caçador'. Para tal gesta, não basta a vontade, nem, muito menos, a agudeza intelectual. Mais ainda, vontade e intelecto são meros meios a serviço de um espírito que se busca a si mesmo e que se manifesta em um estado de ânimo, uma *Stimmung*, que cultiva esse silêncio que se abre ao mistério, e assim constrói sua morada: "Oh meu silêncio!... edifício na alma, [...]!"[3]

Por certo, a *clavis* hermenêutica eficaz é a que cada um pode ir forjando a partir de uma lenta maturação do texto e de si mesmo. Tal é, como veremos, o sentido da enigmática epígrafe, pois a 'magia' surge dessa capacidade para sustentar o paradoxo, a contradição.

Precisamente, o *Liber Novus* propõe uma recriação *do* tempo e *no* tempo; ele próprio toma a forma de Aion, o Deus leontocéfalo* mitraico, ao qual nos referiremos repetidas vezes e que, de algum modo, antecipa e é simbolicamente assimilável a Abraxas, ao menos o Abraxas peculiar do *Liber Novus*. Esse Deus leontocéfalo geralmente leva na mão duas chaves atravessadas por doze orifícios, as das portas do céu; elas são, talvez, as necessárias para permitir o livre fluxo pelo cosmos.

À luz do que dissemos e a partir dessa perspectiva, voltamos a nos perguntar: Que é *O Livro Vermelho*?

---

[3] VALÉRY, P. *Le Cimetière Marin* [trad. castelhana de Héctor Ciocchini e Héctor Blas González: *El Cementerio Marino*. Buenos Aires: Fata Morgana, verso 17, p. 17].

* De cabeça de leão [N.T.].

1

O *Liber Novus*

A voz do espírito da profundeza

O Livro Vermelho fala a nosso tempo com a voz atemporal de um saber que renasce no fundo da alma. *O Livro Vermelho* é uma obra incomum, não só pelo seu belo formato arcaico e por seu estilo anacrônico, mas porque seu relato visionário convida a adentrar-se no insondável mistério da própria profundeza. E assim *O Livro Vermelho*, o *Liber Novus* de C.G. Jung, é 'novo' (*novus*) não só porque anuncia a 'boa nova' do vindouro, no fim das contas, do 'Deus vindouro', mas porque convida a descobri-la a partir do interior:

Quem olha de dentro sabe que tudo é novo[4].

Para nos introduzirmos neste livro peculiar, em seus próprios termos, diremos, inicialmente, o que *não é o Liber Novus*. O *Liber Novus* não é, naturalmente, uma obra científica[5] ou especulativa, não é um filho do 'espírito deste tempo', embora também contenha reflexões que se aproximam do antigo conceito de 'teoria' e que consistem em uma contemplação ou meditação dos mistérios vividos nas visões. Por outro lado, como se poderá ver, muitas destas passagens 'teóricas' dão inspiração e são retomadas na obra teórica posterior de Jung. Mais ainda, o próprio Jung concebe estas experiências como o fundamento inspirador de toda sua obra.

O *Liber Novus* não é tampouco uma obra de ficção literária ou plástica, entendida como uma recreação da fantasia com fins estéticos, em boa medida arbitrária em

---

[4] *Liber Primus*. Cap. V: "Descida ao inferno no futuro", p. 239.

[5] Isto não significa que Jung não considere, em sua acepção mais ampla do termo ciência, que se trate de um 'experimento científico'. De fato, como é sabido, constituiu a base de todo seu edifício teórico posterior.

termos de sua verdade e, contudo, descreve realidades intangíveis que se manifestam em uma linguagem imaginativa, simbólica. O símbolo é verdadeiro quando nele se faz presente o ausente, aquilo que não teria podido manifestar-se de outro modo e, nesse sentido, não é possível conceber o livro de Jung como uma obra de 'arte', a não ser que retomemos a acepção tradicional de 'arte' – particularmente alquímica – como um saber que se desenvolve a partir do surgimento natural de uma matéria que transforma e se transforma[6]. Como assinalamos mais adiante, a meta da obra alquímica é, por vezes, identificada com o 'velocino de ouro', concebido como um belo livro capaz de recolher, como um espelho mágico, as chispas dispersas da luz interior[7].

Também é possível supor uma influência do artista e poeta visionário William Blake[8], tão caro a Jung, cuja obra se aproxima ao labor do *Liber Novus*, embora o próprio Jung suponha que a obra de Blake é mais uma produção artística do que uma representação autêntica, isto é, mais imediata, de processos inconscientes[9].

O próprio Jung se perguntava, enquanto escrevia, o que é que estava fazendo, pois certamente não era ciência. Numa ocasião, uma voz – que reconheceu como a de uma paciente – lhe disse: "Isso é arte" e, em que pese a insistência dessa voz, Jung compreendeu que não era[10]. Por isso mesmo, a bela plasmação das visões não joga, em sentido estrito, um papel estético ou 'artístico', mas permite criar um espaço, um *témenos*, uma catedral para abrigar essas visões e poder assumi-las.

---

[6] Cf. COOMARASWAMY, A.K. *Sobre la doctrina tradicional del arte*. Barcelona: Olañeta, 1983, p. 47.

[7] Cf. FAIVRE, A. *Toison d'or et alchimie*. Paris/Milão: Archè, 1990.

[8] Em *Psicologia e alquimia* Jung se refere a duas imagens de William Blake (cf. OC 12, figs. 14, 19). Blake também aparece mencionado na obra em relação com as tipologias no que se refere a *Casamento do céu e do inferno* (cf. OC 6, § 422, n. 159, § 460 e n. 210; OC 11, § 905, n. 41; OC 15, § 142 e 151). Para um estudo inspirador e convergente com uma aproximação junguiana, cf. RAINE, K. *Blake and Tradition*. 2 vols. Londres: Routledge/Kegan Paul, 2002. Para um estudo especificamente junguiano, cf. SINGER, J. *Blake, Jung and the Collective Unconscious* – The Conflict Between Reason and Imagination. York Beach: Maine, 2000.

[9] Cf. *Briefe* II, p. 137 [OC D. Epistolário, Cartas II]. Isto não elimina a influência de Blake em Jung, mas a opinião deste a respeito de Blake serve para compreender que a obra artística como tal está mais mediada do que uma produção simbólica mais pura, como aspira a ser o *Liber Novus*. Isso permite insistir que, *strictu sensu*, a obra do *Liber Novus* não é arte.

[10] Segundo Sonu Shamdasani, com toda a probabilidade a mulher era Maria Moltzer, que havia convencido a um colega psiquiatra, no caso Franz Riklin, de que era um artista incompreendido (cf. *LV*, p. 199).

William Blake, "A criação do mundo". *El Libro de Uridzen*. Lamberth, 1794.

Tal foi o conselho que Jung deu a Christiana Morgan, uma paciente que realizou – sob a orientação dele – seu próprio caminho visionário:

> [...] quando estas coisas estiverem em algum livro precioso, você poderá ir ao livro e virar as páginas e para você será sua igreja – sua catedral – os lugares silenciosos de seu espírito onde você encontrará a renovação[11].

A criação simbólica não apenas não é arbitrária, mas mostra sua vitalidade quando pode recriar símbolos detectáveis do passado ou quando apresenta símbolos historicamente novos. Assim por exemplo, 'Elias' aparece no *Liber Novus* com algumas de suas conotações tradicionais; é – em algum sentido – o profeta bíblico, mas o modo inusitado de sua aparição – acompanhado por Salomé e pela serpente –, assim como a índole de seu ensinamento, conforme descreveremos oportunamente, são insólitos. E, contudo, seu caráter insólito não é arbitrário pois – para utilizar a própria expressão de Jung – é um arquétipo vivo e ativo que vem desde tempos remotos, produzindo variadas formas de recepção (*Rezeptionserscheinungen*) que manifestam um sentido em seu próprio contexto. O *Liber Novus* tampouco prediz acontecimentos; não revela uma nova doutrina redentora nem pretende ensinar ou legislar: "não é nenhuma doutrina nem alguma instrução que vos dou"[12]. E, contudo, a obra manifesta um alcance 'apocalíptico', pois 'revela', e por isso é 'religiosa' em algum sentido, sobretudo porque convida os homens a uma 'observância' (*relegere*), a buscar em si mesmos o caminho ou a voz de sua própria revelação. No *Liber Novus* lemos: "Só existe um caminho, e este é o teu caminho, só uma salvação, e esta é tua salvação"[13], mas também:

> O caminho conduz ao amor mútuo em comunidade. As pessoas vão ver e sentir a semelhança e comunhão de seus caminhos[14].

Esta obra se apresenta como um estímulo a que cada um siga o caminho de seus próprios símbolos; dito de outro modo, para que cada um conceba seu próprio 'livro' e assim também possa compreender os do próximo.

O *Liber Novus* é, de algum modo, um livro profético. Na seção 3 desta primeira parte, intitulada "Uma profecia que clama em cada homem", tentamos precisar

---

[11] Agendas de análises, Biblioteca de Medicina de Countway, 12 de julho de 1926, em SHAMDASANI, S. *LV*, p. 216, nota 206.

[12] *Liber Primus*. Prólogo: "O caminho daquele que virá", p. 231.

[13] *Liber Secundus*. Cap. XIX: "O dom da magia", p. 308.

[14] *Liber Primus*. Prólogo: "O caminho daquele que virá", p. 231.

em que sentido se pode considerá-lo profético e nem por isso confundi-lo como uma obra 'pseudorreligiosa' ao modo, por exemplo, dos textos ocultistas do século XIX, pouco respeitados por Jung. Assim também, isso nos permite reiterar que, embora possa ser banalizado caprichosamente por autores *New Age*, como já ocorreu com a obra de Jung, o *Liber Novus* não se pode definir adequadamente a partir dessa corrente nem, muito menos, ser considerado como sua literatura precursora[15]. Borges dizia que todo autor funda seus precursores; analogamente, poder-se-ia afirmar que muitos seguidores caluniam seus precursores.

Para além destas questões insubstanciais, Jung estava consciente do risco que pressupõe assumir a identidade de profeta ou de 'inspirado' por Deus. Daí, por um lado, a necessidade de discrição que evita ou diminui o perigo de constituir-se uma 'personalidade-*mana*', ou seja, alguém em quem se projeta o numinoso e que tende a cair em uma grave inflação[16]. Por outro lado, tanto a valorização da ciência e da racionalidade, como o reconhecimento da própria obscuridade e limitação, compensam o perigo da unilateralização. O próprio São Paulo, apóstolo iluminado, sabia ser um pecador incapaz de escapar à tentação:

> Isto significa – escreveu Jung em obra posterior – que até mesmo o homem iluminado permanece aquilo que é, nada mais do que o seu próprio eu colocado em face daquele* que habita em seu íntimo, cuja figura não tem limites definidos e reconhecíveis, e que o envolve por todos os lados, profundo como os fundamentos da terra e imenso como a vastidão do céu[17].

Deve-se ter em conta, contudo, que a própria 'profecia' de *O Livro Vermelho* transmite essa ideia, e a transmite como uma possibilidade universal, pois propõe a todos os homens ter em vista a vastíssima sombra que sempre acompanha o descobrimento da luz. Mais adiante, referimo-nos ao caso de Nietzsche, 'profeta de nossos tempos' que, na ótica junguiana, sucumbiu a essa tentação. A partir do já assinalado, é factível que alguém possa considerar *O Livro Vermelho*

---

[15] Isso implicaria incorrer em uma variante da falácia *post hoc, ergo propter hoc* [depois disso, logo causado por isso]. Certamente, o próprio termo *New Age* é ambíguo, mas basta assinalar, por ora, que uma de suas características fundamentais consiste em formulações e práticas acríticas, arbitrárias, sincréticas, carentes de qualquer fundamento ontológico e que não apenas não incitam ao compromisso das pessoas, mas as confirmam em seu individualismo, relativismo, hedonismo.

[16] Sobre a 'personalidade-*mana*', cf. *O eu e o inconsciente* [OC 7/2], § 374-406.

* A tradução espanhola de Nante grafa "aquele" em caixa-alta, como se se referisse a Deus [N.T.].

[17] *Resposta a Jó* [OC 11/4], § 758.

como o testemunho de um alucinado; de fato, o próprio Jung temeu, a princípio, que seu encontro tão potente com o inconsciente pudesse se tornar uma psicose. Uma abordagem dessa índole não seria surpreendente; são numerosos os testemunhos de místicos e homens espirituais que foram submetidos a um reducionismo psicopatológico.

A literatura a respeito é vastíssima, mas em sumária resposta a isso, basta lembrar que William James se dedicou, em fins do século XIX, a mostrar que as semelhanças externas entre certos estados anímicos dos místicos e os que hoje se poderiam denominar transtornos mentais graves ocultam uma diferença fundamental; o testemunho da vida e da obra destes homens e mulheres mostra que puderam levar 'a carga moral da vida' com uma eficácia maior do que a média dos seres humanos[18]. Sem dúvida, *mutatis mutandis*, uma argumentação pragmática similar pode ser aplicada ao caso de Jung. Por outro lado, conforme desenvolveremos adiante, *O Livro Vermelho*, em uma atitude crítica frente ao reducionismo psiquiátrico, se encarrega de ressignificar o conceito de loucura distinguindo e relacionando suas diversas formas em um marco mais amplo do que o científico. Assim também, em um sonho dentro de uma visão, no capítulo XV do *Liber Secundus*, o próprio Jung é internado em um asilo; ali, o profissional que o atende o adverte de que o livro que lê, a *Imitação de Cristo*, de Tomás de Kempis, um clássico da devoção cristã, "hoje leva ao manicômio". Mas esse mesmo médico é incapaz de distinguir entre um processo claramente alucinatório que supõe a possessão pelo inconsciente – nesse caso, por vozes persecutórias – das vozes que surgem em quem se aproxima delas consciente e livremente, de acordo com aquilo que Jung denominou posteriormente 'imaginação ativa' e que ali aparece como 'método intuitivo'.

Sem dúvida, é possível comparar *O Livro Vermelho* com outros livros inspirados do passado. Mas, à diferença de numerosos textos espirituais tradicionais, *O Livro Vermelho* retrata, sem condescendências, o percurso de busca – sinuoso e por vezes tortuoso –, através de uma selva de símbolos, de quem carece da proteção que oferecem as tradições espirituais. É sabido que uma tradição viva ajuda a orientar-se no mundo simbólico que emerge espontaneamente num processo espiritual. Uma tradição morta tende a anular o mistério e a descartar aquilo que não se ajusta à doutrina. Mas uma tradição viva, inevi-

---

[18] JAMES, W. *Las variedades de la experiencia religiosa*. Barcelona: Península, 2002 [trad. bras.: *As variedades da experiência religiosa*. São Paulo: Cultrix]. Há várias edições em castelhano.

tavelmente, propõe com maior ou menor rigor um sistema simbólico, uma 'teoria' referente a questões últimas; uma moral, um culto, uma ascese e junto a tudo isso a condução espiritual por quem está capacitado a ajudar a superar os perigos do caminho. Por certo, *O Livro Vermelho* parece anunciar que a simbólica das tradições segue vigente no interior da psique, mas que o caminho de aprofundamento está desprovido de tal salvaguarda[19]. Em *Psicologia e religião*, Jung afirma:

> [...] devemos reconhecer com toda a humildade que a experiência religiosa *extra ecclesiam* (fora da Igreja) é subjetiva e se acha sujeita ao perigo de erros incontáveis[20].

Quiçá esse grau extremo de indeterminação tenha sido a sina de toda obra espiritual fundante ou, ao menos, a sina dos fundadores. Desse ponto de vista e com todas as ressalvas a respeito de uma obra que não pretende fundar uma religião, mas propor uma renovada perspectiva religiosa, hoje é difícil poder medir seu impacto e alcance, pois carecemos da distância temporal e cultural suficiente para fazê-lo. Por outro lado, quiçá o maior mérito de toda obra fundante seja carecer de parâmetros, porque seu valor consiste, precisamente, em dar uma resposta que mantém o mistério irredutível a algo previamente conhecido.

O *Liber Novus*, como já se disse, é, até certo ponto, um livro inclassificável e talvez seja aconselhável abordá-lo como tal. Assim é como se apresenta; com a voz do espírito da profundeza, contraposto ao espírito deste tempo regido pela utilidade, pelo valor e pela justificação. *O Livro Vermelho*, como o espírito da profundeza, fala a partir e rumo ao desconhecido. Com efeito, o espírito da profundeza irrompe arrancando-nos daquilo que concebemos como razoável, sensato – no fim das contas, do aceito como 'sentido' (*Sinn*) – e nos leva ao seu oposto, o contrassentido (*Widersinn*). Esse movimento rumo ao 'outro', rumo a 'o inconsciente', só pode redundar em um crescimento da personalidade total se não se desconhece o ponto de partida, se se integra o 'sentido'. Poder sustentar essa tensão polar entre 'sentido' e 'contrassentido' nos instala no 'suprassentido' (*Übersinn*). Trata-se de viver 'o outro', 'o não vivido', o qual não significa levar tudo à ação, mas vivê-lo simbolicamente, bom e mau; quer dizer, tomar consciência da vida completa que habita no fundo da psique. No *Liber Primus* lemos:

---

[19] *Liber Primus*. Prólogo: "O caminho daquele que virá".

[20] OC 11/1, § 168.

> A profundeza me ensinou a outra verdade. Portanto juntou em mim o sentido e o contrassentido[21].

De outro modo, toda unilateralização, seja no sentido ou no contrassentido, leva ao sem-sentido (*Unsinn*), aquilo que se opõe a e nega o suprassentido, embora, paradoxalmente, também forme parte dele. Como se pode ver neste caso, os termos alemães assim traduzidos refletem corretamente a inter-relação entre os polos e tanto sua síntese no suprassentido como sua dissolução no sem-sentido. Certamente retomaremos essa árdua questão mais adiante, mas cabe recordar, adiantando-nos ao eco do *Liber Novus* na obra posterior de Jung, que esse suprassentido corresponde de algum modo ao que Jung denomina o 'si-mesmo'. Assim, em *Psicologia e alquimia* lemos:

> O si-mesmo, de qualquer modo, é o paradoxo absoluto, já que representa a tese, a antítese e a síntese em todos os aspectos[22].

A partir do já assinalado, se poderá avaliar que o tom profético do livro manifesta um correlato empírico psíquico, ou seja, mostra que a luz está numa profundidade a que leva o 'caminho daquele que virá'; de onde, paradoxalmente, os caminhos não tenham sido aplainados e, por isso, a luz mora nessa tenebrosa profundidade.

De todo o anterior decorre que uma apreciação estética do livro pode nos aproximar de sua atmosfera inusitada, mas o estetismo é um véu que nos afasta. A erudição e o labor crítico e interpretativo é necessário até certo ponto, mas só se está a serviço de uma compreensão, que é compreensão de si:

> [...] pois a alma está em toda a parte onde o saber ensinado* não está[23].

---

[21] *Liber Primus*. Cap. II: "Alma e Deus", p. 234. [Na edição brasileira, "sentido e absurdo"; o termo absurdo, no nosso uso corrente, remeteria a uma conotação mais próxima do "sem sentido" que Nante vai destacar no parágrafo seguinte. Outra distinção notável entre as duas traduções se refere ao "suprassentido" (*Übersinn*), termo não sem certa ressonância nietzscheana – cf. o *Übermensch* como Super-homem ou além-do-homem. A tradução brasileira de *O Livro Vermelho* opta em verter *Übersinn* como "sentido supremo". Nante teria à disposição, em espanhol, a expressão "sentido supremo" mas opta sistematicamente por "suprassentido – N.T.].

[22] OC 12, § 22.

* Na versão de Nante, 'o saber erudito' [N.T.].

[23] *Liber Primus*. Cap. II: "Alma e Deus", p. 233.

Como aproximar-se inicialmente deste livro? Quiçá uma passagem do *Liber Novus* possa nos guiar. No *Liber Secundus*, Jung se encontra com uma jovem e duvida que se trate de uma personagem de conto, de fábula ou de uma 'realidade'. Ali compreende que só será 'real' se aceitar a realidade dos contos e das fábulas[24]. Essa realidade sutil ou simbólica é talvez a que, em alguma medida, é mister evocar para sua leitura. Por isso, talvez convenha primeiro tomar este 'livro novo' carregado de tempo, como uma dessas obras que só se podem encontrar em velhos manuscritos ou – parafraseando outro texto de Jung referente à morte, ao qual já aludimos[25] –, como aquelas histórias de fantasmas que se contam, de noite, em frente a uma lareira acesa. E qual é a história? A história é sempre a mesma: "Era uma vez, em um país muito, muito distante, um tesouro, uma pérola, uma donzela que havia de ser resgatada". Assim começa e é disso que se trata, em essência, na história que nos ocupa. Para Jung, esse conhecido começo de numerosos relatos tradicionais, prenhes de mistério e candura, sugere uma busca de si mesmo, mas nossa astúcia, a deste tempo, prefere burlar-se. Esperamos que mais de um leitor possa descobrir ulteriores recursos e, sobretudo, iluminar a leitura do *Liber Novus* e ser iluminado por ele, 'olhando desde seu interior'.

---

[24] *Liber Secundus*. Cap. II: "O castelo na floresta", p. 262s.

[25] *Psicologia e religião* [OC 11/1].

2

Algumas chaves para compreender o inexplicável

Como assinalamos, *O Livro Vermelho* não apenas interpreta e reflete sobre as próprias experiências visionárias que descreve, mas também sugere critérios de interpretação ou, para sermos mais precisos, de 'compreensão'. Um texto admite múltiplas abordagens, mas nossa intenção consiste em seguir as vias de interpretação abertas pelo próprio texto. Em suma, queremos responder nestas páginas a uma pergunta: Como quer ser lido o texto? Essa pergunta, sem dúvida, se vincula a essa outra: Como se desenvolve o texto? Isto é, como se orientam seus símbolos? Qual é o seu sentido?

No início de *O Livro Vermelho*, o espírito da profundeza assinala:

> Compreender (*verstehen*) uma coisa é ponte e possibilidade de voltar ao trilho. Mas explicar (*erklären*) é arbitrariedade e às vezes até assassinato. Contaste os assassinos entre os eruditos?[26]

Habitualmente, o verbo alemão *verstehen*, 'compreender', alude a uma compreensão 'sintética', se quisermos, 'holística' e por isso se aplica a experiências ou a suas intenções de objetivação como, por exemplo, em textos nos quais essas experiências seguem se revelando. 'Explicar' implica, por sua vez, uma apreensão de relações, de causas, e sua modalidade é analítica e abstrata. A distinção entre 'compreender' e 'explicar' é antiga no pensamento filosófico, mas basta recordar que Dilthey, em fins do século XIX, retomando o conceito de 'hermenêutica' de Schleiermacher, assinalou que às ciências do espírito (culturais, humanas) corresponde o modo de apreensão do compreender, e às ciências naturais, o modo de apreensão do explicar. Não nos compete determo-nos nas controvérsias suscitadas por estas distinções e formulações, mas não há dúvida

---

[26] *Liber Primus*. Prólogo: "O caminho daquele que virá", p. 230.

de que gravitam no pensamento junguiano e, de fato, são assumidas em seu método, que pode denominar-se 'fenomenológico-hermenêutico'[27].

Pois bem, não se deve identificar o método científico junguiano como um todo com a disposição interior – se quisermos, 'espiritual' – à qual convida o 'espírito da profundeza' e que excede toda questão científica e epistemológica. Não obstante, como desenvolvemos mais adiante, há certa continuidade entre essa disposição interior e o método teórico que levou Jung a tentar uma audaz recuperação de uma 'psicologia com alma'[28]. Basta para isso lembrar que, por exemplo, em *Psicologia e alquimia*, Jung assinala:

> [...] minha digressão soa como um mito gnóstico. [...] O mitologema é a linguagem verdadeiramente originária de tais processos psíquicos e nenhuma formulação intelectual pode alcançar nem mesmo aproximadamente a plenitude e a força de expressão da imagem mítica[29].

As diversas referências ao conceito de 'compreensão' que aparecem em *O Livro Vermelho* iluminam a índole do modo de compreensão a que ali se convida. Sem uma adequada disposição compreensiva, a leitura do texto – como ocorre com as coisas, os homens e os pensamentos – pode ser mais um véu que impede a busca de si mesmo. Desse ponto de vista, só se pode compreender o texto com um labor de compreensão de si. Várias são as referências que encontramos a respeito; algumas delas são indicadas mais abaixo em relação ao conceito de 'livro'; outras estão vinculadas à índole *sui generis* de seu caráter profético, que convida a despertar a própria inspiração profética. Sem margem a dúvidas, para além desta elevada e exigente aproximação, sua leitura deve ser acompanhada de um duplo labor de compreensão: por um lado, a partir da vida de Jung e, por outro lado, a partir de uma amplificação da simbologia presente no próprio texto. Embora com relação à situação de vida de Jung contemos com um material mais limitado[30], por tratar-se de experiências que excedem a esfera pessoal, o segundo é o labor mais importante. O próprio Jung assim o indica em *O Livro Vermelho*: "[...] queria compreender tudo

---

[27] Assim denominamos o método junguiano no qual não podemos nos deter. Cf. NANTE, B. "Notas para una reformulación de la epistemología junguiana". In: *Revista de Psicología UCA*, vol. 2, "Primeira parte", n. 3, 2006, p. 73-100, e "Segunda parte", n. 4, p. 31-56.

[28] "O problema fundamental da psicologia contemporânea" [in: OC 8/2], § 661.

[29] OC 12, § 28.

[30] Em todo caso, o material resultará sempre insuficiente. Uma vez estabelecidos os parâmetros pessoais e biográficos básicos, o texto deve ser abordado sobretudo segundo um enfoque impessoal.

como acontecimento pessoal meu, não conseguindo por isso compreender tudo nem crer em tudo"[31].

Por isso, tanto nesta primeira parte, mais geral, como em nosso percurso na segunda parte, nós nos centraremos no 'fenômeno de recepção', ou seja, em contextualizar os símbolos das diferentes tradições que ali aparecem, destacando essa orientação profética e apocalíptica na qual se apresentam. Mas que se tenha em vista que, para não contradizer o anseio de compreensão de si, é mister manter o mistério. De outro modo, como diz Jung, a compreensão é um poder capaz de forjar relações que se transforma em "um verdadeiro assassinato de almas"[32]. Assim, em consonância com o anúncio do espírito da profundeza, é mister cultivar o incompreensível. Tal é o ensinamento da magia em nosso texto que, como decorre da epígrafe consignada mais acima, permite compreender o não compreensível de uma maneira não compreensível. Isso significa que assim se pode compreender em seus próprios termos; quer dizer, para além de toda tradução a uma linguagem, numa abertura consciente, mas não discursiva, não representativa, mas simpática:

> a maneira e o modo mágico surgem. Quando se abre o caso, também surge a magia[33].

Parece que *O Livro Vermelho* quer ser compreendido, em primeiro lugar, como um símbolo. De acordo com nossa proposta de tomar inicialmente o texto com certa inocência, como um livro 'encantado', sua própria forma externa, sua caligrafia e suas imagens são parte de sua intenção de reelaboração, de compreensão, das experiências vividas. Além de sua caligrafia poder ser assimilada à dos séculos XV ou XVI, o livro nos remete a uma etapa anterior à criação da imprensa, quando ainda um livro – não só por seu conteúdo, à maneira dos livros revelados, mas também por seu continente – podia ser concebido como sagrado.

Assim, por exemplo, Goethe, referindo-se à época de Shakespeare, assinala que: "A arte da imprensa já havia sido inventada um século antes; apesar disso,

---

[31] *Aprofundamentos*, p. 335.

[32] Ibid., p. 337, nota 24. [A expressão "assassinato de almas" remonta a Daniel Paul Schreber, cujas *Memórias de um doente de nervos* (1903) foram discutidas por Jung em "A psicologia da dementia praecox", de 1907. Foi de Jung a sugestão que levou Freud a construir o "caso Schreber", mais célebre estudo psicanalítico da paranoia, publicado em 1911. Como assinala Sonu Shamdasani, Jung manifestava particular interesse pelos paralelos gnósticos das imagens de Schreber (*LV*, nota 138, p. 244) – N.T.]

[33] *Liber Secundus*. Cap. XXI: "O mago", p. 314 [trad. mod.].

vom gottessohn möchtes du hör~/d~ strahlte v~ gab v~ zeugte v~
d~ wiedergebor~ wurde/wie die erde d~ sōne grüne v~ bunte
kind~ gebärt.

von ihm möchtes du hör~/d~ strahlend~ erlös~/d~ als ein sohn
d~ sōne die gespīnste d~ erde zerschnitt/d~ die magisch~ säd~
zerriß v~ das gebundene löste/d~ sr~ selb~ besaß v~ nieman~
des knecht war/d~ kein~ aussog v~ deß~ schatz kein~ ersch~
öpfte.

von ihm möchtes du hör~/d~ vom schatt~ d~ erde nicht verdu~
nkelt wurde/sondern ihn erhellte/d~ all~ gedank~ sah v~ deß~
gedank~ niemand errieth/d~ in sr~ all~ dinge stū besaß v~ deß~
stū kein ding ausdrück~ konte.

§ der einsame floh die welt/er schloß die aug~/verstopfte die ohr~ v~ vergrub sr~ in eine höhle in sr~ selbs/ab~
es nützte nichts. die wüste sog ihn aus/d~ stein spr~ seine gedank~/die höhle wid~ hallte seine gefühle/v~
so wurde er selb~ z~ wüste/z~ stein v~ z~ höhle. v~ es war alles leer v~ wüste v~ unvermög~ v~ un~
fruchtbark~/den er strahlte nicht v~ blieb ein sohn d~ erde/d~ em~ b~ aus~ sog v~ selbs von d~ wüste leer~
gesog~ wurde. er war begehr~ v~ nicht glanz/ganz erde v~ nicht sōne.
darum war er in d~ wüste als ein kluge heilige/d~ wohl wußte/daß er sr~ sohn von d~ andern~ erdensöhn~
nicht unterscheid~ würde. hätte er aus sr~ getrunk~/so hätte er seuc getrunk~.

§ der einsame gieng in die wüste/um sr~ z~ find~. er begehrte ab~ nicht/sr~ z~ find~/sondern d~ vielfältig~ sin~
des heilige buches. du kaūst die unermeßlichkeit des klein~ v~ des groß~ in di~ saug~/v~ du wirst leer v~ im~
leer/den unermeßliche fülle v~ unermeßliche leere sind eins.
er begehrte im äußern z~ find~/was~ er bedurfte. d~ vielfältig~ sin~ find~ du ab~ nur in dir/nicht in dinge/
den die manig faltigkt des sin~es ist nicht etwag das zuglei geget ist/sondern es ist ein nacheinand~ von
bedeutung. die einand~ folgend~ bedeutung~ lieg~ nicht in dinge/sondern sie lieg~ in dir/d~ du viel~
wechseln unterworf~ bist/insofern du am leb~theil hast. auf die dinge wechseln/ab~ da achtest es nicht/wen
du nicht wechselst. wen du ab~ wechsel~/so ändert sr~ das angesicht d~ welt. d~ vielfältige sin~ d~ dinge
ist dem vielfältigen sin~. es ist nutzlos/ihn in d~ ding~ ergründ~ z~ woll~. v~ darum eigentli~ gieng
d~ einsame in die wüste/ab~ nicht sr~ selbs ergründete er/sondern das ding. v~ darum gieng es ihm
wie jed~ einsam~/wen er begehrt: d~ teufel kam z~ ihm mit glatt~rede v~ einleuchtend~begründ~ v~
wußte das rechte wort im recht~ augenblick. er lockte ihn auf sein begehr~. z~ mußte ihm wohl als~
d~ teufel erschein~/den z~ habe meine finsterniß angenom~. laß die erde v~ z~ trank die sōne v~ z~ ward
ein grünend~ baum/d~ in einsamkeit steht v~ wächst.

Página 28 de *O Livro Vermelho*.

tomava-se ainda o livro por algo sagrado, como mostram as encadernações desse tempo; assim, o grande poeta amou e venerou o livro. Quanto a nós, deixamos todas as obras encadernadas em brochura, e não respeitamos, em geral, nem a encadernação nem o conteúdo"[34]. Embora a tradição oral preceda a escrita e, de algum modo, a sobrepuje espiritualmente, essa veneração da escritura e do livro é arcaica, pois: "Escrever – afirma Van der Leeuw – é encantar e é um método para nos apoderarmos da palavra vivente"[35]. Escrever é, nesse contexto, uma 'encantação', e os signos da escritura arcaica são seus meios. Os exemplos são numerosos; assim, por exemplo, a 'runa' (gótica *rûna*) é um segredo, um mistério, e *rûnen* significa 'sussurrar'. Trata-se de 'signos' que, a rigor, são 'símbolos' e que, por isso, estão investidos de um grande poder sagrado[36]. O *Livro Vermelho* dá conta disso, pois as 'palavras' perderam sua potência e foi necessário traduzi-las em encantações ou recorrer a runas e ditos mágicos:

> Eu desenterrei velhas runas e fórmulas mágicas, pois as palavras não atingem nunca as pessoas. As palavras tornaram-se sombra[37].

Mas *O Livro Vermelho* não se limita a anunciar, ele executa. Assim, por exemplo, as encantações propiciatórias, ordenadas em um desenho gráfico, incubam o ovo que permitirá o renascimento de Izdubar[38]. E mais, como poderemos apreciar detalhadamente, as doze encantações aparecem em seu desenho mais genérico, mas talvez em seus traços essenciais, integrados na imagem 30 da árvore. A disposição da escritura e as imagens que se intercalam concentram, reúnem, tornam simultâneo o discursivo e libertam o discurso de uma linearidade explicativa que põe em fuga o sentido e sua possibilidade de 'implicar', de 'levar à origem'; em suma, de revelar o que está oculto e, por isso, de descansar no silêncio. Tal poder de síntese, que não é racional, e sim a união da alma com uma mensagem originária e não meramente pretérita, chega ao texto por inspiração, por exemplo, da mão desse estranho personagem, Há, que ensina a Jung – embora com limitações – a

---

[34] CURTIUS, E.R. *Literatura europea y Edad Media latina*. Cidade do México: Fondo de Cultura Económica, 1975, vol. 1, p. 424-425. A referência é à máxima 252, cf. GOETHE, J.W. *Máximas y reflexiones*. Barcelona: Edhasa, 1993, p. 60, embora consignemos a tradução da edição de Curtius.

[35] VAN DER LEEUW, G. *Fenomenología de la religión*. Cidade do México: Fondo de Cultura Económica, 1975, p. 419.

[36] Cf. Ibid.

[37] *Liber Secundus*. Cap. XIX: "O dom da magia", p. 309.

[38] *Liber Secundus*. Cap. X: "As encantações", p. 284-286.

PRIMEIRA PARTE – EM BUSCA DAS CHAVES | 99

Representação de Siegfried na famosa gravura na Rocha de Ramsundeberg, c. 1.040.

arte das runas, que aparece em várias ilustrações[39]. Jung se deteve para transcrever preciosamente o texto e para ilustrá-lo com essa devoção que incuba a mensagem, a concentra e a torna real. Esse labor é uma espécie de conjuro que liberta e permite apoderar-se da palavra vivente.

Mas tal maneira de ver o livro é incomum em nossos tempos e o próprio espírito da profundeza adverte Jung de que se trata de falar com ele e não de escrever um livro para a vaidade[40].

Vejamos como se podem integrar as diferentes passagens referentes ao livro. Em *O Livro Vermelho* os livros aparecem como algo externo, erudito, próprio do espírito deste tempo. Assim, em um começo, o espírito deste tempo, opondo-se à mensagem do espírito da profundeza, lhe apresenta grandes livros que contêm todo o seu saber, ou seja, que representam o saber externo[41]; por sua vez, o saber do coração não está em nenhum livro[42].

À luz de outras passagens de *O Livro Vermelho*, pode-se ver que essa valoração negativa se refere ao suprassentido a que os livros não podem ascender, pois eles nos dão o sentido, mas não o suprassentido[43]. Certamente, uma condição diferente pode ser a dos livros sagrados; o espírito da profundeza, em uma provável alusão aos apócrifos gnósticos ou quiçá aos textos herméticos, exorta-nos a ler os 'livros desconhecidos dos antigos': "livros cheios de sabedoria extinta"[44]. Pois bem, os livros sagrados devem ser relidos, mas – como bem sugere Jung com relação a seu encontro com Amônio, fervoroso leitor dos evangelhos – isso é perigoso sem o anseio de encontrar-se a si mesmo[45]. De fato, basta que Jung lhe pergunte se não falta o outro, o próximo, nessa busca da mensagem latente nos textos, para que Amônio, o anacoreta*, o tome por satanás e sucumba a seus próprios instintos. Como se pode ver, o próprio Amônio não esteve à altura de seus ensinamentos,

---

[39] *Liber Secundus*. "O assassinato sacrificial", p. 291, notas 153-155 de Sonu Shamdasani.

[40] *Liber Primus*. Cap. IV: "Experiências no deserto", p. 237.

[41] Ibid. Prólogo: "O caminho daquele que virá", p. 230.

[42] Ibid. Cap. II: "Alma e Deus", p. 233.

[43] Ibid. Cap. V: "Descida ao inferno no futuro", p. 238.

[44] *Liber Secundus*. Cap. XVIII: "As três profecias", p. 305.

[45] *Liber Secundus*. Cap. II: "O castelo na floresta", p. 261; "O eremita", p. 267-268.

* Termo que se refere aos eremitas que buscavam Deus e a purificação interior na solidão do deserto nos primórdios do cristianismo; entre eles, além de Amônio, destacaram-se nomes como Santo Antão [N.T.].

quando lhe advertiu que as palavras não devem se converter em deuses[46]. Jung reflete: "A Escritura está diante de ti e diz sempre a mesma coisa se acreditas em palavras". Mas a ilusão destes tempos, mais do que nunca, consiste em estarem fechados em palavras, serem incapazes de romper sua muralha e derrubar esses deuses que, na verdade, são ídolos que impedem o abrir-se ao ilimitado[47]. A palavra, certa palavra, obtura o caminho à profundeza:

> Tu dizes a palavra mágica, e o ilimitado está preso no finito. Por isso as pessoas procuram e criam palavras[48].

Mas a realidade em si é um livro ou *o Livro* e assim aparece, por exemplo, a totalidade do deserto, essa "bela totalidade enigmática"[49] que se apresenta como um livro, como uma *Summa* que se deseja devorar. A verdadeira palavra, contudo, não é a que surge do 'signo', mas do 'símbolo':

> O símbolo é a palavra que sai da boca, que a gente não fala, mas que sobe da profundeza do si-mesmo como uma palavra da força e da necessidade e que inesperadamente se coloca sobre a língua[50].

Essa palavra que é símbolo é a que tenta se expressar em *O Livro Vermelho*; por isso, Jung descobre que a maior parte do escrito nele lhe foi dado por Filêmon[51].

Na "Nota dos tradutores da edição inglesa"[52] menciona-se que *O Livro Vermelho* apresenta três registros estilísticos: um 'descritivo' – que consigna as experiências e que nós chamaríamos descritivo-simbólico – e outros dois que de algum modo o 'traduzem'; um 'conceitual' e outro 'mântico' ou 'profético', escrito em estilo ditirâmbico. Como já assinalamos, o próprio texto parece – até certo ponto – interpretar-se ou ler-se a si mesmo, porque o ocorrido nas visões se retoma nos comentários e se reelabora em um movimento que vai do simbólico ao conceitual e do conceitual ao simbólico. Os tradutores ingleses recordam, em

---

[46] Ibid., cap. IV, p. 268.

[47] Ibid., p. 270.

[48] Ibid.

[49] Ibid.

[50] Ibid., Cap. XX: "O caminho da cruz", p. 311.

[51] *Aprofundamentos*, p. 339; *Liber Primus*, "Experiências no deserto", p. 237.

[52] KYBURZ, M.; PECK, J. & SHAMDASANI, S. In: *LV*, p. 222.

relação à multiplicidade de vozes, o conceito de polifonia do discurso dialógico de Mikhail Bakhtin[53]. Como é sabido, o autor russo rechaça a concepção de um 'eu' individualista e privado; o 'eu' é essencialmente social. Cada indivíduo se constitui como um coletivo de numerosos 'eus' que assimilou ao longo de sua vida em contato com as distintas 'vozes' escutadas que, de alguma maneira, vão conformando nossa ideologia. Uma classe especial de tal dialogicidade é a ventriloquia, isto é, "a fala oculta do outro"; uma voz que fala através de outra voz ou tipo de voz em uma linguagem social e é palavra que, em parte, é da linguagem do outro e é apropriada por alguém somente quando o falante a povoa com sua própria intenção e acento, adaptando-a à sua própria semântica. Mas, para aproximar-se de nosso texto em seus termos é fundamental compreender que não se trata de uma mera 'prática social', mas de uma polifonia constitutiva da psique. É evidente que essas vozes estão vinculadas a uma prática social, mas aparecem orientadas por um sentido e, talvez, por uma origem que excede o marco histórico, segundo já temos adiantado ao apresentar o livro como símbolo. Assim, por exemplo, as vozes de Salomé e de Elias não são as dos personagens bíblicos, nem se explicam por uma mera condensação de outros personagens, de outras vozes. São, em certo sentido, tão arcaicas como novas, falam – como a Sibila de Heráclito[54] – com as mil vozes da história, em símbolos que excedem um marco temporal. Mas há mais porque, à diferença da proposta meramente linguística, neste caso, a voz que irrompe pode chegar a expressar a mais profunda intenção daquela identidade que sobrepuja o 'eu'. A atividade autônoma da psique se intensifica, se manifesta em imagens e vozes, que são partes a serem integradas na personalidade total:

> Às vezes a atividade autônoma da alma se exacerba a ponto de suscitar a percepção de uma voz interior ou de imagens visionárias, e criar uma experiência que, a rigor, constitui uma experiência original da ação do espírito no homem[55].

Para poder assumir essa questão dentro de nosso propósito de compreensão do texto, será útil ao leitor que explicitemos alguns princípios, claramente explicativos da obra teórica de Jung, prefigurados em *O Livro Vermelho*. Tais princípios

---

[53] BAKHTIN, M.M. *The Dialogic Imagination*: Four Essays. Austin/Londres: University of Texas Press, 1981.

[54] HERÁCLITO. *Frag.* 92, DK.

[55] "Relações entre a psicoterapia e a direção espiritual" [in: OC 11/6].

explicativos, contudo, se descobrem a partir de uma disposição compreensiva que supõe aceitar os fenômenos tal como se dão à consciência[56].

O primeiro princípio é, portanto, o de 'realidade psíquica' (*psychische Wirklichkeit*)[57], que consiste em ater-se ao dado do acontecer psíquico em sua totalidade, sem reduzi-lo, mas pretendendo que seu sentido se torne explícito. Em *O Livro Vermelho* é Elias quem primeiro o transmite a Jung, embora, no fim das contas, é o próprio Filêmon. Isso é possível porque – previamente – Jung decidiu entregar-se a sua alma, seguir as 'imagens do peregrino' que manifestam autonomia, dado que não são criadas pelo eu, mas sim descobertas por ele.

O segundo princípio assinala que esse próprio acontecer psíquico se mostra como uma totalidade psíquica ou torna manifesta uma 'totalidade da psique' (*Ganzheit der Psyche*)[58]. O princípio de totalidade psíquica deve ser entendido no sentido clássico – platônico e aristotélico – de *hólon* (que geralmente se traduz por 'todo'), e não de *pan* (que, contudo, geralmente se traduz por 'totalidade'). A psique é um todo orgânico cujas partes são sempre expressão de um todo. Isso significa que, embora os fenômenos psíquicos sejam autônomos, eles são expressão de uma totalidade, una e múltipla. Já em 1913 – em claro contraste com Freud, que só elaborou uma antropologia psicológica em 1923 –, Jung partiu do conjunto dos fenômenos conscientes e inconscientes. Como adverte Frey-Rohn, aparecem pela primeira vez, nesse texto, os termos 'unidade' e 'totalidade'[59].

O terceiro princípio é o processo de individuação. Já em 1916 descreveu esse 'acontecer total' como um processo evolutivo que envolvia todos os componentes da personalidade humana[60].

Mas o conceito de personalidade total já se havia estabelecido definitivamente em *Tipos psicológicos*, de 1921, e continuou reelaborando-se, como veremos, em função do princípio de individuação. Passamos do conceito de totalidade da psique ao de personalidade total e de princípio de individuação. Em clara alusão a Freud, Jung escreveu em 1928:

---

[56] Por razões didáticas sistematizamos os fundamentos da teoria junguiana que, por outro lado, são necessários à compreensão do *LV*.

[57] "O real e o suprarreal" [in: OC 8/2].

[58] OC 6, § 916.

[59] FREY-ROHN, L. *De Freud a Jung*. Cidade do México: Fondo de Cultura Económica, 1991, p. 72.

[60] OC 6, § 854; Cf. tb. "A função transcendente" [in: OC 8/2].

> O polimorfismo da natureza instintiva é regulado pelo princípio da individuação, isto é, uma unidade contrativa cujo poder é tão grande quanto o dos instintos contrapõe-se à multiplicidade e à dissociação cheia de contradições[61].

Pois bem, aquilo que se integra é misterioso. Por isso, nosso texto cresce nesse âmbito intermediário entre luz e escuridão:

> Meu discurso não é claro nem escuro, pois é o discurso de alguém em crescimento[62].

O quarto princípio, implícito no anterior, é o princípio da polaridade. Jung, ao dedicar-se ao estudo do acontecer psíquico total, ou seja, tanto aos fenômenos que se apresentam como conscientes (referidos ao eu) quanto inconscientes, percebeu, por um lado, que toda dinâmica psíquica pode ser compreendida em termos da relação de opostos entre o eu e o inconsciente; mas, por outro lado, que essa relação – muitas vezes conflitiva – culmina – ou tende a culminar – em uma "aproximação dos opostos e no [...] surgimento e criação de um terceiro: a função transcendente"[63]. Essa função transcendente do desenvolvimento da personalidade e, maximamente, do processo de individuação, permite a assimilação do inconsciente por parte do consciente, produzindo sua transformação qualitativa e, em suma, a da totalidade psíquica. Assim, a totalidade psíquica subjacente manifesta uma tendência a uma maior unificação por uma assimilação diferenciadora de seus componentes que se organizam em torno de um núcleo central:

> Este será o ponto de um novo equilíbrio, o centro da personalidade total, espécie de centro virtual que, devido à sua posição focal entre consciente e inconsciente, garante uma base nova e mais sólida para a personalidade[64].

À luz destes princípios se pode retomar em outra chave não só a polifonia do texto, mas também os vários deslocamentos das identidades e suas metamorfoses, tanto do sujeito 'Jung' – enquanto narrador e personagem central que, com vistas ao nosso seguimento do texto, na segunda parte denominamos 'eu' – quanto dos personagens que ali aparecem.

---

[61] *A energia psíquica* [OC 8/1], § 96.

[62] *Liber Secundus*. Cap. XVI: "*Nox tertia*", p. 301.

[63] Cf. OC 6, § 915. Cf. tb. "A função transcendente" [in: OC 8/2].

[64] *O eu e o inconsciente* [OC 7/2], § 365.

1) **A alma una e múltipla** – Se enlaçamos os princípios anteriormente enunciados, pode-se compreender que os diversos personagens, por um lado, têm realidade e, por outro, são a manifestação parcial de uma totalidade. O homem contemporâneo tende a negar o polimorfismo da psique ou, se se quiser, uma espécie de 'polidemonismo'; ou seja, a multiplicidade de potências que operam separadamente na psique. Do ponto de vista junguiano, um processo de individuação tende a superar tal polimorfismo, mas só se pode fazê-lo a partir de sua aceitação. Sem dúvida, são as concepções arcaicas que se caracterizam por ideias que enfatizam a 'alma múltipla' e – como já observou Cassirer – em Platão, em boa medida, o motivo lógico da unidade da alma teve de se impor contra o motivo oposto da pluralidade das formas da alma[65]. A consciência dessa unidade requer, contudo, o reconhecimento de suas partes ou faculdades cujo caráter autônomo põe muitas vezes em perigo o equilíbrio da totalidade. Por certo, as 'muitas almas' do pensamento arcaico dão conta das mais diversas funções corpóreas e psíquicas; assim, os órgãos podem ter seu próprio princípio anímico e, inclusive, podem existir almas externas, como é o caso da sombra. Poderíamos citar numerosíssimos exemplos, mas é na religião egípcia que mais se sistematizaram as 'almas' e suas funções. De acordo com a concepção egípcia, existem, ao menos, três princípios anímicos: o *ba*, que é a alma propriamente dita; o *akh*, que é o espírito fora do corpo; e o conceito mais controvertido, o *ka*, que provavelmente significou, em suas origens, o espírito divino protetor de uma pessoa ou Deus e, finalmente, a soma de suas qualidades físicas e intelectuais que constituem sua individualidade. De fato, em *O Livro Vermelho* o eu se encontra com sua alma e esta toma, às vezes, a forma de serpente, e em outras a de ave. E mais, por um lado a serpente se transforma em ave e, inversamente, a ave em serpente; mas, por outro lado, a personalidade se desdobra em 'eu' (ou 'alma pessoal'), serpente (ou 'alma ctônica') e ave (ou 'alma celeste'). Todas estas variantes, transformações e polimorfismos apontam para uma unidade múltipla que se expressa em um coro de vozes e de imagens[66]. Encontramos outra variante desse polimorfismo em *O Livro Vermelho*, na figura dos Cabiros – personagens mitológicos nos quais nos deteremos oportunamente – que simbolizam princípios anímicos primitivos, expressão básica do alento de vida de aspectos radicais do terrestre. A caminho do fim do *Liber Secundus*, por um lado, aparecem como 'formas servis' que se desprendem do corpo,

---

[65] CASSIRER, E. *Filosofia de las formas simbólicas*. Vol. II. Cidade do México: Fondo de Cultura Económica, 1998, p. 206.

[66] Será precisamente o *ka* um das formas em que se transmuta o próprio Filêmon.

e aos quais o eu pergunta: "Fantasmas da terra [...] não sois vós os filamentos de meu cérebro?"[67]

2) O caráter mercurial da psique – O polimorfismo se mostra também no fato de que estes personagens se mascaram, mudam seus vínculos de modo essencial, se transformam, se dividem e unificam, e mudam de identidade. Assim, por exemplo, a alma se subdivide ao final em alma celeste e terrena; Salomé não se transforma, mas se revela como uma irmã/amante de Jung, e Elias aparece, finalmente, nos *Aprofundamentos*, tendo perdido sua força. O caso mais evidente é o de Filêmon, que ao final se revela como o verdadeiro autor do que antecede a sua aparição, e cuja identidade, segundo o *Livro Negro*, assumiu múltiplas transformações: homem velho, urso, lontra, salamandra e, finalmente, serpente, núcleo do si-mesmo[68].

3) A palavra transformadora – Por outro lado, a transformação se produz, amiúde, por meio da palavra; assim, a palavra correta 'cura' a filha prisioneira de um erudito[69]; a palavra racional adoece o arcaico Izdubar; e a palavra imaginativa o cura. Em outra ocasião, uma morta pede a Jung a palavra que é símbolo intermediário, uma palavra que é 'objeto' potente. Jung finalmente lhe dá; é Hap, um dos quatro filhos de Hórus, um dos guardiões e princípios vitais dos órgãos que media e enlaça o sombrio mundo dos mortos e o mundo dos vivos[70].

4) As vozes – A ideia é antiga, pois a voz que sai de nossos lábios nem sempre corresponde ao eu. Assim foi visto na Antiguidade e nas tradições arcaicas. A voz pode ouvir-se ou falar através da pessoa. E se Platão privilegia a loucura divina que pressupõe a possessão por um Deus ("o delírio é um dom magnífico quando nos vem dos deuses"[71]), pareceria mais diferenciado quando aquilo que se recebe e transmite é compreendido. É aí que a voz passa a ser autorrevelação[72]. Ou seja, a mensagem não se limita a anunciar algo, mas também transmite sua

---

[67] *Liber Secundus*. Cap. XXI: "O mago", p. 321.

[68] *Liber Secundus*. Cap. XVII: "*Nox quarta*", p. 303, nota 222 à imagem 117.

[69] Em todos os casos a palavra transformadora liberta de uma cosmovisão redutiva ou envelhecida. A jovem filha do erudito está à sombra de sua aproximação meramente racional à vida (*Liber Secundus*, cap. II) e Izdubar ainda está atado a uma cosmovisão mágica concretista que já não serve (*Liber Secundus*, cap. IX e X).

[70] *Aprofundamentos*, p. 340s.

[71] PLATÃO. *Fedro*, 244a.

[72] Jung observa que é difícil ao homem contemporâneo reconhecer a autonomia da voz interior. Cf. "Da formação da personalidade" [in: OC 17].

compreensão. Enquanto isso se realiza, parece que se descobre uma identidade mais verdadeira. Observe-se aquilo que Jung diz a Filêmon: "Tuas palavras movem meus lábios, em meus ouvidos soa tua voz, meus olhos te veem a partir de mim. Realmente, tu és um mago. Tu saíste do círculo giratório? – Que confusão! Tu és eu, eu sou tu?[73] E, se bem que em numerosas ocasiões Jung descubra que havia sido possuído ou que, em vez de ele próprio pensar, era sua alma que pensava nele, todo esse processo visionário se deve a seu concurso voluntário, que o leva a ir em busca das vozes. É o que indica o *Liber Secundus*, quando esclarece a um psiquiatra obsessivo que não é que as vozes venham a ele, é ele que vai até as vozes[74]. Talvez essas vozes tendam – numa orientação predominante na psique – à unificação. Tal é a 'voz' da vocação: "Quem tem *vocação* (*Bestimmung*) escuta a voz (*Stimme*) do íntimo; ele é chamado (*bestimmt*)[75].

5) Autor e escritor – A partir do anterior, cabe perguntar: Quem é que escreve o texto? O espírito da profundeza – segundo lemos no início do *Liber Primus* – possui sua vontade. Assim também, Jung (ou seu 'eu') admite que o autor de grande parte do texto é Filêmon[76], o que explicaria que esteja escrito com um estilo que não lhe pertence, como parece ser sobretudo o que se pode denominar 'ditirâmbico'[77].

6) As variações pronominais – Pode-se observar, sobretudo nas passagens mais reflexivas, que Jung opera com variações pronominais. Em muitas ocasiões passa de repente da primeira pessoa do singular à segunda do singular ou plural, talvez por se tratar da maturação ou eclosão de um anúncio que é mister fazer chegar a outrem. Mas também parece tratar-se de um diálogo interior, como se sua alma múltipla devesse adentrar-se em sua mensagem. Por outro lado, isso se vê acentuado porque o texto, em certas ocasiões, passa da primeira pessoa do singular à primeira do plural (cf. *Liber Primus*, cap. 1). Por certo, trata-se dessa 'alma plural' na qual adquire predominância um e outro pronome segundo a distância entre as partes anímicas. O 'si-mesmo' não é um 'grande eu'; caracteriza-se

---

[73] *Aprofundamentos*, p. 353.

[74] *Liber Secundus*. Cap. XV: "*Nox secunda*", p. 295.

[75] "Wer Bestimmung hat, hört die Stimme des Innern, er ist bestimmt" [trad. mod.: "Em tradução mais literal: "Quem tem determinação escuta a voz do interior, está determinado"] ("Da formação da personalidade" [in: OC 17], § 300).

[76] *Aprofundamentos*, p. 339.

[77] *LV*, "Nota dos tradutores da edição inglesa", p. 222.

por comportar-se como unidade múltipla capaz de assumir todos os pronomes, e transcender toda personificação. Afinal o si-mesmo é a matriz de todos os pronomes, pois todos os vínculos possíveis estão necessariamente presentes *in potentia* em sua *facultas praeformandi* que se manifesta nesse conglomerado interior de vozes e imagens. Pode-se observar isso em numerosas experiências visionárias e é evidente em textos de alquimia[78]. Retomamos essa questão na segunda parte.

A partir do assinalado, é possível sugerir que a compreensão do texto requer:

a) Uma contextualização interna dos personagens e seus símbolos – Segundo se viu acima, pois cada um deles é reflexo do outro e todos são expressão de uma totalidade que se torna autoconsciente. Ao ler a travessia simbólica de Jung, é mister observar uma estrutura típica; 'Jung' em um primeiro momento discerne, percebe um determinado conteúdo: por exemplo, Salomé. Em segundo lugar, se produz um confronto com esse conteúdo e, em terceiro lugar, uma integração. Mas como o processo não se esgota, como poderemos mostrar em nosso percurso na segunda parte, o mesmo recomeça em outro nível e prossegue de maneira espiral.

b) Um ordenamento da contextualização – Esta contextualização se reafirma observando que o ordenamento mandálico e predominantemente quaternário de seus símbolos e personagens não só se pode atestar nas ilustrações, mas também nas polaridades e quatérnios, segundo os quais se dispõem seus personagens. Como veremos, é de grande ajuda observar, por exemplo, o movimento de circum-ambulação dos processos imaginativos e a própria estrutura que manifesta sua trajetória. Na segunda parte poderemos observar o percurso '(Oeste)-Sul-Norte-Oeste-Leste-(Oeste)' etc.[79], que discretamente se insinua no *Liber Secundus* e que está indicando uma circum-ambulação em torno do centro, com o propósito de integrar os opostos; por exemplo, Ocidente e Oriente, ciência e magia. Por certo, é a 'função transcendente', ou seja, a imaginação criadora, a que sempre atua como mediadora.

c) Uma contextualização dos símbolos das tradições – *O Livro Vermelho* está repleto de símbolos de diversas tradições espirituais apresentados em uma espécie de sincretismo espontâneo e apropriados numa chave peculiar. Por isso, para po-

---

[78] NANTE, B. "La imaginación en la alquimia occidental – Una lectura junguiana del *Aurora Consurgens*". In: *Epimeleia. Revista de Estudios sobre la Tradición*, n. 12 UAJFK, 2002, p. 184.

[79] A rigor, o texto sustenta (*Liber Secundus*, cap. VIII, p. 279) que antes de ir ao Leste, o eu foi primeiro ao Sul, depois ao Norte e por último ao Leste, de onde retorna ao Oeste. Por certo, o ponto de partida do Oeste está pressuposto de entrada, por isso o indicamos entre parênteses. Nós nos deteremos nisto na passagem pertinente da segunda parte.

der apreender o que se está apropriando e transformando, é necessário compreender o significado original destes símbolos, de acordo com as respectivas tradições. Em nossa seção cinco, tentamos uma breve e limitada aproximação a esse tema, e, no que possível, retomamos a questão na segunda parte.

d) O contexto à luz de seu horizonte – A contextualização – do ponto de vista junguiano e, naturalmente, à luz de *O Livro Vermelho* – se completa com o universo simbólico ao qual o próprio livro tende. Tal é o caso da alquimia que, de alguma maneira, *O Livro Vermelho* antecipa, e sobre a qual Jung afirma que foi a que permitiu abandonar a elaboração desta obra[80]. Esboçamos esta chave na seção seis.

e) Seu caráter profético – Assim também é aconselhável não esquecer que *O Livro Vermelho* se apresenta, de algum modo, como um livro profético. Por isso nos dedicaremos na próxima seção a compreender o modo peculiar de sua profecia.

---

[80] *Epílogo*, p. 360.

3

Uma profecia que clama em cada homem

Jung afirmou em um texto teórico:

> [...] um verdadeiro profeta [...] lutará contra toda pretensão inconsciente a este papel[81].

A razão é evidente, o profeta é uma voz e não pode apoderar-se da mensagem. Esse despojamento permite a autêntica circulação daquilo que o transcende.

Já assinalamos que *O Livro Vermelho* se apresenta, em certo sentido, como um livro profético. Se é assim, cabe perguntar o que e como profetiza e a quem é dirigida sua profecia.

Paradoxalmente, essas questões – o quê, como e a quem – estão intimamente relacionadas, pois parece que a própria índole da mensagem exige que se trate, em um *primeiro momento*, de uma profecia dirigida ao próprio Jung e, em um *segundo momento*, de uma mensagem universal. Não nos referimos, claro, a 'momentos' cronológicos; mas, por assim dizê-lo, a momentos 'lógicos', ou melhor, 'kairológicos' [alusão a *kairós*, no pensamento grego, "tempo oportuno]. Ou seja, somente se compreendermos que a mensagem é dirigida à profundeza do próprio Jung enquanto homem, pode se compreender em que medida o excede. Sem dúvida, certas razões estilísticas, como o fato de que, em mais de uma oportunidade, o texto se dirija a 'meus amigos', abonam a hipótese de que também se trata de um texto que guarda uma mensagem para outros e, consequentemente, de que é algo mais do que um diário pessoal.

Mas há algo mais, pois, por exemplo, as primeiras experiências, as visões e sonhos que antecipam a Primeira Guerra Mundial não são meramente premonitórios, mas

---

[81] "Tentativas de libertar a individualidade da psique coletiva". In: *O Eu e o inconsciente* [OC 7/2], § 262.

também tentam preparar Jung para dar uma mensagem renovadora. Essa mensagem implica assumir que as forças destrutivas subjazem em nós e que só as reconhecendo poderemos transcendê-las. Anos depois, em princípios da década de 1930, e como já assinalamos em nossa "Introdução", Jung observou que novamente se constelava na psique de seus pacientes germânicos a figura de Wotan e isso lhe permitiu prever a possibilidade de uma segunda guerra mundial.

Claro, desde o ponto de vista junguiano é o caráter coletivo da psique individual o que permite compreender que, num processo de individuação, o sujeito se aproprie de questões consteladas em sua cultura e em sua época, embora à maneira particular de sua identidade.

E a profecia se apresenta, de certo modo, negativamente, pois não se trata de que cada um imite Jung, mas sim de que siga seu próprio caminho.

O próprio título do livro – *Liber Novus* – tem, como adiantamos, conotações proféticas. Por que é 'novo'? O novo é aquilo que se anuncia, o Deus novo, o Deus vindouro, que consiste em uma renovação do velho[82]. Em outras palavras, trata-se de dar à luz o velho em uma época nova[83], pois o novo, o futuro, subjaz no passado[84]. Mas o *Liber Novus* não se limita a anunciar algo novo, mas também dá a chave para que esse novo seja percebido ou, talvez, engendrado. O *Livro Vermelho* convida a um novo olhar que permita descobrir o novo, pois, como já citamos: "[...] *quem olha de dentro sabe que tudo é novo*"[85]. Assim, os outros deuses morreram... E o suprassentido se abre – rejuvenescido – ao novo, pois tudo o que se torna velho, se torna assassino[86].

As epígrafes que iniciam o *Liber Primus* orientam a respeito do sentido profético do texto, que, como tal, é um 'símbolo', ou seja, aquilo que se apresenta como uma potência transformadora que conecta com o mistério e, neste caso, que abre à mensagem do que há de vir.

Trata-se de três textos de Isaías e um de São João que analisamos com mais detalhe na segunda parte. De modo sintético, cabe assinalar que o primeiro, Is 53,1-6, dá conta do caráter inestimável, desprezível, da notícia da revelação. É verdade

---

[82] Cf. *Liber Primus*. Cap. V: "Descida ao inferno no futuro", p. 239.

[83] *Liber Secundus*. Cap. XX: "O caminho da cruz", p. 311.

[84] *Aprofundamentos*, p. 358.

[85] *Liber Primus*. Cap. V: "Descida ao inferno no futuro", p. 239.

[86] Cf. *Liber Primus*. Prólogo: "O caminho daquele que virá", p. 230.

que Jung citou os primeiros três versículos desse texto em *Tipos psicológicos*[87], em relação com a natureza do símbolo que aparece onde não é esperado. Mais ainda, neste caso, seu caráter desprezível, o ser 'dejeto de homens', pode se vincular com a necessidade de incorporar o 'contrassentido'; em suma, a sombra, como parte do anúncio do suprassentido. O texto seguinte, também citado em *Tipos psicológicos*, é Is 9,5-6, e dá conta de que esse símbolo, essa profecia, é um 'menino' e, por consequência, sua natureza é irracional, maravilhosa. Poder-se-ia agregar, de acordo com a natureza arquetípica do símbolo do menino, que está prenhe de um futuro insuspeito.

O terceiro texto é o célebre Jo 1,14, referente à encarnação do *Logos* e, nesse contexto, parece antecipar que tal encarnação haverá de ser ou deverá buscar-se em cada homem, pois cada um está chamado a 'ser Cristo'. Por último, o quarto é Is 35,1-8, que Jung citou em um texto tardio, *Mysterium Coniunctionis*. Ali se alude a um "estado de completude messiânica" caracterizado por uma conciliação de opostos, o que, em termos psicológicos, corresponde a uma conciliação das forças destrutivas e criativas do inconsciente[88]. É certo que, enquanto essa conciliação, em Isaías, se dá no paraíso, em *O Livro Vermelho* ela pressupõe entregar-se ao abandono e à solidão do deserto, assim como a necessidade de um movimento em direção ao contrassentido[89]. Em síntese, as quatro epígrafes integradas dizem que a profecia, a mensagem, deve ser encontrada na escuridão assustadora; nela mesma está a potência maravilhosa e criadora que permitirá a encarnação do *Logos* em cada homem para assim conseguir uma conciliação dos opostos, isto é, a redenção.

O espírito da profundeza anuncia o suprassentido, *imagem* do Deus vindouro. O longo processo de renascimento do 'Deus morto' só é possível abrindo-se ao espírito da profundidade que irrompe e arrasa com a justificação, o valor e a utilidade; em suma, com o suposto 'sentido' próprio ao espírito deste tempo. Mas a incorporação do 'outro', do contrassentido, cada um só poder fazê-la a partir de sua situação singular. Por outro lado, não se trata de se unilateralizar no contrassentido, mas de poder manter essa difícil tensão entre sentido e contrassentido. Em *O Livro Vermelho* insiste-se várias vezes sobre esse ponto. Por exemplo, segundo

---

[87] Como veremos mais detalhadamente na segunda parte, é provável que o capítulo V de *Tipos psicológicos* tenha sido inspirado diretamente em algumas páginas iniciais do *LV*; de fato, aquilo que no texto teórico aparece como 'símbolo' corresponde à imagem do Deus vindouro, o 'suprassentido'.

[88] *Mysterium Coniunctionis* [OC 14/1], § 252.

[89] A isso tb. alude *Mysterium Coniunctionis* [OC 14/1], § 252.

se relata no *Liber Primus*, no período em que, durante vinte e cinco noites, Jung viveu as mais tremendas experiências no deserto de sua alma – ou seja, no contrassentido – e durante o dia vivia conforme o espírito deste tempo, adaptado à vida social. Como Jung assinalou, esse foi o problema de Nietzsche, que perdeu 'o sentido da realidade', pois foi se alienando da vida social e assim esteve à mercê das forças do inconsciente.

As formas da loucura e a voz da profecia

Em quase todas as tradições espirituais existe a figura tanto de quem é porta-voz dos deuses como de quem age como seu intérprete autorizado. O mesmo termo grego *prophêtês*, conforme os textos, admite ambas acepções. Por outro lado, há o 'profeta extático', que ascende a tal condição mediante o êxtase; e o 'profeta tranquilo', que recebe sua mensagem em um estado de consciência mais próximo do normal. *O Livro Vermelho*, segundo já afirmamos com relação às diversas 'vozes' que nele operam, admite inúmeras variantes e se move em um amplo registro. Não obstante, no início do texto lemos que "[...] o espírito da profundeza deu-me esta palavra"[90]. Pois bem, para além do estado psíquico do próprio Jung, a profecia é um convite a uma 'divina loucura', pois somente a partir dela é que se pode compreender e encarnar a sua mensagem.

Por isso, uma das questões centrais em *O Livro Vermelho* é a da 'loucura', cujas variadas acepções e matizes nem sempre se correspondem univocamente com os diversos vocábulos alemães.

Desde logo, uma primeira distinção, sem dúvida fundamental, encontramos no *Liber Primus*, capítulo V, intitulado "Descida ao inferno no futuro". Ali a loucura (*Wahnsinn* ou, às vezes, *Wahn*) aparece sob três formas: a loucura divina, a loucura doentia e, por assim dizer, a loucura – também doentia – de quem vive na superfície, submetido ao 'espírito dessa época'.

Essa passagem distingue, e ao mesmo tempo relaciona, estes tipos de 'loucura' à luz do conceito de 'espírito dessa época' e 'espírito da profundeza', e sugere ulteriores matizes que se iluminam com textos posteriores.

A 'loucura doentia' se deve a uma possessão por parte do espírito da profundeza que obriga o homem a 'falar em línguas' e lhe faz "[...] acreditar que ele próprio é o espírito da profundeza". Mas há outra 'loucura doentia' – pouco notada – que é a de quem nega o espírito da profundeza e se toma a si mesmo pelo espírito dessa época. Por certo, em termos da teoria junguiana, a primeira é uma loucura produto

---

[90] *Liber Primus*. Prólogo: "O caminho daquele que virá", p. 230.

da invasão do inconsciente, se se quiser de uma 'psicose', e a segunda, uma loucura produto de uma identificação com os valores e princípios da cultura vigente. Esta última, no plano individual, supõe uma identificação com a *persona*, isto é, a constituição de uma personalidade 'neurótica', caracterizada pelo conjunto de condutas adaptativas aceitas pela sociedade. Essa loucura é a de todos os homens que estão possuídos pela superficialidade desta época. A 'divina loucura', em troca, consiste numa balança entre o espírito da profundeza e o espírito dessa época; dito em outros termos, a loucura divina é a modalidade psíquica própria do 'suprassentido', que sustenta e transcende a tensão entre o 'sentido' e o 'contrassentido'. Mas, por estar preso no espírito dessa época, "[...] o espírito da profundeza irrompeu com poder e arrasou com uma onda potente o espírito deste tempo". E tal irrupção violenta é a que põe em perigo o processo, pois se não se mantém o 'princípio de realidade', conforme indicamos anteriormente, é possível cair na loucura doentia.

A partir dessa tríplice distinção cabe acrescentar que, em primeiro lugar, a loucura é *compreendida* em nossa época de um modo diverso; em segundo lugar, a loucura divina é vivida diversamente; e em terceiro lugar, há uma espécie de desvio psíquico que, de modo geral, responde a uma espécie de "bufonaria" (*Narrheit*) que não se pode classificar em nenhuma das distinções anteriores e que corresponde a uma forma paródica da vida[91].

De fato, além da passagem antes mencionada, trechos posteriores[92] mostram como, do ponto de vista do espírito dessa época, há uma única loucura, e a loucura divina é apenas uma forma dessa única loucura, que é a doentia. Quando Jung, em sua visão – na verdade em um sonho dentro de uma visão –, é levado diante de dois psiquiatras, um deles determina que, por ter o livro de Tomás de Kempis, a *Imitação de Cristo*, Jung sofre uma forma de loucura religiosa, de 'paranoia religiosa'. Esse personagem tampouco pode compreender a diferença entre uma patologia e a utilização do 'método intuitivo', ou seja, a diferença entre, por um lado, escutar vozes que se impõem e, por outro, ir buscar essas vozes.

Por isso, se o espírito dessa época impõe o único critério de verdade, é previsível que se confunda o 'contrassentido' com o 'sem-sentido' e se desconheça a loucura divina: "A loucura divina uma forma mais elevada da irracionalidade da vida que flui em nós – ainda assim loucura que não deve ser incorporada à sociedade hodierna [...]"[93].

---

[91] Referimo-nos a isso em nosso comentário ao *Liber Secundus*, cap. XIV.

[92] *Liber Secundus*, caps. XV e XVI.

[93] Ibid. Cap. XV: "*Nox secunda*", p. 294.

Quanto à 'loucura divina' em si, parece ser distinta da de tempos antigos. Por um lado, porque exige assumir a 'loucura desta época' e, por outro, porque exige dar conta da mais assustadora escuridão.

As três profecias: guerra, magia e religião

"As três profecias" é o título do capítulo XVIII do *Liber Secundus*, que comentamos com mais detalhe na segunda parte. Ali, a alma lhe dá três coisas velhas que insinuam o futuro: "[...] a calamidade da guerra, as trevas da magia, a dádiva da religião". Estas três coisas, acrescenta o texto, significam tanto o desencadeamento do caos como seu aprisionamento. Nessa tensão parece sugerir-se, mais uma vez, a presença do suprassentido que não pode ser abarcado pelo pensamento e que só pode ser percebido no fundo da alma. Essas 'coisas velhas' constituem o caminho do vindouro que só pode ser encontrado dentro de nós. O texto acrescenta: "A guerra é manifesta e cada qual a vê. A magia é obscura e ninguém a vê. A religião ainda não é manifesta, mas será".

Em que consistem essas três coisas à luz do restante de *O Livro Vermelho*?

A profecia da guerra não parece tratar meramente de suas visões antecipatórias da Primeira Guerra Mundial, mas de que toda guerra é interior e a guerra física é o resultado de uma dissociação ainda não sanada na intimidade da psique. Por isso, a guerra é evidente, mas não o é a que está no fundo da alma e que se torna acontecimento, por não ser devidamente assumida. A guerra é o contrassentido, que se é reconhecido como tal, não cai no sem-sentido e é assumido como um momento do suprassentido. Como se pode ver, mesmo essa guerra interior pode tornar-se evidente.

A magia é, por sua vez, algo que está mais longe de nosso alcance, é 'obscura' e talvez esteja no próprio fundo daquilo que possibilita a guerra, a destruição ou, pelo contrário, a criação. A magia ocupa um lugar preponderante em *O Livro Vermelho* e lhe dedicamos um espaço mais extenso nesta primeira parte, na seção 5, dedicada às religiões, à luz dos estudos sobre a magia. Em *O Livro Vermelho*, a magia aparece com diversas características, mas nos limitaremos a enfatizar três: o poder, a criatividade e seu caráter paradoxal. A magia é paradoxal, ao fim das contas, obscura, particularmente em seu exercício, porque é mister entrar sem intenções e sem querer entender. Estes últimos são os ensinamentos que desconcertam o 'eu' de Jung quando seu mestre Filêmon os transmite pouco depois de encontrarem-se, tal como se observa no capítulo XXI. Convém recordar que o próprio Jung assinala, em um texto teórico, que a magia é operativa quando manejada sem fins, sem expectativas[94]. Certamente, isso pode surpreender o leitor, pois habitualmente se vincula a magia com a manipulação; mas talvez devamos distinguir a operação da magia e os propósitos com os quais se a exerce. A magia, ao menos em sua natureza inferior, poderá ter pretensões de manipulação, mas a partir de um poder que se descobre, que se liberta e não que se controla. A magia é, do ponto de vista junguiano, a manifestação mesma da potência psíquica que é, por definição, criadora. Por isso se pode dizer que a 'magia é inata'[95]. Mas, embora essa potência se concentre através de diversos procedimentos que produzem 'calor mágico', sua natureza íntima, por ser pura atividade imaginativa, como o é a própria psique em si, é indeterminada e indeterminável e só pode proceder deixando que certo *quantum* de força se liberte. A magia, assim entendida, é um saber que propicia a libertação de forças poderosas e criadoras da psique, cuja obscuridade se relaciona com o fato de que são potências inconscientes, impenetráveis, porque seguem uma lei que elas mesmas criam ou manifestam.

É significativo que Filêmon – embora inicialmente apareça diminuído em sua condição de mago –, enquanto parece pertencer à tradição hermética, utiliza a magia sobretudo como um meio de relação com o cosmos e o divino, e de recuperação com aquilo que se ocultou. Isso não impede que a magia seja, em certo sentido, uma 'arte negra', ou seja, que deva operar com forças ocultas e tenebrosas. Mas quando Jung escreve na margem – no início do capítulo XX, "O caminho da cruz" – 'da magia negra à magia branca', parece indicar-se que se produziu o movimento enantiodrômico do obscuro ao luminoso. Aliás, a vara mágica ou serpente negra que havia recebido – no capítulo XIX, "O dom da magia" – se enrola no corpo do crucificado e sai, branca, de sua boca. Parece que essa transmutação – em termos psicológicos – da energia psíquica inferior em superior foi preparada previamente, nessa entrega a uma obscuridade que não consola e da qual não há nada que esperar. Mas assim mesmo, essa transmutação se dá no contexto do sacrifício, da crucificação, que é entrega ao espírito e possibilidade de encarnação.

E isso é já a 'religião', a terceira profecia que será manifesta, mas que ainda não o é. Cristo, no princípio do éon de Peixes, lançou o diabo ao inferno e hoje essa potência retorna das trevas para ser assumida por cada homem.

---

[94] *A energia psíquica* [OC 8/1], § 89-90.

[95] *Liber Secundus*. Cap. XXI: "O mago", p. 314.

Hildegard von Bingen, "O inimigo acorrentado" (Scivias, visão 7, segunda parte).

Apocalipse – A comunidade de vivos e mortos e a conciliação Cristo-anticristo

A profecia do *Liber Novus* é – em última instância – de natureza apocalíptica, coisa que não deveria surpreender ao bom leitor da obra tardia de Jung, em particular, de *Resposta a Jó* e *Aion*, embora sua apocalíptica seja *sui generis*. Como é sabido, enquanto gênero literário, o termo *'apocalipsis'* (lit.: 'revelação'), em sentido estrito, deriva do Apocalipse de que remonta ao ano 90 d.C. e é o primeiro que utiliza esse título.

Mas o gênero apocalíptico é anterior ao título Apocalipse, pois já se verifica no judaísmo desde o século III a.C., e é evidente que o próprio Apocalipse de João e tantos outros apocalipses apócrifos cristãos se basearam no modelo dos judeus[96]. Com numerosas variantes e matizes, todo apocalipse se caracteriza por:

1) Transmissão de revelações mediadas por alguma figura sobrenatural, frequentemente um anjo.

2) Descobrimento de um mundo transcendente de poderes sobrenaturais.

3) Descobrimento de um cenário escatológico ou visão das coisas últimas.

4) Julgamento dos mortos e destino último dos mesmos.

5) Em alguns casos, apresentam uma cosmologia que inclui a geografia do Além, assim como a história dos primeiros e últimos tempos.

Pode-se notar que, com claras diferenças, todos estes pontos se verificam no *Liber Novus*:

1) A transmissão é realizada por uma figura 'transcendente', ao menos em relação ao 'eu'; tal é o caso da voz da profundeza e dos diversos personagens, embora se trate sobretudo de Filêmon.

---

[96] Por outro lado, os apocalipses judeus costumam corresponder a duas tipologias principais, nem sempre excludentes. A primeira é a mais 'histórica' (ex. *Livro de Daniel, 4 Esdras, 2 Baruch,* algumas partes de *1 Enoch*) e se trata de uma visão alegórica interpretada por um anjo, e seu conteúdo, eminentemente histórico, divide o tempo em períodos e assinala o fim dos tempos, geralmente, como uma restauração política e nacional de Israel, que pressupõe uma nova ordem definitiva. Em alguns casos extremos este tipo de apocalipse sugere o fim do mundo e uma volta ao silêncio anterior à criação. A segunda tipologia trata da viagem ao além, que costuma ser uma viagem mística de ascensão pelos céus ao modo de "O Livro dos Vigilantes" de *1 Enoch* (c. séc. III a.C.). Esta tipologia apocalíptica é de maior orientação mística e se centra mais na vida ultraterrena individual que em uma transformação cósmica, embora também possa predizer as últimas coisas do mundo. Como se pode observar, os Sermões têm aspectos de ambas as tipologias, embora pareçam se mostrar, até certo ponto, mais afins a seus antecedentes iranianos e à apocalíptica cristã posterior. Faremos alguma referência a isto em nosso comentário aos Sermões na segunda parte. Para uma introdução geral ao complexo tema do 'apocalipse' e uma bibliografia. Cf. COLLINS, J. "Apocalypse". In: JONES, L. (org.). *Encyclopaedia of Religion*. Vol. 1. Detroit: Macmillan & Thompson/Gale, 2005, p. 409-414.

Hildegard von Bingen, "O fim dos tempos" (Scivias, visão 2, terceira parte).

2) Descobre-se um 'mundo transcendente' de poderes, seja sob a forma de serpente, de ave ou de diversas expressões 'míticas'; por exemplo os Cabiros. Maximamente, aparecem as figuras do "Alto" (Cristo como "sombra azul") e do "Baixo" (satã).

3) O cenário escatológico se insinua no advento do Deus vindouro e no estabelecimento de uma "santa comunidade" (cf. *Aprofundamentos* {10}, Quinto Sermão), de onde comunidade e indivíduo são opostos complementares. Quer dizer, uma comunidade em que o homem, enquanto se diferencia pela apropriação de suas próprias polaridades, se faz verdadeiro partícipe do destino comunitário.

4) Se bem que não haja 'julgamento' dos mortos, a comunidade antes mencionada não se pode levar a cabo se esses mortos que vivem em nós como seres que não consumaram seu destino, não receberem o ensinamento, a desejada 'gnose'. Por isso, a mensagem profética que revela as coisas últimas deve chegar àqueles que, com sua ignorância, impedem o estabelecimento de uma santa comunidade. Os mortos e os homens têm de aprender o que não sabiam; que o homem é uma porta por onde se reúne toda a realidade: a dos deuses, a do devir e a dos homens[97].

5) Deixamos de lado a cosmologia consignada nos Sermões aos Mortos, a ser desenvolvida na segunda parte.

Pois bem, uma peculiaridade desse Apocalipse é que aponta à conciliação Deus-diabo ou Cristo-anticristo. O diabo ou o anticristo representam, em suas próprias chaves, o grande contrassentido, que requer ser assumido para dar conta do Deus vindouro: 'Abraxas' ou o 'Abraxas' que cada homem deve recriar em si. Esse é, talvez, o maior paradoxo trazido pelo *Liber Novus*. Por isso, embora não possamos ignorar o tema, a esta altura de nossa exposição nos limitamos a esta apresentação sumária para retomá-lo com mais minúcias em nosso comentário aos Sermões. Basta, contudo, ilustrar a ideia com uma referência a um texto teórico de Jung:

> O maligno não foi acorrentado, embora os dias de seu domínio estejam contados. Deus continua hesitando em fazer violência a satanás. Forçoso é admitir que o seu lado tenebroso continua a favorecer o anjo mau, sem disso se dar conta. Essa situação naturalmente não passará por muito tempo despercebida ao "Espírito da verdade" que fixou sua morada no homem. É por isso que Ele [este Espírito] perturba o inconsciente [humano], e nos albores do cristianismo

---

[97] Nos ocupamos com mais detalhe do lugar dos mortos no *Liber Novus* em nosso comentário aos "Sermões".

produziu uma segunda grande revelação* que deu ocasião, posteriormente, a muitas interpretações e mal-entendidos, por causa de sua obscuridade[98].

O homem é chamado a gestar e assumir, em uma nova *imago dei*, Cristo juntamente com sua sombra. Nos *Aprofundamentos*, lemos que chegou o tempo em que cada um é chamado a fazer sua própria obra de redenção[99]. E o único caminho possível é o múltiplo de cada homem, que deverá encarnar o Espírito que se lhe derrama. Em *Resposta a Jó*, lemos:

> Com a inabitação da terceira pessoa divina, isto é, do Espírito Santo, no homem, opera-se uma cristificação de muitos, surgindo daí o problema de saber se estes são homens-deuses em sentido pleno[100].

Esse é o Deus vindouro, o único Deus possível, porque é o Deus que surge da experiência humana total; aquele Deus que emerge da mais profunda contradição e que se encarna em cada homem.

---

* Jung aqui se refere ao *Apocalipse* de São João [N.T.].

[98] *Resposta a Jó* [OC 11/4], § 122.

[99] *Aprofundamentos*, p. 356.

[100] *Resposta a Jó* [OC 11/4], § 758.

4

O suprassentido

Imagem do 'Deus que virá'

"O caminho daquele que virá" é o título sugestivo do *Liber Primus*. Sem dúvida, aqui não se prescreve uma determinada via, não se exorta ao seguimento de uma doutrina; se segue o caminho que a cada um se abre em sua entrega aos processos simbólicos. Assistimos assim ao caminho daquele que virá, a partir da vida interior de Jung, como um caminho rumo ao que há de vir; um caminho que, como tal, é o símbolo do "Deus que virá" (*Der kommende Gott*). Este caminho singular parece sugerir uma estrutura e uma dinâmica que excedem a singularidade de Jung enquanto homem, e faz eco em quem esteja disposto a escutar o chamado do espírito da profundeza e, por consequência, a seguir suas imagens, "suas" próprias imagens do errante. Enquanto cada um seguir seu próprio caminho os homens sentirão a similitude de seus caminhos e isso levará "ao amor mútuo em comunidade"[101].

Se de alguma maneira esse 'Deus que virá' é uma resposta à 'morte de Deus', tal resposta não surge de uma posição externa a essa própria morte ou ao devir de um morrer que assola a civilização atual. Há um reconhecimento de que Deus envelheceu, mas de que, sua agonia, adequadamente abordada, pode antecipar uma ressurreição. O antigo motivo do herói e do Deus que morre e renasce, como antecipamos, já havia sido tratado por Jung em *Transformações e símbolos da libido*, mas é mais evidente seu alcance apocalíptico em textos posteriores. Assim, em *Psicologia e religião* assinala como esse antigo motivo reaparece em nossos tempos. O 'si-mesmo' que surge em experiências íntimas de totalidade, por exemplo, em formas mandálicas, não substitui a divindade, mas a simboliza, embora o homem contemporâ-

---

[101] *Liber Primus*. Prólogo: "O caminho daquele que virá", p. 231.

neo esteja ameaçado de ser possuído por um eu que se deifica. *O Livro Vermelho* assinala que não se pode ver aquele que vem se não se o vê em si mesmo[102]; aquele que vem se gesta no interior: "O vindouro será criado em ti e a partir de ti"[103]. Mas não é o homem, ao menos tal como o compreendemos habitualmente, que 'faz' o caminho, mas "[...] as forças superpoderosas e sobre-humanas que estão ativamente trabalhando para criar os tempos vindouros"[104]. Quase como uma réplica do 'desprendimento' de Mestre Eckhart ou do *wu wei* taoista, *O Livro Vermelho* sinaliza que a resposta está no esforço e no compromisso de um eu que o cria se não se apega a suas intenções e a sua vontade; trata-se de criar "[...] contra a intenção e a vontade. Se eu quiser construir o futuro, trabalho contra o meu futuro [...]"[105].

Compreender como se manifesta e como se 'responde' a essa aparição do 'Deus que há de vir' é talvez uma das chaves centrais que proporciona *O Livro Vermelho* pois, como já se disse, sua imagem é o suprassentido. Certamente o Deus que há de vir é, em algum sentido, o mais remoto, aquilo que está nas origens e, também, é um futuro que não pode ser apreendido. Mas é mister "deixar o futuro aos futuros", pois o caminho daquele que virá se aborda voltando à realidade simples de cada um[106].

Pois bem, sem desconhecer que esse 'Deus que virá' não pode ser explicado, pois explicá-lo é desconhecê-lo e desconhecê-lo é, de algum modo, atentar contra sua devida manifestação, o 'Deus que virá' retoma o antigo simbolismo do Deus que morre e renasce. E esse renascimento deve surpreender; tão intensa há de ser a sua espera, como aberto o acesso ao mistério que impede uma 'predeterminação'. Por isso, como já assinalamos em nossa seção anterior, o símbolo deve ser irredutível a ideias ou valores conhecidos. Nossa época, órfã das tradições, mas ainda aferrada a preconceitos dogmáticos ou cientificistas, é chamada a uma aventura espiritual que consiste em entregar-se ao indeterminado e indeterminável[107]. Não obstante, essa indeterminabilidade não implica que o processo não responda a padrões arquetípicos; mais ainda, todo processo dessa índole retoma o que está constelado na profundeza

---

[102] *Liber Secundus*. Cap. V: "Descida ao inferno no futuro", p. 239.

[103] Ibid. Cap. XIX: "O dom da magia", p. 308.

[104] Ibid.

[105] Ibid. Cap. XX: "O caminho da cruz", p. 311.

[106] Ibid. Cap. XVIII: "As três profecias", p. 306.

[107] *Psicologia e religião* [OC 11/1], § 168.

da psique e isso inclui formas simbólicas históricas. Por isso, embora o padrão seja universal, são sobretudo as religiões mistéricas as que aparecem no pano de fundo simbólico de *O Livro Vermelho*. E, para além de suas variantes, em todas elas se trata de uma renovação espiritual, uma *palingenesia*, um renascimento que pressupõe uma mutação ontológica; o homem se torna Deus (*theosis*) e se imortaliza (*apathanatismos*). Por certo, bem peculiar será o modo como o cristianismo assume estas ideias e símbolos, mas mais peculiar ainda será o modo sincrético como aparece em *O Livro Vermelho*, tal como desenvolveremos na seção seguinte.

Por outro lado, a expressão 'Deus que virá' possui conotações românticas; como assinala Manfred Frank[108], para o romantismo 'o Deus que virá' é a quintessência do processo mitológico que, para além de suas variantes conforme se trate de um autor ou de outro, consiste na morte dos deuses antigos que renascem reunidos nesse 'Deus que virá', compreendido em geral como 'Cristo' ou uma forma peculiar de Dionísio-Cristo. Assim, por exemplo, Schelling assinala que 'tudo é Dionísio', isto é, as histórias dos múltiplos deuses constituem etapas para o advento de Cristo; e Novalis, no "Hino à noite", afirma que os deuses antigos e o sentido de suas palavras, hoje perdidos, se interiorizam e se espiritualizam em Cristo. Por certo, é Hölderlin, em sua famosa elegia "Pão e vinho", quem menciona o 'Deus que há de vir'; nessa noite dos deuses, os únicos que sobrevivem sob a espécie do 'pão e vinho' são, respectivamente, Cristo e Dionísio. Cristo também morreu e só sobrevive através dos dons da terra que nos ajudam a suportar a sua ausência e a esperar o seu regresso[109]. Esses autores, que aqui apenas mencionamos sumariamente, prepararam o caminho a Nietzsche, e em certo sentido anteciparam uma resposta, pois vivem essa morte de Deus como um tempo de indigência no qual se gesta um advento. Isso não significa que *O Livro Vermelho* se explique como uma mera volta a estes autores ou uma reformulação teórica dos mesmos. *O Livro Vermelho* mostra um caminho de experiência simbólica que não se limita à recepção de determinados textos, mas que retoma vitalmente, em uma nova chave, aquilo que já havia sido entrevisto por esses autores. O 'Deus que virá' é uma resposta à 'morte de Deus'; mas Deus renasce no lugar onde 'morre'. Sem dúvida, para Nietzsche o Deus supramundano que sustenta a moral cristã surge de uma

---

[108] FRANK, M. *El Dios venidero* – Lecciones sobre la nueva mitología. Barcelona: del Serbal, 1994, p. 22. Cabe assinalar que nestas lúcidas lições não se compreende adequadamente a proposta junguiana.

[109] Ibid., p. 31.

evasão própria de uma instintividade debilitada, negadora da vida[110]. Hoje o homem se encontra imerso em uma indigência espiritual, pois perdeu essa ilusão da transcendência, mas sem recuperar a potência da vida representada pela volta de Dionísio. Trata-se do advento do niilismo que, para além da ambiguidade do termo, segundo reconhece o próprio Nietzsche, supõe "que os valores supremos se desvalorizam"[111], ainda que tal obscurecimento, tal ruptura, prepare uma 'nova aurora'. Sem dúvida, para Jung não basta recuperar o terreno, mas também é necessário recuperar o 'celeste'.

Mas para recuperar o próximo é necessário ir mais longe. Trata-se de seguir a corrente que leva à profundeza do que virá, de abraçar o que virá[112]. Esse caminho é amplo e assustador[113], e se opõe a esse niilismo incapaz de abrir-se ao Alto e ao Baixo – caminho do meio – que tenta transcender a contradição dos opostos. Por isso, o texto assinala que se fecharam muitas portas, tanto para a loucura do superior como do inferior[114].

Como já sublinhamos, o caminho do que virá não pode ser predeterminado. Contudo há múltiplas referências ao ingresso nesse caminho: "Quando abraças teu si-mesmo parece-te que o mundo ficou frio e vazio. É nesse vazio que entra o Deus que há de vir"[115]. Trata-se de seguir a corrente que lenta e imperturbavelmente encontra o caminho à profundeza do vindouro[116]. O suprassentido é via, caminho, ponte rumo ao Deus que virá[117], para o qual deverás: "viver para o além"[118]. Pode-se notar que as ressonâncias nietzscheanas sugerem que se retoma, em nova chave, a 'morte de Deus'. Assim, o 'caminho do que virá' não pode ser identificado com, por exemplo, o 'instintivo' ou o 'espiritual', mas é o árduo caminho do não assumido, do que está nas trevas e que é mister atravessar. O caminho

---

[110] Cf. PINKLER, L. "Estudio preliminar". In: NIETZSCHE, F. *El anticristo* – Maldición contra el cristianismo. Buenos Aires: Biblos, 2008, p. 33ss.

[111] NIETZSCHE, F. "Fragmentos póstumos XIII, II [411]". In: *El anticristo*. Op. cit., p. 32.

[112] *Liber Secundus*. Cap. VI: "A morte", p. 274.

[113] Ibid.

[114] Ibid. Cap. XVI: "*Nox tertia*", p. 300.

[115] *Liber Primus*. Cap. VIII: "Concepção de Deus", p. 245.

[116] *Liber Secundus*. Cap. VI: "A morte", p. 274.

[117] *Liber Primus*. Prólogo: "O caminho daquele que virá", p. 230.

[118] Ibid. Cap. II: "Alma e Deus", p. 234.

do que virá não está nas coisas, mas no significado que se renova no interior do homem e que enlaça as coisas e a alma. Mas, por se tratar do 'outro', o vindouro horroriza e faz estremecer[119].

Contudo, o 'vindouro' jaz dormindo em nós e nas imagens dos antigos[120]. Tal é o significado do 'cristal', símbolo do 'si-mesmo', que aparece em uma das visões e que – se adverte – condensa o que virá no pretérito: "O cristal é a ideia formada, que brilha no passado vindouro"[121]. Com efeito, no núcleo inalterável desse cristal (si-mesmo) se vê o vindouro[122].

Maximamente é o caminho de Cristo que conduz ao vindouro[123]; por isso, o sentido do vindouro há de estar nos evangelhos[124], o qual requer uma leitura do texto à luz de uma compreensão de si.

Cristo

Embora o divino, ou melhor, a imagem do divino, apareça sob múltiplas formas históricas em *O Livro Vermelho*, 'Cristo' é, sem dúvida, a figura central. Uma olhada superficial nos poderia fazer crer que, com Cristo, a imagem do Deus que virá perde seu mistério. Pelo contrário, se trata de aprofundar o mistério de Cristo, compreendido como a forma arquetípica que está na raiz de nosso inconsciente coletivo, e que, por isso, remete ao suprassentido, a uma integração do sentido e do contrassentido. De algum modo, o espírito da profundeza exige a recuperação de uma imagem de Cristo que morre se não integra sua sombra: "Deus está onde vós não estais", lemos no *Liber Primus*[125]. Por isso, a profecia que anuncia à exaustão que cada um deve seguir o seu próprio caminho se conecta com a afirmação de que "não se deve ser cristão, mas Cristo". No *Liber Primus* lemos que se trata, por consequência, de tornar-se por inteiro a natureza de Cristo[126], e esse caminho é inexorável: "Do caminho de Cristo ninguém pode

---

[119] *Liber Secundus*. Cap. XVIII: "As três profecias", p. 306.

[120] *Liber Primus*. Cap. VIII: "Concepção de Deus", p. 244.

[121] Ibid. Cap. IX: "*Mysterium* – Encontro", p. 247.

[122] Ibid. Cap. XI: "*Mysterium* – Solução", p. 254.

[123] Ibid. Cap. II: "Alma e Deus", p. 234.

[124] Ibid. *Liber Secundus*. Cap. V: "*Dies* II", p. 272.

[125] Cf. *Liber Primus*. Cap. II: "Alma e Deus", p. 234.

[126] Ibid.

ser poupado, pois esse caminho conduz ao que virá. Vós todos deveis tornar-vos Cristos"[127]. Por certo estas afirmações, de conotações gnósticas, desembocam, em primeira instância, no dramático final do capítulo XI do *Liber Primus*, quando Salomé lhe anuncia: "Tu és Cristo" e, na sequência, o próprio Jung, ao ver a cruz e Cristo em sua última hora, sofre uma crucificação, parado, com os braços estendidos, seu rosto transformado em leão e seu corpo violentamente envolvido e apertado por uma serpente.

Mas a própria natureza do sacrifício indica que se trata de um 'Cristo' que está em vias de integrar seu oposto, pois o 'Cristo' da tradição eclesial supera a tentação do diabo, mas sucumbe à tentação do bem e do razoável. Em *Símbolos da transformação*, lemos:

> O si-mesmo como símbolo da totalidade é uma *coincidentia oppositorum*, portanto contém luz e trevas ao mesmo tempo. Na figura de Cristo os contrastes, unidos no arquétipo, separaram-se no luminoso Filho de Deus de um lado, e no diabo, do outro[128].

Contudo – ele acrescenta – Cristo e anticristo estão próximos[129]. Esse Cristo, esse Deus novo que aparece inicialmente como contrassentido, se ligaria ao anticristo, para dizê-lo com palavras do *Liber Primus* (cap. VII):

> Depois da morte na cruz, Cristo foi para o reino dos mortos, tornou-se inferno. Assumiu assim a figura do anticristo, do dragão. A imagem do anticristo, que os antigos nos transmitiram, dá notícia do novo Deus, cuja vinda os antigos previram[130].

E, mais adiante, Jung acrescenta que ninguém sabe o que aconteceu durante os três dias, mas que "eu cheguei a sabê-lo"[131]. Parece então que se trata de duas questões: por um lado ser Cristo (e não 'cristão') e, por outro, que esse tal Cristo,

---

[127] Ibid.

[128] *Símbolos da transformação* [OC 5], § 576.

[129] Jung cita o conhecido livro de Wilhelm Bousset sobre a lenda do anticristo. Bousset havia antecipado uma interpretação mitológica do anticristo e o havia concebido como uma projeção no fim dos tempos do monstro do caos que havia feito a guerra contra o deus criador nas cosmogonias do Oriente Próximo (cf. BOUSSET, W. *The Antichrist Legend*. Londres, 1896 [trad. A.H. Keane]).

[130] *Liber Primus*. Cap. VII: "O assassinato do herói", p. 242.

[131] *Liber Primus*. Cap. VIII: "Concepção do Deus", p. 243.

ou imagem de Cristo, integre a sombra. E, contudo, é uma mesma questão bifronte, pois é o movimento comprometido rumo à sombra, rumo ao contrassentido, "rumo ao além", gerado por uma espécie de loucura divina, o que permite tornar-se 'Cristo'. Por isso, aqui a mediadora é Salomé, que opera como uma espécie de *Sophia prunikos**, sinistra, maculada, que chama à redenção. É através dela, ou seja, através de um ser que representa o contrassentido, como a crucificação – em suma, a união dos opostos – que se faz possível.

Por isso, em *O Livro Vermelho* se menciona o *Evangelho dos egípcios*, que comentaremos em seu contexto na segunda parte:

> E como Salomé quisesse saber o porquê**, Cristo lhe disse: "Se tirardes o manto da vergonha e se os dois se tornarem um, e o masculino com o feminino, [não seja] nem masculino e nem feminino"[132].

> O caminho do que virá é a aurora de uma "nova religião", que não deve entender-se como um movimento religioso inovador, mas como uma encarnação do Espírito em cada um dos homens. O Deus que virá emerge com muitas formas, mas na multiplicidade dos opostos em que se apresenta é mister não tomar nem a esquerda nem a direita, mas o caminho do meio[133].

---

* Algo como "Sabedoria a Prostituta", personagem conceitual do gnosticismo [N.T.].

** De uma sentença pronunciada imediatamente antes: "Come qualquer verdura, mas não comas a verdura amarga" [N.T.].

[132] Ibid. Cap. X: "Instrução".

[133] *Liber Secundus*. Cap. XX: "O caminho da cruz", p. 311.

5

As tradições religiosas no *Liber Novus*

O peculiar 'sincretismo' da psique

No *Liber Secundus*, lemos: "O Deus aparece em múltiplas formas"[134]. O 'Deus que virá' toma todas as formas, essa *imago dei* que quer realizar-se tende a integrar múltiplas formas do sagrado, mas o faz de um modo inusitado, inicialmente obscuro, estranho, tremendo, pois nessa recriação se recupera aquilo que ainda está vivo. Por isso, na trajetória visionária de *O Livro Vermelho* aparecem numerosos símbolos e ainda conceitos pertencentes a diversas tradições espirituais, embora assimilados de um modo peculiar. Os personagens religiosos e míticos ou os complexos rituais são o crisol e a manifestação daquilo que tenta elaborar-se na psique. Por certo, um caso particular é o de Filêmon, que Jung caracteriza como "um pagão que aportava uma influência egípcio-helenística com um matiz gnóstico"[135], que, contudo, aparece junto com Baucis, ou seja, assimilável ao personagem mitológico que conhecemos, sobretudo através de Ovídio e de sua reelaboração no *Fausto* II, de Goethe. Mas assim também, Filêmon vem a ser a identidade de personagens anteriores, como Elias e ele mesmo uma forma de outros seres, como é o caso de Atmavictu. Essa vocação mítica do *Liber Novus* assimila e transmuta figuras religiosas e míticas conhecidas, e reelabora seu sentido simbólico originário.

Pois bem, o *Liber Novus* não é só um mito, mas também uma 'mitologia'; é um mito, como já dissemos, porque é uma história sagrada e simbólica que funda uma

---

[134] Ibid.

[135] *Memórias*, p. 217.

realidade significativa; e é uma 'mitologia', pois é também uma intenção de conseguir uma reflexão. E nesse mito, os símbolos de diversas tradições se encontram, se assimilam e se transformam reciprocamente; gerando-se, desse modo, uma nova síntese. Esse processo, se aceitamos os critérios hermenêuticos apontados mais acima, é aparentemente 'espontâneo', pois responde ao movimento próprio da psique de Jung em visões e sonhos ou nos posteriores trabalhos de imaginação ativa e de amplificação que se plasmam, sobretudo, nas ilustrações.

Desse ponto de vista, seria irrelevante detectar quais são essas tradições, esses símbolos, para determinar posições doutrinárias[136].

Jung não está fundando uma nova religião sincrética e sua teologia respectiva, mas manifestando a imagem do Deus vindouro através dos símbolos das tradições que se renovam e se transformam no fundo da psique. Esse é o sentido da terceira profecia, uma nova religião – não entendida como uma nova confissão, mas como um novo modo de manifestação do religioso ou, para sermos mais precisos, da própria natureza sacra do éon que nos constitui. Trata-se, sem dúvida, de um sincretismo *sui generis*, termo que foi revalorizado recentemente por alguns estudiosos, mas que ainda se emprega, geralmente, com sentido pejorativo. O termo *sugkrêtismós*,

---

[136] Como se sabe, toda a obra de Jung aborda questões religiosas e comenta textos, ideias, símbolos e ritos das mais variadas tradições. Há um volume que reúne os principais trabalhos específicos, *Psicologia e religião ocidental e oriental* [OC 11/1-6], mas o leitor deve ter em mente, entre outros, os trabalhos sobre alquimia [OC 12, 13 e 14] e *Aion* [OC 9/2]. Há também uma vasta literatura crítica sobre a muito debatida questão a respeito da abordagem junguiana da religião, que não podemos consignar aqui. O leitor de língua castelhana pode consultar: HOSTIE, R. *Del mito a la religión en la psicología analítica de C.G. Jung*. Buenos Aires: Amorrortu, 1971, uma obra rigorosa e recomendável para uma orientação inicial na questão; mas que se leve em conta que, por um lado, foi publicada ainda em vida de Jung e, por isso, é incompleta e, por outro lado, a nosso ver não resolve satisfatoriamente o problema do 'psicologismo' junguiano. Da vasta literatura, citamos alguns trabalhos clássicos: HEISIG, W.J. *Imago Dei*: A Study of C.G. Jung's Psychology of Religion. Lewisburg: Penn/Bucknell University Press, 1978. • STEIN, M. & MOORE, R.L. (orgs.). *Jung's Challenge to Contemporary Religion*. Wilmette: Chiron, 1987. O debatido pisicologismo junguiano encontra seu clímax em sua discussão com Martin Buber. É verdade que certas afirmações pouco precisas de Jung podem levar a confundir-se seu psicologismo metodológico com um psicologismo ontológico; em outras palavras, Jung insiste em que ele descreve os fenômenos conforme se dão na psique, sem deduzir disso consequências metafísicas. Certamente que a questão é muito complexa; o leitor pode ler as objeções de Buber e as réplicas de Jung, respectivamente, em: BUBER, M. *Eclipse de Dios*. Buenos Aires: Nueva Visión, 1984. • "Religião e psicologia: uma resposta a Martin Buber" [in: OC 18/2], § 1.499-1.513. Buber, por sua vez, deriva indevidamente algumas de suas objeções dos Sermões aos mortos, pois em seu momento se tratava de um texto de circulação privada. Por outro lado, os sermões são um texto visionário e, como tal, não se pode abordá-lo do mesmo modo que os textos teóricos de Jung.

que aparece pela primeira vez em Plutarco (*Moralia*, 490ab), foi utilizado profusamente até fins do século XIX, particularmente por estudiosos do helenismo tardio, no qual esse fenômeno é habitual. Assim, por exemplo, Hermann Usener o descreve como uma mescla de religiões (*Religionsmischerei*); o termo é precisamente *Mischerei*, que à diferença de *Mischung* possui uma conotação negativa[137]. Com efeito, Usener considerou o fenômeno do sincretismo como um abandono inveterado da fé dos Padres, embora pudesse constituir um estágio transicional necessário na história das religiões. Por certo, deve-se distinguir o sincretismo que resulta de uma mescla caprichosa e o que surge de uma assimilação espontânea de símbolos e tradições.

A breve referência que faremos a essas tradições, nesta seção, serve como amplificação para facilitar a compreensão do que é que intenciona integrar-se na psique.

Para poder organizar melhor nossa tarefa, devemos nos situar no ponto de partida de Jung – ou seja, de seu 'eu' consciente – a partir do 'espírito dessa época'. Trata-se, sem dúvida, do ponto de vista da cosmovisão do homem ocidental contemporâneo em boa medida indiferente em relação à religião e, por consequência, dessacralizado, mas que é devedor de um *background* cristão, em grande parte inconsciente.

Já assinalamos que o *Liber Novus* insiste em que não se trata de imitar a Cristo, de ser cristão, mas de 'ser Cristo'. Mas o texto indica, mais de uma vez, que para tanto é necessário recuperar ou retomar esse cristianismo ingênuo. Jung reitera em sua obra teórica a seguinte ideia:

> Com isso não queremos dizer que o cristianismo se tenha esgotado. Absolutamente. Estou convencido de que não é o cristianismo que está antiquado em relação à situação atual do mundo, e sim a apreensão e interpretação que dele fizeram até agora[138].

Na realidade, o homem vive uma dupla (ou múltipla) negação, pois, por um lado, nega seu cristianismo constitutivo e, por outro, nega a presença, viva em sua psique, de numerosas tradições não cristãs. Essa dupla negação nos instala no niilismo próprio da morte de Deus, caracterizado, entre outras coisas, pelo advento da ciência moderna e da técnica. Em Jung, isso se encarna na dupla condição de quem, enquanto filho de pastor protestante, cresceu no seio de um

---

[137] USENER, H. *Götternamen* – Versuch einer Lehre von der religiösen Begriffsbildung. Frankfurt a.M.: Schulte, 1948, p. 337-340.

[138] *Presente e futuro* [OC 10/1].

severo cristianismo, assim como se formou na ciência moderna. Para ajudar à leitura do texto, e como uma chave de leitura adicional, pode-se ver que esse sincretismo *sui generis* se constrói a partir de, ao menos, uma dupla polaridade que poderíamos denominar, respectivamente, 'cristianismo-paganismo' e 'religião-ciência'. Tenha-se em conta que não falamos de 'cristianismo', 'paganismo', 'ciência' *in abstracto*, mas do homem cristão, pagão, religioso etc. Por outro lado, a enunciação de tais polaridades não reflete todos os matizes próprios do processo de integração que inclui outros aspectos do espiritual e da cultura. Assim, o eixo 'cristianismo-paganismo' se superpõe ou se desdobra em um eixo 'cristianismo ortodoxo-cristianismo gnóstico', pois o cristianismo gnóstico, em boa medida, assume alguns aspectos do 'pagão'. Assim também, parece que em certo sentido se opõe à religião; mas, em outro sentido, convivem mais facilmente quando ciência e religião se circunscrevem a suas próprias esferas. Contudo, a *gnose* apresenta um novo desafio, pois constitui um modo de conhecimento que pretende exceder a ciência e que cumpre o ideal de uma salvação sapiente. O eixo 'religião-ciência' inclui também o de 'magia-religião'; por um lado porque, em sentido amplo, 'magia' é uma forma do religioso e é ali, na magia, onde mais claramente se planteia a oposição à ciência. Mas, por outro lado, a religião, em sua modalidade devocional cristã, inclinada ao celestial, se opõe às 'artes negras' que trabalham com a matéria escura.

Deve ter-se em conta que para o *Liber Novus*, na atualidade, nem o homem de ciência, nem o pastor dão resposta ao homem contemporâneo, e ambos são incapazes de cuidar da alma humana, de uma verdadeira *cura animarum*.

O homem de ciência frente ao não racional

Jung assinalou, em sua obra teórica, que a ciência e o chamado 'homem civilizado' nunca pensaram que o progresso do conhecimento científico seria um 'perigo da alma' que necessita de um poderoso rito compensatório[139].

No *Liber Novus* lemos que o espírito da profundeza tira de Jung a fé na ciência[140], à qual ele se havia entregado, seja por vaidade ou movido por um serviço à humanidade[141]. A ciência nos tirou a capacidade da fé[142] e, como Jung assinala em outro trecho ao bibliotecário racionalista: "Eu prezo sumamente a ciência, mas

---

[139] *A vida simbólica* [OC 18/2], § 1.368.

[140] *Liber Primus*. Prólogo: "O caminho daquele que virá", p. 229.

[141] *Liber Secundus*. Cap. III: "Um dos degradados", p. 267, nota 44.

[142] Ibid. Cap. VIII: "Primeiro dia", p. 279.

existem de fato momentos na vida em que também a ciência nos deixa vazios"[143]. Do mesmo modo, a prática psiquiátrica, tal como aparece no *Liber Novus*, desmerece a experiência religiosa até assimilá-la a uma psicose. Por outro lado, a ciência como tal é caracterizada como 'mera linguagem' e como pueril[144], embora nem por isso deva ser abandonada. De novo, o desafio é, por assim dizer, 'dialético', pois se nega a ciência para depois ser reassumida numa nova síntese. Em seu encontro com Izdubar, a ciência aparece como um veneno, pois Izdubar, que busca o lugar onde o Sol morre, adoece quando Jung – inconsciente das consequências de suas palavras – lhe dá uma explicação científica heliocêntrica. Mas, a partir desse choque entre ciência e magia, ou, se se quiser, entre uma mentalidade científica e uma mágica, surge – ou ao menos isso é sugerido – um novo saber que, de alguma maneira, é uma 'ciência maior'. Desse encontro surge um saber maior que integra ciência e magia e que se constitui como uma espécie de gnose, cuja natureza explicamos mais adiante, mas que, no fim das contas, se funda no reconhecimento da 'realidade psíquica' e do símbolo[145]. Num primeiro momento, em algum sentido esse saber superior é o que possibilitará o renascer de Izdubar, embora, segundo a ciência, não haja remédio para a morte. A alma diz ao 'eu' de Jung que não se trata então de abjurar a ciência, mas apenas de reconhecê-la como uma linguagem. Mas, ao fim das contas, o *Liber Novus* propõe o nascimento de uma nova 'ciência', uma 'ciência da alma', ou melhor, uma sabedoria, no duplo sentido de uma ciência *surgida* da alma e que *reconhece* a alma[146].

O cristianismo[147]

Em um comentário do próprio Jung a uma passagem do *Liber Novus*[148], lemos que, se nós rechaçamos a visão dogmática, nossa libertação será intelectual, no

---

[143] Ibid. Cap. XIV: "A divina loucura", p. 292.

[144] *Aprofundamentos*, p. 336.

[145] Em outro sentido, trata-se da necessidade de superar a ciência para abrir-se à magia; cf. *Liber Secundus*. Cap. XIX: "O dom da magia", p. 307.

[146] No *Livro Negro* 5, a alma diz: "Tu não deves separar-te totalmente [da ciência], mas imagina que a ciência seja apenas uma linguagem" (cf. *LV*, p. 336, nota 18).

[147] Também existe uma vasta e controvertida literatura referente à aproximação junguiana do cristianismo. Remetemos o leitor a algumas das obras referentes ao estudo da religião em geral, pois costumam concentrar-se no cristianismo. Podem-se consultar, entre outras, as variadas aproximações em MOORE, R.L. & MECKEL, D.J. (orgs.). *Jung and Christianity in Dialogue*. Nova York: Paulist, 1990.

[148] *Aprofundamentos*, p. 336, nota 18.

fim das contas aparente, porque os sentimentos seguirão no velho caminho. Nesse sentido, o novo parece inimigo do velho, contudo, sem uma aplicação séria dos valores cristãos será impossível conquistar uma nova integração do inconsciente[149]. Em um texto teórico de Jung, lemos:

> Muito daquilo que a simbólica cristã ensinava está perdido para um imenso número de pessoas, sem que hajam percebido aquilo que perderam. A cultura, por exemplo, não consiste no progresso como tal, nem na destruição insensata do passado, mas no desenvolvimento e no refinamento dos bens já adquiridos[150].

Já assinalamos que, no caminho do que virá, a imagem do 'Deus que virá' não supõe ser cristão, 'imitar a Cristo', mas 'ser' Cristo. Assim também, dissemos que isso implica uma integração do 'contrassentido', isto é, uma complementação por aquilo que o eu não admite, a 'sombra'. Mas é claro que isso não parece possível se não se retoma algo desse próprio cristianismo ingênuo sepultado pelo racionalismo e pelo cientificismo. Tampouco uma oposição ao cristianismo ao modo de Nietzsche parece ser uma resposta adequada de acordo com o 'caminho do meio' a que aludimos acima. Primeiro é necessário reconhecer-se cristão, no sentido habitual do termo, para poder ir mais além disso. Isso permite compreender por que Jung aparece em muitas ocasiões como 'cristão', assumindo transitoriamente um cristianismo mais próximo do eclesial, devido ao que ele defende o cristianismo como uma condição ocidental quando discute com o diabo ("O Vermelho", *Liber Secundus*, cap. I) e, por isso, retoma o cristianismo desde suas origens, tal como se pode ver no seu encontro com Amônio, um devoto anacoreta dos primeiros séculos, e que ele toma, inicialmente, como seu mestre (*Liber Secundus*, caps. IV e V). Ali se admite que outras religiões são a prefiguração do cristianismo – tal é o caso do mistério de Hórus –, mas, por outro lado, é patente a impossibilidade de Amônio reconhecer o Deus vindouro nos evangelhos que ele lê e relê. Por que isso? Amônio o busca nos evangelhos e não em si mesmo; 'o Reino dos céus está dentro', mas esse caminho para dentro é arriscado e exige assumir aquilo de que Amônio pretendeu abstrair-se em sua vida de anacoreta. Ele se isolou num livro que relê sem conectar-se nem consigo, nem com o outro. Daí que logo apareça junto a 'O Vermelho' em um estado de decadência.

O solitário abandonou o mundo, foi ao deserto para encontrar-se; mas, em realidade, não desejava encontrar-se a si mesmo, mas sim o sentido múltiplo do

---

[149] Cf. "Comentário a 'O segredo da flor de ouro'" [in: OC 13], § 71.

[150] *Interpretação psicológica do Dogma da Trindade* [OC 11/2], § 292.

livro sagrado. Por isso foi sugado pelo deserto, pela 'terra', e assim permaneceu ocultando-se a realidade de que era igual a todos os filhos da terra. Pois bem, esse sentido não se encontra fora, mas dentro. Quando Jung lhe diz, simplesmente, que talvez falte o 'outro' em sua busca solitária, Amônio o vê como o diabo, e assim o desarma[151]. A própria escuridão – que primeiro se evidencia na falta de uma indagação de sua realidade concreta, de sua própria psique – aparece a Amônio como um diabo ameaçador.

Mas onde talvez pode evidenciar-se a necessidade de uma certa religiosidade ingênua, em certa medida oposta ao ceticismo cientificista, é no capítulo XIV – "A divina loucura" (*Liber Secundus*). Ali, Jung pede, numa biblioteca, um exemplar da *Imitação de Cristo* de Tomás de Kempis (1380-1471), texto devocional, escrito em linguagem simples – inspirado nas Escrituras e em textos dos Padres da Igreja, sobretudo Santo Agostinho e São Bernardo – que gozou de grande popularidade no mundo cristão. A *Imitação de Cristo* nasce do movimento piedoso da *devotio moderna*, corrente espiritual cristã nascida nos Países Baixos na segunda metade do século XIV, que promovia o seguimento da mensagem e da vida de Cristo. Como tal, a *devotio moderna*, inspirada nos ideais do humanismo cristão, é antiespeculativa e moralista. O bibliotecário parece não poder compreender que um intelectual destes tempos, como Jung, manifeste uma inclinação genuinamente religiosa; mas ele insiste que

> [...] existem de fato momentos na vida em que também a ciência nos deixa vazios e doentes. Em tais momentos, um livro como o de Tomás de Kempis significa muito, pois foi escrito a partir da alma[152].

Por certo, o bibliotecário objeta que a religião carece de sentido de realidade e que isso constitui um prejuízo. Como o próprio Jung comenta, o homem (ocidental) crê ter destronado Cristo, mas Ele nos dominou; podemos deixar o cristianismo, mas ele não nos deixou. De certo modo, é como se fosse necessária uma volta a uma devocionalidade primária, retomar uma 'imitação de Cristo' como um passo, para depois ser Cristo, já que, de fato, imitar a Cristo é impossível pois Ele sempre está à frente.

No capítulo XV, o 'eu' se encontra com a cozinheira do bibliotecário que encontra consolo nesse mesmo livro, a *Imitação de Cristo*, que sua mãe lhe deu ao morrer, e ela não deixa de se surpreender de que alguém da condição dele, sem ser

---

[151] *Liber Secundus*. Cap. V: "*Dies* II", p. 272.

[152] *Liber Secundus*. Cap. XIV: "A divina loucura", p. 292.

pároco, leia esse 'livrinho'. Na oposição bibliotecário-cozinheira opera uma espécie de eixo ciência e religião. Mas esse mesmo [eixo] se tensiona muito mais, pois, em um sonho dentro da visão; Jung é assimilado ao fanatismo de um anabatista e é internado em um manicômio. O psiquiatra que o atende não tem dúvida em afirmar que a *Imitação de Cristo* leva, na atualidade, ao manicômio.

Como se pode ver, o cientificismo e a devoção moderna se opõem, ambos impedem o processo. Mas, sem dúvida, o *Liber Novus* sugere que a religião, em geral, e o cristianismo em particular, levam em seu seio um conhecimento, uma gnose. Recordemos que, em *Psicologia e religião*, Jung assinala que a aventura espiritual de nosso tempo consiste em que a consciência humana se entregou ao indeterminado e indeterminável, mas que há boas razões para supor que vigem as mesmas leis anímicas:

> [leis essas] que o homem não imaginou, e cujo conhecimento adquiriu pela "gnose" no simbolismo do dogma cristão, e contra o qual só os tolos e imprudentes se rebelam; nunca, porém, os amantes da alma[153].

Cristianismo e judaísmo

É evidente que a presença do judaísmo no *Liber Novus* se dá em relação com o cristianismo, seja positivamente, porque o prefigura, ou negativamente, porque, após o advento deste, não foi capaz de lhe compreender a mensagem. O eco paulino se deixa sentir longinquamente; a mensagem cristã é escândalo para os judeus e loucura para os pagãos[154]. Essa cegueira diante da mensagem cristã redunda no sentimento de uma carência por parte de quem não pôde assumir sua mensagem, ainda que fosse para transcendê-la, tal como se pode ler no controverso diálogo que Jung trava com o diabo (o Vermelho), no capítulo inicial do *Liber Secundus*. Por outro lado, aparecem, em sentido positivo e ao modo de epígrafe, os textos de dois profetas maiores, em ambos os livros do *Liber Novus*. No *Liber Primus*, três textos de Isaías, aos quais nos referimos anteriormente, e, no *Liber Secundus*, dois textos de Jeremias (23,16; 23,25-28), que alertam sobre os falsos profetas e sobre o perigo de deixar-se levar pelas enganosas previsões dos sonhos, salvo quando se trate dos sonhos de um profeta. É relevante assinalar que, aqui, a profetologia judaica serve como orientadora, pois, enquanto um dos textos de Isaías assinala que o redentor, em última instância o 'símbolo', se apresenta no inesperado; o texto de Jeremias pretende enquadrar a exuberante fluência dos símbolos oníricos. Observe

---

[153] *Psicologia e religião* [OC 11/1], § 168.

[154] 1Cor 1,23.

o leitor que se o primeiro, próprio do *Liber Primus*, intitulado "O caminho daquele que virá", convida a abrir a mente para ser capaz de entrever o novo, o 'vindouro', o segundo, próprio do *Liber Secundus*, intitulado "As imagens do errante", tenta, em troca, orientar com sábia autoridade nesse caminho para evitar o extravio ante o fluir de tal abundância de imagens. Certamente não é casual que, por assim dizer, o primeiro personagem que atua como mestre no *Liber Novus* seja Elias – ao qual nos referiremos com mais detalhe oportunamente –, um dos profetas judaicos mais peculiares, que pôde superar a magia vulgar em seus próprios termos, que não foi vencido pela morte e que reaparece no cristianismo como o anúncio de Cristo e nessa comunidade ultraterrena na transfiguração. Ele é, em última instância, uma das máscaras de Filêmon e, por isso, é o nexo vivo entre o judeu e aquele saber cristão-pagão que vai se desvelando ao longo do *Liber Novus*. De fato, o próprio Filêmon conta entre seus livros o *Sexto e Sétimo Livros de Moisés*, uma obra mágico-cabalística de discutível procedência, mas que, simbolicamente, parece remeter a uma alta sabedoria judaica de raiz mística e teosófica. Tampouco lhe falta, é certo, uma significativa referência ao pensamento filosófico judaico. De fato, o anacoreta cristão Amônio lhe ensina que:

> Fílon só emprestou a palavra a João, para que João tivesse à disposição, além da palavra "luz", também a palavra *Logos*, para descrever o Filho do Homem[155].

Amônio também ensina que, enquanto em São João o significado do *Logos* se outorga ao homem vivente, em Fílon de Alexandria se atribui a vida ao *Logos*, ao conceito morto. Pois bem, a influência em São João do conceito de *Logos* de Fílon é uma questão controversa[156]. Basta assinalar que é um conceito mediador, pois o *Logos* não é o Pai, mas sua primeira e maior criação[157].

---

[155] Cf. *Liber Secundus*. Cap. IV: "O eremita", p. 267.

[156] Juan Pablo Martín assinala: "A relação do Logos de Fílon com o Evangelho de João e a Epístola aos Hebreus foi muito tratada, com posições encontradas [...]" (in: FÍLON DE ALEXANDRIA. *Obras Completas*. Madri: Trotta, 2009, v. I, p. 61, n. 175 [ed. de Juan Pablo Martín, com bibliografia sobre a questão]). Cf. tb. MILLER, E.L. "The Johannine Origins of the Johannine Logos". In: *Journal of Biblical Literature* – The Society of Biblical Literature, vol. 112, n. 3, outono de 1993, p. 445-457. Para uma referência sobre a presença de Fílon nos primeiros séculos, cf. MARTÍN, J.P. In: FÍLON DE ALEXANDRIA. *Obras Completas*. Op. cit., p. 76s.

[157] Juan Pablo Martín assinala: "A teologia do logos em Fílon cumpre a função decisiva de mediar entre a afirmação absoluta da unicidade e transcendência de Deus e a afirmação de sua presença e providência universais no mundo" (op. cit., p. 60).

Pareceria, em primeira instância, que Amônio está criticando a incapacidade do judaísmo para compreender a encarnação da Palavra, de modo tal que ela permanece no plano da abstração como palavra morta. Contudo, a concreção do *Logos* é apresentada, menos em termos de encarnação do que de luz[158], o que leva Jung a suspeitar que Amônio seja um gnóstico, suspeita essa que Amônio rechaça.

Os profetas destes tempos: Nietzsche (*Zaratustra*), Goethe (*Fausto*)

O bibliotecário cético, mencionado acima, dá a entender ao 'eu' de Jung que há substitutos para a perda da devoção religiosa: "Nietzsche escreveu, por exemplo, mais do que um verdadeiro livro devocionário, sem falar do Fausto"[159]. O bibliotecário, naturalmente, está se referindo a *Assim falava Zaratustra* e, de fato, seu discurso se centrará em Nietzsche. Jung lhe dá a entender que, no fim das contas, a proposta de Nietzsche, que dá aos homens um sentimento de superioridade, está nas antípodas do cristianismo ("Nietzsche é demasiadamente o oposto..."); mas, em realidade, ele busca uma posição mediadora, embora ainda pareça não ter clareza sobre do que se trata. Pode-se ver aqui, novamente, que a superação do cristianismo convencional implica assumir seus valores, entre eles, a submissão. Por outro lado, é evidente que Nietzsche é o exemplo de quem foi absorvido pelo contrassentido. Do ponto de vista junguiano e de acordo com o longo seminário dedicado ao estudo de sua obra, proferido entre 1934 e 1939, e que ocupa mais de mil e quinhentas páginas, Zaratustra 'possui' Nietzsche.

> Nietzsche estava inflado devido à regressão da imagem de Deus no inconsciente, e isso o força a equilibrar-se a si mesmo por meio de uma projeção na forma de Zaratustra. Mas Zaratustra é o próprio Nietzsche. Portanto, ao longo de todo o texto Nietzsche está em algum lugar entre Nietzsche, o homem, e Zaratustra, o mensageiro de Deus: apenas podem estar separados. Só em alguns lugares é claro que muito provavelmente está falando Zaratustra e em outros lugares parece fazê-lo mais como Nietzsche[160].

A própria linguagem do *Liber Novus*, carregada de expressões do *Zaratustra*, parece sugerir que está respondendo a essa morte de Deus que, em Nietzsche, é

---

[158] Cf. BORGEN, P. "Logos was True Light: Contributions to the Interpretation of the Prologue of John". *Novum Testamentum*, 14/2, abr./1972, p. 115-130.

[159] *Liber Secundus*. Cap. XIV: "A divina loucura", p. 293.

[160] JUNG, C.G. *Nietzsche's Zarathustra* – Notes of the Seminar Given in 1934-1939. Princeton: Princeton University Press, 1988, v. 2, p. 1.534 [ed. de James Jarrett].

compensada como 'Zaratustra', mas Zaratustra possui o 'eu' de Nietzsche, e por isso fracassa o renascer de Deus. De qualquer modo, a profundidade do anúncio é o horizonte onde se podem entrever as centelhas desse tempo prenhe de eternidade.

O Caso de Fausto, no *Liber Novus* é diferente, pois ainda que o texto seja mencionado aqui juntamente com Nietzsche, as alusões a Fausto são significativas, porém fugazes.

É significativo, entretanto, que nesse caso se mencione *Fausto* como uma obra ou seu protagonista e não o seu autor. A obra teórica de Jung nos dá, talvez, a chave:

> A obra em andamento [o *Fausto*] é o destino do criador e determina sua psicologia. "Não é Goethe quem faz o *Fausto*, mas sim a componente anímica Fausto quem faz Goethe"[161].

Fausto representa quem se atreve a adentrar os perigos da busca da psique. Em *Memórias, sonhos, reflexões*, lemos:

> Atreva-se a abrir as portas diante das quais todos preferem passar ao largo. [...] Fausto II é algo mais do que um ensaio literário. É um elo na *Aurea Catena*, que desde os inícios da alquimia filosófica e do gnosticismo até o Zaratustra de Nietzsche – quase sempre impopular, ambíguo e perigoso – representa uma viagem de exploração até o outro polo do mundo[162].

O *Fausto* de Goethe gravita em toda a obra de Jung. Não obstante, em que pesem as inúmeras referências, não contamos com um estudo ou um seminário abrangente, como ocorre com o *Zaratustra* de Nietzsche, à exceção de um resumo de sua conferência, escrito pelo próprio Jung, intitulado "Fausto e a alquimia"[163].

É certo que Jung manifesta ao longo de sua obra teórica um grande interesse pelo Fausto – sem dúvida, na versão de Goethe – que tem o raro mérito, entre outras coisas, de haver levado a sério a dimensão espiritual da matéria, o feminino e o mal. Quando menino, e tomado de sua obsessão pelo problema do mal, ao qual ninguém parecia ter prestado atenção (ao menos no âmbito teológico ao seu alcance), sua mãe (a personalidade n. 2, vinculada à profundeza do inconsciente) lhe disse repentinamente e sem preâmbulos: "Você tem de ler alguma hora o *Fausto* de Goethe". Quando o lê, se encontra com alguém que finalmente levava a sério

---

[161] "Psicologia e poesia" [in: OC 15], § 159.

[162] *Memórias*, p. 196.

[163] "Fausto e a alquimia" [in: OC 18/2], § 1.692s.

"Fausto ou O alquimista". Rembrandt, 1652.

o diabo, embora lamente o comportamento tão infantil de Fausto e que Goethe se liberte dele com um *tour de force*[164]. Para Jung, *Fausto* significa mais do que o Evangelho de São João:

> *Fausto* me fez vibrar no mais íntimo e meu afetou de um tal modo que pessoalmente não podia compreender mais nada. Tratava-se principalmente do problema do antagonismo entre o bem e o mal, entre o espírito e a matéria, a luz e as trevas, que me preocupava intensamente. [...] O binômio Fausto-Mefistófeles se resumia para mim em um único homem, que era eu. [...] Posteriormente vinculei em minha obra conscientemente o que Fausto deixou passar por alto: o respeito aos direitos humanos, o apreço ao antigo e a continuidade da cultura e da história do espírito[165].

Jung nunca pôde aceitar que, após o crime de Filêmon e Baucis (*Fausto* II, ato V), Fausto fosse redimido tão facilmente. Por isso escreve na porta de entrada de *Bollingen: Philemonis Sacrum-Fausti Poenitentia* (Caixão de Filêmon – Penitência de Fausto).

Essa *hybris*, essa atroz desmesura que se contrapõe ao amor cristão, acirra os opostos ao extremo, sem estabelecer mediação alguma. Não é casual que Filêmon apareça no *Liber Novus*, inicialmente, como na versão de Ovídio e como no *Fausto* II, junto a sua esposa Baucis, bondosos hóspedes dos deuses. Por certo, embora Filêmon seja reconhecido até o fim do *Liber Novus* sob essa condição, sua personalidade é serpentina e, pois, mais enigmática e numinosa.

No *Fausto*, é a contraposição entre o duplo anseio deste mundo e do outro o que leva o protagonista à beira da autodestruição[166]. Fausto segue um caminho inverso ao dos anacoretas cristãos; em vez de seguir um ideal ascético, segue o mal[167] e compreende claramente tanto a realidade do mal quanto a necessidade que o bem tem do mal. Mas seguir o curso da libido é, no caso de Goethe, seu grande erro[168]. Sua dupla missão de destruidor e salvador é sugerida desde o começo e, de certo modo, o grande dilema entre a Cila da renúncia ao mundo e a Caríbdis de sua aceitação não parece resolver-se, segundo destaca Jung. Em outras palavras, o

---

[164] *Memórias*, p. 70-71.

[165] Ibid., p. 242.

[166] Cf. OC 6, § 117.

[167] Ibid., § 120.

[168] Ibid., § 119.

valor de Fausto consiste em haver aceitado a totalidade da vida e, com isso, o mal: "Se não errares, não obterás a compreensão"[169], diz Mefistófeles ao Homúnculo.

Mas Fausto acaba cedendo à tentação do diabo, ou seja, terminou seguindo, por assim dizer, o contrassentido.

Por outro lado, no *Fausto* tampouco parece solucionar-se de todo o problema da identificação com a obra. Assim como Nietzsche se identifica com Zaratustra, Fausto se identifica com sua obra. Referimo-nos a essa questão em relação a *Fausto* e à alquimia na seção 6, mais adiante.

Jung reconhece que os métodos e doutrinas filosóficas do Oriente deixam na sombra todas as tentativas ocidentais de dar resposta à cura da alma, de alcançar sua completude:

> Nossas tentativas têm parado, com poucas exceções, ou na magia (culto dos mistérios, entre os quais se deve incluir também o cristianismo) ou no intelectualismo (a filosofia desde Pitágoras até Schopenhauer). Somente as tragédias espirituais do *Fausto* de Goethe e do *Zaratustra* de Nietzsche marcam a irrupção, apenas pressentida, de uma experiência da totalidade em nosso Hemisfério Ocidental[170].

Cristianismo e paganismo

Ao longo do *Liber Novus*, embora de modo mais explícito no *Liber Secundus*, aparecem contraposições entre o 'pagão' e o 'cristão'. O paganismo aparece tingido de certa suspeita, como se este se deixasse transparecer sob uma capa cristã superficial. No capítulo I, Jung concebe 'O Vermelho', o diabo com o qual se encontra, como um pagão, embora advirta que não parece ser genuíno. Assim também, Amônio, o anacoreta cristão, em um primeiro momento considera Jung um pagão, por não compreender que os evangelhos possam ser relidos e sempre propiciem novos significados. Nesse caso, a atribuição de 'pagão' não é ultrajante, pois o próprio Amônio reconhece tê-lo sido antes. Contudo, mais tarde, ante uma

---

[169] *Fausto* II, v. 7.847. Bem conhecido é o Prólogo no céu: "[...] de todos os Espíritos que negam, o zombeteiro é o que menos me incomoda. Muito facilmente pode afrouxar a iniciativa do homem, e este não tarda em se entregar ao repouso absoluto. Por isso lhe dou com gosto um companheiro que devendo agir como diabo, o incite e exerça certa influência sobre ele" (GOETHE, J.W. *Fausto*. Madri: Cátedra, 1998, p. 116).

[170] "Prefácio à obra de D.T. Suzuki, 'A grande libertação – Introdução ao budismo zen'" [in: OC 11/5], § 905.

objeção de Jung que põe em xeque toda sua suposta entrega espiritual, o acusa de ser 'pagão' e de ser 'satanás'. O próprio diabo, já transformado e com quem Jung se reencontra posteriormente, o acusará de "maldito canalha pagão" e será chamado de "ladrão... pagão". Essa conotação negativa – ainda que irônica – do pagão, se reverte, sobretudo, no capítulo XX do *Liber Secundus*, embora o valor do pagão apareça mais em relação com a insuficiência de um cristianismo que aspira levar adiante a imitação de Cristo. Ali, por exemplo, Jung diz a Filêmon que este não é cristão pois "[...] te alimentas de ti mesmo e obrigas as pessoas a fazerem o mesmo"[171]. Pode-se ver aqui que o pagão aparece vinculado, sobretudo, ao trabalho sobre si, menos apoiado em uma atividade providencial e, principalmente, na proteção pastoral. Não obstante, embora os cristãos não o apreciem, isso não parece implicar uma atitude soberba pois, mais adiante, se indica que "os cristãos não gostaram de tua humanidade pagã"[172]. Por certo, segundo a descrição inicial de Filêmon, trata-se de um personagem pagão; contudo, em certa ocasião Jung lhe diz: "Ó Filêmon, não, tu não és um cristão... Não és nem cristão nem pagão..." De fato, Filêmon transmitirá aos mortos cristãos que vêm de Jerusalém, alijados de seu cristianismo e extraviados, uma mensagem peculiar de raiz gnóstica[173]. Esses mortos repudiaram o cristianismo deles e, sem sabê-lo, devem assumir o antigo ensinamento que este repudiava. Filêmon parece reunir todo o ensinamento não cristão, se se quiser 'pagão', que, sem dúvida, desemboca numa nova forma de assumir o cristianismo. O próprio final dos *Aprofundamentos*, quando Cristo aparece em seu jardim, que é o de Filêmon e Baucis ou de "Simão o Mago e Helena", assim o sugere.

Magia

Quando nos detivemos no caráter profético de *O Livro Vermelho*, tivemos a oportunidade de nos referirmos à magia, às 'trevas da magia', como uma das "três profecias". Também mencionamos, nesta mesma seção, a oposição entre magia e ciência no contexto do encontro de Jung com Izdubar e sugerimos uma síntese magia-ciência em um saber superior. Tentaremos integrar as principais referências à magia e demonstrar como a natureza da magia em nosso texto ajuda a compreender certos aspectos de seu dinamismo simbólico.

---

[171] *Liber Secundus*. Cap. XXI: "O mago", p. 315.

[172] Ibid., p. 316.

[173] *Aprofundamentos*, p. 346s.

A 'magia' é um fenômeno que mereceu um sem-número de estudos por parte da antropologia, das ciências da religião, da psicologia etc. Basta registrar que Jung havia estudado, a essa altura, os trabalhos de Tylor, de Hubert e Mauss (sobretudo através de seu conceito de *mana*) e de Frazer, entre outros. Mas, além disso, Jung se interessou pela leitura das fontes da magia da Antiguidade tardia, particularmente através da obra de Albrecht Dieterich, e seu entrelaçamento com as tradições misteriosóficas.

A magia opera com a *dynamis*, de fato, é a própria força da *dynamis*. Ilustra-o claramente a figura e a história de Simão o Mago (cf. At 8,9-25); ele foi repreendido quando quis unir-se aos apóstolos e lhes pediu que lhe vendessem sua magia, pois seus seguidores o chamavam de *he dynamis megale*, "o grande poder", ou melhor, "a grande potência"[174].

Como já adiantamos, para Jung a magia é a própria manifestação da potência psíquica que é, por definição, criadora ou, se se quiser, é o reconhecimento dessa potência. É por isso, quiçá, que leiamos no *Liber Secundus* que a "magia é inata"[175]. Vale recordar aqui que o próprio Jung assinalou em um texto teórico[176] que a magia é eficaz quando manejada sem fins nem expectativas. Mas, ainda que essa potência se concentre através de diversos procedimentos que produzem 'calor mágico', sua natureza íntima, por ser pura atividade imaginativa como o é a psique em si mesma, é indeterminada e indeterminável e se pode proceder deixando que certo *quantum* de força se liberte.

---

[174] LUCK, G. *Arcana Mundi* – Magia y ciencias ocultas en el mundo griego y romano. Madri: Gredos, 1995, p. 15. A literatura sobre a magia é vasta, desigual e de variados enfoques. Para uma aproximação geral às teorias sobre a magia e uma bibliografia confiável, cf. MIDDLETON, J. "Magic: Theories of Magic". In: *Encyclopaedia of Religion*. Vol. 8. Op. cit. p. 5.562-5.569. Embora incompleta, é de grande utilidade a obra monumental de Lynn Thorndike, *A History of Magic and Experimental Science* – The First Thirteen Centuries of Our Era (Nova York, 1923). Para uma aproximação geral e introdutória sobre a magia greco-egípcia e com informação bibliográfica, cf. DIETER BETZ, H. "Magic in Roman Antiquity". In: *Encyclopaedia of Religion*. Op. cit., p. 5.573-5.577. Para a apropriação do conceito de 'mago' e de 'magia' no helenismo, cf. BIDEZ, J. & CUMONT, F. *Les Mages Hellenisés*. 2 vols. Paris: Les Belles Lettres, 1973. Existe uma informação bibliográfica atualizada em Marouzeau, *L'Année Philologique*, sob o título "Magica". As fontes principais da magia greco-egípcia se encontram traduzidas confiavelmente em *Textos de magía en papiros griegos* (Madri: Gredos, 1987), embora haja uma vasta quantidade de material ainda não publicado ou não editado devidamente.

[175] *Liber Secundus*. Cap. XXI: "O mago", p. 314.

[176] Cf. *A energia psíquica* [OC 8/1], § 89-90.

Como já assinalamos, a magia, assim entendida, é um saber que propicia a libertação de forças poderosas e criadoras da psique, cuja obscuridade se relaciona com o fato de que constituem uma potência inconsciente, porque seguem uma lei que elas mesmas criam ou manifestam.

A magia, em sua interpretação concretista, aparece representada em *O Livro Vermelho* na figura de Izdubar. Está buscando o nascimento do Sol de modo concretista e, desse ponto de vista, a ciência é mais poderosa do que a magia e, por isso, o inteirar-se de uma 'verdade psíquica' o envenena. De algum modo se trata do levantamento de uma projeção psíquica. O mundo perde seu encanto quando se descobre que carece de animação. Isso adoece Izdubar, pois o faz descobrir, para dizê-lo metaforicamente, que os deuses estão mortos. Mas Jung encontra uma solução: para levá-lo ao Ocidente, para poder aproximar-lhe da ciência sem que ele morra, lhe propõe uma mudança de nome. No pensamento arcaico, como é sabido, a mudança de nome pressupõe uma mudança de identidade. Assim, Izdubar aceita essa proposta e de imediato se torna pequeno, leve, manejável. É evidente que esta mudança de nome supõe a aceitação da realidade psíquica; Izdubar e seu mundo mágico são irreais segundo o ponto de vista concreto, segundo a 'realidade física', mas são reais psiquicamente. A magia arcaica se perde, mas se recupera em um plano mais alto. Mas há mais. Para possibilitar o renascimento de Izdubar, Jung recorre à incubação, uma prática que caracteriza toda ascese. Jung se referiu repetidas vezes à incubação; primeiramente ela aparece em *Símbolos da transformação* e em *Tipos psicológicos*, sob a denominação de *tapas*, termo sânscrito para referir-se ao ardor ascético que surge de uma concentração psíquica. O termo sânscrito para ascese, *tapasya*, passa a ideia de autoincubação e, segundo Deussen, poderia traduzir-se como 'autonutrição'. Com efeito, as encantações concentram o calor psíquico e isso permite sua eclosão. De alguma maneira esse procedimento mágico faz com que o Deus arcaico morra e seja novamente engendrado. Por certo, a leitura das encantações merece um estudo particular e disso nos ocupamos na segunda parte. Observe-se, sem embargo, a modo de antecipação, que as encantações começam com um discurso cristão e as próprias ilustrações[177] aludem a motivos folclóricos utilizados na Europa em contexto cristão. Mais ainda, a concentração vai levando a conteúdos ctônicos até terminar com a figura de uma espécie de dragão. Mas esse movimento para a 'esquerda' é compensado pela intenção espiritual de renascimento do Deus e integrado a uma 'árvore' que reproduz as doze encantações em uma disposição que ressalta um movimento para a direita, ou seja – simbolicamente falando – 'para o consciente'.

---

[177] Cf. *LV*, imagem 50, *Liber Secundus*, cap. X. Explicação na segunda parte da presente obra.

Hórus, deus da mitologia egípcia.

Existem pelo menos duas ocasiões em que aparecem instruções a respeito da magia. No capítulo XX, intitulado "O dom da magia", pode-se ver que esta requer o sacrifício do consolo. Isso parece significar que se trata de entregar-se às trevas da psique sem o apoio de outro, sem a contenção do 'sangue quente' dos humanos. A magia permite assim ligar céu e inferno.

É significativo que Jung tenha escrito na margem: "magia negra à magia branca", entre o final do capítulo "O dom da magia" e o início do capítulo "O caminho da cruz". Por certo, a vara mágica ou serpente negra que recebe se enrola no corpo do crucificado e sai, branca, de sua boca. Parece que essa transmutação da energia psíquica inferior em superior foi preparada previamente, nessa entrega a uma escuridão que não consola e da qual não há nada que esperar.

Mas, além disso, essa mutação se dá no contexto do sacrifício, da crucificação, que é entrega ao espírito e possibilidade de encarnação. E isso já é a religião, a terceira profecia.

Outra hierarquia parece ter a figura de Filêmon, que, no capítulo XXI, introduz Jung à 'magia' em um diálogo paradoxal. Filêmon aparece, inicialmente, como um mago aposentado, reduzido a uma vida pequena. Contudo, ficamos sabendo que não se trata de um mago qualquer; isso é indicado pela alusão aos livros herméticos.

O ensinamento de Filêmon resume algumas das ideias propostas. Jung quer aprender magia e Filêmon lhe dá a entender que isso não é possível, pois a magia é o negativo do que se pode conhecer[178] e, de fato, nada há que entender. A magia renasce com cada homem[179], é inata, supõe um modo de vida e carece de regras[180].

Desse ponto de vista, pode-se compreender por que a magia aparece ao longo de todo *O Livro Vermelho*. Não apenas é entregue pela alma e ensinada por Filêmon – ao mostrar-lhe que não é ensinável; a magia, enquanto 'magia superior', é a mediadora entre ciência e religião; é, de algum modo, a profecia do obscuro que leva à religião. A magia é a seiva que une e entretece o mais díspar.

---

[178] *Liber Secundus*. Cap. XXI: "O mago", p. 314.

[179] Ibid.

[180] Ibid.

Orfeu Bakkikos crucificado; selo cilíndrico. Museu de Berlim, c. 300 d.C.

Religiões, mitologias e mistérios arcaicos

Ao longo de *O Livro Vermelho* aparecem numerosas ideias e símbolos pertencentes a tradições antigas e arcaicas. Não podemos nos deter aqui numa tarefa interpretativa abrangente que exigiria o estudo de cada um daqueles símbolos e ideias, a partir das passagens específicas ou das ilustrações particulares que aparecem no texto. A isso nos dedicaremos, em boa medida, na segunda parte. Contudo, gostaríamos de destacar alguns traços gerais que podem nos ajudar a compreender melhor esse peculiar sincretismo da psique. Em muitos destes símbolos pode-se notar o trânsito da magia à religião; quer dizer que são, por seu caráter, a expressão de um processo de transformação da psique que se prepara para uma mutação ontológica.

A aparição destes símbolos costuma estar vinculada à tentativa de renovação da psique a partir dos símbolos arcaicos que ainda manifestam essa potência. Quiçá por isso um dos traços comuns a todos, ou quase todos, esses símbolos é que tentam dar conta de um movimento de renovação e, portanto, de um modo ou outro, se vinculam com o mitologema do Deus que morre e renasce. Por exemplo, aparecem sugeridos mais de uma vez os mistérios egípcios em relação com a morte e renovação do Deus. Jung assinalou, em sua obra teórica, que o mistério do envelhecimento e de sua necessidade de renovação provém do Egito[181]. De fato, no *Liber Secundus*, o anacoreta cristão, incitado por Jung, reconhece que o mistério de Hórus prefigura o de Cristo[182]. Na Antiguidade tardia se produz uma assimilação entre os diversos deuses que morrem despedaçados para renascer; esse é o caso de Átis, Osíris-Hórus ou o Dionísio órfico, dos quais, amiúde, se aproxima a paixão-ressurreição de Cristo[183].

Por outro lado, nos textos teóricos, Jung não tem dúvidas em retomar essa ideia como 'cientificamente' aceitável:

> Por isso não é correto afirmar, como às vezes até mesmo os teólogos modernos o têm feito, que não há influências egípcias na formação da concepção cristã e que se por acaso existem é num grau muito reduzido. [...] A Igreja Católica é bastante liberal, a ponto de admitir o mito de Osíris-Hórus-Ísis como uma prefiguração da lenda cristã da salvação, pelo menos nas partes em que se correspondem[184].

---

[181] Cf. *Mysterium Coniunctionis* [OC 14/2], § 30.

[182] *Liber Secundus*. Cap. V: "*Dies* II", p. 272.

[183] Cf. o controverso mas consistente estudo de Alfred Loisy, *Los misterios paganos y el misterio cristiano* (Buenos Aires: Paidós, 1967).

[184] *Interpretação psicológica do Dogma da Trindade* [OC 11/2], § 178. Jung oferece algumas razões históricas e critica a postura adversa dos teólogos protestantes.

Hap, um dos quatro filhos de Hórus, guardião dos pulmões dos mortos.

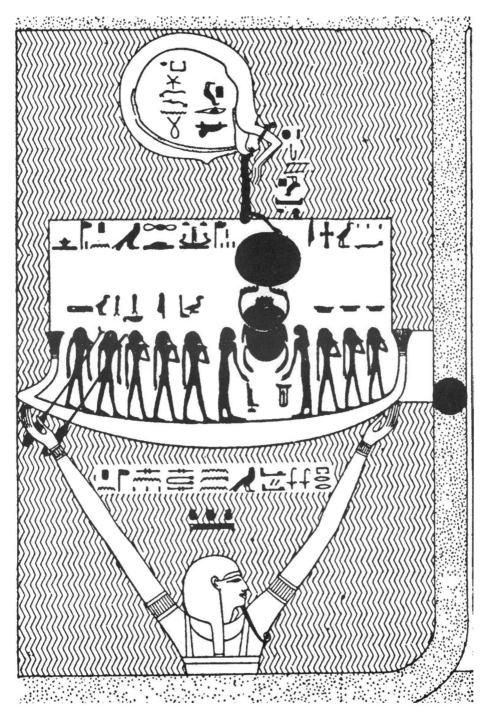

Barca solar egípcia. Sarcófago de mármore de Seti I, c. 1350 a.C.
(Os egípcios acreditavam que a cada manhã o Sol surge das Águas Celestiais em uma barca.)

Escaravelho egípcio (egip. *kheperâ*, "o que 'é' ou o que se desenvolve").
Neste caso alado, símbolo da renovação solar.

A isso se acrescenta a aparição recorrente do escaravelho, tanto no texto como nas ilustrações, um símbolo conhecido sobretudo como egípcio, e que alude ao Sol que renasce de si mesmo; o 'Deus que vem a ser'. O 'escaravelho' vem acompanhado do Sol que gesta. No *Liber Primus* aparece um escaravelho negro vinculado ao herói morto e prenuncia o seu renascimento, embora Jung nesse momento não pareça compreender o seu alcance. Além disso, no *Liber Secundus*, após sua primeira conversa com o anacoreta, Jung repara no deserto em um pequeno escaravelho escuro que vai empurrando uma bola de esterco para frente, ao que, finalmente, e ante sua própria surpresa, ele próprio eleva uma súplica. É sugestivo que Jung, um dia depois de ter estado com o anacoreta cristão e este ter-lhe recomendado orar, se deixe levar pela natureza – o escaravelho, a pedra etc. – e veja nela uma potência de renovação. É como se a renovação só pudesse ser levada a cabo se se recorrer a símbolos arcaicos, que, por essa mesma razão, são eficazes. Ali, a própria natureza é vivida como um 'livro' mais potente do que o livro religioso ou, ao menos, com maior numinosidade, já que a linguagem, ou certa linguagem, como já vimos, é um véu, pois as palavras se tornaram deuses falsos. Além disso, nos *Aprofundamentos* aparece uma mulher morta que se aproxima de Jung fazendo ressoar o suave zumbido das asas do escaravelho do sol. Assim a reconhece, pois: "Quando estava viva, guardou para mim o mistério do Egito, os vermelhos discos solares e o canto das asas douradas"[185]. A atmosfera é claramente "egipcializante", dado que a estranha aparição que se mostra desvitalizada, em um estado de carência, pede a Jung a 'palavra' que, após um rodeio, vem a ser 'Hap', nome de um dos quatro filhos de Hórus, guardião das vísceras dos mortos.

Pareceria tratar-se, neste caso, de uma iniciação fracassada. Essa ideia da renovação se encontra também na imagem da barca do sol, que aparece como uma das encantações que tentam incubar o ovo onde está concentrado Izdubar, para conseguir seu renascimento[186]. Nesse sentido, o escaravelho é o mediador entre o Deus-Sol morto e a barca que conduz o Sol renovado ao céu da manhã[187].

---

[185] *Aprofundamentos*, p. 339.

[186] Uma referência especial merece o 'ka' que, embora não seja mencionado explicitamente no texto de *O Livro Vermelho*, é evocado por Jung no comentário à imagem 122. Cf. *Liber Secundus*. Cap. XVII: "Nox quarta", p. 305, n. 232.

[187] Cf. *Liber Secundus*. Cap. X: "As encantações", p. 284, n. 128. Em "Sincronicidade: um princípio de conexões acausais" [OC 8/3], § 845, assinala: "O escaravelho é um símbolo clássico de renascimento. O livro *Am-Duat* do Antigo Egito descreve a maneira como o Deus-Sol morto se transforma no *Kheperá*, o escaravelho, na décima estação e, a seguir, na duodécima estação, sobe à barcaça que trará o Deus-Sol rejuvenescido de volta ao céu matinal no dia seguinte". Observe-se ainda que as asas da imagem de Filêmon podem ser comparadas com as do escaravelho alado com suas asas estendidas.

Há, além disso, um eco da antiga história egípcia de Gilgamesh no ciclo de Izdubar, que é um personagem de inspiração babilônica, já que 'Izdubar' é a corruptela do nome 'Gilgamesh'. Por certo, Gilgamesh viaja do Oriente ao Ocidente, quer dizer, segue o curso aparente do Sol para encontrar o segredo da imortalidade, mas fracassa. Em *O Livro Vermelho*, Jung decide empreender seu caminho ao Oriente e cruza com Izdubar que está viajando ao Ocidente para encontrar o lugar onde o Sol morre e – supostamente – renasce. Certamente, a explicação científica de Jung será um 'veneno' para Izdubar, pois, implicitamente, traz a mensagem de uma impossibilidade dessa renovação solar. Contudo, será um toque mágico – o considerá-lo 'realidade psíquica – o que permitirá resgatá-lo e depois incubá-lo. Note-se que se trata de um passo que vai da magia à renovação. Voltaremos à figura de Izdubar-Gilgamesh em nosso comentário aos capítulos VIII e seguintes da segunda parte.

Tenha-se em conta, não obstante, que esse personagem tão arcaico, Gilgamesh, é um arquétipo que já leva em si o germe do irresoluto, próprio do humano, de acordo com o próprio significado de seu nome "O homem da alegria e da dor"[188]. Mais evidente é o lugar de Siegfried no *Liber Primus*, o herói da mitologia germânica que Jung sacrifica; ele é o modelo da condição alemã e do ideal heroico com o qual estava identificado seu ego. Em *Símbolos da transformação*[189], Jung assinalou que o desejo de Siegfried pela *imago* materna o expõe ao perigo de fazer uma regressão à infância e à mãe humana, que se transforma em um dragão mortífero. A mãe possui a libido a ponto de o filho não ser consciente de si. O tesouro difícil de encontrar está oculto na imagem materna, isto é, no inconsciente[190]. Outra referência, particularmente relevante, a encontramos na imagem 135 intitulada *Müspilli*. A ilustração parece aludir ao mito nórdico Ragnarök, referente ao crepúsculo dos deuses, no qual os filhos de *Muspell* aparecerem como adversários dos deuses. Segundo uma versão, vivem na morada do fogo denominada *Muspelheim*, uma terra calorosa, brilhante, resplandecente, situada no Sul e aos cuidados de *Surt*, o gigante do fogo. No crepúsculo dos deuses os filhos de *Muspell*, guiados por *Surt*, surgirão e destroçarão o mundo pelo fogo. As influências da apocalíptica cristã,

---

[188] Cf. *Poema de Gilgamesh*. Madri: Tecnos, 1988 [trad. Lara Peinado]. • D'AGOSTINO, F. *Gilgamesh o la conquista de la inmortalidad*. Madri: Trotta, 2007.

[189] Cf. OC 5, § 569.

[190] Referimo-nos a Mime na segunda parte. Para Jung, Mime é o representante da Mãe Terrível que deixa o verme venenoso em seu caminho (cf. OC 5, § 566-567).

aqui implícitas, se evidenciam mais claramente em um poema do século IX, escrito no alto alemão antigo. As forças do céu e da terra lutam pela alma individual, mas depois a batalha é justamente entre Elias e o anticristo, batalha essa que precederá o juízo final. O anticristo será vencido, mas Elias será ferido e quando seu sangue se derramar sobre a terra, o mundo pegará fogo[191].

Os Cabiros, mencionados anteriormente, são estranhos seres mitológicos adorados em toda parte, embora seu principal santuário se encontrasse em Samotrácia. Os Cabiros, raramente evocados, correspondem à dimensão mais secreta da divindade e atuam como poderes desconhecidos do espírito, em homens e deuses e, talvez por isso, não podem ser evocados impunemente. Jung assinalou, em seus textos teóricos, que os Cabiros são propriedades secretas da imaginação que manifestam uma autonomia com relação à consciência e muitas vezes a afetam. Eles correspondem a traços arcaicos da personalidade, mas "[...] encerram um tesouro de sabedoria escondida"[192]. Aparecem no *Liber Secundus* na ilustração 123, de 24 de janeiro de 1920, surgindo das flores que brotam do dragão. No texto do capítulo XXI aparecem como potências ocultas que trabalham no entrelaçamento misterioso do cérebro de Jung e, para surpresa deste, apresentam-se diante dele tratando-o como o 'Senhor do inferior', como aquele que pode dominar as potências ocultas. Finalmente, estes próprios poderes ocultos do cérebro convidam Jung a que sejam sacrificados. Referimo-nos a isso detidamente em nosso comentário ao capítulo XXI do *Liber Secundus*.

Uma última menção merece Fanes, divindade tomada da tradição órfica que aparece na imagem 113. Segundo Jung, é a imagem do filho divino e a perfeição de um longo caminho. Fanes é o Deus novo e luminoso que une opostos, e é anunciado pelo Deus Supremo[193]. Opõe-se a Abraxas; mas, em certo sentido, é seu outro rosto; por isso, em última instância, é uma imagem do Deus vindouro, do qual nos ocupamos em nosso comentário ao *Systema Munditotius*.

Religiões orientais

A denominação 'religiões orientais' é, de certo modo, equívoca, pois alude a um vasto conglomerado de tradições que se agrupam, às vezes arbitrariamente,

---

[191] Sobre o complexo problema das fontes, cf. SOMMER, H. "The Pseudepigraphic Sources of Müspilli II". *Monatshefte*, vol. 55, n. 3, mar./1963, p. 107-112.

[192] *Interpretação psicológica do Dogma da Trindade* [OC 11/2], § 244.

[193] Efetivamente a imagem se assemelha à de Telésforo (imagem CXVIII), Cabiro e daimon de Asclépio, ao qual Jung rendeu homenagem em sua célebre escultura em Bollingen.

segundo um ponto de vista ocidental que é 'móvel'. Assim, o islã e o hinduísmo 'são' tradições orientais com indubitável identidade própria para além de suas influências recíprocas. Por tudo isso, embora seja discutível o termo 'orientalismo', podemos resgatá-lo a partir do ponto de vista simbólico. Esse mesmo 'relativismo' ocidental corresponde em profundidade, despojado de sua ideologia, à ideia de que o Sol vem do Leste: *ex oriente lux*. A conhecida busca da luz no Oriente nós a encontramos, por exemplo, no sufismo e nas viagens do protagonista de uma novela alquímica, Christian Rosenkreuz. Em certo sentido, e como já adiantamos, 'Oriente' tem essa significação no *Liber Novus*, somado ao fato, também oriental, de que, em última instância, se busca o 'polo', que em sentido tradicional é o centro, pois a luz deve ser integrada com as trevas. Desse ponto de vista, para Jung se deveria conceber Ocidente e Oriente como opostos complementares e, desse modo, o 'Oriente' é um polo simbólico que o 'Ocidente' é chamado a integrar, evitando tanto seu rechaço quanto sua emulação[194].

Do ponto de vista simbólico, quando o 'eu' de Jung decide ir buscar alguma resposta no Oriente, ele se encontra com Izdubar, um personagem arcaico ao qual já nos referimos. Essa viagem ao Oriente é eminentemente simbólica e pressupõe uma ida ao passado; Izdubar é uma expressão de um saber arcaico culturalmente indeterminado, embora, obviamente, manifeste reminiscências babilônicas.

Mas, em sentido estrito, as tradições orientais não aparecem em um primeiro plano em *O Livro Vermelho* e, fora algum eco islâmico, as referências específicas são às tradições da Índia, em particular ao hinduísmo, fora alguma menção a Buda. Não obstante, em *O Livro Vermelho*, Jung aludiu em uma de suas notas à intensa relação desta obra com a Índia[195].

Como se pode entender isto? Ao longo de nosso percurso por *O Livro Vermelho*, particularmente pelo *Liber Secundus*, poderá completar-se nossa resposta, mas é evidente que a Índia inspira, fundamentalmente, em dois sentidos complementares:

1) Compensa ou complementa o saber ocidental, conforme pontuamos antes, destacando-se sua mais evidente entrega a um ideal absoluto, embora às vezes possa descuidar-se da identidade individual.

2) Do ponto de vista do *yoga*, entendido como um saber teórico-prático que permite reconduzir a energia psíquica à sua origem e assim produzir uma mutação ontológica.

---

[194] Cf. "Comentário a 'O segredo da flor de ouro'" [in: OC 13], § 1-26.

[195] Cf. *LV*, p. 239, n. 94. Essa referência consta na edição inglesa do *LV*, não na alemã.

PRIMEIRA PARTE — EM BUSCA DAS CHAVES | 157

Yogue em postura Bhadrasana, templo de Jodhpur, Rajastão, Índia.

Em sua obra teórica, Jung reconheceu o valor da espiritualidade oriental e qualificou seus caminhos de sublimes[196] e heroicos[197]. Sublimes porque alcançaram o essencial, a evidência da não dualidade; heroicos, por sua longevidade e pela vigência de seu reconhecimento social. Mas Jung manifestou uma dupla atitude crítica; por um lado, em relação a uma aceitação acrítica do Oriente, que não leva em conta os próprios fundamentos culturais – enraizados no inconsciente cultural – e, por outro lado, frente a uma hipercrítica materialista que desmerece a espiritualidade oriental ou a reduz mediante uma abordagem *meramente* erudita[198]. Como tal, a espiritualidade oriental permitiu a Jung descobrir paralelismos com relação aos processos psíquicos arquetípicos que se constatavam em seus pacientes e lhe propiciou não poucos aportes de índole teórico-prática. De fato, o primeiro trabalho publicado, dedicado inteiramente a um texto oriental, é precisamente o seu estudo sobre *O segredo da flor de ouro*, um texto chinês de alquimia, que manifesta um sincretismo taoísta e budista com ressonâncias confucianas. Esse texto proporcionou a Jung numerosas confirmações a respeito de suas experiências e as de seus pacientes, e lhe deu uma chave de compreensão para o estudo da alquimia ocidental, conforme assinalamos na próxima seção.

Embora seus trabalhos fundamentais, que, à exceção do comentário ao *I Ching* – escrito em 1949 e publicado no ano seguinte –, se deram a conhecer pela primeira vez entre 1932 e 1944, há suficientes razões para destacar a gravitação do pensamento oriental, com variações de modo e grau, ao longo de toda a obra junguiana. Esse interesse antigo e permanente pelo Oriente não só se registra em suas memórias[199], mas também se evidencia em textos

---

[196] "Comentário psicológico ao Bardo Thödol" [in: OC 11/5].

[197] Ibid., § 854.

[198] De toda a significativa bibliografia sobre Jung e o Oriente, destacamos *Jung and Eastern Thought*, de H. Coward (Albany: State University of New York, 1985) que reúne uma série de valiosos trabalhos de distintos autores e é abrangente e bem-documentado, embora discutível. O leitor pode ler em castelhano um trabalho inspirador, embora baseado unicamente em um estudo comparativo entre o processo de individuação e o tema zen-budista do "pastoreio do boi": SPIEGELMAN, J.M. & MIYUKI, M. *Budismo y psicología junguiana*. Barcelona: Índigo, 1998/2004.

[199] P. ex.: leituras de fontes consignadas em *Sacred Books of the East*, de Max Müller, tal como ocorre com o *I Ching* na versão de Legge que Jung estuda em 1900, os textos tântricos editados e comentados por John Woodroffe ou Arthur Avalon e, a partir de 1932, o intercâmbio com grandes orientalistas do Grupo Eranos.

anteriores que fazem parte da *Obra Completa*, por exemplo, *Transformações e símbolos da libido* (1913)[200] e, particularmente, *Tipos psicológicos* (1921), em cujo capítulo V, talvez inspirado em *O Livro Vermelho*, já aparece um interesse pelo taoismo e pelo hinduísmo. Além disso, existem dois seminários, um proferido em 1932 e publicado sob o título *The Psychology of Kundalini Yoga*, e outro – que ainda espera uma edição adequada – que corresponde a um seminário sobre Patanjali, proferido em 1938-1939, no Eidgenössische Technische Hochschule, Zurique. O próprio Oskar Schmiz, antes que Jung publicasse seus trabalhos específicos sobre o *yoga*, reconhece, em sua obra *Psychoanalyse und Yoga*, de 1923, que em Jung existe uma aproximação ao *yoga*; coisa que nosso autor aceita com vacilações em uma carta do mesmo ano[201]. Embora ao longo de sua extensa obra apareçam numerosas menções às mais diversas tradições orientais, a obra junguiana se concentra no *yoga*, no budismo e no taoismo. Jung utiliza frequentemente o termo '*yoga*' em sua acepção mais ampla, como um fenômeno pan-asiático.

Nesse sentido, as referências à filosofia hindu, inclusive ao Vedanta, se examinam em chave ióguica, o que é coerente com uma aproximação psicológica ou psicológico-espiritual. Desse ponto de vista se pode compreender seu interesse pelas outras duas tradições mencionadas (budismo e taoismo) que são "ióguicas" no sentido amplo do termo, enquanto sistemas teórico-práticos de ascese corporal, psíquica e espiritual.

Em *O Livro Vermelho*, afora as alusões ocasionais a Buda e a Kali, que remetem, respectivamente, a estados anímicos de imperturbabilidade total e a uma manifestação de uma força transbordante e erótica, aparecem quatro referências diretas a textos e conceitos hindus, todos eles como títulos de imagens vinculadas ao que se poderia denominar o 'ciclo de Izdubar' (*Liber Secundus*, caps. VIII-XI) e relacionados com o processo de incubação (*tapas*) do ovo que regenera o Deus. Certamente, nós nos deteremos com mais detalhe na parte pertinente do *Liber Secundus*, mas cabe oferecer agora uma visão sintética. A primeira (imagem 45) corresponde a *Atharva-veda* 4, 1, 4 e se trata de uma fórmula mágica para despertar a virilidade, mas aqui alude a uma potência revitalizadora desse grande Deus-touro que é Izdubar. As duas seguintes

---

[200] Publicado em 1913, sem contar edições parciais em 1911 e 1912.

[201] Cf. SHAMDASANI, S. In: JUNG, C.G. *The Psychology of Kundalini Yoga* – Notes of the Seminar Given in 1932. Princeton: Princeton University Press, 1996, p. XX-XXI [Bollingen Series].

(imagens 54 e 59) correspondem a duas das encantações destinadas a incubar o ovo. A imagem 54 corresponde a '*brahmanaspati*' que é, nos Vedas, a 'palavra potente' e que no tantra *yoga* aparece sob a forma de *Ganapati* que preside a *Parāvāc*, a 'palavra suprema' que mora no *mūlādhāra cakra*. A imagem 59 alude a *hiranyagarbha*, é o paradigma do 'Ovo Cósmico' e se refere à semente originária de onde nasceu Brahma e, portanto, é de onde renascem todas as coisas superiores. Por último, a imagem 64, situada antes da abertura do Ovo, se intitula *Śatāpatha-brāhmana* 2.2.4, que dá a base ao sacrifício do fogo, o *Agnihotra*. Por certo, o mito de base se refere a que, impulsionado pelo anseio de reproduzir-se, cria Agni, que lhe sai da boca. *Prajāpati* se oferece a Agni e se salva de ser devorado por ele. Assim, o fogo é consagrado no *Agnihotra*, o sacrifício do fogo*, e se renova. Tal é a potência purificada que parece anunciar aqui a manifestação da potência de Izdubar incubada.

Outras duas alusões, também significativas, aparecem em *O Livro Vermelho*. A primeira é uma referência marginal no *Liber Secundus*, capítulo XII, "*Chāndogya Upanishad* 1, 2, 1-7", por ocasião de um enfrentamento com o mal. Os *devas* e *asuras*, deuses e demônios, se enfrentam entre si e os *devas* pensam que poderão vencê-los com o *udgītha***, entretanto estes últimos não o adoram adequadamente, seja porque o identificam com a palavra, a mente etc., e não com o OM, os *asuras* podem vencê-los. Ou seja, o próprio *udgītha*, se não compreendido em seu verdadeiro estatuto ontológico, é atravessado pelo mal. Sem dúvida, como pode-se ver na parte correspondente de nosso percurso, tudo isso está vinculado com a ideia de que o sacrifício é o único meio para combater o mal. O segundo texto é o *Bhagavad Gita* 4,7s. e está localizado no *Liber Secundus*, cap. XXI, {1}, junto à imagem 154, o retrato de Filêmon. O texto faz referência a que em tempos de iniquidade, a divindade desce e se encarna novamente. É óbvio que tal parece ser o estatuto de Filêmon, apenas que o que aqui se encarna ou está chamado a encarnar-se é o Deus vindouro em cada um.

Mas no *Liber Novus* predomina a espiritualidade ocidental e, particularmente, as tradições misteriosóficas que promovem a imortalização ou divinização do homem.

---

* Literalmente: "cura pelo fogo"; Cf. *LV*, p. 286, n. 133 [N.T.].

** Recitação da sílaba sagrada OM [N.T.].

As religiões mistéricas: o mitraísmo

O termo 'mistério' alude aqui a uma instituição capaz de garantir uma iniciação, ou seja, uma troca de estado, uma mutação ontológica[202]. Escolhemos o uso mais restrito do termo referente aos 'mistérios helenísticos', próprios da Antiguidade tardia, mas que tomam como inspiração Elêusis, cujo caráter secreto não nos impede de saber que aspirava a uma homologação do destino do iniciado com o do Deus. Durante a época imperial aparecem novos mistérios, alguns de origem oriental, centrados em diversas divindades (Dionísio, Ísis, Serápis, Mitra, Sabázio, Júpiter Doliqueno, o Cavaleiro trácio) que têm em comum a identificação do iniciado com a divindade, que implica sua imortalização e até sua divinização. Dos múltiplos traços e variantes gostaríamos de destacar que o marcado sincretismo levava não só a uma amálgama entre as próprias divindades, geralmente em torno de atributos solares, mas também a que o iniciado pudesse, submetido a certas condições, iniciar-se em todos os mistérios. Jung já assinalava que, do ponto de vista psicológico, o propósito fundamental era o de libertar os homens do jugo de *Heimarmene*, a compulsão das estrelas, isto é, a fixação primitiva da libido[203].

Vamos nos limitar aqui ao mitraísmo, religião mistérica que interessou particularmente a Jung em sua obra inicial e que aparece no *Liber Novus* em uma situação culminante, a crucificação do próprio Jung a modo de um leontocéfalo[204], análogo à representação do deus mitraico, com cabeça de leão e a serpente enrolada em seu corpo, embora sem as asas nem as chaves que leva em sua mão, ambos atributos de Filêmon. Cabe assinalar que, à exceção de numerosas inscrições, carecemos de fontes mitraicas diretas; nossas fontes são indiretas, cristãs e neoplatônicas e, fundamentalmente, arqueológicas. Por certo, não dispomos de um texto como o de Apuleio, acerca dos mistérios de Ísis, que podem nos dar uma ideia mais precisa sobre o que se esperava do rito iniciático. Embora Jung, em relação ao mitraísmo, tenha seguido os estudos de Richard Reitzenstein e de Albrecht Dieterich – que acreditou encontrar num papiro mágico o relato de uma liturgia mitraica – sua informação sobre o tema provém, fundamentalmente, da obra de Franz Cumont, que constituiu a autoridade paradigmática sobre a questão, embora, a partir dos anos de 1970, muitos de seus pontos de vista tenham sido questionados. Contudo, ao menos em relação a Jung, e em que pese a opinião

---

[202] Cf. BURKERT, W. *Cultos mistéricos antiguos*. Madri: Trotta, 2005.

[203] Cf. OC 6, § 35.

[204] *Liber Primus*. Cap. XI: "Mistérios – Solução", p. 252.

de alguns críticos, as questões centrais que iluminam a passagem assinalada em *O Livro Vermelho* seguem em pé[205].

Os mistérios mitraicos se realizavam em recintos subterrâneos ao estilo de cavernas (*mithraeum*) e eram presididos simbolicamente por uma estátua ou relevo com a figura do 'Mitra tauróctono', isto é, *aquele que mata – ou sacrifica – o touro*.

Em sua essência, o mito relata o rapto do touro por Mitra e seu sacrifício por ordem do Sol, segundo se deduz das imagens dos monumentos. Em quase todos os monumentos mitraicos figura a imolação do touro; Mitra parece cumprir com desgosto ou dor sua missão; vira sua cabeça para trás, com uma mão

---

[205] A obra fundamental de Franz Cumont utilizada por Jung e que nós consultamos integralmente é *Textes et monuments relatifs aux mystères de Mithra* (Bruxelas, 1896-1899). O mesmo autor publicou um breve livro de síntese, *Les mystères de Mithra* (Bruxelas, 1900). Também é de utilidade *Les religiones orientales dans le paganisme romain* (Paris: E. Leroux, 1909). Para uma introdução acessível ao mitraísmo e para uma bibliografia crítica até a década de 1970, cf. ELIADE, M. *Historia de las ideas y creencias religiosas*. Vol. 2. Madri: Cristiandad, 1978, p. 315-319, 494-495. R.L. Gordon realizou uma análise crítica da interpretação de Cumont, intitulada "Franz Cumont and the doctrines of Mithraism" (in: *Mithraic Studies*. Manchester, 1975, p. 215-248), que se encontra na continuação do último trabalho de Cumont publicado postumamente, e que Jung não pôde conhecer, "The Dura Mithraeum" (p. 151-214). Para uma breve e rigorosa referência ao mitraísmo em geral, ao lugar da obra de Cumont nos estudos mitraicos e uma bibliografia atualizada que recolhe as revisões de Windenberg, De Jong, Turcan e Vermaseren e outros, cf. GORDON, R.L. "Mithraism". In: *Encyclopaedia of Religion*. Vol. 1. Op. cit., p. 6.088-6.093. Para um estudo mais extenso, cf. BECK, R.L. & GORDON, R.L. *Mysteries of the Unconquered Sun:* The Cult of Mithras in the Roman Empire. Oxford, 2005. Leve-se em conta que a tendenciosa obra de Richard Noll, *The Aryan Christ – The Secret Life of Carl Jung* (Nova York: Random House, 1997), baseia sua crítica a Cumont em outra obra especializada em mitraísmo que também é considerada, dentro de sua especialidade, como 'tendenciosa', ULANSEY, D. *The Origins of the Mithraic Mysteries:* Cosmology and Salvation in the Ancient World. Nova York/Oxford, 1991 [1989]. Ademais não só, em muitos sentidos, a obra de Cumont segue vigente, mas também era, em sua época, a autoridade máxima no tema. Por outro lado, nestas questões não se pode falar numa palavra definitiva. Com relação à "liturgia de Mitra", Jung consultou a segunda edição de *Eine Mithrasliturgie* (Leipzig: Teubner, 1910). Para uma tradução e um comentário atualizados da liturgia, cf. BETZ, H.-D. *The "Mithras-Liturgy"*: Text, Translation and Commentary. Tubingen, 2003. Em castelhano, a chamada "liturgia de Mitra" pode ser encontrada em "La Llamada 'liturgia de Mitra'". Papiro IV, in: *Textos de magia en papiros griegos*. Madri: Gredos, 1987, p. 112-122 [trad. J.L. Calvo Martínez e M.D. Sánchez Romero]. Outras obras que influenciaram Jung com relação aos mistérios: REITZENSTEIN, R. *Die Hellenistischen Mysterienreligionen*. Leipzig: Teubner, 1920. • DE JONG, K.H.E. *Das Antike Mysterienwesen in religionsgeschichtlicher, ethnologischer und psychologischer Beleuchtung*. Leiden: Brill, 1909.

subjuga as narinas do animal e com a outra afunda a faca em seu flanco[206]. Do corpo da vítima nascem todas as ervas e plantas medicinais. Havia sete graus de iniciação que estavam relacionados com divindades planetárias, de modo tal que a alma ascendia por uma escada de 'sete portas', este último, segundo o testemunho do filósofo pagão Celso (séc. II), consignado em textos do cristão Orígenes. Há testemunhos iconográficos que permitem afirmar que o Deus era um modelo para o iniciado e que desejava compartilhar seu destino, incluindo a ascensão ao Sol e o domínio sobre o tempo e o cosmos. Embora a relação entre Mitra e o Sol seja um problema não de todo resolvido para os estudiosos – pois o Sol aparece como inferior a Mitra e, contudo, é quem lhe ordena sacrificar o touro –, Mitra é chamado nas inscrições de *Sol invictus*, o Sol invicto[207]. A 25 de dezembro se celebrava a festa do "Dia de Nascimento do Sol Invicto" (*Dies Natalis Solis Invicti*), festividade que começava a 22 de dezembro, quando a luz do dia aumentava, depois do solstício de inverno, em alusão ao 'renascimento' do Sol. Nas festas rituais, realizadas na caverna iniciática, ambos os deuses eram servidos pelos participantes com máscaras de diversos animais segundo os seus graus. Supostamente, depois disso tinha lugar a ascensão do Sol ao céu, que se representava amiúde com a própria imagem de Mitra correndo atrás do carro solar. Dos sete graus iniciáticos, o de 'leão' (Leo) parece ter tido um lugar preponderante. Isso implica uma relação mística com o animal que existe, tanto na terra como no céu, na constelação correspondente.

As inscrições atestam a profunda seriedade dos mistérios; Mitra é invocado assim: "Tu nos resgataste, também, derramando o sangue que nos torna imortais". Existe uma associação estreita entre Mitra e Saturno (*Cronos*), pai de Mitra, entendido como Deus do universo e do tempo, isto é, como *Aion, Saeculum, Aevum*.

Para Jung, e seguindo Cumont, o mitraísmo compartilhou com o cristianismo seu interesse em conseguir que a forte compulsão dos instintos, que em princípio arrastam o homem de uma paixão a outra, pudesse se pôr ao serviço da sociedade, mediante a encarnação do *Logos*.

Mas de acordo com a experiência relatada no *Liber Novus*, o símbolo que aqui nos interessa é o do Deus leontocéfalo, ao qual Jung se assimila na experiência final de sua crucificação e que, em seus seminários, interpreta:

---

[206] Cf. CUMONT, F. *Les mystères de Mithra*. Bruxelas, 1900, p. 113.

[207] Na chamada "Liturgia de Mitra", fala-se do "grande deus Hélio-Mitra" (cf. *Textos de magía en papiros griegos*, op. cit., papiro IV, v. 482, p. 122).

Tauroctonia de Mitra. Mitreu de Marino (Roma).

> No culto de Mitra há uma espécie particular de deus, o deus da chave, Aion, cuja presença não pode ser explicada, mas creio que ela pode ser perfeitamente inteligível. Sua representação é o corpo de um homem alado, que tem a cabeça de leão, estando envolvido por uma cobra que se eleva acima de sua cabeça. [...] Aion é o tempo infinito e a longa duração, o deus supremo da hierarquia mitraica, que cria e destrói todas as coisas. [...] É um deus sol. Leão é um signo zodiacal de quando o Sol atravessa o verão, enquanto a cobra simboliza o inverno ou o tempo úmido. Dessa forma, Aion, o deus da cabeça de leão, envolvido por uma cobra, novamente representa a união dos opostos, luz e sombra, masculino e feminino, criação e destruição[208].

Em outros seminários, Jung assinala que a serpente do leontocéfalo simboliza o curso do Sol no zodíaco, serpente zodiacal que foi comparada com Cristo[209]. Do ponto de vista psicológico, poder-se-ia traduzir como o curso da energia psíquica, que se eleva e se 'solariza'; por isso representa um 'éon', o tempo extenso, uma 'era'. Em outra passagem, e onde Jung refere o caso da aparição de tal símbolo no contexto de uma psicose, recorda que a serpente que se enrosca e alcança a cabeça simboliza uma alta concentração de energia psíquica, tomado do entorno, e indica que algo vai mal[210]. Por outro lado, em outros seminários, Jung retorna a esse mesmo símbolo e esclarece que o Deus leontocéfalo é um Deus com uma mente humana e animal e, por isso, não se adapta a nossas expectativas espirituais, mas a nossos maiores temores:

> Assim, se alguém fosse atravessado por essa onda de calor que se desatou, sentiria uma total cegueira, uma falta de direção, uma falta caótica de forma e definição e apresentaria uma imagem que só pode ser comparada com a imagem mental do mundo atual. Perdemos completamente nossa direção, não estamos seguros de nada, há somente um impulso cego, mas não sabemos rumo a quê. Assim, esse símbolo não só se ajusta a este caso particular, é também um símbolo para nosso tempo. E lhes recordo que esse foi o símbolo dos primeiros três séculos em Roma quando começou a grande desorientação...[211]

É evidente, então, que a crucificação do leontocéfalo na visão junguiana ao final do *Liber Primus* deve ser entendida nesse contexto, como veremos

---

[208] "Fundamentos da psicologia analítica" [in: OC 18/1], § 266.

[209] *Visions Seminars*, vol. 2, p. 1.942. [OC B – Seminários, *Visiones*].

[210] Ibid., p. 1.378.

[211] Ibid., p. 1.942.

Códice II de Nag Hammadi, p. 33-34.

oportunamente na segunda parte. Os mistérios procuram uma mudança de identidade, uma deificação; na "Liturgia de Mitra" lemos:

> [...] te verás liberto de tua alma e não estarás em ti mesmo[212].

Em síntese, e sem pretender esgotar o significado de uma cena à qual voltaremos, depreende-se do que apontamos:

1) A 'cristificação' de Jung se realiza a partir de um culto mistérico, isto é, de uma instituição religiosa que propunha, à diferença do cristianismo eclesial, uma divinização.

2) Essa divinização torna manifesta:
- Uma situação psíquico-espiritual crítica.
- A necessidade de integrar os opostos; entre eles, o ctônico e o espiritual.
- Uma subordinação a Cristo, pois o peculiar sacrifício cristão-mitraico de Jung se produz a partir da visão da cruz de Cristo em uma montanha, de onde escorrem torrentes de sangue. Não obstante, já veremos que mais além desta primeira subordinação, o *Liber Novus* planteia uma síntese Cristo-anticristo.
- Um alcance cosmológico, pois parece tratar-se não só da 'pessoa Jung', mas do éon, de uma integração de opostos que concerne à era[213]. O leontocéfalo é portador das chaves que permitem a circulação do tempo, essa serpente inapreensível; em suma, essa *dynamis* que nos constitui.

É fundamental adiantar que os fenômenos de recepção simbólicos se veem fomentados porque as próprias tradições manifestam, em seu dinamismo, um sincretismo. Assim, a própria figura de Elias, obviamente veterotestamentária, parece assimilar com o tempo, traços mitraicos. O próprio Jung recorda, seguindo a Cumont, que os códices da Alta Idade Média, as ilustrações da subida de Elias ao céu se baseavam num modelo mitraico antigo[214].

É evidente que o mitraísmo, entendido junguianamente como fenômeno de recepção, é simbolicamente afim a Abraxas, a figura que, com mais evidência, simboliza o 'Deus vindouro'. Isso nos leva inexoravelmente ao gnosticismo.

---

[212] *Textos de magía en papiros griegos*, op. cit., papiro IV, v. 725-726, p. 119.

[213] Recorde-se que a imagem do leontocéfalo mitraico, identificado como Aion, é a ilustração inicial de *Aion* [OC 9/2].

[214] *Tipos psicológicos* [OC 6], § 443.

Gnosticismo e hermetismo

Gnosticismo e hermetismo são as tradições espirituais que constituem o principal *background* simbólico-religioso do *Liber Novus*, mas seria uma simplificação classificar essa obra como 'gnóstica' ou 'hermética'. Por outro lado, estas tradições são autônomas, embora existam vínculos entre elas, confirmados pela aparição de três textos em Nag Hammadi[215].

O leitor precisa ter em conta que a complexidade de ambas as tradições, motivo de variadas controvérsias interpretativas e históricas entre os especialistas, somada ao modo peculiar da apropriação de Jung, obriga-nos a simplificar nosso comentário para torná-lo viável no marco restrito desta primeira parte. Nesse sentido, referimo-nos, em princípio, a um movimento eminentemente cristão, o gnóstico, para além de suas origens pré-cristãs e orientais, e também a um movimento de origem egípcia, o hermético, que foi apropriado – entre outros – pelo cristianismo gnóstico. O gnosticismo, à diferença do hermetismo, é eminentemente antinaturalista e anticósmico.

Os textos gnósticos enfatizam a ruptura entre o espírito e o cosmos, e a ideia de que o homem espiritual é um estrangeiro no mundo. O dualismo religioso dos gnósticos é extremo, pois a saudosa unidade metafísica se alcançará porque o Universo se dissolverá como uma ilusão, uma vez que todos os espirituais, como faíscas de luz afundadas na densidade da matéria, possam libertar-se. Para o hermético, em contraste, tudo foi criado por um mesmo ser, Deus; e por consequência, o cosmos é intrinsecamente bom. Mais ainda, o cosmos é uma totalidade orgânica e simpática, plena de correspondências que permitem não só conhecer uma parte a partir da outra, mas comunicar-se com o todo.

---

[215] Da extensa bibliografia sobre o tema, nos limitados, afora a indicada para o gnosticismo, GARCÍA BAZÁN, F. *El gnosticismo*: esencia, origen y trayectoria. Buenos Aires: Guadalquivir, 2009. Para o hermetismo, GARCÍA BAZÁN, F. *La religion hermética*. Buenos Aires: Lumen, 2009. Por certo, com relação às fontes gnósticas, o leitor de castelhano conta com PIÑERO, A.; MONSERRAT TORRENS, J. & GARCÍA BAZÁN, F. (orgs.). *Textos gnósticos* – Biblioteca de Nag Hammadi. Madri: Trotta [3 vols.: 1997, 1999, 2000]. Com relação aos textos gnósticos aos quais Jung tinha acesso, agora contamos em castelhano com uma edição rigorosa das obras em GARCÍA BAZÁN, F. *La gnosis eterna* – Antología de textos gnósticos griegos, latinos y coptos. Madri: Trotta [3 vols.: 2003, 2007, 2017]. Também contamos com uma notável tradução das fontes herméticas gregas e latinas, a cargo de X. Renau Nebot: *Textos Herméticos*. Madri: Gredos, 1999. Muito útil é o site *Hermeticum* [disponível em: www.hermeticum.net] a cargo de X. Renal Nebot. Existe uma bibliografia de valor desigual com relação a Jung e a gnose que em parte discutiremos mais à frente em nosso estudo sobre o *Systema Munditotius* e os Sermões aos Mortos (cf. SHAMDASANI, S. In: *LV*, p. 346, nota 81).

A livre apropriação de ambas as tradições, gnosticismo e hermetismo, no curso das experiências visionárias do *Liber Novus*, de algum modo antecipa o sincretismo que Jung aprofundaria ao se aplicar no estudo da alquimia. Compreender como se entrelaçam gnosticismo e hermetismo no *Liber Novus* permite compreender, em parte, por que a alquimia é uma das chaves fundamentais de nosso texto.

Gnosticismo

O gnosticismo é um movimento espiritual que, segundo se pode atestar, aparece por volta da primeira metade do século I e se mantém vigente pelo menos até o século VI. O mito gnóstico, com toda a sua riqueza e complexidade simbólica, é o resultado da atividade da imaginação criadora que "trata de facilitar o conteúdo da gnose total"[216]. Em certo sentido, o mito gnóstico não é um mero relato, pois é um meio eficaz para despertar e, pois, para redimir. Assim, no *Hino da pérola*, o mito é uma mensagem externa que desperta a mensagem interna inscrita na profundidade da alma.

O 'gnóstico' é, em princípio, 'o que possui a gnose', um conhecimento que implica "a experiência direta do que é real, ou seja, o verdadeiro e imutável"[217]. Trata-se, então, de um conhecimento que se distingue tanto da percepção sensível quanto do raciocínio e que é parente da intelecção (*nous*) dos platônicos; mas, enquanto 'gnose perfeita', a supera. Assim, inicialmente, a *gnose* é a passagem do esquecimento à memória, da ignorância ao conhecimento, mas o gnóstico completo é quem se conheceu e assim chegou... "ao conhecimento da profundidade do Todo".

Por certo, esse conhecimento reservado a uma elite é salvador, pois devolve o gnóstico ao seu verdadeiro lugar. Em um texto gnóstico citado em Clemente de Alexandria, lemos:

> Não é só o batismo que salva, mas também o conhecimento, que éramos e que chegamos a ser, de onde nos apressamos; de onde somos redimidos, que é a geração e que é a regeneração[218].

Os gnósticos participam de uma comunidade dos que, como eles, possuem esse conhecimento e, embora existam várias denominações e variantes, a mensagem central é a mesma.

---

[216] GARCÍA BAZÁN, F. *La gnosis eterna*. Vol. I. Op. cit., p. 14.

[217] Ibid., p. 11.

[218] CLEMENTE DE ALEXANDRIA. Ext. Teod 78,2. In: GARCÍA BAZÁN, F. *La gnosis eterna*. Vol. I. Op. cit., p. 13.

Excede nosso propósito detalhar a presença do gnosticismo na obra de Jung, mas antecede às experiências consignadas no *Liber Novus* seu vivo interesse e sua leitura de textos referentes ao gnosticismo, sobretudo através dos testemunhos dos heresiólogos, em particular Hipólito de Roma. Costuma-se mencionar uma carta que Jung envia a Freud, a 29 de agosto de 1911, pouco antes de lhe dar a conhecer *Símbolos da transformação*:

> Eu também tenho o sentimento de que este é um tempo repleto de maravilhas, e se os sinais não nos enganam você teria razão de pensar que graças às suas descobertas estamos no umbral de algo verdadeiramente excepcional, que eu classificaria como nada menos do que a concepção gnóstica de Sophia, que é uma expressão alexandrina particularmente exata para indicar a reencarnação da sabedoria antiga no interior da psicanálise.

Jung encontrou na psicologia da profundeza aquilo que em parte havia vivido em suas experiências infantis, vinculado à ideia de recuperar o espírito caído, oculto na escuridão do inconsciente. Sem dúvida, Sophia será Salomé e, sucessivamente, as figuras do feminino que ali aparecem. O próprio Jung, em seus comentários, assinala que o par Elias e Salomé bem poderia ser, respectivamente, Simão e Helena[219].

Guiado pela leitura de estudiosos da "Escola de História da Religião" (*Religionsgeschichtliche Schule*) – os primeiros que nos tempos atuais tentaram superar a interpretação meramente heresiológica do gnosticismo e que, para tanto, conceberam essa tradição em sua dimensão autônoma como um movimento espiritual de pleno direito, e à luz de uma captação das leituras de fontes gnósticas indiretas – Jung se impregna não só do gnosticismo, mas de sua conexão com outros fenômenos religiosos da Antiguidade tardia que influenciam na configuração de um modelo simbólico da *imago dei*, a imagem do divino e da totalidade da psique. Um dos membros dessa escola, Wilhelm Bousset, já havia comparado em 1907 o *Anthropos* divino dos gnósticos, o 'Filho do Homem', segundo o texto bíblico e o 'Homem Primordial' ou *Purusha* do *Rig Veda*. Outro de seus membros, Usener – que com seu grande saber pôde estabelecer comparações e influências entre diversas tradições e que, entre outras coisas, demonstrou que a data do Natal era originalmente a festa mitraica do *Sol Invictus* – ressaltou que ante as mesmas condições psicológicas, se produzem as mesmas imagens religiosas. Seu discípulo, Dieterich, que também influenciou Jung, se referiu a *Grundformen religiosen Denkens*, modelos básicos ('arquetípicos') do pensamento religioso.

---

[219] Cf. *LV*, Apêndice B, p. 368.

O gnosticismo é uma chave fundamental do *Liber Novus*, mas que se tenha em conta que está claramente reformulado, esfumado. Aqui limitamo-nos a consignar algumas ideias e simbolismos centrais – que retomaremos adiante – com uma particular referência aos Sermões aos Mortos consignados nos *Aprofundamentos*, que, embora estejam impregnados de ideias, atmosfera e símbolos gnósticos, não se ajustam ao gnosticismo em sua orientação última. Por certo, como os 'Sermões' já foram publicados há anos, existe uma considerável e controvertida literatura com relação a seu caráter propriamente gnóstico, que discutimos na segunda parte. Adiantamos, contudo, que a inspiração das tradições gnósticas no *Liber Novus* e sua adesão à ideia de um conhecimento salvífico, de uma gnose, não permite afiliá-lo propriamente à tradição do gnosticismo. Em sua obra teórica, Jung se dedicou ao estudo de diversas correntes gnósticas; contudo, talvez por modéstia, no *Liber Novus* atribuiu a autoria dos Sermões a Basílides de Alexandria, que viveu nessa cidade no século II d.C. A escolha de Basílides por Jung não parece ter sido arbitrária, embora existam diferenças fundamentais entre o texto junguiano e as notícias que temos do pensador gnóstico através de diversos testemunhos dos heresiólogos, particularmente Hipólito de Roma.

Limitamo-nos a enumerar brevemente as principais ideias de Basílides que parecem ressoar nos Sermões, pois retomaremos a questão em nosso percurso pelos *Aprofundamentos* e em nosso estudo sobre o mandala do *Systema Munditotius*: uma formulação extremamente apofática do Deus desconhecido (O Deus que não é); o caráter potencial de sua semente que 'não é' porque a tudo contém; a ideia de que na humanidade há um germe que corresponde ao paradigma de Jesus; o fim dos tempos para aqueles que não se redimem como um retorno a um tipo de inconsciência; um marcado dualismo entre Verdade e Ignorância; a concepção das paixões compreendidas como 'apêndices', 'espíritos' que aderem à alma racional. Estas questões são retomadas de um modo peculiar nos Sermões, junto com outras atribuíveis ao gnosticismo em geral.

Detalhamos a seguir as principais convergências e divergências entre a concepção gnóstica e o *Liber Novus*:

1) A gnose – No *Liber Novus* o conhecimento é concebido, em princípio, como superior à fé, que é própria de uma etapa infantil. O conhecimento consiste em sair de um estado de ignorância, de inconsciência, que impede a redenção. Nos *Aprofundamentos*, lemos: "Pessoas que têm inteligência não podem crer pura e simplesmente, mas devem buscar o conhecimento com todas as suas forças". Embora aqui se reconheça a superioridade do conhecimento, na sequência o texto acrescenta: "A vontade de conhecer às vezes nos afasta demais da fé. As duas coisas têm de chegar ao equilíbrio"[220]. É verdade que este último passo parece distanciar-se do gnosticismo, mas devemos compreender que o caminho proposto no *Liber Novus* consiste numa aceitação das polaridades, que se 'conciliam' nessa tensão inconciliável. Em certo sentido, esse conhecimento, capaz de conciliar o inconciliável, é próprio da imaginação criadora ou simbólica.

2) O mito e a imaginação criadora – Já assinalamos que o *Liber Novus* se apresenta como um mito e uma mitologia constituída por símbolos que têm por propósito a integração das partes em um todo. Além disso, o *Liber Novus* apresenta um mito dentro do mito, como é o caso dos Sermões que, de algum modo, dão o fundamento, proporcionam o paradigma de nosso livro. À maneira de um mito gnóstico, o relato se apresenta como o reflexo do acionar da imaginação criadora que assim revela a história da redenção e procura o despertar da *gnose*. De alguma maneira, o mito se faz autoconsciente nos Sermões. E esta é uma característica dos gnósticos, cujos mitos não eram a expressão de uma incapacidade para alcançar o discurso racional mais diferenciado, tratando-se, antes da expressão mais eficaz para dar conta daquilo que excede a razão.

3) A alma humana – Jung assinala, em sua obra teórica, que os gnósticos foram grandes conhecedores da alma humana. É claro que para isso teve de superar o preconceito de autoridades da época, como Bauer e Harnack, que concebiam os símbolos gnósticos como alegorias. Por certo, Jung pôde apoiar-se em autores da *Religionsgeschichtliche*, como Bousset e Reitzenstein, que, contrariamente, consideravam que as mitologias ocidentais se prolongam no gnosticismo. Assim, independentemente de que possa haver certas racionalizações, alegorizações, Jung observava que os gnósticos respeitavam a experiência original. Trata-se de uma integração simbólica ou, mais precisamente, aquilo que se denomina uma *Rezeptionserscheinungen*. Estas formas simbólicas que o gnóstico tenta descobrir em sua alma porque o Pai lhes imprimiu como um selo indelével na intimidade humana – tal como narrado poeticamente pelo *Hino da pérola* ou pelos *Atos de Tomé*, por exemplo – descrevem o acionar das formas arquetípicas integradas no processo de individuação. De certo modo, para Jung, todas as tradições religiosas o descrevem a partir de sua modalidade própria, mas a referência a essa tradição particular se deve à descrição minuciosa dos mecanismos psicológicos que ela realiza. Essa é a razão do interesse de Jung pelo gnosticismo, o que não implica que ele adira à sua doutrina, mas sim que os celebre como psicólogos. Embora o *Liber Novus* não siga estritamente a estrutura de um mito gnóstico, é possível detectar, com variantes, algumas de suas estruturas e símbolos.

---

[220] *Aprofundamentos*, p. 336.

4) **As paixões como 'apêndices' da alma** – Basílides e os basilidianos concebem as paixões como 'apêndices', tipo de espíritos que aderem à alma racional. Mas, além disso, a estes apêndices se acrescentam como parasitas outras espécies bastardas de espíritos, tais como o lobo, macaco, leão etc., que penetram na alma por meio da fantasia. Jung se interessou pelo conceito de 'alma acrescida' (*prosphyes psyché*), isto é, por um tipo de raízes inconscientes que, em parte, originam, nutrem e parasitam a alma, e das quais essa deve se separar para poder reintegrar-se a sua origem puramente espiritual[221]. Isso coincide com a ação das formas arquetípicas do inconsciente coletivo na psique, e com o trabalho próprio do processo de individuação que pressupõe uma aceitação destas formas psíquicas e, ao mesmo tempo, uma diferenciação das mesmas.

5) **Deus desconhecido e Pleroma** – Já se assinalou que a concepção do Pleroma do Primeiro Sermão se inspira na notícia que Basílides dá da Divindade Suprema: "Disse que era quando nada era, mas esse 'nada' não era um dos entes; mas, simples e naturalmente e sem nenhum artifício verbal, não era absolutamente nenhuma coisa"[222]. Do mesmo modo, esse 'Deus que não é' quis fazer um cosmos e assim fez a semente do cosmos: "Essa semente do cosmos o encerrava todo nela..."[223]. Assim se caracteriza o Pleroma nos Sermões, que é do mesmo modo a 'semente do todo'. Contudo, existe uma diferença fundamental no fato de que a redenção que o *Liber Novus* propõe não consiste numa volta ao Pleroma, mas em manter-se diferenciado dele. Embora, como assinalamos, o *Liber Novus* não mencione o termo 'inconsciente', não há dúvida de que, para falar em termos teóricos junguianos, se trata, *a partir do ponto de vista psicológico*, do perigo de indiferenciação no inconsciente. Jung acreditou observar no gnosticismo, por influência de Quispel, um conceito de inconsciente (*agnosia*) que não se limitava, por exemplo, ao conceito negativo paulino de *agnoia* como *ignorantia*, aplicado normalmente à condição inicial 'inconsciente' e de pecado na qual nasce o homem. Em um fragmento gnóstico valentiniano, citado por Epifânio, lemos: "Desde o início, o *Autópator* (autor de todas as coisas) continha em si mesmo tudo

---

[221] Jung alude a Isidoro, filho de Basílides, e à notícia que encontramos sobre o tema em: CLEMENTE DE ALEXANDRIA. *Stromata*, II, 20, 113. Cf. *Aion* [OC 9/2], § 370. Para uma referência mais detalhada do tema em Basílides, "Los 'apéndices' de Basílides". In: ORBE, A. *Cristología Gnóstica*. Vol. 2. Madri: BAC, 1976, p. 54-56.

[222] HIPÓLITO DE ROMA. *Elenchos*, VII, 20, 2. In: GARCÍA BAZÁN, F. *La gnosis eterna*. Vol. I. Op. cit., p. 129.

[223] HIPÓLITO DE ROMA. *Elenchos*, VII, 21, 2. In: Ibid., p. 130.

o que existe em si, no inconsciente' (literalmente: na ausência de conhecimento, ignorância [*agnosia*])". Assim também, outra passagem gnóstica consignada por Hipólito reza: "O Pai [...] que é desprovido de consciência e de substância, não é masculino nem feminino"[224]. O 'Pai' não só é inconsciente e carece de ser, mas também carece de opostos: para dizê-lo em termos indianos, é *nirdvandva* (sem opostos), e por isso, incondicionado.

6) Abraxas – Basílides caracteriza Abraxas como o que governa as 365 posições locais dos céus, pois ele possui em si mesmo os 365 números. É interessante observar que se trata de um demiurgo, do criador do mundo e, por isso, de um Deus inferior. Assim, aparece *aparentemente* no mandala do *Systema Munditotius*, contraposto a Fanes. Contudo, nos Sermões aos Mortos, Abraxas não é um demiurgo inferior, mas a divindade superior que contém os opostos, como bem e mal, e mais 'vago' do que Deus e o diabo. Observe-se que nos Sermões esse Deus criador é supremo, enquanto para os gnósticos ele é o Deus inferior. Isso está indicando uma diferença fundamental, pois um mundo criado por um Deus superior deixa de ser um mundo falso, como o é para os gnósticos. É interessante, contudo, que no *Systema Munditotius* apareça como 'o Deus deste mundo' oposto a Fanes. Em textos teóricos, Jung assimila Abraxas ao mundo paradoxal do inconsciente coletivo, atravessa a vida com seu sim e não, e é o criador dos mundos. É provável que a ressignificação que faz do Abraxas gnóstico, em aparência mais 'mundano' do que 'divino', embora contenha ambas as coisas, queira exprimir que essa alta divindade aparece sob essa forma obscura[225]. Mais adiante nos dedicaremos a essa questão central e tentaremos uma resposta integral.

7) O mal – Não podemos aqui resumir uma questão tão complexa que, de todo modo, retomaremos em nosso percurso na segunda parte. Jung lembra que os gnósticos, particularmente Basílides, discutiram exaustivamente o problema do mal e lhe reconheceram uma realidade substancial, à diferença dos Padres da Igreja, em especial Santo Agostinho, que o concebem como *privatio boni* [privação do bem]. O Deus espiritual benigno se opõe ao demiurgo ignorante[226]. Veremos, contudo, que na obra junguiana, bem como no *Liber Novus*, o suposto conceito de 'mal' não é unívoco.

---

[224] *Aion* [OC 9/2], § 298.

[225] QUISPEL, G. "Jung et la gnose". In: CAZENAVE, M. (org.). *Carl Gustav Jung*. Paris: L'Herne, 1984, p. 139.

[226] *Aion* [OC 9/2], § 366.

Abraxas. Gema gnóstica (reprodução de María Ormaechea).

Hermes retratado em um mosaico do pavimento da Catedral de Siena, 1485.

8) Os opostos e a mediação de Sophia – É desnecessário detalhar esse tema, do qual já nos ocupamos e ao qual voltaremos. Basta lembrar que o dualismo religioso gnóstico se dá no marco de uma concepção metafísica propriamente dita, isto é, monista. Mas o Pleroma não é unidade indiferenciada, está, antes, constituído por *syzygías* ou *coniuctios*, pares gêmeos e matrimoniais. Pois bem, para resgatar a Sophia caída por seu deslize se devem unir os opostos mediante o mistério da 'câmara nupcial' a ideia de que "dois se tornam um" citada no *Evangelho dos egípcios* no *Liber Primus*.

9) A serpente e a pomba – Limitamo-nos a mencionar dois símbolos recorrentes no *Liber Novus* para dar conta da alma, que em seu aspecto celestial se apresenta como pomba e em seu aspecto ctônico, como serpente. A serpente é, sem dúvida, um símbolo fundamental no gnosticismo, e de grande complexidade. Para os gnósticos a serpente do paraíso é ocultamente salvadora, pois ao seduzir Eva e Adão consegue a expulsão de um paraíso falso criado pelo demiurgo. Por esse caráter salvífico, ainda que oculto, recebe a veneração dos ofitas e naasenos.

Como já antecipamos, a diferença fundamental em relação ao gnosticismo radica na concepção do homem.

O homem se autorrealiza recriando de um modo único o Pleroma; por assim dizer, nutrindo-se e ao mesmo tempo diferenciando-se dele. Voltaremos a essa questão mais adiante.

Hermetismo

A *imago dei* que integra de um modo mais generoso o mal, o feminino, a matéria, parece mais compatível com uma cosmovisão hermética, mas a síntese definitiva provirá da alquimia. Hermes Trismegisto é a versão grega do deus egípcio denominado "Thoth três vezes muito grande" e que em latim é conhecido como *Mercurius ter Maximus*, escriba e intérprete dos deuses.

Sua figura egípcia se difundiu no mundo greco-egípcio pela literatura piedosa conhecida como os 'escritos herméticos'. Estes se conservam em pequenos tratados em forma de diálogos, monólogos sacros, súplicas e fórmulas sagradas em grego e em traduções dessa língua para o latim, o copta e o armênio. Suas fontes mais antigas podem ser datadas entre os séculos II a.C. e VI d.C. O conjunto de testemunhos mais destacável constitui-se da conhecida compilação do *Corpus Hermeticum*, uma antologia realizada em inícios do século XI em Bizâncio. No século XV o manuscrito do *Corpus Hermeticum* chegou às mãos de Cosme de Médici, que dirigia a Academia de Florença. Em 1462, em vista da iminência de sua própria morte, ele pediu a

Marsílio Ficino que suspendesse sua tradução de Plotino e que se dedicasse à do *Corpus*[227].

Esta vizinhança do hermetismo não deve ser compreendida como uma adesão doutrinal acrítica, mas como uma convergência que, tal como já se ressaltou, recoloca a relação entre ciência tradicional e ciência moderna, e exige uma reformulação desta última. Em um lúcido trabalho, *Hermetica ratio y ciencia del hombre**, Gilbert Durand destaca o 'hermetismo' de Jung mais vivo e consciente do que o de outros autores que antecipam ou conformam o 'novo espírito antropológico', mediante a recuperação do princípio de semelhança que é o da coincidência de contrários. E o essencial de tal princípio é a coincidência, o *mysterium coniunctionis*, o descobrimento de que os opostos não são incomensuráveis e que, em que pese sua oposição, manifestam uma tendência a unir-se. Mas, para Jung, a alquimia é a tradição de maior riqueza simbólica para dar conta da tensão dos opostos próprios àquelas constelações arquetípicas predominantes no homem contemporâneo. Disso nos ocupamos na seção seguinte.

Em suma, o texto tende àquilo que mais tarde Jung formulará como a renovação no Espírito de cada homem:

> Assim como os discípulos de Cristo reconheceram que o Deus se tornara carne e que morava entre eles como uma pessoa humana, também nós reconhecemos agora que o Ungido dessa época é um Deus que não aparece na carne, mas no espírito, e por isso só nascido através do espírito do ser humano na condição de útero concebedor de Deus[228].

---

[227] Cf. GARCÍA BAZÁN, F. *La religión hermética*. Buenos Aires: Lumen, 2009.

* O autor se refere a texto que, no Brasil, saiu como um capítulo do livro *Ciência do homem e tradição – O novo espírito antropológico* (São Paulo: Triom, 2008) [N.T.].

[228] *Liber Secundus*. Cap. XVI: "*Nox tertia*", p. 299.

6

A alquimia

Uma chave do *Liber Novus*

Jung assinalou que seu encontro com a alquimia motivou que deixasse sua elaboração de *O Livro Vermelho*, pois com a ajuda dessa tradição suas experiências puderam integrar-se num todo[229]. Em sendo assim, se poderia afirmar que o movimento simbólico que obscura, mas espontaneamente, se desdobra em *O Livro Vermelho* em um indivíduo, se prolonga na alquimia, a qual, ainda que seja uma tradição subterrânea e oculta, é por definição histórica e, portanto, capaz de uma assimilação coletiva.

Em *Memórias, sonhos, reflexões*, pode-se ler que a alquimia também lhe deu a chave de sua experiência clínica e de suas reflexões:

---

[229] Os principais trabalhos de Jung sobre a alquimia se encontram em OC 12, OC 13, OC 14 e OC 16/2. Não podemos aqui dar conta dos inúmeros estudos sobre a alquimia, que são de valor e abordagem desiguais. Sem dúvida, para uma aproximação amena e séria sobre Jung e a alquimia, cf. *Alquimia* (Barcelona: Luciérnaga, 1999) de Marie L. von Franz, a quem devemos o meticuloso estudo sobre o texto alquímico atribuído a Santo Tomás de Aquino, denominado *Aurora Consurgens* [GW 14/3 – na edição brasileira em *Mysterium Coniunctionis* [OC 14/3]], embora aparentemente não se preveja sua inclusão na OC em castelhano. Para uma aproximação geral à alquimia, a suas fontes e às diversas abordagens da mesma, cf. NANTE, B. "El arte que requiere de todo el hombre – Una introducción a la alquimia". In: *El Hilo de Ariadna*, n. 5, 2008, p. 12-23. • NANTE, B. "Thesaurus histórico de la alquimia occidental". In: *El Hilo de Ariadna*, n. 5, 2008, p. 12-23 e 118-161. Cf. tb. ELIADE, M. *Herreros y alquimistas*. Madri: Alianza, 1974. Uma publicação fundamental sobre alquimia que produziu ininterruptamente notáveis trabalhos desde 1937 é *Ambix*, editada por "The Society for the History of Alchemy and Chemistry", do Reino Unido. No ano de 2004, Allen G. Debus publicou uma antologia dos principais trabalhos da revista *Ambix*.

> Com o estudo dos antigos textos [alquímicos], tudo encontrava seu lugar: o mundo das imagens, os dados da experiência que havia acumulado em minha prática e as conclusões que eu dali extraíra[230].

Em sendo assim, é evidente que a alquimia é uma chave fundamental de *O Livro Vermelho*. Por isso, na medida em que compreendamos algo da contribuição fundamental dessa tradição à obra de Jung, poderemos nos aproximar de uma compreensão mais profunda de nosso livro. Para além disso, não se pode esquecer que a alquimia constituiu a chave simbólica de toda a obra de Jung durante os últimos trinta anos de seu desenvolvimento, mesmo naquelas obras que não se dedicaram explicitamente a esse tema.

Contudo, isso não significa que possamos obter essa chave com facilidade, porque, em que pese o avanço da erudição referente aos estudos alquímicos, ainda falta muito por desvelar neste campo, sobretudo no que concerne aos estudos junguianos. Por certo, isso requereria um duplo ou triplo movimento de aprofundamento nas fontes – em geral gregas e latinas – e na própria obra de Jung, sem ignorar o próprio trabalho de campo. Está fora de nosso alcance solucionar tamanha diferença nesse texto; mas, à luz de nosso desenvolvimento anterior com relação ao gnosticismo e ao hermetismo, e da sua presença em *O Livro Vermelho*, podemos ao menos sugerir que é o que aparentemente Jung encontrou na alquimia como resposta, ou caminhos de resposta, àquilo que se planteava em nosso texto. Nesse sentido, os estudos junguianos sobre a alquimia podem iluminar *O Livro Vermelho*, mas a recíproca é verdadeira, pois este último, que acaba de vir à luz pública, pode servir para aprofundar o alcance dos estudos junguianos sobre a alquimia.

No entrelaçamento original entre gnosticismo e hermetismo encontramos uma primeira resposta, pois, de certo modo, a alquimia se apresentava inicialmente como uma espécie de 'gnose pagã'. Jung observou que ela manifesta um nexo espiritual com o gnosticismo, que restabelece a continuidade espiritual entre passado e presente e, longe de ser um saber anacrônico, mantém sua vigência sob a forma de uma tradição subliminar. Com efeito, na alquimia se entrelaçam – com variações segundo os autores – o estritamente 'gnóstico-cristão' e o 'hermético-pagão', com uma consequência fundamental em relação com a matéria que, embora em sua obscuridade degradada oculta a luz, ela mesma não é, em si mesma, senão uma potência, que pode e deve ser transmutada. Por certo, será a alquimia latina, de marca cristã, a que dará a Jung a sua orientação fundamental; mas

---

[230] *Memórias*, p. 213.

é o alquimista egípcio Zósimo de Panópolis, gnóstico e hermético, membro da comunidade de Poimandres, que permite estabelecer um nexo entre uma gnose hebreu-cristã e a alquimia posterior. A alquimia é um nexo histórico-simbólico e, ao mesmo tempo, um nexo entre o pagão e o cristão, embora este nexo não esteja isento de instabilidades.

O Livro Vermelho apresenta aqui e ali alguns símbolos e, inclusive, algumas referências explícitas à alquimia. A Academia Secreta de Salerno, mencionada no *Liber Secundus*, capítulo I, era de fato um centro de estudo e de práticas alquímicas, embora sua reputação tenha sido discutível. Assim também, a aparição da pedra ou cristal vermelho poderia ser considerada uma alusão à pedra filosofal. Sua condição de cristal, quase que de espelho que reflete e reúne o transcendente, órgão de visão transformadora, relembra imagens recorrentes na tradição alquímica. Assim, por exemplo, Senior alude à pedra como o 'colírio dos filósofos', pois quem a põe sobre os olhos pode ver. Não nos deteremos por ora nos símbolos inspirados na alquimia ou com ressonâncias alquímicas, porque nos ocuparemos disso ao longo de nosso comentário na segunda parte. Basta assinalar que aparece a 'pedra da sabedoria', o forno de fundição onde tudo se joga, o 'ouro', a matéria que é poderosa etc. Antes de referirmos a contribuição da alquimia na obra de Jung, como ponto de partida para nos aproximarmos de uma chave de *O Livro Vermelho*, referir-nos-emos a como se iniciou Jung em seu estudo.

A primeira aproximação de Jung à alquimia[231]

Em 1928, o sinólogo Richard Wilhelm enviou a Jung a tradução alemã de um tratado esotérico chinês, até então inédito. Sem dúvida, o caráter singularmente psíquico-espiritual dos processos descritos por esse texto de alquimia interior facilitou a Jung realizar uma comparação com o material proveniente do campo empírico da psicologia. Por outro lado, não se deve esquecer que essa obra é um manual prático que descreve métodos para clarificar a mente, para ser utilizado por uma comunidade e, portanto, para além da distância cultural e à diferença dos tratados alquímicos ocidentais que manifestam até certo ponto uma marca individual, esse texto oriental se atém à descrição de situações típicas. Jung publicou em 1929, a pedido de Wilhelm, uma introdução a esse texto cuja leitura constituiu, segundo suas próprias palavras, "o primeiro acontecimento que rompeu o meu isolamento", pois lhe propiciou uma inesperada confirmação referente ao mandala e à circum-ambu-

---

[231] Baseamo-nos, em boa medida, em GARCÍA BAZÁN, F. & NANTE, B. "Introducción a la edición española". In: JUNG, C.G. *Psicología y alquimia* [OC 12].

lação em torno a um centro e lhe permitiu, pela primeira vez, depois de quatorze anos, escrever sobre o tema. Durante treze anos, Jung havia observado em seus pacientes uma recorrência na aparição de imagens circulares ou de ordenamentos circulares de imagens que propiciavam uma tomada de consciência por parte do eu, e o que tendia a uma integração da totalidade psíquica. Por certo, estas experiências foram precedidas por aquelas que se consignam em *O Livro Vermelho*. Isso se expressa mediante um movimento circular ou, se se quiser, espiralado, que "tem o significado moral da vivificação de todas as forças luminosas e obscuras da natureza humana"[232], e assim possibilita o autoconhecimento.

O primeiro livro de alquimia ocidental que ele adquiriu naquela época foi *Artis Auriferae*, uma ampla coleção de textos latinos compilada em 1593, mas permaneceu dois anos sem lê-lo. Suas aproximações ocasionais o levaram a ver o material como absurdo, até que finalmente começou a destacar certos parágrafos compreensíveis e observou que "se tratava de símbolos que eram velhos conhecidos meus"[233].

Aparentemente, seu único contato prévio com a alquimia – e então esquecido – havia sido através da leitura da obra de Herbert Silberer, *Probleme der Mystik und ihre symbolik*, de 1914, a primeira investigação psicológica – e nesse caso psicanalítica – da alquimia, se se omite uma conferência de Flournoy – o estudo de Janet sobre Bacon e os alquimistas – sem ignorar outras aproximações que detalharemos adiante. Embora Silberer tenha recorrido a outros textos, baseou sua investigação em uma "Parábola" contida em um *Tratado de ouro sobre a pedra filosofal* – escrito por um suposto filósofo anônimo, por volta de 1750, e incluído como segundo livro de *Símbolos secretos dos rosa-cruzes* dos séculos XVI e XVII – obra que Jung considerou, uma vez tendo adentrado na alquimia, como um exemplo do processo de alegorização do símbolo e, por consequência, como um triste exemplo de sua decadência nesse período.

Embora ao ler o texto de Silberer a alquimia lhe tenha parecido "uma coisa afetada e ridícula", não se deve esquecer que, desde muito jovem, o espírito da mesma havia penetrado subliminarmente em sua visão de mundo, fundamentalmente através da leitura de filósofos românticos, cientistas naturais românticos e autores de diversas procedências e filiações, alguns teósofos, interessados em abordar fenômenos que – à diferença daqueles dos quais se ocupa a ciência, tanto em suas versões naturalista-iluminista ou positivista – pretendiam dar

---

[232] "Comentário a 'O segredo da flor de ouro'" [OC 13], § 39.

[233] *Memórias*, p. 212.

conta do comportamento objetivo da alma humana e, porventura, da Alma do Mundo. Jung sabia que grande parte dessas obras era epistemologicamente contestável, mas considerava que tinha o mérito de lhe proporcionar precocemente um conceito de natureza e de ciência alternativos aos da ciência vigente, à qual, no entanto, nunca quis renunciar. E mais, o percurso, muitas vezes tortuoso, por esses autores influenciou diretamente sua concepção psicológica. Nesse sentido, um texto de 1930 referente às origens e desenvolvimento da psicologia pode ser lido a partir de Jung em chave autobiográfica: "Algum dia saberemos claramente por que caminhos tortuosos a moderna e ultramoderna psicologia encontrou o seu caminho, desde os obscuros laboratórios alquímicos, passando pelo mesmerismo e magnetismo (Justinus Kerner, Ennemoser, Eschenmayer, Baader, Passavant e outros) para atingir as antecipações filosóficas de um Schopenhauer, Carus e Hartmann..."[234]. Com efeito, de acordo com suas memórias e com as conferências de Zofingia, pronunciadas entre 1896 e 1899, sabemos que Jung – sendo ainda aluno universitário – leu a fundo, senão todos, ao menos quase todos esses autores. Em muitos deles e ainda em outros, que também verificou precocemente (tal, p. ex., é o caso de Görres) a presença convergente daquelas variadas indagações que Bonardel agrupou posteriormente sob o termo 'quimismo' e cuja finalidade consistiria em " [...] descobrir a Alma do Mundo presente na Natureza e as formas sutis da matéria e restaurar, por seu intermédio, a unidade do mundo criado [...]"[235]. Precede a estes autores o próprio Jakob Böhme, teósofo cristão influenciado pela filosofia alquimista e que – para utilizar a expressão de Berdiaeff – atuou como uma espécie de soro desse hermetismo tardio que atravessa o romantismo e que Jung cita em sua conferência juvenil de 1898 com relação ao problema dos opostos.

Os autores antes mencionados, em torno dos quais gravita, muitas vezes implicitamente, a alquimia, formam parte dessa corrente subterrânea que entrelaça o hermetismo e as formulações pré-freudianas do inconsciente desde fins do século XVIII até fins do século XIX, e que cai em relativo esquecimento ou em desprezo a partir do surgimento da psicologia científica empírica por volta de 1872. Isso permite compreender por que Jung escreve em um texto tardio: "[...] a psicologia do inconsciente, iniciada por Carl Gustav Carus,

---

[234] "Introdução ao livro 'A Psicanálise' de W.M. Kranefeldt" [in: OC 4], § 748.

[235] BONARDEL, F. *Philosophie de l'alchimie*. Paris: PUF, 1993, p. 125.

retomou a pista perdida pela alquimia"[236]. A psicologia profunda, a partir de Freud, se focalizará em sua controvérsia com a psicologia da consciência e prestará pouca atenção a essa questão. É mérito de Jung ter retomado criticamente essas concepções pré-freudianas do inconsciente no marco de uma teoria científica empírica moderna.

Mas talvez o autor que mais fortemente o marcou no início e cuja influência perdurou nele, ao longo de décadas de estudo da alquimia, foi Goethe:

> Em meu estudo da alquimia vejo minha relação interior com Goethe. O segredo de Goethe era que estava afetado pelo processo de transmutação arquetípica, que evolui durante séculos. Concebeu seu *Fausto* como um *opus magnum* ou *divinum*. Por isso disse acertadamente que *Fausto* constituía sua "missão" principal, e é por isso que sua vida estava marcada por esse drama. Nota-se de modo assombroso que era uma substância viva a que vivia nele, um processo suprapessoal, o grande sonho do *mundus archetypus*[237].

"Goethe, como se evidencia na segunda parte do *Fausto* – acrescenta Jung em outro texto –, recebeu fortíssimos impactos do espírito de Paracelso"[238], embora, se possa acrescentar, esse espírito se transforma e se reformula em termos modernos. Jung sustentou que o *Fausto* II é um elo dessa *Aurea Catena* que une os inícios do gnosticismo e da alquimia até o *Zaratustra* de Nietzsche e, portanto, em Goethe encontramos uma reformulação da alquimia a partir da situação do homem moderno que deixa abertas questões fundamentais, tal como assinalamos adiante. Não se pode esquecer, tampouco, que Jung havia lido e, em boa medida, estudado Paracelso. Prova disso é que já em 1929, a pedido do Clube Literário de Zurique, apresentou uma conferência sobre o médico suíço. Já na ocasião Jung destacou, por um lado, que a mudança sofrida por Paracelso por volta dos trinta e oito anos de idade devia ser classificada de 'gnóstica' e, por outro lado, que o reconhecimento que a medicina moderna começa a conceder ao 'fator psíquico' foi antecipada, em outros termos, por esse autor: "Meu estudo sobre Paracelso – escreveu Jung – foi o que finalmente me levou a imaginar a essência da alquimia, e concretamente sua relação com a religião e a psicologia"[239].

---

[236] OC 14/2, § 446.

[237] *Memórias*, p. 213-214.

[238] "Paracelso, um fenômeno espiritual" [in: OC 13/3], § 145.

[239] *Memórias*, p. 217.

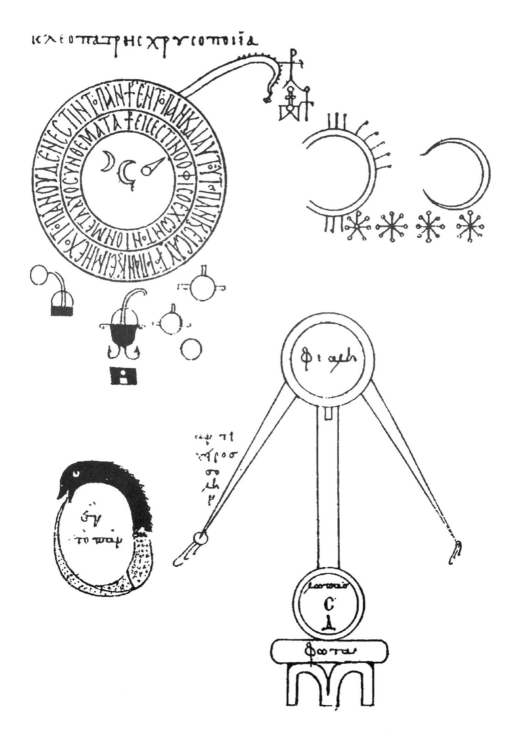

Crisopeia de Cleópatra. Atribuído a Zósimo de Panópolis, século IV d.C.

Chaves da alquimia

Para Jung, o alquimista – do ponto de vista do processo psíquico – é um homem que busca o mistério divino, o mistério do inconsciente projetado na matéria e, nesse sentido, é um alquimista quem tende a uma realização individual, direta, de uma experiência do inconsciente.

1) **Matéria** – À diferença da tradição gnóstica, para o alquimista a matéria é o princípio e o fim da obra. A matéria é a que deve ser transmutada; mas, paradoxalmente, é a própria matéria a que se transmuta ou onde o alquimista deve encontrar seu princípio intrínseco de transmutação. A transmutação alude a uma realização dessa potência, a uma mudança intrínseca e essencial que parte daquilo que se modifica, que o *atravessa* e que o transforma e o leva para além de si. Em suma, a natureza caída se redime movida por uma natureza perfeita oculta que, contudo, contém a primeira. A isso alude esta máxima sugestiva e reiterada, atribuída a Ostanes: "A natureza se regozija com a natureza, a natureza vence a natureza, a natureza domina a natureza"[240]. Trata-se da unidade de uma matéria que possui em si mesma a potência da transmutação, de autotransformar-se, de recriar-se para tornar o uno múltiplo, o múltiplo uno; "uno o todo". Para ilustrar o misterioso significado da matéria na alquimia remetemos à sugestiva imagem da crisopeia de Cleópatra, assim chamada devido às palavras *kleopatrês chrysopoiia* que aparecerem em sua parte superior*. A atribuição a Cleópatra é mítica e o diagrama parece provir de Zósimo de Panópolis, alquimista egípcio do século IV d.C. Não vamos descrever todos os elementos do complexo diagrama, composto basicamente por quatro imagens: as duas da esquerda se centram mais na significação filosófica e espiritual do processo alquímico, as da direita, menos claras, no processo de laboratório que, por outro lado, há de ter um sentido simbólico. Na parte superior esquerda, por debaixo da legenda "crisopeia de Cleópatra", há três círculos concêntricos com uma cauda – provavelmente de caranguejo – que contém a seguinte legenda (no círculo exterior do diagrama): "Uno todo e pelo mesmo todo e rumo ao mesmo todo; e se não contivesse o todo, nada é o todo"; (no círculo interior do diagrama): "Una é a serpente, a que possui o *ios* (veneno que cura) após os dois tratamentos".

A primeira proposição simboliza a unidade da matéria compreendida como o princípio de onde e para onde se dirigem todas as coisas. A esse respeito, é esclarecedora a paráfrase de Mertens:

---

[240] BIDEZ, J.; CUMONT, F. et al. (orgs.). *Catalogue des manuscrits alchimiques grecs*. Bruxelas, 1927, II, 43, p. 20-21.

* Crisopeia é o termo que define, na alquimia, a arte de transmutar metais vulgares em ouro [N.T.].

> [...] o universo é uno, pois está composto de uma só substância indiferenciada na origem; é por essa substância única que o universo está constituído, e é a esta substância única que o universo retornará por dissolução. Se esta substância não contivesse o universo – isto é, se ela não o contivesse em potência – este universo não existiria[241].

A segunda proposição reafirma, por um lado, com a imagem da serpente, a unidade da matéria. Por outro, essa serpente parece possuir o *ios*, termo problemático, que no contexto provavelmente se refere à *iosis* (*rubedo*), etapa fundamental da transmutação[242].

Embaixo aparecem os esquemas de aparatos utilizados para a fixação[243] e, mais embaixo ainda, uma serpente mordendo a própria cauda, com a legenda "uno todo". Essa serpente de certa maneira repete os três círculos concêntricos. Embora Zósimo seja talvez o primeiro alquimista que apresenta o *uroboros*, o mesmo símbolo aparece, por exemplo, quase na mesma época em papiros mágicos e entre os gnósticos, talvez com um sentido análogo[244]. Para além da crisopeia, em termos psicológicos, essa matéria que se costuma assimilar simbolicamente à Mãe (*Mater-materia*) tem uma condição psíquica ou equivale à psique mesma que esconde sua potência transformadora em seu seio, que é 'atividade imaginativa'. Isso está implícito em todo o desenvolvimento de *O Livro Vermelho*, mas encontramos passagens que parecem uma alusão direta. Assim, nos *Aprofundamentos* lemos: "Não duvides do poder de Hap. Como podes duvidar do poder de sua mãe, a matéria? A matéria é mais forte do que Hap, pois Hap é o filho da terra. A matéria mais dura é a melhor, tu deves moldar a matéria mais duradoura. Isso dá força ao pensamento"[245]. E em seguida lemos no texto que Jung faz o que lhe indica sua alma e dá forma na matéria ao pensamento que ela lhe deu[246].

2) Transmutação – Nas *Memórias*, Jung assinalou que por fim chegava ao terreno que constituiu a base de suas experiências entre 1913 e 1917, pois o processo

---

[241] *Les alchimistes grecs* (Paris: Les Belles Lettres, 2002), "Zosime de Panopolis", p. 181 [texto fixado e traduzido por Michèle Mertens].

[242] Ibid., p. 184; o tema é controverso.

[243] Ibid., p. CLVIII e p. 177.

[244] Embora como uma valoração oposta, dado o caráter execrável, irredimível e inconsciente da matéria, que se opõe à cosmovisão estritamente alquimista.

[245] *Aprofundamentos*, p. 345.

[246] Ibid.

pelo qual então passou correspondia ao processo de transmutação da alquimia[247]. É desnecessário indicar o caráter central desse conceito na alquimia, mas não há dúvida de que se trata de uma mutação ontológica produzida por uma espiritualização da matéria e uma materialização do espírito, ou seja, um processo de integração e não de exclusão. Uma ideia central de *O Livro Vermelho* é que só há redenção se se conquista uma síntese dos polos que intervêm, somado ao paradoxo de que a síntese se sustenta com uma antítese.

3) Amplificação – A alquimia é uma arte, uma *praxis* que pressupõe um conhecimento teórico e uma capacidade operativa sobre a matéria. Por isso, se compõe de uma *theoría* e de uma *operatio*, dois aspectos que se distinguem, mas que não se dissociam. O alquimista não se lança a trabalhar em seu laboratório sem o estudo dos textos tradicionais e sem orientar e esclarecer sua própria mente para levar a cabo as operações. Contudo, essa *theoría* é, de certa maneira, uma *praxis* e não deve ser considerada como um mero labor preparatório, pois acompanha todo o processo alquímico. Jung escreveu: "Todo alquimista autêntico constrói por assim dizer um sistema de pensamentos de vigência mais ou menos individual, que consta dos 'dicta' dos filósofos e de uma combinação de analogias com ideias alquímicas básicas, as quais provêm de todos os cantos do mundo"[248]. Mas, no curso de seu processo teórico-prático, o alquimista se encontra com um mundo simbólico peculiar que depura com a *theoría*. Filaleto assinala a esse respeito: "Pois em nosso material inicial há muitas superfluidades heterogêneas que (para nossa obra) nunca podem ser reduzidas à pureza; portanto é conveniente expurgá-las totalmente, mas isso não pode ser realizado sem a *Theoría* de nossos segredos [...]"[249]. A *theoría* é tão firme quanto flexível, porque permite que a manifestação peculiar do mundo simbólico próprio de cada processo individual ilumine e seja iluminado por ela. Em outras palavras, a *theoría* orienta a operação e os resultados da operação permitem compreendê-la. Mas há mais, porque a própria *theoría* é, em certo sentido, operatória; a assimilação 'livre' – embora não arbitrária – de materiais simbólicos provenientes da mitologia ou da filosofia grega, da mitologia egípcia, do gnosticismo, do hermetismo, do cristianismo eclesial, do islã etc., segundo os casos, mostra sua imensa vitalidade. Não há dúvida de que a 'amplificação' que Jung realiza em *O Livro Vermelho*, seja em suas reflexões ou em suas ilustrações, é um procedimento análogo ao do alquimista.

---

[247] *Memórias*, p. 217.

[248] *Psicologia e alquimia* [OC 12], § 403.

[249] FILALETO, I. "Introitus apertus ad occlusum regis palatium". In: *Museum Hermeticum*, 14. Frankfurt, 1678, p. 660. Apud: *Psicologia e alquimia* [OC 12], § 403, nota 137.

A isso se soma a livre-assimilação dos símbolos e ideias das tradições, segundo se viu na seção anterior. Por certo, a alquimia avaliza que possa retomar esse procedimento hermenêutico e de autodesvelamento.

4) Alquimia: o sonho do cristianismo – Em *Psicologia e alquimia*, Jung sustenta que a alquimia é o sonho do Ocidente ou, mais precisamente, do cristianismo; por isso concentra tudo aquilo que foi negado e consequentemente projetado sobre seus processos, ou seja, o mal, o feminino e a própria matéria[250]. Do ponto de vista da ortodoxia, a alquimia é heterodoxa; do ponto de vista da alquimia latina, pretende assumir o cristianismo como sua dimensão mais profunda. É óbvio que *O Livro Vermelho* relata, em boa medida, a assimilação daquele outro – particularmente o mal, o feminino, a matéria – que foi excluído da *imago dei*. Salvo para o caso do feminino, em princípio, o gnosticismo tem a relevância de poder dar conta da potência do mal e da matéria; mas, no fim das contas, a redenção supõe sua anulação. A alquimia, por sua vez, sustenta o paradoxo, quer dizer, é capaz de dar conta do suprassentido. Voltaremos a este tema mais adiante, quando nos referirmos à sombra, a Sophia e ao *Lapis-Cristo*.

5) *Coincidentia oppositorum* e quaternidade – Do anterior surge que a transmutação é uma integração de opostos, questão que excede a alquimia, embora poucas tradições tenham posto tanta ênfase nessa questão, pois, em princípio, tudo deve ser transmutado desse modo. Por outro lado, o *mysterium coniunctionis* simbolizado de múltiplas maneiras, mas particularmente como 'matrimônio alquímico', se expressa fundamentalmente de modo paradoxal, de modo tal que é a máxima contradição a que garante uma conciliação de opostos. A conciliação de opostos muitas vezes toma a forma de uma quaternidade, através de uma cruz de opostos duplos. O quarto que completa uma totalidade é 'o inconsciente', o outro, o sem-sentido, que costuma tomar a forma do que em *O Livro Vermelho* se deseja recuperar como contrassentido.

6) A alquimia: um processo individual – A alquimia descreve processos psíquicos e, embora os enquadre dentro de categorias determinadas, em boa medida respeita o caráter individual dos mesmos. Isso é altamente relevante para o psicólogo; mas também constitui um aporte ao pensamento antropológico do Ocidente, em razão da valorização não individualista do indivíduo. Como já antecipamos, o próprio Jung destaca o caráter peculiarmente individual da alquimia: "[...] um empreendimento individual, em que cada homem empenha a totalidade de seu ser, a fim de conseguir a meta transcendental da produção da unidade". Mas, por outro lado, "[...] uma única pessoa jamais atinge a plenitude e a extensão da simbólica alquímica"[251].

---

[250] *Psicologia e alquimia* [OC 12], § 26.

[251] *Mysterium Coniunctionis* [OC 14/2], § 445, 447.

7) A imaginação – Quiçá por tratar-se de processos individuais ou processos arquetípicos que se dão em indivíduos, os símbolos presentes nas obras dos alquimistas não manifestam a ordem que necessariamente aparece em outras tradições espirituais, nas quais as obras expressam a decantação coletiva. Isso serviu a Jung para lançar luz sobre a própria casuística clínica[252].

Com diversas modalidades, os processos alquímicos põem de manifesto processos imaginativos que dão conta do curso da energia psíquica que tende a sua totalização.

A teoria junguiana, que apresenta no transfundo da natureza humana uma libido única, uma única energia que se expressa como impulso na base dos processos psíquicos, assume o caráter intrinsecamente imaginativo, sintético, dessa mesma energia como expressão da presença atuante do espírito. Assim também, o conceito de imaginação criadora torna o exercício constante da imaginação – isto é, auxiliado pela cooperação comprometida do eu-consciente – em um processo de espiritualização que subjaz à própria vida da alma e de todo o vivente. Assim, para dizê-lo em termos neoplatônicos, esse espírito imaginativo (*pneuma phantastikón*) opera em todos os seres viventes tornando suas ações um desdobramento dessa potência imaginativa que, por um lado, os mantêm em seu ser e, por outro, os move de acordo com sua própria potencialidade. Todos os seres viventes seguem essa ordem imposta pelo (ao 'através de') o espírito imaginativo; só o homem é capaz de interferir ou incentivar esse processo fundamental.

A imaginação, assim entendida, é a forma que as funções superiores da psique têm de se comunicar e assumir ou conduzir as inferiores, embora isso mesmo seja, talvez, resultado – como se disse antes em chave neoplatônica – de uma unidade prévia abarcadora; em suma, de um espírito imaginativo que orienta e abarca as funções superiores e inferiores da psique. De fato, é a chamada 'função transcendente' – em termos junguianos – a que torna isso explícito no processo de individuação.

A imaginação criadora é a função que media entre consciente e inconsciente, mas deve-se compreender que da síntese surge uma consciência que, longe de limitar-se a uma mera abertura ao mundo, se define como uma consciência que

---

[252] Esse é o caso da série de sonhos que Jung analisa em *Psicologia e alquimia*. Não se deve esquecer, contudo, que foi um texto chinês de alquimia, *O segredo da flor de ouro* (cf. *GW*, 13, I, *passim*), o que tirou Jung de seu isolamento, quando se achava perdido na literatura alquímica ocidental, e lhe deu a chave do significado último desta. Assim se expressa Jung em suas memórias: "Erst durch den Text 'der Goldenen Blüte', der zur Chinesischen Alchemie gehört, und den ich 1928 von Richard Wilhelm erhalten hatte, ist mir das Wesen der Alchemie näher gekommen" (*Erinnerungen, Träume, Gedanken*. Zurique/Sttutgart, 1962, p. 208). A razão é que – à diferença do 'idiotismo' alquímico ocidental – os processos imaginativos aparecem no texto chinês segundo processo, por assim dizer, estandardizado.

capta e é capaz de manifestar um sentido que subjaz a sujeito e objeto. Trata-se em última instância, de uma tendência a uma superação do inconsciente entendido como não consciente, de uma tendência a um saber verdadeiro de si mesmo.

O mérito (ou um dos méritos) da teoria junguiana consiste em ter percebido, a partir do ângulo do sujeito (de sua dimensão psíquica), o caráter abarcador e fundante da imaginação. A imaginação (e toda imaginação é em sentido amplo ativa ou criadora) "[...] é a atividade reprodutora ou criativa do espírito em geral, sem ser uma faculdade especial, pois se reflete em todas as formas básicas da vida psíquica: pensar, sentir, perceber e intuir"[253].

Essa abordagem hermenêutica 'circular' é possível porque as respectivas concepções da imaginação criadora são, em boa medida, coincidentes; de um lado, na própria alquimia subjaz, desde seus inícios, uma concepção da imaginação criadora que se formula explicitamente em textos tardios e, por outro, a teoria junguiana contempla uma concepção análoga que é elaborada inicialmente em períodos prévios ao estudo metódico que Jung faz da alquimia e que se enriquece com o aporte desta: "O conceito da '*imaginatio*' é provavelmente uma das chaves mais importantes, se não a mais importante, para a compreensão do *opus*"[254].

Por certo, deve-se assinalar que, em particular, em *Psicologia e alquimia*, bem como em *Mysterium Coniunctionis*, Jung se dedica sobretudo à compreensão dos fenômenos psíquicos próprios do processo de individuação, processo de integração que exige um confronto com o inconsciente, tanto ou mais intenso e profundo do que na psicose, apenas que, nesse último caso, se trata, ao contrário, de um processo de desintegração:

> Só quando estudei a alquimia – escreveu Jung – vi claramente que o inconsciente é um processo e que a reação do eu com os conteúdos do inconsciente motiva uma transformação ou evolução da psique [...]. Através dos estudos dos processos individuais e coletivos de transformação e mediante uma compreensão do simbolismo da alquimia, cheguei ao conceito central de minha psicologia, o processo de individuação[255].

Sem dúvida, é a *vera imaginatio* o que permite um enlace consciente – ao menos em certo grau – entre o projetado e o seu levantamento. Ela possibilita uma síntese e nos remete a uma realidade intermédia, se se quiser 'sutil', tanto corporal quanto espiritual.

---

[253] *Tipos psicológicos* [OC 6], § 810.

[254] *Psicologia e alquimia* [OC 12], § 396.

[255] *Memórias*, p. 216-217.

Para Jung, a imaginação, compreendida como *a* função psíquica por antonomásia, constitui a base de sua técnica da imaginação ativa, por meio da qual se tenta entrar em acordo com o inconsciente. Jung desenvolveu essa técnica antes de seu contato com a alquimia[256]; mas, sem dúvida, constatou que, *mutatis mutandis*, a mesma era utilizada pelos alquimistas sob a denominação de *meditatio* (meditação) ou *imaginatio* (imaginação).

Assim dá a entender, por exemplo, uma conhecida passagem do *Lexicon Alchemiae* de Ruland que não apenas dá conta do caráter autônomo dos processos imaginativos como também, por um lado, do duplo caráter intrapsíquico (trata-se de um colóquio 'com nós mesmos') e extrapsíquico (e, ao mesmo tempo, de um colóquio 'com Deus' ou 'com o anjo bom') e, por outro lado, do duplo caráter psíquico e espiritual. É, em última instância, uma relação viva, consciente de 'o outro' (que na chave psicológica junguiana corresponde ao inconsciente, ou melhor, ao si-mesmo) que constitui uma parte fundamental da própria identidade. Vale a pena citar nosso autor:

> Este "diálogo interior" é familiar ao psicólogo, por constituir uma parte essencial a técnica do diálogo com o inconsciente. A definição de Ruland prova sem dúvida alguma que os alquimistas, ao falarem em *"meditari"*, não se referem a uma simples reflexão, mas a um diálogo interior e, portanto, a uma relação viva com a voz do "outro" em nós que responde, isto é, com o inconsciente[257].

E, mais adiante, acrescenta:

> [...] um diálogo criativo mediante o qual as coisas passam de um estado potencial inconsciente para um estado manifesto[258].

Embora nos limitemos a ilustrá-lo com um único texto, os trabalhos de Jung, entre outros, permitem concluir que a imaginação assim entendida é central para a alquimia, pois ela possibilita:

> A relação com as potências invisíveis da alma, que constituía o verdadeiro segredo do *magisterium*[259].

---

[256] O trabalho "Die transzendente Funktion", que descreve pela primeira vez a imaginação ativa, foi escrito em 1916, embora tenha sido publicado em inglês pela primeira vez em 1957, e em alemão no ano seguinte. Está incluído no vol. 8 da Obra Completa ("A função transcendente" [in: OC 8/2]).

[257] *Psicologia e alquimia* [OC 12], § 390.

[258] Ibid.

[259] Ibid., § 392 [trad. mod.].

Sophia. *Aurora Consurgens*, prancha VIII.

Alquimia – O sonho do cristianismo

O simbolismo da alquimia permitiu a Jung precisar e dar uma maior fundamentação histórico-cultural à emergência das formas arquetípicas no curso de um processo de individuação. Já adiantamos o lugar da sombra no simbolismo alquímico, pois a própria obra começa com a totalidade que nela se submerge ou, de outro ponto de vista, que nela se evidencia.

Sombra

Embora o termo 'sombra' já seja mencionado umas três vezes em *Tipos psicológicos* (1921), seu conceito só se torna explícito em 1928 e, indubitavelmente, se amplia e aprofunda em contato com a alquimia. Nos primeiros textos junguianos, o conceito se circunscreve à sombra pessoal, assim como se identifica com a parte negativa da personalidade. Seu desenvolvimento posterior recupera o conceito de sombra arquetípica e o torna independente de sua identificação com o mal moral, ainda que o abarque, pois, embora a sombra possa consistir em tendências moralmente descartáveis, dá também mostras de uma série de qualidades boas. Em todo caso, o caráter inferior deriva principalmente do caráter inconsciente, embora sua emergência seja a via inexorável para a integração da totalidade. Isso pode ser observado no simbolismo alquímico; a pedra filosofal é a mais venerável das metas que se deve buscar no mais desprezível: "*In stercore invenitur*" ("se encontra no esterco"), reza um conhecido texto alquímico. O processo começa com a tomada de consciência dos elementos separadores e dissolventes, próprios da *nigredo* ou morte-putrefação, que faz da experiência alquímica uma verdadeira iniciação.

História de Sophia

O correlato ontológico e também metafísico dessa abordagem psicológica do mal que se manifesta como fragmentação, e que é central para a compreensão de *O Livro Vermelho*, se percebe a partir de *Aion*, onde Jung, com audácia, tenta a 'reconstrução' da modalidade de si-mesmo que se constela no arco dos éons de Peixes a Aquário e que exige a integração da sombra do Messias. A resolução do problema proposto é alquímica, como a de *Resposta a Jó*, que relata a história espiritual do Ocidente como um processo de integração do mal mediado pela Sophia que se recupera alquimicamente de seu estado abjeto e busca sua exaltação – segundo a expressão corbiniana – nas esperadas núpcias apocalípticas[260].

---

[260] CORBIN, H. "La Sophie éternelle". In: CAZENAVE, M. (org.). *Carl Gustav Jung*. Op. cit., p. 264-292.

Sophia Mediatrix

A partir de seu contato com a alquimia, Jung começa a encontrar resposta para os problemas do espírito ctônico, cujo simbolismo é eminentemente feminino. A *anima* é a *mediatrix*, aspecto feminino do espírito Mercúrio e das forças ctônicas, tanto espírito das trevas como redentora que conduz até a luz. Trata-se de Sophia ou da *Sapientia Dei*, o segredo buscado na matéria pelo adepto. Jung assinalava que a tendência dos alquimistas consistia não apenas em:

> [...] ver o segredo da transformação anímica na matéria, como também o desejo de a utilizar como linha diretriz teórica para as transformações químicas[261].

Por isso, a Sabedoria aparece guiando os passos do alquimista ("*ducet gressus tuos*" = guiará teus passos, lemos em *Aurora*). Mas, na verdade, é Sophia a que salva e a que deve ser salva de sua indigência na escuridão, razão pela qual deve-se dar conta das imaginações 'obscuras', tal como a Salomé cega de *O Livro Vermelho*, que finalmente recupera a vista. A sabedoria se exerce em um trânsito comprometido pelas matérias 'físicas' e 'espirituais', pelas operações e pela teoria. O procedimento alquímico requer o exame das letras da natureza e, assim também, a indagação dos textos dos sábios antigos, penetrando-se assim nos arcanos das parábolas; consiste na elucidação dos símbolos da tradição tais como aparecem espontaneamente na alma do alquimista e que, graças a uma *meditatio* ou *imaginatio*, encontram sua ordem e seu sentido. Fica claro assim o caráter salvífico da obra alquímica; ela procura a verdadeira cura, que liberta de todos os males, juntamente com – ou devido a – um saber incomunicável, uma gnose. Como se lê em *Aurora Consurgens*:

> E Senior também diz: Há uma certa pedra, e o homem que a conhece coloca-a sobre os olhos, mas aquele que não a conhece atira-a ao esterco; ela é um remédio que expulsa a indigência, o melhor que o homem possui, depois de Deus[262].

O discernimento é a medicina; "aquele que a conhece coloca-a sobre os olhos" alude, sem dúvida, ao *collyrium philosophorum*, um dos múltiplos sinônimos da água divina. Graças a ela podem-se contemplar os mistérios dos filósofos, mas ela é o *phármakon athanasías* (remédio da imortalidade) ou de vida. É, em última instância, a atenção que se presta aos conteúdos internos, ao inconsciente, que

---

[261] OC 12, § 406.

[262] *Aurora Consurgens*, cap. 2, 20-22 (*in fine*) [OC 14/3, p. 57].

Heinrich Khunrath, *Amphitheatrum sapientiae aeternae*, Hamburgo, 1595.

faz surgir o discernimento, um fluxo de conteúdos criadores e um sentimento de estar em contato com um sentido eterno suprapessoal. Podemos recordar o alquimista Khunrath:

> Assim, pois, estuda, medita, sua, trabalha, cozinha... abrir-se-á então para ti uma torrente salutar, a qual nasce do coração do filho do grande mundo[263].

Trata-se, sem dúvida, de um processo que consiste em ou que inclui um fluxo de imagens que não só desvelam, mas também transformam na medida em que o sujeito mantenha uma atitude vigilante adequada. Assim, sob a aparência desordenada, transbordante de produções simbólicas, o processo alquímico apresenta uma sucessão de imagens que conduzem o homem desde sua situação inicial de desordem e sem-sentido à Sabedoria de Deus.

Cristo e o *Filius Philosophorum*

Se a alquimia é em boa medida o sonho do Ocidente, ela o é maximamente na figura de Cristo. O *filius philosophorum* que se produz na alquimia constitui a contrapartida ctônica de Cristo; o primeiro redime o macrocosmo, o segundo, o microcosmo. Jung observa que ambos nunca se uniram senão, quiçá, no espírito de alguns alquimistas dotados. Embora nosso autor afirme que ambos os pontos de vista são inconciliáveis[264], devemos ligar essa afirmação com sua insistência a respeito de que a tensão paradoxal de opostos move a uma conciliação em um plano superior. Em realidade, a própria história da alquimia latina recebe um impulso criativo dessa tensão irresoluta de opostos que a excede e que alcança o homem contemporâneo. E, como se pode ver, quando Jung afirma que a projeção cristã atua sobre o desconhecido no homem e a projeção 'pagã' sobre o desconhecido na matéria, retoma em outra chave o problema do reino intermédio.

O próprio Jung parece viver conscientemente esse drama do homem contemporâneo; em 1939, enquanto realizava um seminário sobre os *Exercícios espirituais* de Santo Inácio e trabalhava paralelamente em *Psicologia e alquimia*, teve uma visão que lhe sugeriu que havia negligenciado a analogia de Cristo com o *aurum non vulgi* ("ouro não vulgar", isto é, "ouro alquímico") e com a *viriditas* ("verdor") dos alquimistas. O Cristo assim concebido é assimilável ao *filius macrocosmi* ("filho do macrocosmo") e unifica a matéria inorgânica que se

---

[263] OC 12, § 390.

[264] Cf. Ibid., § 557.

considera espiritualmente viva. No capítulo dedicado ao paralelismo *Lapis*-Cristo, embora destaque as raízes gnósticas nas concepções alquímicas de Cristo e o timbre imposto pela alquimia pré-cristã, como é o caso do Filho de Deus associado à arte hierática. Em Zósimo, aparecem em forma crescente caracteres cristãos devocionais que cristianizam a alquimia. O conhecimento secreto se recebe por inspiração divina, *Deo adiuvante, Deo concedente*[265]; o leitor pode observar a figura 23 proveniente de uma obra de Khunrath, onde se percebe o oratório à esquerda e o laboratório à direita. Inúmeros detalhes iconográficos dão conta dos diversos matizes da obra e dos opostos complementares que se devem ter em conta.

Tal como pontuado por Jung, o alquimista – de modo congruente com seu cristianismo eclesial – nunca se identificou conscientemente com Cristo; isto é um indício do caráter não meramente 'acidental' do cristianismo na alquimia. Tanto o *Lapis* quanto o próprio alquimista em seu inconsciente se identificam com Cristo; mas isso não faz de Cristo um termo médio que se exclui como se se tratasse de uma simplificação matemática. O caráter individual dos processos e sua formulação teórica singular dão conta de uma personalidade individual, se se quiser, de um eu que não se dilui no si-mesmo.

A questão, como se vê, não se limita à história da alquimia, nem sequer à história das ideias religiosas, e se apresenta como um problema que compromete o *phatos* e o *ethos* contemporâneos e põe em risco a compreensão do ser do homem.

Lapis-Cristo

A assimilação do *Lapis* a Cristo evidenciada nos textos alquímicos de modo progressivo, segundo se descreve neste volume, dá conta dessa pretensão e também de seus limites, pois a alquimia parece propor uma contrapartida ctônica de Cristo que nunca chegou a integrar-se[266]. Dado que o processo alquímico começa com a *nigredo* – o caos ou massa confusa na qual se encontra o *Mercurius*, que é a designação mais habitual para a substância transformada e transformadora – ali se concentra tudo aquilo que foi negado. Jung mostra profusamente que os símbolos da totalidade geralmente têm uma estrutura quaternária e que o quarto é uma expressão daquilo que deve ser integrado. Na realidade, as formas arquetípicas que se constelam sucessivamente (sombra, *anima* etc.) são aspectos da ordem simultânea da totalidade; daí que o processo seja concebido como circular, tal como mostra sugestivamente um dos símbolos alquímicos mais antigos dos quais

---

[265] Ibid., § 450.

[266] Ibid., § 26.

temos registro, o *uroboros*[267]. No cristianismo, a divindade se oculta na figura do servo, na alquimia, na pedra vil. Daí que no cristianismo a descida do espírito se verifique apenas até o corpo do eleito, Cristo, homem-Deus, enquanto na alquimia chega à parte inferior da matéria, que está regida pelo mal.

A conjunção se apresenta como um processo que envolve o indivíduo, mas que o excede. Pois bem, nesse processo: Que lugar tem o indivíduo, representado intrapsiquicamente pelo 'eu'? Para o alquimista medieval o episódio da *coniunctio* de Sol e Lua se produz na retorta e, de certa maneira, o alquimista (seu eu) intervém na operação (*ex opere operantis*, embora pela mediação da graça), mas não intervém conscientemente. O extremo oposto é o de Fausto, que toma o lugar de Páris e se une a Helena ou a Luna, sua contrapartida feminina: "Dessa forma, o processo em si mesmo objetivo da união torna-se uma vivência subjetiva do *artifex*, isto é, do alquimista. Em lugar de reconhecê-lo, torna-se ele mesmo um personagem do drama"[268]. Relata-se aqui o drama do homem moderno e dos limites das ciências humanas que põem no centro a psique individual. O eu toma o lugar da totalidade e o processo imaginativo criador até aqui conquistado se põe a seu serviço. A imaginação regredirá inexoravelmente a uma imaginação passiva (mera subsidiária da percepção sensorial ou da razão) dominada por um eu ou, pelo contrário, atuará de modo transbordante e consumirá todo discernimento de acordo com o já previsto pelos alquimistas, a fantasia que desencaminha: "pedra angular dos loucos".

A redenção que Fausto não conquista em vida se realiza em outro plano, no além. Isso é esperável, compreensível e convergente com todas as tradições espirituais, pois a morte aperfeiçoa o processo espiritual e, simbolicamente, enquanto negação de toda forma particular (ao menos de toda forma conhecida) sugere uma detenção do processo imaginativo em princípio, inconcebível para a mente humana.

Mas qual é a abordagem que permite mediar entre um processo 'impessoal' projetado na matéria e um processo 'pessoal' que pretende ser dirigido por um eu consciente?

O primeiro é inconsciente e, embora o segundo também o seja, está mediado por uma consciência submetida a uma inflação. O reconhecimento do eu como uma parte ativa, ainda que subordinada, do si-mesmo se dá através de um reconhecimento dialético do eu (mas de uma dialética mediada pela *dynamis* que se

---

[267] Ibid., § 404.

[268] Ibid., § 558.

expressa na imagem eficaz) *nas* diversas vozes interiores e *das* diversas vozes interiores no sujeito. Somente assim o mesmo e o outro tendem a uma síntese, na qual o si-mesmo se descobre ou redescobre a 'si mesmo'. Esse processo só pode dar-se através da imaginação criadora, na qual o eu é agente e paciente, comprometido com um processo que não cria, mas que acompanha.

Nesse sentido, a garantia do êxito é sua não finalização, ao menos no plano temporal. A imaginação aspira a essa conjunção que a excede, a uma abolição de si mesma por autossuperação. Mas, no tempo só pode expressar-se como *kairós* e insinuar uma conjunção última, onde as partes não se ocultam, mas se integram. A própria *dynamis* comprometida com a energia biológica não pode acabar no tempo, só se pode conceber numa apoteose para além do tempo ou, o que é mais ousado, mas talvez mais coerente como esse modelo, em uma tempiternidade*.

Bonardel, em seu estudo sobre a alquimia na obra de Jung, assinala que a mesma deixa, às vezes, a impressão de uma massa enorme de matéria-prima, talvez como essa *massa confusa* com a qual cada alquimista tentava, a partir de seu Mercúrio, edificar sua pedra, segundo seu próprio estágio de desenvolvimento. Pode-se compreender então por que a maior riqueza da obra de Jung pode ser incompreensível ou desdenhável pelos espíritos insensíveis aos infinitos matizes do símbolo e a seu dinamismo. Pode-se aplicar a ela o que se lê na *Aurora Consurgens* a respeito da pedra filosofal:

> [...] homens e crianças passam a seu lado pelos caminhos e ruas, e todos os dias é pisoteada nos excrementos pelos animais de carga e pelo gado[269].

Mas que ela mesma possa ser desdenhável ou louvável depende – como a própria Bonardel acrescenta – de que seja tomada como guia, e não como modelo. Nessa chave devem compreender-se as próprias palavras de Jung:

> Deve-se esperar que uma época vindoura considerará também nossa investigação como metafórica e simbólica, assim como nós o fizemos para a alquimia.

---

* No original: *tempiternidad* [N.T.].

[269] *Aurora Consurgens, ab initio* [OC 14/3], p. 47.

7

O legado de uma obra inacabada

Escapa às nossas possibilidades atuais dar conta detalhadamente dos ecos da obra do *Liber Novus* na obra teórica de Jung. Já assinalamos como os princípios fundamentais de realidade psíquica, totalidade, polaridade e processo de individuação guiam – de modo mais ou menos implícito – o trajeto simbólico de nosso texto. No *Liber Novus* aparecem os germes de quase todos os conceitos junguianos, mas *in statu nascens*, isto é, com os matizes próprios do que emana de uma experiência originária ainda não esquematizada por uma teoria que, inevitavelmente, será submetida a parâmetros racionais. Por isso, o trabalhoso labor de Jung consistiu em mediar entre a incomensurabilidade destas experiências primordiais e o inevitável fechamento ao mistério, próprio de um discurso racional. Uma lista grosseira é tão óbvia quanto anódina: sentir-pensar, sombra, *anima-animus*, si-mesmo etc. Sem dúvida, a obra teórica de Jung, bem-lida, permite iluminar quiçá algumas das paisagens obscuras do *Liber Novus*, mas talvez seja mais relevante ainda o movimento inverso, ou seja, reler a obra teórica de Jung e reinterpretar a práxis junguiana que dela deriva a partir desse livro visionário. Não obstante, tal aproximação hermenêutica não pode prescindir das fontes que animam o *background* de seu desenvolvimento teórico como, segundo vimos, é o caso da alquimia e, assim também, parece ser um saber cego se não acompanhado de uma tentativa de compreensão de si. Esta é, sem dúvida, uma tarefa que ainda está por se fazer. Não obstante, nestas páginas finais gostaríamos de nos referir sumariamente ao legado do *Liber Novus* na obra de Jung e à mensagem que dali provém para o homem de hoje.

O impulso de totalidade

Segundo o ponto de vista dinâmico, é sob a modalidade do impulso (*Trieb*) que se torna patente na psique tanto o instintivo como o espiritual. Observe-se que o trajeto simbólico do *Liber Novus* apresenta a própria natureza da 'serpente' ou da 'serpente-pássaro' como impulsos que se impõem ao 'eu'. Em alguns textos teóricos 'impulso' parece identificar-se com 'instinto' e, em outros, ser aplicável ao 'espírito'. Em *Tipos psicológicos*, Jung assinalou que utiliza o termo no sentido de:

> [...] uma *coação* para certas atividades. A coação pode vir de estímulos internos ou externos que soltam o mecanismo psíquico do impulso ou de fatores orgânicos que estão fora da esfera das relações psíquicas causais. "Impulsivo" é todo fenômeno psíquico que não brota de nenhuma causação estabelecida por uma intenção voluntária, mas por uma imperiosa coação dinâmica, podendo esta nascer diretamente de fontes orgânicas – e, portanto, extrapsíquicas –, ou ser condicionada de modo essencial por energias simplesmente desencadeadas pela intenção voluntária [...]. No conceito de impulso entram, a meu ver, todos aqueles processos psíquicos cuja energia a consciência não controla[270].

Segundo estes critérios que Jung já havia desenvolvido com mais detalhe em seu artigo "Instinto e inconsciente"[271], as irrupções arquetípicas (espirituais) podem ser qualificadas de impulsivas; de fato, a autorrealização da personalidade total é o impulso fundamental, o 'impulso de totalidade' (*Ganzheitstrieb*) do qual dependem todos os impulsos[272]. Isso não significa que o espírito seja, para Jung, um mero impulso[273], mas que esse termo é o que melhor descreve sua forma de irrupção.

Embora, no impulso, sua condição imperiosa seja como tal imutável, pode modificar-se a disposição do eu face a ele, de modo que, quando o eu assimila esse impulso, se descobre como sentido; isso sugere a unidade (ou complementaridade fundamental) entre instinto e espírito. Quando o arquétipo funciona como um instinto, contrapondo-se à unilateralidade da consciência, irrompe afetivamente como impulso meramente instintivo; mas sua natureza própria se faz patente quando, percebido e acompanhado pela consciência, contraria o impulso instintivo (ou a mera impulsividade cega), apoderando-se de parte de sua energia e

---

[270] *Tipos psicológicos* [OC 6], § 859 [trad. mod.].

[271] "Instinto e inconsciente" ("Instinkt und Unbewusstes") surge de uma contribuição ao congresso, apresentada em tradução inglesa a cargo de H.G. Baynes e publicada em 1919 pelo *British Journal of Psychology*, de Londres. O manuscrito original foi publicado em alemão em 1928 como parte de "Über die Energetik der Seele", mencionada mais acima [in: OC 8/2].

[272] Cf. VÁZQUEZ, A. *Psicología de la personalidad en C.G. Jung*. Salamanca: Sígueme, 1981, p. 144.

[273] *A energia psíquica* [OC 8/1], § 108: "*O espiritual também se apresenta no psiquismo como um instinto...*", embora o texto alemão utilize "*Trieb*".

assim se cria uma personalidade mais ampla, 'humana e divina'. Isso pode ser visto claramente no desenvolvimento do *Liber Novus*, em particular a partir dos estímulos mais indiferenciados, sejam eles vozes, o chamado da alma, ou as distintas intervenções da serpente ou do pássaro, entre tantas outras, que irrompem como impulsos a serem assumidos em direção a uma totalização.

Uma ciência que se faz eco do "espírito da profundeza"

O desafio da obra junguiana consiste em prover um modelo teórico que possa integrar o espírito da profundeza. Como conseguir que essa psicologia, que está "por baixo da experiência", não traia ou reduza a 'experiência' sem deixar por isso de ser científica? Em outras palavras: Como evitar os extremos de um cientificismo rigoroso, mas vazio, por um lado, e, por outro, de uma mítica fabulosa e vã que hoje alcança suas formulações mais infelizes com a *New Age*? Essa é a tentativa de Jung, sempre pioneiro, e às vezes vacilante, que não se limita a dar conta da experiência banal – já conhecida, já filtrada pelos hábitos desgastados de nossa cosmovisão midiática – proveniente do 'espírito dessa época', mas que aspira a compreender as experiências radicais do 'espírito da profundeza' e próprias do desenvolvimento da alma humana[274].

Tais experiências, múltiplas e ao mesmo tempo unitárias, são compreendidas pelas diversas tradições espirituais, em parte, de modo convergente e, em parte, divergente. Em todos os casos se tenta compreender o homem não segundo o que ele é, ou melhor, segundo "o que está sendo", mas segundo o que pode chegar a ser, a partir do que aparentemente "está sendo".

Por isso a teoria junguiana, isomorfa a essa tensão entre o que aparentemente 'está sendo' e o que pode chegar a ser, se propõe a percorrer o fio que conecta a inicial abordagem 'psicológica' – em sentido estrito – limitadamente empírica da psique, e seu desdobramento no sagrado aberto ao metafísico. Para consegui-lo, a teoria junguiana se constitui numa fenomenologia da experiência humana, que só inicialmente é 'psicológica' em sentido estrito; mas esta fenomenologia deixa de ser mero 'método' para constituir-se em orientação ontológica. Poder-se-ia dizer que, na ordem da descoberta, a teoria junguiana surge como um mito, como porta-voz de um suprassentido, e na ordem da justificação epis-

---

[274] JUNG, C.G. *Briefe*. Vol. 1: 1906-1950 [OC D. Epistolário, *Cartas* I], p. 278-279: "Parece-me que a tarefa mais importante de quem quer que forme almas na atualidade é mostrar uma via de acesso à experiência original que, p. ex., São Paulo encontrou claramente a caminho de Damasco. Segundo minha experiência, só assim se inicia o processo de desenvolvimento da alma do indivíduo".

temológica se constitui estritamente como ciência, expressão do 'sentido', vestida do espírito dessa época, mas consciente de sua origem e de sua meta. É ali, nesse registro, onde a teoria junguiana é porta-voz indireta do 'espírito da profundeza'.

Segundo *O Livro Vermelho*, a ciência está sob o influxo do 'espírito dessa época'. Contudo, ali se sugere que não se trata de desprezar a ciência, mas de dar conta dos 'saberes do contrassentido'; entre outros, o da magia. Parece assim insinuar-se um saber mais alto que é ciência e é magia, um saber do 'espírito da profundeza', antigo e esquecido – em parte refletido na alquimia – que hoje busca uma nova voz. A teoria junguiana aspira a construir essa ciência aberta ao 'espírito da profundeza'. O complexo desenvolvimento da obra de Jung e suas sinuosas reformulações epistemológicas são, em boa medida, uma tentativa de refletir essa voz em uma linguagem cientificamente aceitável.

Por certo, uma aproximação crítica ao método junguiano ou 'aos' métodos junguianos mostra que a evolução de sua teoria, que tenta dar conta dessas experiências, obrigou Jung a reiteradas reformulações epistemológicas, que nem sempre integraram unitariamente a diversidade de suas propostas metodológicas. Aqui só podemos sugerir que, para além desta diversidade e de não poucas oscilações e vacilações nesse sentido, existe uma coerência metodológica subjacente à teoria junguiana e, ao mesmo tempo, uma coerência na evolução metodológica em consonância com a evolução da teoria como um todo. Tal coerência tem a ver, fundamentalmente, com a unidade de sentido de suas experiências iniciais e com o caráter numinoso e totalizante das mesmas. Esta fenomenologia hermenêutica junguiana desemboca no movimento íntimo dos símbolos que, em última instância, permite descobrir objetividades extrapsíquicas e talvez metaempíricas. Em outras palavras, os acontecimentos da psique são ou 'nos abrem' aos acontecimentos do cosmos; e nesse sentido – tal como já o insinua o *Liber Novus* – só vinculados em profundidade com nossa alma, cuja linguagem é a 'imagem', podemos dar conta do cosmos. No *Liber Novus* lemos:

> Quem possui o mundo, mas não sua imagem, possui só a metade do mundo, pois sua alma é pobre e sem bens[275].

A partir desse último conceito, a própria teoria junguiana – contra suas cautelas iniciais – não só excede os limites da ciência psicológica (contemporânea), mas também os de toda ciência empírica ou, ao menos, se situa desta vez explicitamente – e às vezes apesar dos temores de Jung – em uma zona limítrofe

---

[275] *Liber Primus*. Cap. 1: "O reencontro da alma", p. 232.

à metafísica. A psicologia se torna cosmologia, retornando, assim, a seu antigo sentido original. A própria hermenêutica contemporânea – ou ao menos o seu desenvolvimento explícito – se verá insuficiente nesse estágio. Nesse âmbito, retoma-se a dimensão ontológica ou, mais ainda, metafísica da hermenêutica tal como foi recuperada a partir das antigas tradições.

A imaginação (criadora) desvela em sua qualidade sintética, graças a um finalismo autenticamente teleológico, o mundo verdadeiramente humano que transcende a distinção interior/exterior. E embora o homem esteja instalado nesse mundo, Jung pôde dar conta do vaivém que manifesta a libido dentre desse estar no mundo, voltando-se rumo a um polo objetivo ou subjetivo, seja de um modo puramente regressivo ou manifestamente progressivo (ou, se se quiser, progressivo-regressivo). A própria atividade imaginativa evidencia essa finalidade que em momentos-chave se torna autenticamente teleológica construindo – e ao mesmo tempo descobrindo – um mundo único de sentido[276]. Desse modo, esta fenomenologia *sui generis* é claramente hermenêutica e se liga e ao mesmo tempo modifica seu empirismo inicial reclamando, precisamente, uma abordagem hermenêutica; pois ao tentar dar conta do fenômeno e de *todo* o fenômeno, a finalidade que num primeiro momento parece revelar-se como um mero gradiente energético – não teleológico – através de suas formações simbólicas torna patente sua orientação teleológica para constituir-se no fundamento de uma psicologia que aspira a ser 'psicologia da alma'.

A teoria junguiana, como toda teoria empírica, opera com a vantagem de contar com consequências observáveis; a saber, não só com as formações simbólicas que acompanham e dão sentido às transformações próprias à enfermidade e à cura, mas também com a aplicação de técnicas que procuram determinadas transformações, particularmente a integração consciente. Mas há mais; o processo de individuação em suas etapas mais altas e críticas, não só se caracteriza pelo descobrimento de um sentido subjetivo em boa medida, mas também por um sentido que se realiza na vida mesma e que envolve o homem, o cosmos e a transcendência. Os fenômenos sincronísticos revelam uma relação de sentido entre sujeito e objeto que, em última instância, permite avançar a hipótese de um *unus mundus* ou *mundus archetypus*.

Assim, a psicologia retorna com base empírica a sua fonte e se articula em um modelo cosmológico generoso, aberto à metafísica. Esse percurso demasiadamente

---

[276] Cf. BROOKE, R. *Jung and Phenomenology*. Nova York: Routledge, 1991, p. 50-51.

sucinto deve ser retomado mediante um adentramento aos movimentos conceituais da teoria junguiana à luz do trajeto simbólico do *Liber Novus*, para apropriá-los de uma maneira tal que, a partir da intimidade, se imponham as objetividades que, ao nosso entender, reclama.

Como assinalou Jung:

> A existência de uma realidade transcendental é decerto evidente em si, mas é dificílimo para a nossa consciência construir os modelos intelectuais que deveriam ilustrar a "coisa em si" de nossas percepções[277].

A *dynamis* do Pleroma: um legado de *O Livro Vermelho* ao conceito de "energia psíquica"

Quando Jung elaborou uma nova concepção da energia psíquica, não só se viu obrigado a contrapor sua própria concepção de libido à elaborada por Freud, mas também a retomar uma tradição plena de controvérsias em torno da aplicação do conceito de energia no âmbito da psicologia.

Parece que um dos conceitos que tentou reelaborar repetidamente é o de 'libido' ou de 'energia psíquica,' e suas próprias dificuldades teóricas se refletem nessa vacilação terminológica. Talvez à luz desse conceito se possa reler de modo crítico e sintético a concepção da energética junguiana e, por outro lado, sugerir alguma necessária emenda ou, se se quiser, ampliação que faça mais justiça à própria teoria, sobretudo à luz de seus desenvolvimentos últimos. Pode-se resumir esquematicamente seu desenvolvimento, evitando tecnicismos, em quatro momentos não meramente cronológicos, pois, embora também correspondam a uma sucessão temporal, cada um aprofunda e aperfeiçoa o que lhe antecede. O primeiro, anterior ao *Liber Novus*, que de alguma maneira contém *in nuce* os restantes, representado emblematicamente por *Símbolos da transformação* (1912, reelaborado em 1952), se focaliza em sua resposta a Freud; a libido não é apenas sexual, mas também manifesta um caráter prospectivo, finalístico, que dá conta da potência transformadora do símbolo e, em suma, da presença atuante da espiritualidade na imanência da psique. O segundo, ao final de sua reelaboração do *Liber Novus*, é representado por *A energia psíquica e a essência dos sonhos* (1928)*, que se dedica à formulação da energética psíquica finalista e quantitativa, parte da

---

[277] *Mysterium Coniunctionis* [OC 14/2], § 442.

* Esta coletânea de ensaios (hoje disponíveis em OC 8, nos caps. I, III, VI, IX, X e XI) é de 1948; um deles, aquele que Nante tem em vista aqui, é "A Energia psíquica", foi publicado em 1928 [N.T.].

apropriação psicológica do conceito de energia física por Wundt e outros autores. Jung insiste em que a aproximação energético-finalista (em princípio não teleológica) – à diferença da causal-redutora – é quantitativa, a menos que se hipostasie o conceito de energia. Contudo, nesse mesmo trabalho, não hesita em reconhecer que a noção abstrata de energia corresponde à noção arcaica de força ou *mana*, que sob diversas denominações aparece em todas as culturas tradicionais[278]. Pois bem, se o *mana* é uma manifestação da energia, como se pode explicar que do quantitativo surja o qualitativo? Trata-se, porventura, de uma projeção concretista, se se quiser, de uma qualificação que se atribui ilegitimamente ou pelo menos adventiciamente a uma noção propriamente quantitativa? Para formulá-lo em termos ainda mais paradoxais: Quando Jung afirma que o símbolo 'põe em movimento a energia psíquica' (sic) não está postulando *nolens volens* [querendo ou não] uma energia 'anterior' (o símbolo) que põe em movimento a uma 'posterior' (a energia psíquica)? Claro que se trata de *uma façon de parler* [maneira de dizer], pois não há dúvida de que o símbolo é expressão do arquétipo do inconsciente e a atividade imaginativa, expressão direta da energia psíquica[279]. Pois bem, a finalidade que caracteriza o arquétipo e sua manifestação, o símbolo que revela um sentido, não se pode reduzir a um mero gradiente de energia. Planteadas essas antinomias, elas só podem ser equacionadas se se toma a hipótese quantitativa como uma aproximação abstrata de um processo dinâmico, de grande utilidade heurística, mas limitada em seu alcance, pois não dá conta da qualidade inerente que é própria à psique. Em consonância com o princípio de totalidade da psique, expresso estruturalmente pelo si-mesmo, propomos recuperar, como já salientamos, o antigo conceito de *dynamis* em sua acepção neoplatônica e presente no gnosticismo, que Jung utiliza ocasionalmente, em particular em *Tipos psicológicos*[280]. A *dynamis* consistiria no conceito dinâmico correspondente ao conceito estrutural de arquétipo, compreendido como 'arquétipo em si'. Trata-se, então, não só de uma *potentia* entendida como força impulsiva, mas de uma potencialidade que – à diferença do caráter privativo aristotélico – é plenitude de ser atemporal que se atualiza no tempo sem diminuição ontológica. Mais ainda, sua própria

---

[278] *A energia psíquica* [OC 8/1], § 124ss.

[279] Por certo, aquilo que se observa é o símbolo, já os conceitos de energia e de arquétipo são propostos como hipóteses explicativas.

[280] Cf. *Tipos psicológicos* [OC 6], § 475. Jung utiliza a expressão '*dynamis* inconsciente' e '*dynamis* impulsiva', mas não parece lhe outorgar explicitamente o alcance próprio da tradição antiga que nós propomos.

plenitude exige que seja formulado como 'não ser' (por excesso), pois é aquilo que carece de determinações por conservá-las todas[281]. A mesma se manifesta ao eu atento e consequente como 'sentido', significado e força orientadora para a realização no tempo. Embora a *dynamis* se veja desafiada a resolver diversas tensões polares e, maximamente, a tensão instinto/espírito, o eu é a maior e talvez a única resistência, que só cede com uma atitude de entrega (*wu wei*). O quarto movimento, vinculado à sincronicidade, completa o antes assinalado e é necessário para apresentar integralmente o panorama, embora se trate de um conceito tardio. Qual é o estatuto da energia psíquica nos fenômenos sincronísticos?[282] Se na sincronicidade não há 'causalidade histórica', isto é, transferência de energia desde uma suposta causa 'A' a um efeito 'B', senão mera coincidência significativa, a saber, uma relação de *sentido* entre 'A' e 'B', aquilo que intervém a partir do lado do sujeito é uma constelação arquetípica. Ali a *dynamis* não se manifesta por uma relação horizontal; em outras palavras, não se trata de uma relação recíproca, mas de uma trama de sentido que corresponde a uma espécie de *eidos*, de paradigma ou modelo que transcende tempo e espaço, embora se encontre presente neles. A *dynamis* expressa a potência de inserção do homem nesse modelo, em suma, no todo. Pode-se constatar que *dynamis* parece ser um termo mais idôneo do que 'energia', pois permite dar conta da condição de possibilidade hiperqualificada dessa capacidade de trabalho (energia) que se apresenta no tempo com um sentido, mas que se remete a uma atemporalidade que a tudo contém ('Pleroma') e onde o sentido já está, *a priori*, realizado. Esse conceito de *dynamis*, proposto por nós, aparece ocasionalmente, embora com diversos matizes, na obra de Jung, entre outras, nos termos 'realidade potencial'[283], 'potencialidade da totalidade'[284], 'mundo potencial'[285]. Por exemplo, esse último termo, que se

---

[281] Trata-se, sem dúvida, de um conceito-limite. O próprio eu faz parte inseparavelmente dessa *dynamis*, por isso sua raiz é atemporal.

[282] Cf. *Mysterium Coniunctionis* [OC 14/2], § 327. É interessante considerar que nos textos de alquimia se ressalta o autoconhecimento como causa da união ou, se se preferir, da realização, e outras vezes o próprio processo químico é a *causa efficiens* (cf. Op. cit., § 322). Observe-se que ambos os 'movimentos', anímico e físico, parecem ser necessários para se alcançar a conjunção.

[283] Cf. *Psicologia e alquimia* [OC 12], § 557, onde Jung assinala que a condição psicológica de todo conteúdo inconsciente é a de uma realidade potencial.

[284] Cf. "A psicologia do arquétipo da criança". In: *Os arquétipos e o inconsciente coletivo* [OC 9/1], § 278.

[285] Cf. *Mysterium Coniunctionis* [OC 14/2], § 414, 421, 422 e 424.

liga às experiências sincronísticas e que constituem seus pressupostos, permite compreender a dimensão 'cosmológica' da *dynamis*, em um mundo ('Pleroma') que contém e transcende 'natureza exterior' e 'psique':

> O fundo transcendental psicofísico corresponde ao "mundo potencial", por estarem contidas nele todas as condições que determinam a forma dos fenômenos empíricos. Isso vale evidentemente tanto para a física como para a psicologia, ou mais exatamente para a macrofísica e para a psicologia da consciência[286].

Em suma, a *dynamis* descrita alude a uma potencialidade *a priori* ("a potencialidade da totalidade já existe *a priori*")[287], mas também ao movimento 'dinâmico' – em sua acepção contemporânea, restrita – guiado por um sentido em tempo e espaço. Mas, precisamente, foi seu ponto de vista finalista, já esboçado em *Símbolos da transformação* – como já se viu, desenvolvido em *A energia psíquica* (1928) – o que permitiu conceber um conceito mais amplo, que desse conta de todas as transformações da energia psíquica. Pois bem, o ponto de articulação já estava planteado, pois a energia psíquica se manifesta sempre como atividade vital psíquica; de acordo com todas as suas investigações, as transformações energéticas se expressam sempre como transformações de imagens e conteúdos que, ao serem reconhecidas em sua condição finalística, se descobrem como transformações simbólicas:

> [...] a fantasia* enquanto atividade imaginativa é mera expressão direta da atividade psíquica, da energia psíquica que só é dada à consciência sob a forma de imagens e conteúdos [...][288].

Um desenvolvimento mais maduro de seu conceito de energia psíquica nos leva a sua obra de 1928, embora textos anteriores já o pressupusessem. Sem dúvida, é nesta obra que Jung intenta uma ciência que não seja confundida com um mito, mas que possa se nutrir dele; em outras palavras, um 'sentido' que não ignore o 'contrassentido'. Como já foi dito, esta obra é, em grande medida, uma fundamentação de seu método energetista-finalista, mas isso lhe exigiu uma de-

---

[286] Ibid., § 424.

[287] "A psicologia do arquétipo da criança". In: *Os arquétipos e o inconsciente coletivo* [OC 9/1], § 278. Nessa passagem Jung introduz o termo 'entéléquia' como mais apto para dar conta da 'síntese' do si-mesmo.

* Nante opta pela palavra "imaginação" [N.T.].

[288] *Tipos psicológicos* [OC 6], § 810.

marcação mais precisa do objeto correspondente a esse método. Baseando-se em Wundt, distinguiu entre uma concepção mecanicista e uma concepção energetista do acontecer físico, e tentou demonstrar que esta última concepção é aplicável ao acontecer psíquico. De qualquer modo, Jung advertiu que o aspecto energético não abarca ou explica toda a psique:

> Quero dizer com isso apenas que os fenômenos psíquicos têm um aspecto energético, em virtude do que eles podem ser classificados justamente como "fenômenos". Mas de modo algum quero dizer que o aspecto energético abarque ou explique mesmo a totalidade da psique[289].

Por outro lado, embora nesta obra nosso autor busque a fundamentação a partir de um ponto de vista quantitativo, isso não implica o desconhecimento do caráter eminentemente qualitativo da psique, mas sim permite destacar uma determinação, a quantitativa, que é comum a toda a energia psíquica e constitui um critério de grande eficácia teórica para dar conta das transformações da psique. Em uma obra muito posterior, Jung não hesita em afirmar:

> Embora os dados psicológicos obtidos sejam essencialmente qualitativos, contudo, eles possuem uma espécie de energia "física" latente, pois os fenômenos psíquicos apresentam um certo aspecto quantitativo[290].

De fato, o conceito físico de energia, definido matematicamente, se baseava no emprego de uma *enérgheia* qualificada, não entendida em sua acepção técnica aristotélica, mas no antigo uso cotidiano do termo como 'força em ação' e, portanto, 'atividade'. Essa *enérgheia*, escreve Jung,

> [...] remonta, antes do mais, a uma noção primitiva ou arcaica do "extraordinariamente poderoso". É o chamado conceito de *mana*, que não se restringe apenas ao âmbito dos melanésios, por exemplo, mas se encontra também na Indonésia e na Costa Oriental da África e ecoa ainda no termo latino *numen** e, mais debilmente, em *genius* (p. ex., o *genius loci*, gênio do lugar). O emprego do termo libido na moderna psicologia médica apresenta um surpreendente parentesco espiritual com o *mana* dos primitivos. Esta noção arquetípica, portanto, não é somente primitiva, mas difere do

---

[289] "Considerações teóricas sobre a natureza do psíquico" [in: OC 8/2], § 441, n. 134.

[290] Ibid., § 441.

* Base, como se assinalou, do conceito de "numinoso", constitutivo em Otto da experiência do sagrado e, em Jung, da vivência subjetiva das irrupções do inconsciente coletivo [N.T.].

conceito de energia usado em Física, pelo fato de que é *essencialmente qualitativa e não quantitativa*[291].

O alcance apocalíptico da obra de Jung

Já nos referimos ao caráter profético do *Liber Novus*. A profecia é, em nível individual, um chamado a recuperar a própria voz da profundeza que clama por ser reconhecida. Essa é a vocação do homem: "Quem tem vocação (*Bestimmung*) escuta a voz (*Stimme*) do íntimo; ele é chamado (*bestimmt*)"[292].

Cada homem é chamado a descobrir sua própria vocação; ser capaz de ouvir a voz que não só aponta ideais, mas também o orienta rumo a eles. A revelação da 'voz' em cada ser humano implica uma personalidade mais ampla que está se abrindo passagem, guiando internamente o homem, às vezes em discordância com os valores coletivos vigentes[293], mas em consonância com o que a comunidade requer. Mas a voz se faz presente quando se aceita o diálogo consciente-inconsciente que possibilita a imaginação criadora e que inclui o diálogo com a própria escuridão. Isso permite compreender as seguintes palavras de Jung:

> Ninguém se ilumina imaginando figuras de luz, mas tornando consciente aquilo que é obscuro[294].

Mas esse processo interior tem um alcance social e cósmico; por isso, o mito individual recria o mito de todos os tempos, segundo o modo peculiar da época. O leitor poderá aprofundar esta questão, em especial, com a leitura de *Aion* e de *Resposta a Jó*. Ali se pode ver como a espiritualidade ocidental, de certo modo, em seus processos subjacentes, intenta uma recuperação de uma *imago dei* que possa assumir a sombra. Só assim se responde à 'morte de Deus', pois o 'Deus vindouro' renasce com a mediação do 'eterno feminino' a partir de uma escuridão maior, anterior à que abismou sua presença no mundo.

---

[291] Ibid. Poder-se-ia ler com proveito o texto junguiano à luz do conhecido texto de Gerardus Van der Leeuw, *Fenomenología de la Religión* (Cidade do México: FCE, 1975, p. 13-18, § "Poder"). Certamente, o próprio Jung apresenta numerosos paralelismos antropológicos em OC 8, §115s.

[292] "Wer Bestimmung hat, hört die Stimme des Innern, er ist bestimmt" ("Da formação da personalidade" [in: OC 17], § 300).

[293] Não se trata, então, nem de uma possibilidade para poucos, nem de uma proposta amoral ou antissocial, mas de um verdadeiro aporte à comunidade e ao mundo (cf. ibid., § 302).

[294] "A árvore filosófica" [OC 13], § 335 [trad. mod.].

Uma questão aberta: o divino e o humano

O *Liber Novus* propõe a realização do divino em cada homem. Tal realização não é possível se não se assume a antinomia entre o bem e o mal. Mas o drama do homem contemporâneo consiste em que a psique individual se põe no centro, no lugar do divino. O 'eu' toma o lugar da totalidade e o processo imaginativo criador até aqui assumido se põe a seu serviço. Nesse caso se diviniza o 'eu' e o processo se deteriora. Nesse sentido, a garantia do êxito é sua não finalização, pelo menos no plano temporal. A imaginação aspira a essa conjunção que a excede, a uma abolição de si mesma por autossuperação. Em outras palavras, o homem espiritual ou aquele que reconhece sua espiritualidade, como se diz nos Sermões aos Mortos, não cai no Pleroma, na indeterminação e, para isso sustenta a paradoxal, dolorosa e gozosa tensão de opostos. A própria *dynamis* comprometida com a energia biológica não pode acabar no tempo, só pode conceber-se numa apoteose para além do tempo ou, o que é mais ousado, mas talvez mais coerente com esse modelo, em uma 'tempiternidade', em uma conjunção entre o tempo e a eternidade.

Uma mensagem sem tempo para este tempo

A mensagem da obra de Jung, dirigida a todos os homens, retoma em chave contemporânea – e para o caso de sua teoria, com base científica – aquilo que as tradições espirituais sustentam em sua essência desde sempre: o homem é responsável por descobrir um tesouro oculto em seu interior. Jung morreu sentindo-se incompreendido pelo mundo científico e também por supostos seguidores; a isso parecia referir-se quando afirmava que não queria que houvesse junguianos, mas que cada um "seja si mesmo". Por outro lado, temia que – ao popularizar-se – sua obra se vulgarizasse, coisa que lamentavelmente ocorreu, até ser pasto de deploráveis textos *New Age*. Mas sua obra se sustenta e merece ser sustentada. Jung intuiu que sua mensagem podia chegar ao homem comum e por isso, ao final de seus dias, escreveu com alguns colaboradores sua única obra de difusão: *O homem e seus símbolos*. Ao contrário, sua obra teórica é complexa, mas tampouco pode ser compreendida a fundo sem um compromisso com o próprio processo de individuação. Requer, sem dúvida, uma profunda releitura e reformulação, coisa que, até onde sabemos, os pós-junguianos não conseguiram. O teólogo ou o filósofo metafísico – hoje quase extinto – não deve buscar na obra junguiana a confirmação de uma determinada doutrina, mas chaves para cultivar uma abertura ao mistério que permita – segundo palavras de Jung – habitar uma casa vazia. A acusação de psicologismo (por Martin Buber, p. ex.) esquece que Jung – para além de certas imprecisões – não intenciona reduzir o sagrado à psique, mas destacar sua presença *na* psique. O cético pós-metafísico poderá aproveitar sua teoria se, de acordo com a etimologia (*sképtomai*), decidir 'olhar cuidadosamente', não só a partir da neutralidade do gabinete, mas envolvendo sua própria vida.

Embora o *Liber Novus* já seja quase centenário, se apresenta como um texto de nossos tempos que retoma um saber imemorial. E contra os lugares comuns de nosso desencantado pensamento contemporâneo, mostra que os mitos, as grandes narrativas, não morreram e buscam ser despertados na insondável profundeza de nossa psique.

Segunda parte
O caminho simbólico do *Liber Novus*

1
Introdução

Nosso propósito consiste em realizar, nesta segunda parte, um comentário integral do *Liber Novus* à luz da própria cosmovisão junguiana, como uma tentativa de facilitar a leitura de um texto mercurial, cambiante e, não poucas vezes, inacessível. Quando se ingressa só com a razão crítica, o texto resulta inexplicável. Quando se deixa a razão de lado sua letra fascina e espanta, mas tal imersão em seu mar simbólico, amiúde, obnubila e intoxica.

Para evitar estes dois extremos que levam ao 'sem-sentido', tentamos realizar aqui uma travessia pelo caminho simbólico com a abordagem compreensiva sugerida pelo próprio texto, isto é, nutrindo-nos de suas próprias chaves. Isso significa que nos distanciamos, em certa medida, do 'sentido', da 'razão', e nos perdemos no deserto do 'contrassentido', mas sem abandonar nossa ancoragem no sentido. Para isso, nós nos baseamos nos critérios gerais assinalados na primeira parte e naqueles particulares que surgem no transcurso de sua leitura.

O *Liber Novus*, como já se disse, reclama uma compreensão de si, e nenhuma interpretação emprestada substitui o labor solitário a que o texto convida. Por outro lado, só um comentário justalinear permitiria dar conta de todos os seus conceitos, seus símbolos e os matizes próprios de seus movimentos íntimos, o que escapa a nossas possibilidades atuais. Além disso, quando pudermos ter acesso ao material ainda inédito de Jung e, sobretudo, ao restante de seus cadernos e esboços[1], poderemos completar, e talvez corrigir, parte do labor realizado. Deve ter-se em conta que nosso trabalho carece praticamente de antecedentes e é de se esperar que o futuro aporte de outros estudiosos enriqueça esta nossa primeira aproximação.

Não obstante, e com os cuidados mencionados, deve-se ter em conta que levamos a cabo um percurso bastante detalhado de todo o texto, de acordo com os seguintes critérios:

---
[1] Cf. SHAMDASANI, S. "Nota editorial". In: *LV*, p. 225.

1) Sintetizamos as visões e os comentários principais de todo o *Liber Novus*, capítulo por capítulo e seção por seção, com o propósito de facilitar uma visão de conjunto e ajudar a que o leitor possa conservar o nexo.

2) Completamos o anterior com esquemas – quadros e diagramas – que antecipam e recolhem o caminho realizado. Tenha-se em conta que esta aproximação sinóptica do livro é intencionalmente redutiva e didática e não substitui a minuciosa leitura do texto.

3) Comentamos, a partir da síntese mencionada no ponto 1, os principais conceitos, símbolos e mitologemas mediante um trabalho de contextualização. Quer dizer, à luz da obra de Jung e de suas fontes, situamos seus conteúdos em um contexto mais compreensivo, reduzindo a um mínimo toda reflexão crítica. Por exemplo, quando no capítulo XXI do *Liber Secundus* aparecem os Cabiros, tentamos dar conta de seu significado a partir das referências que aparecem na obra de Jung e de seu significado na tradição respectiva.

Em síntese, três são os contextos que tivemos em vista:

a) O próprio *Liber Novus*, ou seja, a intratextualidade.

b) A obra total de Jung, como amplificação teórica do trajeto simbólico.

c) As fontes de Jung, não só a partir do conceito de intertextualidade, mas também sob a ótica de um fenômeno de recepção; dito de outra maneira, a partir do ponto de vista de um símbolo vivente que mantém sua *dynamis*, sua potência transformadora e renovadora.

Embora se trate de um processo de individuação, evitamos – salvo exceções – a tentação de aplicar analiticamente os critérios junguianos. *O Livro Vermelho*, seu magma simbólico, convida a ressignificar a aproximação, por vezes esquemática, que se realiza dos processos inconscientes. Sombra, *anima*, *animus* etc. quando se aplicam mecanicamente perdem sua qualidade evocativa, se transformam em meras explicações e não incentivam a compreensão. É de se esperar que uma abordagem adequada destas experiências visionárias e de suas inspiradoras reflexões permita revitalizar os próprios conceitos junguianos, amiúde condenados ao abuso e ao estereótipo. Em suma, aspiramos a que nosso texto facilite a leitura do livro e convide a ulteriores leituras de aprofundamento.

SEGUNDA PARTE – O CAMINHO SIMBÓLICO DO *LIBER NOVUS* | 219

Consignamos a seguir um mapa geral do *Liber Novus*, seus personagens e imagens. Por tratar-se de uma síntese geral, sugerimos utilizá-la como um instrumento de trabalho e abordar o *Liber Novus* a partir do *Liber Primus**.

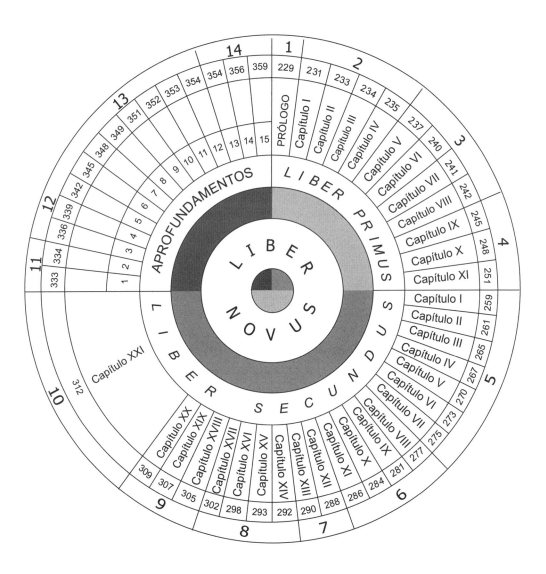

---

* A numeração, crescente em sentido horário, corresponde à paginação da edição de *O Livro Vermelho* pela Ed. Vozes [N.T.].

Um mapa geral do *Liber Novus*

Como já assinalado, em sentido estrito, o *Liber Novus* consta de duas partes: *Liber Primus* e *Liber Secundus*[2]. Mas existem razões para considerar os *Aprofundamentos* como sua terceira parte[3].

O Livro Vermelho, tal como foi editado consta de 55 partes:

- *Liber Primus*: O caminho daquele que virá.

Consta de 12 divisões: um "Prólogo" e onze capítulos (ademais, se agrega uma subdivisão no cap. IV) que nós por razões didáticas agrupamos em 4 momentos.

- *Liber Secundus*: As imagens do errante.

Consta de 28 divisões: 21 capítulos, mas o último foi dividido por Sonu Shamdasani, editor da versão original, em 8 seções que aqui respeitamos. Agrupamos o *Liber Secundus* em 6 momentos.

- *Aprofundamentos*: Consta de 15 seções, também divididas por Sonu Shamdasani, que nós agrupamos em 4 momentos.

O esquema anterior mostra sinopticamente a estrutura de *O Livro Vermelho* e contém somente estes dados:

1) Nome de cada parte de *O Livro Vermelho*.
2) Subdivisões de cada parte em capítulos ou seções {}.
3) Número de páginas conforme a edição brasileira de *O Livro Vermelho*.
4) Já indicamos os 14 momentos em que, por razões didáticas, agrupamos os capítulos e seções.

---

[2] Sua transcrição em versão caligráfica se interrompe quase ao final do *Liber Secundus*, na quinta parte do capítulo XXI.

[3] Cf. Shamdasani, S., "Nota editorial", p. 225-226.

Segunda parte — O caminho simbólico do *Liber Novus* | 221

Diagrama geral do *Liber Primus* simplificado

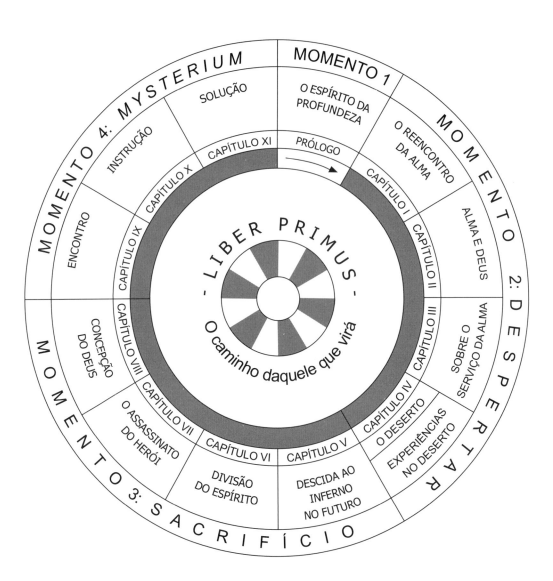

Liber Primus – O caminho daquele que virá

De 12 de novembro a 25 de dezembro de 1913

O seguinte esquema se limita ao *Liber Primus* e consta da informação que detalhamos na continuação:

1) Nome de cada parte do *Liber Primus*.
2) Subdivisões de cada parte em capítulos ou seções {}.
3) Nome dos capítulos e seções.
4) Nomes que nós atribuímos a cada um dos 4 momentos em que agrupamos os capítulos.
5) Número do 'momento' respectivo.
6) Primeiro momento: O espírito da profundeza (Prólogo): a voz da profundeza anuncia o 'suprassentido', imagem do 'Deus que virá'.
7) Segundo momento: Despertar (caps. I-IV): abertura do 'eu' à alma, que por sua vez o leva ao deserto do 'si-mesmo'.
8) Terceiro momento: Sacrifício (caps. V-VIII): assassinato do herói (Siegfried) que representa a unilateralidade do 'sentido', o bom, belo, racional. Assim se entrevê o 'Deus que virá'.
9) Quarto momento: Mysterium (caps. IX-XI): por um lado, integração do feminino inferior (*Eros* como prazer) apoiando-se no masculino superior (*Logos* como o pré-pensar), e, por outro lado, do obscuro serpentino.

Conclusão: Esse primeiro movimento rumo ao contrassentido, assassinando o 'sentido' (Siegfried) e incorporando o feminino, permite assumir a serpente, uma ulterior capacidade para integrar opostos. Todo o realizado num plano arquetípico deve ser realizado num plano pessoal.

Diagrama geral do *Liber Secundus* simplificado

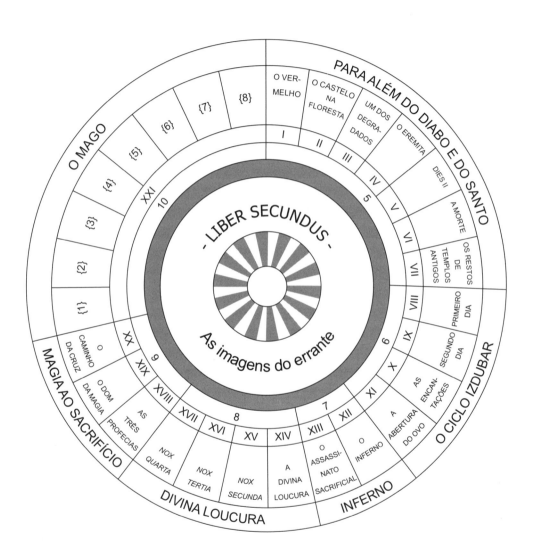

Liber Secundus – As imagens do errante

De 26 de dezembro de 1913 a 19 de abril de 1914

Em "As imagens do errante", sucessivos encontros com 'imagens' simbólicas, muitas delas 'personagens', promovem a tomada de consciência de aspectos até então não integrados na personalidade individual e coletiva.

1) Quinto momento: Para além do diabo e do santo (caps. I-VII)

O 'eu' se encontra com o diabo (cap. I), com um erudito e sua filha oculta (cap. II), com um homem vulgar que morre (cap. III), com um anacoreta cristão (caps. IV-V), com a morte (cap. VI) e novamente com o diabo e o anacoreta, que estão juntos e num estado de decadência. Mas o capítulo VII resolve, em certa medida, uma polaridade central: de um lado, o diabo que representa a alegria, o mundano, o material – se se quiser, até certo ponto, o 'pagão' – e, por outro lado, o anacoreta que representa a seriedade, a ascese, o espiritual, o cristão. Se percebe aqui uma capacidade 'serpentina' que o 'eu' possui para conciliar opostos (neste caso a alegria e a seriedade), o que aprofundará em seu encontro com a magia.

2) Sexto momento: O ciclo de Izdubar (caps. VIII-XI)

Quando o 'eu' decide ir ao Oriente, ele cruza com o gigante babilônico Izdubar que buscava o lugar onde morre e renasce o Sol. Jung lhe ensina a teoria heliocêntrica e, assim, Izdubar adoece mortalmente, pois o discurso racional destrói suas convicções mágicas. Finalmente propõe mudar-lhe o nome chamando-o de 'uma imaginação' e assim se alivia, pode levá-lo ao Ocidente, concentrá-lo num ovo e incubá-lo (caps. VIII-IX). Assim recita as encantações (cap. X), que incubam o ovo e o Deus renasce renovado, resplandecente (cap. XI). Contudo, o Deus renovado ficou de fora e o 'eu' ficou órfão, em solidão, com sua obscuridade e sob o domínio do mal. O mal destrói sua conformação a Deus e assim essa força reflui para ele.

3) Sétimo momento: Inferno e morte sacrificial (caps. XII-XIII)

Pode-se pensar que essa conformação do mal leve ao submundo. Ali, como se pode ver no capítulo XII, uma espantosa visão lhe ensina que o mal não pode realizar um sacrifício, pois só o pleno pode fazê-lo. No capítulo XIII a alma de uma menina assassinada – que certamente é o próprio Jung – exige que lhe coma o fígado. Com esse sacrifício se reassumem as forças originárias que estavam com ele desde outrora, mas que ingressarão na conformação do Deus (Izdubar).

4) Oitavo momento: A divina 'loucura' (caps. XIV-XVII)

A divina 'loucura' parece aludir a uma espécie de 'tolice' ou torpeza frente ao divino, própria dos que estão imersos no racionalismo desta época. A psiquiatria, em particular, parece incapaz de distinguir uma experiência religiosa de uma patológica. Mostra-se aqui a tensão irredutível entre o ceticismo cientificista e a devocionalidade infantil, e a incapacidade de viver de coração o mistério da união dos opostos.

5) Nono momento: Da magia ao sacrifício (caps. XVIII-XX)

Desvelam-se as três profecias: a calamidade da guerra, as trevas da magia e a dádiva da religião (cap. XVIII). O 'eu' se torna consciente de sua limitação e debilidade, e assim recebe de sua alma 'o dom da magia' (cap. XIX) que requer o sacrifício do consolo, quer dizer, o labor destemido, desagradável e solitário consigo próprio. A passagem da magia negra à branca está vinculada ao sacrifício da cruz (cap. XX), em suma, ao caminho que requer o autossacrifício que leva a parir o antigo que retorna renovado. Para poder criar e encontrar o caminho que o libere da pressão do destino e que lhe desvele o que não se pode imaginar, dirige-se à casa de um grande mago.

6) Décimo momento: O mago (cap. XXI)

Neste extenso capítulo, que foi dividido em oito seções cujos títulos propomos didaticamente, o 'eu' de Jung não só aprende aquilo que não pode ser aprendido e compreende o incompreensível, ou seja, a magia, mas também a exerce e, assim, consegue unir poderes contrapostos de sua alma. Por certo, o processo que se descreve é de circum-ambulação e necessariamente inacabado.

{1} Filêmon e o ingresso na magia

Filêmon transmite ao 'eu' o segredo, a magia, mais com sua vida, com seu modo de viver, que com sua palavra. A magia opera mediante simpatia, é inata, vai além da razão, é incognoscível e não se pode entender.

{2} A serpente e a união dos opostos – A Última Ceia

A magia capacita para suportar a contradição e, por isso, protege. A serpente, sua própria alma, não lhe pode prejudicar ou contradizer, e Deus e o diabo se tornam um, embora fique claro que esta união não é completa. A quietude que se suscita encobre um estado miserável de estagnação e esse absoluto é apenas oposição à vida que sempre é um devir.

{3} Deus e o diabo se unificam

Mas satanás resiste. Sempre se recomeça desde baixo. Os Cabiros, filhos do diabo, forças elementares do obscuro e da matéria, declaram o 'eu' como Senhor deles, se põem a seu serviço e lhe dão a espada para que os sacrifique.

{4} A inanidade dos mortos e a aceitação do serpentino

O 'eu' pede à serpente pelo além e aparece um assassino de seus pais e de sua esposa que é – sem dúvida – o próprio Jung. O morto se deixou levar pela ambição de pretender a felicidade dos outros e agora vive no além, onde nada acontece. Se o 'eu' não tivesse assumido o serpentino, a soma do obscuro na alma, o diabo teria ficado com esta parte de poder sobre ele. Mefistófeles é satanás revestido de sua serpentinidade; satanás é, por sua vez, a pura negação e os Cabiros são seus descendentes sacrificados. Quando isso se tornou possível, cria-se uma firme construção e, ao reconhecer as ambições dos mortos presentes em seu interior, o 'eu' é capaz de abandonar sua ambição pessoal e considerar-se como um morto. Assim, deixa de impor-se aos outros e de querer sua felicidade.

{5} O novo *Mysterium* de Elias e Salomé que não se consuma

Elias se entrega a Salomé e ela lhe oferece seu amor, mas o 'eu' não aceita esta carga. O desafio consiste em conciliar um amor terreno e outro celeste e, por isso, não pode ceder a esse amor. Desta vez, o *Mysterium* não é levado a cabo; não é – a rigor – este o *Mysterium* que deve se consumar e para o 'eu' não constitui uma dificuldade renunciar a Salomé, mas tampouco constituiria um verdadeiro sacrifício aceitá-la.

{6} O novo e verdadeiro sacrifício: o amor que une o terreno e o celestial

O verdadeiro sacrifício ou *Mysterium* se consuma quando a serpente (sua alma), transformada em pássaro, lhe traz uma coroa do céu e novamente se transforma em serpente. Quando Salomé constata que tem a coroa, considera que é uma felicidade para ambos. O 'eu' não compreende, mas Salomé lhe indica que deve ficar pendurado até compreender. Assim, como uma espécie de Odin, fica pendurado por três dias e três noites e quando o eu alça a vista só consegue ver a inscrição da coroa: "O amor não acaba jamais". Pode-se compreender então que se trata das bodas místicas entre o Alto e o Baixo, das quais surge o filho espiritual, a alma espiritualizada. Constituirá um sacrifício poder coroar (espiritualizar) o serpentino.

{7} O FILHO NÃO ENGENDRADO

A vida, como o filho superior desse amor, se desprende do seio materno, pois quer se tornar, seguir seu próprio curso. Assim, percebe que mediante essa união, sua 'alma prostituta' secretamente engravidou e que Filêmon permitiu que engendrasse uma potência das trevas. Assim nasce esse filho não engendrado, ao qual deverá ser entregue a coroa.

{8} SOLIDÃO: ESTAR CONSIGO MESMO

E o filho que nasce é sua alma renovada, que se afasta rumo aos céus. Fica sozinho, com seu próprio eu, e isso o horroriza. Nessa sequidão do eu, compreende que deve recuperar um pedaço da Idade Média, desse passado que ainda não foi assumido: "A pedra de toque é o estar só consigo mesmo. Este é o caminho" (p. 330).

Aprofundamentos

De 19 de abril de 1914 a junho de 1916

1 DÉCIMO PRIMEIRO MOMENTO: A SOLIDÃO DO 'EU' E O REENCONTRO COM A ALMA (CAP. 1-2)

{1} O 'EU' A SÓS COM O 'EU'

Quando da ascensão de sua alma, após um longo trajeto no qual o eu se reencontrou com suas profundezas, ele agora se encontra em solidão consigo mesmo, nesse caso, com seu próprio 'eu'. Em termos junguianos posteriores, se produz um encontro brutal com sua 'sombra pessoal', isto é, com todas as formas de apego, suas intenções egoístas e os encobrimentos, inclusive o da hipocrisia do amor. Com um olhar lúcido, o eu que se separou de si-mesmo compreende que deve aceitar sua inferioridade, domesticar-se. Trata-se, em última instância, de compreender-se, única forma de superar essa suscetibilidade que consiste em pretender a compreensão do outro.

{2} REENCONTRO COM A ALMA

O 'eu' começa a suportar o estar a sós consigo, mas não sem consequências perturbadoras. Finalmente, reaparição da alma carregada de uma 'solaridade' celestial e quando se aproxima a dialogar com o eu, se obscurece com o peso terreno. Nesse diálogo o eu tentará preservar a 'solaridade' de sua alma, essa luz do Alto do qual provém, mas tal encontro revela o estado de desolação ao qual

Diagrama geral de *Aprofundamentos* simplificado

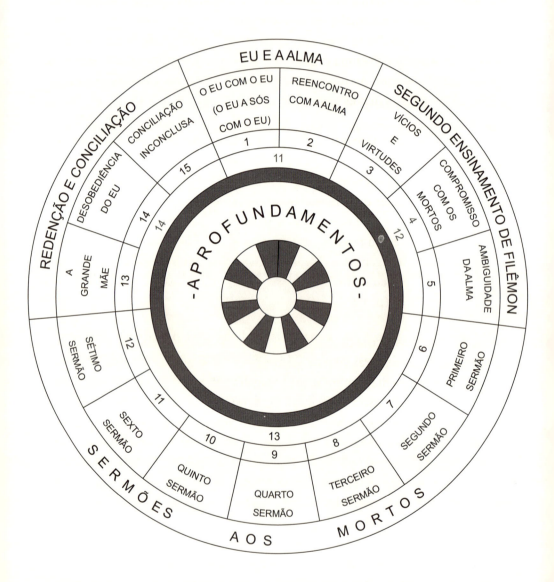

se encontra submetido o eu, cercado de morte e de dor, embora ainda não capte que não se trata de um acontecimento meramente pessoal. A alma ensina ao eu que não se carregue com os mortos, que deixe as vítimas caírem a seu lado, que se mantenha fiel a sua solidão; esse parece ser o sacrifício e, em última instância, sua missão para com a humanidade. Por certo, ao 'eu' não fica evidente a antecipação da guerra mundial que naquele momento se avizinhava, e muito menos o que nesse sinuoso diálogo se insinua; livrar-se da puerilidade da ciência e viver a fundo a solidão incuba uma resposta a essa guerra que se avizinhava, expressão de uma guerra interior. Assim, ficou submetido a uma profunda tristeza até 24 de junho de 1914 e logo depois a guerra irrompeu.

2 Décimo segundo momento: Novo ensinamento de Filêmon (cap. 3-5)
{3} Vícios e virtudes
Após um ano de silêncio, aparece Filêmon com um obscuro discurso. Jung conclui que para viver de si mesmo é mister proteger-se mais das virtudes recíprocas que dos vícios. Trata-se de ir até o nosso si-mesmo, o que implica dar conta dos vícios e virtudes em nosso interior, em vez de vivê-los fora. "Através da união com o si-mesmo chegamos ao Deus" (p. 338). Deus está acima do si-mesmo e apenas se suporto meu si-mesmo "alivio a humanidade de meu peso e curo meu si-mesmo do Deus" (p. 339).

{4} O compromisso com os mortos
Aparecem três sombras ou mortos; um deles é uma mulher sedenta de 'sangue', de vida, que representa a comunidade daqueles mortos cuja vida foi incompleta. Ou, de algum modo, isso antecipa a chegada dos mortos no começo do Primeiro Sermão aos Mortos. Mas o vivente – no caso, Jung – deve fazer-se responsável por esta comunidade de mortos que nossa sociedade contemporânea esqueceu. É então que Jung dá a 'palavra' simbolizada por 'Hap', um dos filhos de Hórus que oferece uma conexão de vida, a uma morta que está desvitalizada e que parece precisar de algo desta visceralidade para poder assumir os ensinamentos que ainda precisa receber dos vivos.

{5} Reaparece a alma carregada de ambiguidade
Filêmon lhe aconselha que se liberte da alma temendo-a e amando-a. Trata-se de diferenciar-se da alma no que esta aparece nos excessos e na projeção no outro. Para isso é mister completar a obra de redenção em si mesmo, ao invés de pretender ajudar ou aconselhar a outrem. A alma lhe pede amor e ódio; isso a

'porá em prisão'. A alma se apresenta assim como um verme, uma prostituta cheia de mistérios mentirosos e hipócritas, e Filêmon a liberta exaltando-a. A alma carece do amor humano, de calor e de sangue, mas Jung a retém pois sabe que ela, em sua ambiguidade, possui o tesouro mais valioso. Dividem o trabalho: os homens trabalham por sua salvação, que ela trabalhe pela felicidade terrena. Assim, lhe pede que jogue tudo no forno de fundição, todo o velho, pois grande é o poder da matéria.

3 Décimo terceiro momento: Sermões aos Mortos (caps. 6-12)
{6} Primeiro Sermão – O Pleroma

O 'eu' dá forma na matéria ao pensamento que a alma lhe havia dado e assim surge um fogo ardente, espantoso, que se aproxima. A alma lhe pede seu 'medo' para apresentá-lo ao Senhor do Mundo (Abraxas). Aparecem os mortos e, quando ao sentir-se oprimido por eles quer desbaratá-los, a alma lhe pede que não interfira na obra. Filêmon entra em cena e Jung diz aos mortos que falem. Começam assim os Sermões aos Mortos. Os mortos de vida incompleta, que terminaram suas vidas demasiado cedo, ainda pairam sobre seus sepulcros. Filêmon ensina ao 'eu' que esses mortos foram cristãos que repudiaram sua fé e assim, sem saber, aderiram à doutrina que os próprios cristãos haviam repudiado. Por compaixão, e embora pareçam se opor com suas murmurações, Filêmon deve ensinar-lhes a antiga doutrina porque é a que lhes pertence. O Primeiro Sermão começa com o ensinamento do que não pode ser ensinado, o Pleroma, esse 'nada' que é plenitude. A criatura é a diferenciação e luta contra a perigosa igualdade originária. O Pleroma apresenta pares de opostos (p. ex., o cheio e o vazio –, mas essas suas propriedades ao mesmo tempo não o são, pois Nele* se anulam. As propriedades estão em nós, criaturas, mas diferenciadas. Na medida em que nos deixamos levar por um dos polos – por exemplo, a beleza –, caímos em outro – por exemplo, a feiura – e nos indiferenciamos no Pleroma. Isso ocorre quando nos deixamos levar por nosso pensamento e não por nossa essência que é a diferenciação. Por isso é mister ensinar o saber que põe freio ao pensamento. Certamente Filêmon não ensina porque crê, mas porque sabe.

{7} Segundo Sermão: lições sobre o Deus supremo Abraxas.

Os mortos querem saber sobre Deus e perguntam se está morto. Deus ou o Sol (*Hélio*) não está morto e é inseparável do diabo, pois ambos são propriedades do Pleroma, menos diferenciadas que a criatura. Diferenciam-se, respectivamente,

---
* Caixa alta no original [N.T.].

pelo pleno e pelo vazio, pela geração e pela destruição, mas o 'efetivo' está acima deles e os une. Esse é o Deus ignorado, Abraxas, mais indeterminado ainda e ao qual só se opõe o irreal. É força, duração, mudança. Os mortos fazem tumulto e Filêmon lhes ensina, pois se trata de um Deus que conhecem, embora não o saibam. De fato, é o único Deus que pode ser conhecido. Não lhes ensina o Deus que une, o Deus que ama – pois o repudiaram –, mas sim o Deus que dissolve.

{8} Terceiro Sermão: Abraxas *summum bonum* e *infimum malum*.

Fala-lhes novamente sobre o Deus Supremo. O homem toma do Sol, o *Summum Bonum*; do diabo, o *Infimum Malum*; e de Abraxas, a vida indeterminada, que é a mãe do bem e do mal. O poder de Abraxas é ambivalente, pois engendra ambos os polos: verdade e mentira, bem e mal etc. Esse Deus se pode conhecer, mas não compreender. Filêmon parece enfatizar o aspecto temível desse Deus, dado que os mortos eram cristãos que repudiaram a ordem da unidade e da comunidade, já que não aceitaram a fé no pai do céu que julga com medida justa. Filêmon utiliza o termo Deus porque sabe que o homem nunca chamou o regaço materno da incompreensibilidade com outro nome.

{9} Quarto Sermão: Deuses e diabos

Abaixo do Deus Sol, supremo bem, e de seu contrário, o diabo, há muitos bens e males e, debaixo dois Deus-diabo, o Ardente *Eros,* e o Crescente, a Árvore da Vida. O um é o Deus Sol, o dois é *Eros*, o três é a Árvore da Vida e o quatro, o diabo. Como se pode ver, se configura aqui uma quaternidade com esses dois eixos polares, um Deus-diabo, e outro, Eros-Árvore da Vida. Há pluralidade de deuses, de homens, e não vale a pena adorar a multiplicidade de deuses. Filêmon explica depois a Jung que não pode lhes ensinar o Deus uno e não múltiplo, pois o repudiaram pela fé. Por isso, deram poder às coisas e por esse 'superpoder' que outorgaram merecem ser chamados de deuses.

{10} Quinto Sermão: A Igreja e a santa comunidade

O mundo dos deuses se manifesta na espiritualidade (os celestiais) e na sexualidade (os terrenos), a primeira é feminina e a segunda, masculina. Mas no homem a sexualidade é mais terrena e na mulher é celestial. O inverso se dá no espiritual; a espiritualidade do homem é celestial e se dirige ao grande; a da mulher é mais terrena e se dirige ao pequeno. O ser humano se diferencia da espiritualidade e da sexualidade; não as possui, antes é possuído por elas, que são demônios. O ser-individual se diferencia da comunidade, mas esta é necessária em virtude da debilidade do homem frente a deuses e demônios. Comunidade e indivíduo são opostos complementares, a comunidade é o calor e o indivíduo a luz.

{11} Sexto Sermão: os opostos serpente-pássaro

O demônio da sexualidade, a serpente, é metade humano e significa desejo de pensamento. O demônio da espiritualidade submerge em nossa alma, como pássaro branco, e é pensamento de desejo. Então o Sermão lhes diz que não se redimiram da fé por prenderem-se à fraude. Ante a defesa de sua racionalidade, lhes ensina que devem levar loucura à razão: "Teu conhecimento é uma loucura e uma maldição". "Tu queres tocar a roda para trás? Isso é o que ocorre", responde Filêmon. Filêmon lhe diz que saiu do círculo da oscilação e assim Jung experimenta que as palavras dele [Filêmon] movem seus lábios [de Jung]: "Tu és eu, eu sou tu". Parece que os mortos captaram que foram cegados pela verdade e enxergam através do erro. "Eles o conheceram e sentiram e se arrependeram, voltarão e vão implorar com humildade". Como se pode perceber, esse reconhecimento detém a *enantiodromia*, o movimento cego e pendular dos opostos, e se produz uma integração.

{12} Sétimo Sermão: Sobre os homens

O homem é a porta entre o mundo externo e o interno; é o Abraxas deste mundo. Filêmon lhe diz: "Por isso [os mortos] precisam aprender o que não sabiam, que o ser humano é uma porta pela qual se espreme para passar o comboio dos deuses e o vir a ser e desaparecer de todos os tempos".

4 Décimo quarto momento: redenção e conciliação (cap. 13-15)

{13} A grande Mãe [Tentativa de redenção pelo aprofundamento]

Aparece o negro de olhos dourados, a morte, e lhe avisa que traz a renúncia à alegria e ao sofrimento do ser humano. Filêmon completa o que lhe disse o negro e lhe mostra, no céu da noite escura, a Mãe. Filêmon diz a ela que Jung quer se tornar filho dela, mas ela o adverte de que deve primeiro se purificar, pois está misturado, está composto de sofrimento e alegria. Assim, obediente, permanece em abstinência. Para consegui-lo deve manter-se fiel ao amor e assim livrar-se da sujeição aos homens e às coisas e adquirir a infantilidade da Mãe. Com isso consegue que a morte comece como uma nova vida e que o amor supere o pecado. Filêmon lhe traz um peixe e assim aparece uma sombra, Cristo. Filêmon se dirige a Cristo, o honra e primeiro descreve como os homens não seguiram o exemplo de sua vida sublime. Sua obra está inacabada porque os homens não a assumiram como própria e não estão dispostos a seguir sua própria vida sem imitação. São eles que a deixam inacabada, porque está acabada. Chegou o momento em que cada um deve realizar sua própria obra de redenção.

{14} A desobediência do 'eu'

Com seus assassinatos, com seus excessos, os homens servem à serpente de Deus. As atrocidades se acentuam quando antecedem o renascimento do Deus, um Deus que não é monolítico, mas paradoxal. Em sonhos reaparecem Elias e Salomé. Elias se declara débil e pobre, pois um excesso de seu poder passou para Jung. Não sabe da morte de Deus e nem que há múltiplos deuses e demônios que se tornaram novamente seres humanos. Elias não pode compreender a morte do Deus único e que a multiplicidade das coisas únicas é o único Deus. Salomé, contudo, parece compreender um pouco: "O ser e a multiplicidade me agradam, mesmo que não sejam novos e não durem para sempre" (p. 358). A alma volta a encontrar-se em grande tormento, e quando o 'eu' se oferece para ser intermediário junto aos deuses, ela lhe responde que eles querem seu espírito humano, já que os deuses sofrem porque ele lhes deixou o tormento. Jung pensa o mesmo dos deuses e quer, por sua vez, o espírito deles. Os deuses lhe pedem obediência, que ele faça por eles aquilo que sabe não querer fazer. Jung não aceita, pois já não há mais obediência incondicional. Por outro lado, sustenta que os deuses estão insatisfeitos pela saciedade e agora, com o homem, devem aprender a carência. A alma (dividida em pássaro e serpente) lhe traz a mensagem dos deuses e lhe adverte que eles estão indignados. E ainda que a alma recorra à figura do diabo para convencê-lo, o 'eu' a descobre e assim os deuses se rendem. Foi o diabo – paradoxalmente – que ajudou a purificá-lo, a libertá-lo dessa obediência dos deuses, que, por outro lado, de vez em quando se alegram por isso. Mas a unilateralidade 'diabólica' atravessou seu coração, e a ferida do dilaceramento ardeu nele (no 'eu').

{15} Cristo e Satã – A conciliação inconclusa

Cristo aparece a Filêmon como uma sombra azul e lhe comunica que está em seu jardim e que pode encontrar nele e em sua esposa, Baucis, um lar. Por certo eles são os anfitriões dos deuses pois: "demos hospedagem a teu verme assustador" (p. 359). Filêmon lhe dá razões para reconhecer que sua natureza é também a da serpente. A sombra o admite e diz que lhe traz a beleza do sofrimento, pois é disso que o anfitrião do verme necessita.

Com esse oximoro, com esse paradoxo, com essa tarefa, conclui o *Liber Novus*. A modo de síntese, apresentamos o seguinte esquema geral de todo *O Livro Vermelho*, que iremos complexificando ao longo de nosso desenvolvimento.

234 | O Livro Vermelho de Jung

Diagrama geral do *Liber Novus* ampliado

Os personagens

É desnecessário aqui darmos conta de todos os personagens, pois nos ocupamos de cada um deles ao longo de nosso percurso. Não obstante, ajuda à contribuição do texto uma primeira visão de conjunto dos personagens principais e do lugar que ocupam. Por outro lado, tenha-se em conta o já assinalado a respeito da 'polifonia' do texto, pois cada personagem é expressão de uma espécie de 'alma múltipla'.

Como relação aos personagens, considere-se o seguinte:

1) Todo símbolo é ou pode ser um personagem. Ao tratar-se de um texto simbólico, até o 'escaravelho' pode ser considerado como tal.

2) A identidade dos personagens é fluida, mercurial. Assim, em certo sentido, Elias e outros personagens são manifestações de Filêmon. Mas tampouco o próprio Filêmon pode ser considerado a identidade última de outros personagens, já que o espírito do *Liber Novus*, em boa medida, rechaça a ideia de uma identidade fixa e última. O homem que não cai no Pleroma, na indiferenciação, é aquele que sempre está renovando sua personalidade.

3) Quiçá, os personagens principais são o 'eu', Filêmon e a serpente. Filêmon parece ser a melhor natureza do 'eu', pois se caracteriza por ser serpentino, por não aderir a nenhum oposto e acolher a totalidade da vida. O 'eu' conquista essa identidade incorporando a serpente – a potência obscura, o contrassentido – e tentando depois uma conciliação com o celestial, representado pelo pássaro.

4) Não incluímos aqui alguns personagens que só aparecem nas imagens ou em outros cadernos, tais como Ha, Atmavictu, Ka, mas aludiremos a eles oportunamente.

Eu ou a 'primeira pessoa'; Jung e seu 'eu'

O texto está escrito em primeira pessoa, mas já no começo se indica que o espírito da profundeza lhe 'dá a palavra'; o 'eu' se transforma em seu 'servo' e, em certas ocasiões, o espírito da profundeza o obriga a dizer determinadas coisas (cf. *Liber Primus*, cap. I). Nesse sentido, pode-se falar de uma polifonia do 'eu', como já assinalamos, ou melhor, de uma polifonia *no* eu de Jung. É por esta razão que, às vezes, o eu parece transformar-se na primeira pessoa do plural. "A vida reconduziu-me a ti. Vamos agradecer à vida o fato de eu ter vivido [...]" (*Liber Primus*, cap. I). De fato, nos *Aprofundamentos*, o próprio 'Jung', seu 'eu', fala com seu próprio 'eu', embora possamos interpretá-lo como sua 'sombra pessoal' (cf. *Aprofundamentos*, {1}).

Portanto, não se trata de um 'eu' monolítico, mas de um 'eu' em devir. O eu – ou se se quiser – a 'personalidade egoica', deixa de ser as coisas, os homens (mundo exterior) e depois os pensamentos, para ir incorporando aspectos dos personagens que aparecem. Ao fim das contas, o eu descobre que o centro de sua personalidade não é ele mesmo, mas Filêmon ou qualquer das faces do si-mesmo. Assim, por exemplo, numa oportunidade, o 'eu' sente que as palavras do mago movem seus próprios lábios e que os olhos do 'eu' o veem de dentro. Produz-se então uma integração, uma união de opostos; o próprio 'eu' exclama: "Tu és eu, eu sou tu?" (*Aprofundamentos*, {2}). Por isso, tomamos como convenção a denominação 'eu' para dar conta de um personagem, mas com a convicção de que sua identidade se transforma, se aproxima e se afasta do ctônico, do propriamente humano e do celestial e, de acordo com o percurso de circum-ambulação, incorpora aspectos dos múltiplos personagens.

O 'espírito dessa época' e o 'espírito da profundeza'

Por certo, a tensão dramática do texto se deve a que o 'eu', ao fim das contas, segue os ditames da profundeza, ainda que uma parte continue vinculada ao primeiro. Embora sua presença seja mais explícita no princípio da obra, sua voz ou sua presença são recorrentes. Suas personalidades se definem pelas mensagens, o que trataremos em detalhe ao longo de nossa obra.

Alma, serpente, pássaro

Nos inícios do *Liber Primus*, lemos: "Tive de reconhecer que sou apenas símbolo e expressão da minha alma" (p. 234) e também: "Eu sei, minha alma, que tudo o que dizes é também meu pensamento" (p. 236). A alma aparece sob as formas mais diversas, mas o símbolo mais recorrente é o da serpente. A 'serpente' aparece inicialmente no *Mysterium* de Elias e Salomé e esse é o modo como se manifesta o poder obscuro e ao mesmo tempo criativo da alma. Pouco a pouco, esse poder serpentino vai passando ou conectando-se com o 'eu'. Por isso, Elias perde a companhia da serpente e ressurge desvitalizado.

A serpente ou o 'serpentino' é a qualidade criativa mefistofélica e é acessada mediante a magia, que supõe um entregar-se à potência da psique sem intenções e aceitando seu caráter paradoxal. O pássaro é a contrapartida celestial da alma e aparece em menos ocasiões no *Liber Novus*. Por outro lado, há uma unidade e diversidade da alma; pois assim como a serpente se transforma em (ou é) o 'pássaro', no cap. XXI do *Liber Secundus*, é claro que se trata de uma unidade trina (alma celestial, eu ou alma humana, serpente) ou talvez quaternária, pois segundo se assinalou, a serpente manifesta uma dualidade. Mais adiante se indicam separadamente outras personificações da alma: a 'moça ruiva' e a 'alma-menina'.

Filêmon e o coro de personagens

Como já assinalamos, embora no Filêmon de *O Livro Vermelho* haja ressonâncias do 'Filêmon' de Ovídio e, mais ainda, do personagem homônimo do *Fausto* II de Goethe, Filêmon é um personagem peculiar, profeta do Deus vindouro. É sabido que Filêmon é o personagem central, e, em termos psicológicos, o 'si-mesmo' que toma muitas vozes e se mascara em numerosos personagens. De fato, poderíamos ler o *Liber Novus* como a história de Filêmon, e por isso mesmo remetemos o leitor ao que desenvolvemos em nosso percurso do capítulo XXI do *Liber Secundus* e dos *Aprofundamentos*. Basta dizer que Filêmon, sábio pagão de tonalidades herméticas e gnósticas, é o personagem da sabedoria 'serpentina' que elabora com consciência a escuridão que deve ser assumida pela personalidade total. Filêmon ama sua própria alma, assume a tensão sentido/contrassentido e assim é capaz de amar ao próximo. Como se indica adiante, na referência à imagem 105 de *O Livro Vermelho*, Filêmon é uma espécie de Hermes. Por outro lado, Filêmon aparece junto a Baucis, sua esposa, embora esse personagem não atue. O que sugere, contudo, que Filêmon e Baucis correspondem ao paradigma do matrimônio místico que pode tomar outras formas. Por isso, nos *Aprofundamentos*, {15}, o próprio Filêmon assimila 'Filêmon e Baucis' a 'Simão o Mago e Helena'.

Elias e Salomé

Elias e Salomé poderiam ter sido chamados Simão o Mago e Helena e, de fato, correspondem à sizígia masculino-feminina que reaparece no *Liber Novus* no casal erudito-filha (*Liber Secundus*, cap. II), bibliotecário-cozinheira (caps. XIV--XVII) e em Filêmon e Baucis. Por certo, Elias representa o *Logos* superior unido a Salomé, um Eros inferior, e remete inicialmente ao profeta bíblico, mas não se deve esquecer que se trata de um 'arquétipo constelado', isto é, de uma forma simbólica de grande vitalidade no simbolismo das tradições. Isso parece dever-se ao fato de que Elias, quase igualado a Moisés ou a Enoch em *status*, foi visto como alguém que pôde ascender seja ao divino, seja a uma morada para além da morte. Talvez isso permita compreender que em Ml 3,23-24, seja apresentado como quem voltará a Israel para trazer aos israelitas o arrependimento antes do dia do juízo. No Novo Testamento – ao menos em São Lucas e São Mateus, não assim em São João – há uma assimilação a João Batista, que realiza seu ministério de arrependimento no espírito e poder de Elias e, assim, aparece sobretudo como o precursor da era messiânica. É altamente significativo que apareça nos Sinóticos junto com Moisés no monte Tabor, na experiência da transfiguração. Em uma carta ao Padre Bruno, datada de 1953, Jung toma o exemplo de Elias para explicar-lhe a existência de um arquétipo e o fenômeno de recepção que se dá porque um arquétipo vivo produz novas formas. Elias mostra sua vitalidade no cristianismo, no islã – identificado com Khidr – e inclusive na alquimia. O caso de Salomé é mais evidente, pois representa, em princípio, uma figura feminina inferior, cuja baixa condição espiritual se manifesta, entre outras coisas, por meio de sua cegueira. Contudo, tanto a transformação de Salomé quanto a referência ao *Evangelho dos egípcios* (*Liber Primus*, cap. X) sugere que esta figura não deve ser vista como tão-somente a ímpia e cruel filha de Herodes, mas uma espécie de Sophia afundada na escuridão da matéria que clama para ser resgatada. De fato, à diferença de Elias, que perde seu poder serpentino, Salomé se transforma e sua personalidade reaparece com maior sabedoria rumo ao final do *Liber Novus*.

O diabo e satã – Homem diabólico

O capítulo I do *Liber Secundus* se denomina "O Vermelho". Trata-se do 'diabo', um personagem que no fim das contas mantém certa tendência pagã no mundo cristão. Um traço central desse personagem é que parece representar a vitalidade e o instintivo, a alegria representada na dança como contrapartida da seriedade do cristianismo ascético e transmundano encarnado pelo anacoreta. De fato, o 'eu' assume essa porção de alegria, embora "O Vermelho" não pareça capaz de assimilar a seriedade que o 'eu' o transmite. Por esta razão, "O Vermelho" e o anacoreta terminarão unidos em uma relação decadente. Bem diversa é a figura de satanás, que representa a força do mal que Cristo sepultou no inferno e que agora retorna, dando margem a que satã proteste pela "conciliação dos opostos" (*Liber Secundus*, cap. XXI {6}, p. 326). Além disso, há uma distinção entre 'Mefistófeles' (que em sentido estrito não aparece como 'personagem') e satã; o primeiro é serpentino, é a obscuridade do que transforma e move, enquanto este último é o mal, compreendido como imobilidade. Expressão personificada do 'mal radical' é o 'homem diabólico' que aparece no *Liber Secundus*, capítulo XII, intitulado "O inferno", cujas características descrevemos em nosso comentário.

Os reflexos de Elias e Salomé: *Velho erudito e bela filha prisioneira. Bibliotecário e cozinheira. Amfortas e Kundry*

A união do masculino e do feminino, que toma como modelo arquetípico, mais para o final do *Liber Primus* (*Mysterium*, caps. IX a XI) as figuras de Elias e Salomé, se retoma em uma chave mais mundana pelo menos em duas oportunidades. No *Liber Secundus*, capítulo II, o 'eu' chega à casa de um velho erudito que mantém prisioneira em seu castelo a sua bela filha. Compreender a bela filha, reconhecer seu valor intrínseco, expressa um certo movimento em direção ao feminino e, ao mesmo tempo, conduz a uma desidentificação do saber como mera erudição. Similar é a situação do bibliotecário, um homem ilustrado e cético, frente a sua cozinheira, uma mulher humilde e devota. Nesse caso, mais moderadamente, o 'eu' chega a um entendimento maior com a cozinheira do que com o bibliotecário (*Liber Secundus*, caps. XIV-XVII). Observe-se que, em ambos os casos, o homem está atrelado à mulher de um modo inconsciente; o erudito vê em sua filha a sua esposa morta, e o bibliotecário parece depender da boa cozinha desta mulher simples. Ao final do capítulo XVII, quando o bibliotecário e a cozinheira participam de uma representação paródica e assumem os personagens de Amfortas e de Kundry, pode-se notar que a tensão superficial entre a ciência (bibliotecário) e a religião devocional (cozinheira) é, ao mesmo tempo, a do poder e da ordem masculinos (Amfortas) e a da força vital instintiva (Kundry), que não dão conta do fundo obscuro do inconsciente, que irrompe como loucura, tentando compensar e articular estes polos aparentemente irreconciliáveis.

Um dos degradados

O capítulo II do *Liber Secundus* leva o título de "Um dos degradados". O personagem central é um homem de condição modesta que encarna todos os lugares-comuns do vulgo. Deslumbrado pela vida urbana e pelo cinema, manifesta ressentimento por quem quer que represente o poder, celebrando o assassinato de qualquer soberano. Representa a orfandade espiritual do homem comum que carece dos referentes simbólicos do passado. Não é consciente de seu grave estado de saúde e de sua total indigência.

Amônio o anacoreta

Um cristão dos primeiros séculos que foi pagão e, tendo-se entregado ao cristianismo por inteiro, vive em oração, na solidão do deserto. Sua fonte de inspiração são os evangelhos. Abandonar o mundo e ir ao deserto sem buscar-se a si mesmo implica a ser tragado pelo deserto. Uma grande esterilidade se instalara em sua vida, mas bastou que alguém lhe mostrasse sua sombra para que tudo desabasse. O 'eu' diz que o abandono do mundo não serviu em nada ao solitário, pois o deserto o absorveu e deixou como filho da terra, "totalmente terra e não sol" (p. 273). Amônio foi ao deserto, não para encontrar-se consigo mesmo, mas para encontrar o sentido dos evangelhos e, por não assumir sua própria escuridão, viu o 'eu' como o diabo, pois ele sim a viu e aceitou, e – diz-se – comeu a terra e bebeu o sol, e por consequência se converteu numa árvore que enverdece.

Os mortos e certo morto ou morta – 'A morte'

Os 'mortos' aparecem às vezes em tumulto e, outras vezes, individualizados. Os mortos em tumulto mostram uma personalidade bem-definida nos Sermões aos Mortos (*Aprofundamentos*, {6} a {12}). São os cristãos que rechaçaram sua fé, mas que ainda perambulam perdidos porque não acabam de compreender que devem assumir a tensão de opostos, o ensinamento que em última instância provém do ser de Abraxas. Pois bem, já no *Liber Secundus*, capítulo XXI {4}, o 'eu', através de sua alma-serpente, acessa o inferno e se encontra com um morto, um 'condenado' à morte que vive na inanidade. Uma vez mais, os mortos – ao menos estes que rondam os vivos – parecem viver uma vida indiferenciada e requerer da vida terrena. Um caso parecido é o da 'morte' sedenta de sangue, e que já prenuncia a comunidade daqueles mortos cuja vida foi incompleta. Mas 'a morte' como tal (no *Liber Secundus*, cap. IV, 'A morte'), já não os mortos, é capaz de ensinar. Ao menos a morte personificada no 'Escuro' de algum modo o faz ver, em 2 de janeiro de 1914, a inevitabilidade da morte maciça que se aproxima e que sabemos que antecipou a Primeira Guerra Mundial. Mas, em um nível mais profundo, a morte lhe ensina a necessidade de aceitar o contrassentido do espanto do sangue e do crime. Algo diferente é 'a morte', a 'figura preta de olhos dourados' que aparece em 1916, e que adverte que lhe traz a renúncia à alegria e ao sofrimento humano (*Aprofundamentos*, {13}).

Izdubar

O gigante herói-Deus Izdubar concentra o saber arcaico do Oriente que fenece no Ocidente e deve ser renovado. O nome 'Izdubar' é uma corruptela de 'Gilgamesh', o herói babilônico que fracassa em sua busca da imortalidade. Izdubar é um gigante de cuja cabeça se erguem dois chifres de touro, seu rosto enrugado é pálido e amarelado, sua barba crespa está ornada com pedras preciosas, veste uma armadura negra e, em sua mão, tem o fulgurante machado duplo com o qual mata touros (*Liber Secundus*, caps. VIII-XI). Izdubar é, por assim dizer, a matéria arcaica da qual renasce o Deus.

Outras formas da alma desamparada: a moça ruiva e a alma-menina

Agrupamos dois personagens que personificam a alma em situações de indigência. A primeira é uma moça ruiva que se debate contra o mal (*Liber Secundus*, cap. XII), e a segunda é a alma de uma menina assassinada que exige do 'eu' um sacrifício espantoso: comer o fígado do cadáver. Em ambos os casos, expõe-se o 'eu' e sua alma em situação de indigência frente ao mal. O único recurso é o sacrifício, assim ele é assumido e enfrentado, pois o mal, por definição, é incapaz de sacrifício.

Os Cabiros

Estes personagens míticos desempenham um papel central no *Liber Secundus* (cap. XXI {3}). Trata-se de potências vinculadas ao fundo obscuro da matéria que se apresentam ao 'eu', outorgando-lhe o título de 'senhor da natureza inferior', pois sua gesta anterior o faz merecedor de tal honraria. E o 'eu' se surpreende de que tais seres elementares e primordiais se lhe apresentem como seus súditos. Jung assinalou, em seus textos teóricos, que os Cabiros são propriedades secretas da imaginação que manifestam uma autonomia com relação à consciência e muitas vezes a afetam.

O corvo

Embora seja um personagem menor, que aparece apenas no *Liber Secundus*, (cap. XXI {6}), representa neste caso – para além de suas conotações míticas – uma perspectiva perspicaz, mas destrutiva sobre o amor. O Corvo conhece a distinção entre amor terreno e amor celestial, mas não parece suspeitar que o caminho é sua conciliação.

O filho não engendrado – A alma renovada

No *Liber Secundus* (cap. XXI {6}), o 'eu' percebe que sua 'alma prostituta', após ter experimentado a união do amor terreno e celestial, ficou secretamente grávida de uma potência da obscuridade que reclamará a coroa de todo o labor realizado. Assim, nasce o filho renovado, que é sua alma que se afasta para os céus e o deixa em solidão.

Hap

Não é, em sentido estrito, um personagem, mas sua presença simbólica merece que o levemos em conta. No Egito, Hap é um dos quatro filhos de Hórus, representado em um dos vasos canópicos que acompanham os corpos mumificados*. Sua cabeça é de babuíno, protege os pulmões, é guardião do Norte e está sob a custódia da deusa Nephtys. Em *Aprofundamentos*, {4} a sombra de uma morta

---

* Esses vasos eram recipientes utilizados no Antigo Egito para colocar órgãos retirados do morto durante o processo de mumificação; cf. https://pt.wikipedia.org/wiki/Vaso_can%C3%B3pico [N.T.].

necessita do 'símbolo' Hap para poder acessar o mundo dos vivos. No contexto correspondente, tentamos uma interpretação do significado desse personagem-símbolo para *O Livro Vermelho*.

A sombra azul

A figura de Cristo aparece, por assim dizer, em veladuras. É uma 'sombra azul' no alto das árvores, o que dificulta compreender onde está. São palavras dele que encerram o *Liber Novus*, pois tendo-se inteirado de que está no jardim de Filêmon, que deu guarida ao verme, lhe anuncia que lhe traz a beleza do sofrimento (*Aprofundamentos*, {15} *in fine*).

Professor-psiquiatra e supervisor

Representam o *status quo* da psiquiatria convencional, fechada em si mesma e incapaz de distinguir entre a loucura doentia e a loucura divina. O Professor é quem dirige o interrogatório e determina que o 'eu' sofre de uma psicose, 'paranoia religiosa'. O supervisor cumpre estritamente suas ordens (*Liber Secundus*, caps. XV-XVI).

O louco e os loucos (anabatistas)

Um louco anabatista, chamado Ezequiel, um homem barbudo com cabeleira desgrenhada e olhos brilhantes e tétricos, aparece em um sonho dentro de uma visão e representa a loucura doentia, produto de quem se unilateralizou e está possuído pelo espírito (*Liber Secundus*, cap. XV, p. 294)*. À diferença dos mortos que vêm de Jerusalém, pois não encontraram o que buscavam, estes anabatistas simbolizam um afundamento no fanatismo religioso.

A seguir, apresentamos um esquema onde se pode localizar a aparição dos personagens principais[4].

---

* Sobre o Profeta Ezequiel e os anabatistas, variante radical da Reforma Protestante e nascida na Suíça de Jung, nos anos 1520, cf. nota de Sonu Shamdasani: *LV*, p. 294, nota 173 [N.T.].

[4] Leve-se em conta o seguinte: 1) Omitimos personagens menores; p. ex., o servente (*Liber Secundus*, cap. II) ou o supervisor (*Liber Secundus*, cap. XVI). 2) Consignamos o personagem quando ele claramente intervém no capítulo ou seção, seja porque fala ou porque sua presença é determinante. Omitimos referências ocasionais. 3) À luz do afirmado, é óbvio que muitos personagens que parecem ser diversos são o mesmo personagem. Isto ocorre particularmente com a alma ou a serpente (que geralmente é uma parte da alma), mas nós mantemos a distinção, já que no texto se apresentam com personalidades diversas.

Segunda parte – O caminho simbólico do *Liber Novus* | 243

Esquema com a aparição dos personagens principais

1. *Liber Primus*
2. *Liber Secundus*
3. *Aprofundamentos*

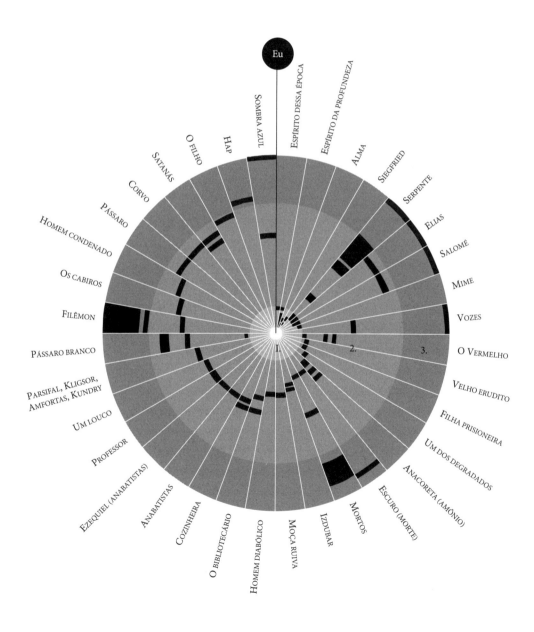

Sobre as imagens de *O Livro Vermelho*

É evidente que as imagens de *O Livro Vermelho* não são meras ilustrações, mas que têm como propósito 'amplificar' as visões, ou seja, poder retomá-las simbolicamente em um contexto mais amplo para chegar a assimilá-las. Embora não contemos com todas as datas, muitas imagens foram realizadas anos depois do relato inicial das visões e inclusive dos comentários do próprio Jung. Isso significa que, a salvo para o caso do *Liber Primus*, a lista de imagens não guarda uma ordem sequencial e, além disso, sugere uma aproximação não linear ou discursiva à obra. Abordar a obra a partir das imagens rompe com sua estrita cronologia e ajuda a ingressar a partir de uma aproximação transversal ou sinóptica que se poderia denominar "kairológica", pois nos aproxima mais do *kairós*, do sentido supraverbal do texto.

A partir de certo ponto de vista, *O Livro Vermelho* conta com os seguintes tipos de imagens:

1) Imagens (mais) alegóricas ou ilustrativas. Tal é o caso do 'assassinato do herói' (*Liber Primus*, cap. VII), onde se vê a imagem [imagem IV (V)] do assassinato de Siegfried: dois homens disparam pelas costas em um terceiro que parece precipitar-se num abismo. Por certo, tenha-se em conta que, como os fenômenos são essencialmente simbólicos, em nenhum caso a imagem é meramente ilustrativa.

2) Imagens estritamente simbólicas que, além disso, ilustram os acontecimentos visionários. Tal é o caso da inicial historiada 22 (*Liber Secundus*, cap. V), que por um lado 'ilustra' as preces que o 'eu' de Jung eleva ao sol no deserto, ao escaravelho e à mãe terra; mas, por outro, sugere um processo simbólico de integração do alto e do baixo, do pagão e do cristão (cf. a cruz com a serpente).

3) Imagens estritamente simbólicas que não apenas ilustram os acontecimentos visionários, mas também operam como verdadeiros *yantras*, como símbolos que ajudam a *operar* uma transformação. O caso mais óbvio é o das encantações (*Liber Secundus*, cap. X), onde há imagens que ilustram o que está acontecendo: uma incubação mediante a utilização de uma concentrada recitação mágica; mas também simbolizam o processo oculto e, sobretudo, o procuram.

4) Imagens simbólicas que não guardam uma relação explícita com os acontecimentos de *O Livro Vermelho*, embora seja evidente que estão amplificando e estimulando o processo. Nesse grupo, haveria dois tipos de imagens:

a) As que introduzem personagens não consignados no texto de *O Livro Vermelho*, mas que contêm alguma legenda explicativa. Assim também, em certo caso há informação adicional em certo caderno de Jung ainda não publicado em sua totalidade. Tal é o caso da imagem de Atmavictu, personagem que não aparece como tal em *O Livro Vermelho*, afora ter sido uma identidade de Filêmon.

b) Imagens 'mudas' das quais não temos nenhuma informação, e tampouco se evidencia alguma referência explícita ao texto. O caso mais notável é a sequência de imagens localizadas após o capítulo XIII do *Liber Secundus*. Não contamos com indicações, afora algum detalhe referente às runas, ao que aludiremos oportunamente. É evidente, não obstante, que se trata de uma elaboração do ocorrido e que é possível tentar uma interpretação simbólica[5].

A seguir, limitamo-nos a uma descrição de todas as imagens de *O Livro Vermelho*, com o acréscimo de alguma informação correta que ajude a sua compreensão. O significado de algumas destas imagens é retomado com mais detalhe ao longo de nosso percurso compreensivo por todo *O Livro Vermelho*.

Imagens do *Liber Primus*

Prólogo
(fol. I r.)*

- Inicial historiada:** em primeiro plano a inicial "D". Em seu interior pode-se ver a imagem de uma serpente coroada estirada verticalmente, surgindo de um vaso com fogo. Em segundo plano se divisa uma cidade costeira, o fundo do mar com sua fauna e flora e, no alto, o céu como o sol e a lua cuja posição forma parte de uma faixa que leva inscritos signos zodiacais.

- Inicial historiada: em primeiro plano um "W" e atrás da letra várias plantas que surgem da terra.

Capítulo I: "o reencontro da alma"
(fol. I v.)

- Inicial historiada: dentro da inicial "D" se encontra um pássaro branco. Jung o equipara a sua alma. Para saber o que se diz sobre a pomba na alquimia, cf. OC 14/1, § 78.

---

[5] Pela própria natureza desta obra, que pretende facilitar a leitura do texto, referindo-nos o mais possível ao que é evidente, omitimos a interpretação deste tipo de imagem.

* A abreviatura, conforme a adotada no *Liber Primus*, faz referência aos fólios do fac-símile, de modo que esta, p. ex., remete ao fólio I reto; quando aparece a letra "v" no lugar de "r", o fólio referido é o verso, e não o reto. As imagens do *Liber Secundus* vêm indicadas simplesmente com o número da página do fac-símile. [N.T.].

** Vale assinalar que as letras historiadas ou ornamentadas são grandes letras iniciais com vários adornos e figuras, como pessoas, animais quadrúpedes, peixes, cobras etc.; seus usos religiosos medievais remontam à estética gótica do século XIII; cf. https://es.wikipedia.org/wiki/Letra_historiada [N.T.].

Capítulo II: "Alma e Deus"
(fol. II r.)
• Inicial historiada: na parte superior da inicial "S" encontramos o pássaro branco elevando-se, na parte inferior está a serpente e à esquerda pode-se observar uma árvore. No capítulo V, "A árvore filosófica" (§ 415-417) da OC 13, Jung comentou a relação do pássaro e da serpente com a árvore.

Capítulo III: "Sobre o serviço da alma"
(fol. II v.)
• Inicial historiada: um "U" e em tamanho menor um "e" correspondente ao ditongo Ü que forma a inicial situada em cima de uma casa de dois pisos.

Capítulo IV: "O deserto"
(fol. III r.)
• Inicial historiada: aparece um "D" em que se enrosca uma grande serpente, de tal modo que rodeia a imagem e sua cabeça se aproxima da cauda. Dentro de ambos um homem vestido de branco.

"Experiências no deserto"
(fol. III r.)
• Inicial historiada: um "E" dentro do qual há dois círculos, com mais três círculos dentro de cada um.

Capítulo V: "Descida ao inferno no futuro"
(fol. III v.)
• Inicial historiada: um "H" dourado e atrás uma espécie de palmeira vermelha de grandes ramos ou folhas de onde caem gotas também vermelhas.
• O homem vestido de branco em uma gruta, com a serpente e um morcego na parte superior esquerda.
• O herói loiro ferido na cabeça, um sol vermelho e, no meio de ambos, um grande escaravelho negro. Representam o cenário da visão que antecipa a morte e ressurreição do herói.

Capítulo VI: "Divisão do espírito"
(fol. IV r.)
• Inicial historiada: um "Z" ao longo de cuja diagonal aparece uma serpente que divide a parte inferior direita, composta por lanças vermelhas sobre fundo violáceo, e a parte superior esquerda composta por traços arredondados de cor violeta com fundo vermelho.

Capítulo VII: "O assassinato do herói"
(fol. IV v.)
• Inicial historiada: um "H" e atrás um caixão com seis grandes velas. Representa o velório da morte do herói.
• Dois homens disparam pelas costas em um terceiro que parece precipitar-se em um abismo. Representa o assassinato de Siegfried.

Capítulo VIII: "Concepção do deus"
(fol. IV v.)
• Inicial historiada: um "G" sobre uma grande flor de quatro pétalas.
• [BO* IV (v)] Uma guarda rodeia um texto que contém uma mensagem do espírito da profundeza: "Concebi teu embrião, tu que vens!" O adorno consiste em um vaso do qual parecem emanar (ou chegar), à esquerda e à direita, quatro colunas de cor marrom, verde, violeta e laranja, respectivamente; após virarem colunas, uma de cada lado, desembocam numa estrela de oito pontas multicor que contém outra pequena estrela dourada em seu centro, que coroa toda a imagem. Se concebermos a imagem invertida, pode-se afirmar que da estrela surgem, de cada lado, quatro colunas ou guardas de cor que, após descerem pela esquerda e pela direita, desembocam no vaso. Leve-se em conta que as cores da parte superior são, de cima para baixo: marrom, laranja, violeta, verde, enquanto na parte inferior seguem a ordem já mencionada.

(fol. IV r.)
• [BO IV (r)] Outra guarda que continua a mensagem do espírito da profundeza, está ilustrada com flores na parte inferior e nas laterais. Uma estrela dourada de oito pontas coroa a ilustração, à esquerda há um leão e à direita um carregador de água, talvez em alusão a Aquário. O texto termina dizendo que o astro de seu nascimento é uma estrela errante e em transformação que, uma dentre tantas maravilhas, anuncia que é um Deus verdadeiro.

Capítulo IX: "*Mysterium* – Encontro"
(fol. V v.)
• O homem de branco (presumivelmente o 'eu' de Jung) está sentado à esquerda, a seu lado há um ancião parado (Elias) e uma jovem (Salomé) com

---
* Sigla para Borda ornamental [N.T.].

túnicas largas, e a seus pés a serpente. Atrás e à direita pode-se ver uma construção branca estilizada que, em sentido amplo, é de estilo 'médio-oriental'. A imagem está emoldurada por uma guarda que contém na parte inferior direita uma espécie de Medusa que se enrosca com suas formas serpentinas nos raios ou pontas azul-violáceas que emanam de um losango da mesma cor, com uma cruz dourada no seu centro.

Capítulo X: "Instrução"
(fol. VI r.)
• Inicial historiada: um "B" sobre um fundo de cinco chamas.

Capítulo XI: "Solução"
(fol. VI v.)
• Inicial historiada: embora esteja deteriorada, pode-se observar um "L" serpentino que ata um homem a uma cruz. Alude à crucificação que o 'eu' de Jung sofrerá.

Imagens do *Liber Secundus*

As imagens do errante
(p. 1)
• Inicial historiada: um "D" cuja vertical é percorrida pelo que parece um sistema circulatório sanguíneo, vermelho e violáceo. Pela parte curva se levanta uma planta em flor e no centro há um olho.

Capítulo I: "O Vermelho"
(p. 2)
• Inicial historiada: um "D" em cujo fundo pode-se apreciar um homem que porta consigo um chifre (tomado de Siegfried), como uma sentinela no alto de uma torre. Corresponde à primeira visão do *Liber Secundus*.

Capítulo II: "O castelo na floresta"
(p. 5)
• Inicial historiada: um "D" sobre um quadro noturno. Aprecia-se um castelo refletido num lago e o bosque ao redor. Corresponde ao cenário da visão.

Capítulo III: "Um dos degradados"
(p. 11)
• Inicial historiada: um "E" sobre um fundo de pedras coloridas que dão a impressão de estar olhando para o profundo.

Capítulo IV: "O eremita"
(p. 15)
• Inicial historiada: um "D" no centro de dois quadrados, um dentro do outro, cujos estilos se assemelham quiçá a labirintos.

Capítulo V: "*Dies II*"
(p. 22)
• A imagem mostra um solo que sugere o deserto e contém formas humanas estilizadas, talvez referentes aos anacoretas identificados com seu meio. Por cima desse solo com palmeiras há um fundo azul com o mesmo estilo que o anterior, isto é, com formas geométricas labirínticas. Na parte superior um sol dourado de dezesseis raios coroa a imagem. No centro, em uma espécie de cartucho vegetal, há uma árvore dupla com raízes para cima e para baixo que se bifurcam. Em "A árvore filosófica" (1945), Jung explicou: "Desta maneira, um homem que está enraizado embaixo e no alto pareceria uma árvore tanto na posição normal como na inversa. A meta não é o alto, mas o centro" [OC 13, § 333]. Sobre a "árvore invertida", Jung se estende mais detalhadamente em § 410s. À esquerda do cartucho há um escaravelho, uma pedra, uma serpente violácea enrolada numa cruz dourada e um escaravelho solar alado, todos em direção ascendente e desembocando em um raio de sol. À direita se repete uma cena parecida, mas descendente: de um raio de sol surge o escaravelho solar alado com uma cruz, uma cruz violácea com uma serpente dourada, um escaravelho que traz um sol nascente à terra. Certamente é uma imagem de renovação solar e de integração do pagão com o cristão.

Capítulo VI: "A morte"
(p. 29)
• Inicial historiada: um "D" aparece no marco superior esquerdo. Faz parte de um quadro povoado de figuras humanas e serpentinas multicores que rodeiam um ser serpentino que surge de uma esfera avermelhada.

Capítulo VII: "Os restos de templos antigos"
(p. 32)

• Inicial historiada: um "U" à margem de um quadrado. Dentro há um grande círculo com duas ovais cujos centros estão ocupados por duas figuras. A figura está realizada como se fosse formada de mosaicos, semelhantes aos que há em Ravena, que impressionaram muito a Jung quando ali esteve entre 1913 e 1914.

Capítulo VIII: "Primeiro dia"
(p. 36)

• Izdubar – A legenda abaixo da imagem diz: "Esta imagem foi pintada no Natal de 1915". Na parte inferior da imagem pode-se ver Jung pequeno, ajoelhado ante o gigante. O fundo da imagem está cheio de imagens serpentinas e à direita e à esquerda da parte inferior há crocodilos. Não é necessário que nos detenhamos aqui em Izdubar, seus chifres, machado e trajes, de que nos ocupamos no lugar adequado.

(p. 37)

• Inicial historiada: um "E" num quadrado, à direita um homem com uma espécie de recipiente de onde surge uma grande serpente com cabeça de oito pontas de diversas cores. Quase no centro da imagem há uma serpente enrolada com uma estrela dourada de oito pontas no centro.

• Inicial historiada: um "I" com uma serpente amarela enrolada no centro, uma serpente de cada lado e quatro insetos alados em cada canto.

(p. 44)

• Izdubar jaz no solo e um homem abre os braços em uma noite estrelada. O texto diz: "[...] permaneci junto a ele na noite longa e fria".

(p. 45)

• Um homem sustenta uma espécie de mandala que tem no centro um ovo e na cúspide, uma estrela. Ambos estão unidos por uma figura serpentina. Embaixo está escrito: "Atharva-veda 4,1,4". Atharva-veda 4,1,4 é uma fórmula mágica para o fortalecimento da masculinidade, o que alude à cura do Deus touro ferido, Izdubar, conforme a referência no texto.

(p. 46)

• Inicial historiada: um "Z" com um ovo de ouro na parte inferior, serpentes no solo e outras enroladas em uma espécie de portal.

Capítulo X: "As encantações"
(p. 50-61)
• Aparecem doze encantações sucessivas, utilizadas para incubar o Deus. Referimo-nos brevemente a algumas delas, pois no lugar adequado nos deteremos em cada encantação.

(p. 54)
• Pode-se observar uma serpente dentro de uma espécie de vulcão em erupção, e é de sua garganta que surge a lava. O título da imagem é "Brahmanaspati", Deus da prédica ou da veneração, que tomando o lugar de Agni representa o elemento de luz e fogo em geral. A 3 de janeiro de 1917 Jung anotou em "Sonhos": "No *Liber Novus* no dia seguinte a imagem da serpente III Incent" [Estímulo para o dia seguinte, a imagem da serpente III no " *Liber Novus*"] (*AFJ*, p. 1). Parece referir-se a esta imagem.

(p. 55)
• Uma barca guiada por um remador leva o Sol. Embaixo, na água, há um monstro marinho em forma de peixe. No antigo Egito a barca do Sol era um motivo frequente. A barca era vista como o veículo de movimento típico do Sol. Na mitologia egípcia, o Deus do Sol lutou contra o monstro Apophis que em sua viagem diária pelo céu tentou devorar a barca do Sol. Jung escreveu que a luta com o monstro do mar representa a tentativa de libertar a consciência do eu do aprisionamento por meio do inconsciente. Normalmente o remador é Hórus, o de cabeça de falcão. A viagem noturna do Deus do Sol pelo submundo está representada no *Amduat*, um livro que foi considerado um processo de transformação simbólica.

(p. 59)
• Há uma espécie de sol-ovo que se eleva da barca que agora mudou de forma. O título da imagem diz: "*hiranyagarbha*". No Rig Veda, *hiranyagarbha* é a semente originária de que nasceu Brahma.

(p. 61)
• Pode-se ver um monstro semelhante ao da página 29, que olha o ovo com a garganta aberta.

(p. 63)
• Aqui aparece uma árvore que integra as doze encantações. Dentro de suas raízes incuba o ovo. Também detalhamos isso na parte correspondente.

(p. 64)
• É a abertura do ovo (4 de fevereiro de 1917), do qual surge um tremendo fogaréu e um homem que se prostra frente a ele. Representa a ressurreição de Izdubar. O título da imagem diz: "çatapatha-brahmanam 2,2,4", onde se apresenta a base cosmológica para o *Agnihotra*, a oferenda do fogo consagrado. Começa com a descrição de como Prajapati, impulsionado pelo desejo de reproduzir-se, dá à luz Agni pela boca. Prajapati se oferece a si mesmo a Agni e se salva da morte, pois estava a ponto de ser devorado. O *Agnihotra* (literalmente: cura de fogo) é um ritual védico que se realiza ao amanhecer e durante o pôr do sol. O executante se purifica, acende um fogo sagrado, canta versos e pronuncia a prece a Agni.

Capítulo XI: "A abertura do ovo"
(p. 69)
• Uma esfera central rodeada de outras, algumas com certos desenhos. Têm uma semelhança com a imagem da página 60.

(p. 70)
• Um fogo se eleva contido pelo que foi a barca e destrói uma estrutura.

(p. 71)
• Três formas serpentinas se enroscam entre si e a uma estrutura cujas convergências têm uma espécie de estrelas. Segundo Tina Keller afirmou numa entrevista, poderia relacionar-se com a relação que ele tinha com Emma Jung e Toni Wolff: "Veja que estas três cobras estão entrelaçadas. Esta é a maneira como nós três lutamos com esse problema" (*Liber Secundus*, p. 288, n. 141).

(p. 72)
• Seis círculos se projetam em forma cônica, em pares. O par central (superior alaranjado, inferior vermelho) opõe suas circunferências, e os laterais (superior azul ou violáceo, inferior verde) compartilham o vértice.

Capítulo XII: "O inferno"
(p. 75)
• Dois semicírculos com quatro círculos concêntricos se tocam no lugar onde se encontra uma imagem composta de grossas linhas serpentinas.

Capítulo XIII: "O assassinato sacrificial"
(p. 79)
• Quatro círculos (esquerda verde, superior vermelho, direita azul, inferior avermelhado) se ordenam dentro de vários concêntricos. Toda a imagem está feita semelhante a mosaicos.

(p. 80-97)
• Começa uma longa série de dezoito figuras mandálicas das quais praticamente não temos nenhuma referência. Em síntese pode-se apreciar como a figura é fecundada por um elemento externo: primeiro por baixo, depois por cima. A série termina com um mandala oval orientado para baixo, em um espaço aquoso e regulado pelas quatro direções. Nesta série, nas imagens 89, 90, 94 e 95, intervém o segredo das runas, sobre as quais falaremos no lugar adequado (*Liber Secundus*, p. 291-292, n. 155-157).

Capítulo XV: "Nox secunda"
(p. 105)
• Descrição do próprio Jung em "Simbolismo do mandala" (in: OC 9/1, § 682): "No centro há uma estrela. O céu é azul com nuvens douradas. Nos quatro pontos cardeais vemos figuras humanas: em cima, um velho em atitude contemplativa e embaixo Loki ou Hefesto, com cabelo ruivo chamejante, segurando um templo na mão. À direita e à esquerda, de pé, há duas figuras femininas, uma escura e outra clara. São indicados desse modo quatro aspectos da personalidade, isto é, quatro figuras arquetípicas que pertencem por assim dizer à periferia do si-mesmo. As duas figuras femininas podem ser logo reconhecidas como os dois aspectos da anima. O velho corresponde ao arquétipo do sentido, ou seja, do espírito, e a figura ctônica escura no plano inferior, ao oposto do sábio, isto é, ao elemento luciferino, mágico (e às vezes destrutivo). Na alquimia trata-se de Hermes Trismegisto *versus* Mercúrio como o *trickster**, evasivo. O primeiro círculo que cerca o céu contém estruturas semelhantes a protozoários. As dezesseis esferas de quatro cores no círculo contíguo provêm de um tema originário de olhos e representam, portanto, a consciência observadora e diferenciadora. Assim também os ornamentos que se abrem para dentro do círculo seguinte significam aparentemente receptáculos, cujo conteúdo é despejado em direção ao centro"**.

---

* Ou, como diz a tradução espanhola de Nante, o *pícaro*, figura literária aparentada à do malandro e do bufão [N.T.].

** Jung acrescenta à descrição da imagem o seguinte comentário: "Os ornamentos no círculo mais externo abrem-se inversamente para fora, a fim de receber algo do exterior" [N.T.].

(p. 107)
- A figura de um mandala composto de um aro periférico e de uma cruz que conflui em um círculo, cujo centro é ocupado por uma estrela.

Capítulo XVI: "Nox tertia"
(p. 109)
- Um homem cujo coração é cravado pela lança de um guerreiro. Embaixo, uma serpente. Título da imagem: "Este homem material se elevou demasiadamente no mundo espiritual, mas ali o espírito lhe atravessou o coração com o raio dourado. Caiu encantado e se desvaneceu. A serpente, que é o mal, não pôde permanecer no mundo do espírito".

(p. 111)
- Uma serpente morta sangrando. Epígrafe da imagem: "A serpente tombou morta sobre a terra. E este foi o cordão umbilical de seu novo nascimento". A serpente se parece com aquela da imagem 109. No *Livro Negro* 7, em registro de 27 de janeiro de 1922, a alma de Jung se refere às imagens 109 e 111. Sua alma diz: "'Terrível é a nuvem gigante da noite eterna. Vejo sobre esta nuvem da esquerda para cima um risco de brilho amarelo na forma de um raio irregular, por trás uma luz vermelha indeterminada na nuvem. Não se movimenta. Debaixo da nuvem vejo deitada uma cobra preta morta, e o raio está cravado em sua cabeça como uma lança. Uma mão, grande como a de um Deus, atirou a lança e tudo ficou rijo qual imagem de brilho sombrio. Seja qual for seu significado! Lembras-te daquele quadro que pintaste há anos em que o homem vermelho-escuro com a cobra branco-preta foi atingido pelo raio de Deus? Lá está dependurado aquele quadro, pois mais tarde pintaste também a cobra morta, e não é que hoje de manhã apareceu-te diante dos olhos um quadro lúgubre, aquele homem com veste branca e rosto negro como uma múmia?' O eu de Jung: 'O que é isso?' Alma: 'Uma imagem de teu si-mesmo'" (*Liber Secundus*, p. 299, n. 199).

(p. 113)
- Figura de um homem arredondado. É a imagem da criança divina e significa a plenitude de uma longa trajetória. Jung assinala que justo quando a imagem estava terminada, em abril de 1919, e a próxima estava sendo iniciada, chegou aquele que trazia o que Jung simboliza por um círculo com um ponto central. Filêmon o havia previsto e Jung lhe denomina Fanes, o Deus que acaba de aparecer. Nas representações clássicas é descrito como o régio, como o deus da beleza e da luz (cf. *LV*, p. 301, n. 211).

Capítulo XVII: "*Nox quarta*"

(p. 115)
- Um personagem com cabeça de animal e chapéu. Epígrafe da imagem: "Isto é o ouro material no qual mora a sombra de Deus" (*Liber Secundus*, p. 302, n. 219).

(p. 117)
- Texto na imagem: "*Atmavictu; iuvenis adiutor* [um jovem ajudante]; Telésforo; *spiritus malus in hominibus quibusdam* [o espírito maligno em alguns homens]. Legenda da imagem: "O dragão quer comer o Sol, o jovem implora que não o faça. Apesar disso, ele o come" (*Liber Secundus*, p. 303, n. 222). Atmavictu aparece pela primeira vez no *Livro Negro* 6, em 1917, mas não é mencionado em *O Livro Vermelho*.

(p. 119)
- Um homem crava uma espada num monstro. Legenda da imagem: "O maldito dragão devorou o Sol, abriram-lhe a barriga com uma faca e agora precisa entregar o ouro do Sol, juntamente com seu sangue. Esta é a volta de Atmavictu, o velho. O senhor que destruía as colinas verdes e vicejantes é o jovem que me ajudou a matar Siegfried" (refere-se ao *Liber Primus*, cap. VII: "O assassinato do herói").

(p. 121)
- Um mandala com uma figura facetada no centro. Legenda da imagem: "XI.MCMXIX. [11.1919]* Esta pedra, de aspecto fascinante, é certamente o *Lapis Philosophorum* [...]" (*Liber Secundus*, p. 305, n. 229). Dura como diamante, se estende no espaço segundo suas quatro propriedades (sic)**, o que obviamente alude à quaternidade alquímica. É invisível e dela fluem as quatro correntes de Aquário. É semente incorruptível, é o princípio que permite que a mônada não se dilua no Pleroma. Obviamente, alude ao homem individuado, que recria o Pleroma em si, sem confundir-se com ele.

(p. 122)
- A cara de um ser com traços humanos e barba volumosa. Legenda da imagem: "4 de dez. MCMXIX*** [1919]. Esta é a parte de trás da joia. Quem está na

---

* Data que faz provável alusão à época da composição da pintura, segundo Sonu Shamdasani [N.T.].

** Que no contexto são largura, altura, profundidade e tempo [N.T.].

*** Também é a provável data da composição da pintura [N.T.].

pedra tem esta sombra. Este é Atmavictu, o velho, depois que se retirou da criação [...]" (*Liber Secundus*, p. 305, n. 231). Como contrapartida da pedra, é onde tudo se dissolve e recomeça; e assim o ciclo homem, Filêmon, Ka etc., volta a se recriar.

(p. 123)
• O homem das páginas 113 e 119, sobre uma espera rega várias plantas que surgem de um monstro. Em suas flores se encontram uns seres pequenos com gorros cônicos. No ângulo superior esquerdo se encontra um palacete. Na imagem está escrita a data, 4 de janeiro de 1920; indica-se que é o sagrado regador da água e que das flores que brotam do corpo do monstro surgem os Cabiros. Não é necessário nos determos na simbologia sobre a qual já comentamos, pois nos deteremos nisso em lugar oportuno.

Capítulo XVIII: "As três profecias"
(p. 125)
• O mesmo homem segura uma jarra sobre sua cabeça. Atrás, um círculo com uma cruz dentro, rodeado de grande fulgor. Embaixo, uma cidade portuária com navios a vela e a vapor, uma torre medieval e um castelo com canhões e soldados. Obviamente, alude às profecias que, em última instância, provêm da voz da profundeza e que começam com a guerra (*Liber Secundus*, p. 306, n. 237).

Capítulo XIX: "O dom da magia"
(p. 127)
• Um círculo dividido em quatro por uma cruz; as divisões ocupadas por um faquir, um homem crucificado, uma árvore cortada e um touro sacrificado. Na inscrição superior se indica: "*Amor triumphat*". Na inscrição inferior se indica que foi terminada a 9 de janeiro de 1921, depois de ter ficado incompleta por nove meses. Expressa o sacrifício quádruplo vinculado às quatro funções.

(p. 129)
• Um dragão riscando o céu se mescla com a luz emanada por um mandala. Embaixo, um homem sobre uma construção levanta os braços.

(p. 131)
• Uma árvore cujos ramos rodeiam um mandala que irradia um grande brilho.

(p. 133)
• A face de um homem realizada de modo semelhante a mosaicos. Acima um círculo e embaixo uma série de signos.

(p. 135)
• Uma grande figura em forma de ovo contém uma árvore cuja copa é um grande círculo irradiante. Em suas raízes podem-se observar cinco seres infernais, embora um ser serpentino e ameaçador pareça ser o principal. O subtítulo da imagem indica que foi terminada a 25 de novembro de 1922. Também menciona que se trata de *Müspilli*, de onde surge um fogo que toma a Árvore da Vida. Alude ao final de um ciclo, o ciclo do ovo do mundo. O inominável deus solitário e estranho o incuba e os novos seres são criados a partir do vapor e da cinza. Na mitologia nórdica *Müspilli* (ou *Muspelheim*) é a terra calorosa, brilhante, cuidada no Sul por Surt, o gigante do fogo. No crepúsculo dos deuses (*Ragnarök*), os filhos de *Müspilli*, guiados por Surt, o gigante do fogo, surgirão e destruirão o mundo pelo fogo.

Capítulo XXI: "O mago"
(p. 154)
• Filêmon com suas asas estendidas, parado sobre o palacete. Num dos lados se vê a serpente enrolada sobre si mesma. Inscrição da imagem: ΠΡΟΦΗΤΩΝ ΠΑΤΗΡ ΠΟΛΥΦΙΛΟΣ ΦΙΛΗΜΩΝ [Pai dos profetas, muito amado Filêmon]. Jung pintou outra versão desta imagem como mural num dos quartos de sua torre em Bollingen. Acrescentou à direita da imagem a seguinte inscrição em latim, tomada do *Rosarium Philosophorum* onde Hermes se refere à pedra com ela dizendo: "Protege-me, e eu te protegerei. Dá-me o que é meu, a fim de que eu te ajude. Pois Sol é meu e seus raios estão no mais íntimo de mim; mas Luna me pertence e minha luz supera toda luz e minhas virtudes são superiores a todas as virtudes. [...] Eu gero a luz, mas a escuridão também pertence à minha natureza. [...] Por isso nada há no mundo de melhor e mais digno de veneração do que minha união com meu Filho"*.

(p. 155)
• Uma pessoa coberta por véus, atrás a Lua. Embaixo, gente observa agitada, menos um que olha de frente. Inscrição na orla da imagem: "*Dei sapientia in mysterio quae abscondita est quam praedestinavit ante saecula in gloriam nostram*

---
* Cf. *LV*, p. 317, n. 282 [N.T.].

quam nemo principium huius secuti cognovit. Spiritus enim omnia scrutatur etiam profunda dei" (1Cor 2,7-10). Jung omitiu a palavra "Deus" antes de "*ante saecula*" e omitiu um trecho. Citamos todo o texto destacando em itálico o trecho mencionado por Jung: "Mas nós falamos *a sabedoria de Deus em mistério, sabedoria escondida, que Deus preordenou antes dos séculos para nossa glória*: a qual nenhum dos príncipes deste mundo conheceu; pois, se a tivessem conhecido, não teriam crucificado o Senhor da glória. Mas, como está escrito: o olho não viu nem o ouvido ouviu, nem penetraram no coração do homem as coisas que Deus preparou para aqueles que o amam. Mas Deus revelou-se a nós por seu Espírito: *pois o Espírito perscruta todas as coisas, até mesmo as profundezas de Deus*". À esquerda a palavra "filha", em árabe. Há uma inscrição em ambos os lados do arco: "*Spiritus et sponsa dicunt veni et qui audit dicat veni et qui sitit veniat qui vult accipiat aquam vitae gratis* ["O Espírito e a esposa dizem: Vem. E aquele que ouve diga: Vem. E aquele que tem sede venha. E quem quiser receba de graça a água da vida"] (Ap 22,17). Uma inscrição na parte superior do arco reza: "*Ave Virgo virginum*" ["Ave, Virgem das virgens"], título de um hino medieval que remonta ao século XII.

(p. 159)
• Jung descreveu esta imagem como uma flor luminosa no meio com estrelas girando ao redor. Em torno da flor há paredes com oito portões. Trata-se de uma espécie de janela transparente. Na legenda da imagem se indica que foi realizada a 9 de janeiro de 1927, data do falecimento de seu amigo Hermann Sigg, na idade de 52 anos.

(p. 163)
• Jung assinalou que, quando, em 1928, desenhou esta imagem que mostra o castelo dourado bem fortificado, Richard Wilhelm lhe enviou *O segredo da flor de ouro*. Jung acrescenta: "*Ecclesia catholica et protestantes et seclusi in secreto. Aeon finitus*" (A Igreja Católica e os protestantes envoltos em segredo. O fim de um éon". *Liber Secundus*, p. 320, n. 307. Obviamente, esse texto será a chave para seu estudo da alquimia e marcou o começo do fim de seu trabalho em *O Livro Vermelho*.

(p. 169)
• À esquerda um mandala irradiante e ao redor numerosos rostos humanos, aparentemente apenas masculinos. Quando mais distantes, menos definidos e, além disso, tomam traços cadavéricos.

2

Liber Primus

O caminho daquele que virá

O *Liber Primus*, intitulado 'Der Weg des Kommenden' (O caminho daquele que virá), registra as experiências vividas por Jung entre 12 de novembro e 25 de dezembro de 1913, e seus comentários posteriores. Foi escrito primeiramente em pergaminho e posteriormente incorporado ao caderno de capa vermelha. As ilustrações se limitam a iniciais historiadas e pequenas imagens que contêm símbolos, mas que descrevem – de um modo mais realista ou alegórico do que o *Liber Secundus* – as visões narradas no texto.

O livro consta de onze capítulos precedidos por uma espécie de "Prólogo", no qual Jung assinala como se lhe impôs o 'espírito da profundeza' que anuncia o 'caminho daquele que virá', isto é, o 'suprassentido' como imagem do 'Deus que virá'. Como já assinalamos, cada capítulo de *O Livro Vermelho* consta de duas partes: a primeira descreve as visões e a segunda consiste em comentários e reflexões que interpretam as experiências simbólicas, seja num registro conceitual ou num registro poético próximo à inspiração profética de toda a obra[1]. Para tornar a leitura mais leve e a compreensão mais fácil, aproximamos os comentários de Jung a suas visões, sem indicar a mencionada subdivisão de cada capítulo. Contudo, em nosso percurso, distinguimos claramente as visões de Jung, seus próprios comentários e nosso próprio esforço de compreensão.

Advertimos anteriormente que proporemos esquemas, diagramas e quadros tão somente para guiar inicialmente o leitor, pois o texto apresenta numerosos matizes não redutíveis a formato algum. Com tal ressalva, dividimos o "Prólogo"

---

[1] Tenha-se em conta, contudo, que em alguns casos a segunda parte inclui visões e a primeira, reflexões.

mais os onze capítulos do *Liber Primus* nos seguintes quatro 'momentos', aos quais atribuímos títulos:

PRIMEIRO MOMENTO – PRÓLOGO: O ANÚNCIO DO ESPÍRITO DA PROFUNDEZA: O DEUS QUE VIRÁ.

Frente ao 'espírito dessa época' que persegue a utilidade, o valor e a justificação, o 'espírito da profundeza' anuncia o 'suprassentido', caminho para o que virá e imagem do 'Deus que virá'.

SEGUNDO MOMENTO – DO SEU 'ENCONTRO COM A ALMA' ATÉ SUA IDA AO DESERTO (CAPS. I-IV).

O espírito da profundeza obriga Jung a falar com sua alma, esquecida por ele ter dirigido até agora seu desejo apenas ao exterior, às coisas, aos homens e ao pensamento. Finalmente, sua alma o leva ao deserto, seu 'si-mesmo', e nessa 'pobreza de espírito' sua alma desperta de uma existência de sombra para se transformar na própria vida e apresentar-se com palavras duras e curadoras. Deve-se abandonar a astúcia própria do espírito dessa época em prol da sábia simplicidade. Assim, o deserto enverdece.

TERCEIRO MOMENTO – TRATA DA DESCIDA AO INFERNO, DA 'MORTE E RESSURREIÇÃO DO HERÓI' E DA CONCEPÇÃO DO DEUS (CAPS. V-VIII).

A partir de uma visão assustadora que lhe é dada pelo espírito da profundeza, em sucessivas experiências, Jung antecipa aquilo que é exigido pelo espírito da profundeza; o assassinato ou, em última instância, o sacrifício do herói loiro, de Siegfried, e da imitação de um Deus exterior que reúne o belo e o bom, em prol do nascimento, em seu interior, de um Deus ambivalente que reúne em si o feio-belo, mau-bom etc.

QUARTO MOMENTO – RELATA O *MYSTERIUM*, SEU PRIMEIRO ENCONTRO COM ELIAS, SALOMÉ E A SERPENTE, E FINALIZA COM UMA PECULIAR CRUCIFICAÇÃO 'MITRAICA' DE JUNG (CAPS. IX-XI).

Elias aparece como o pai de Salomé, e ela declara seu amor a Jung. Por certo, Elias representa um *Logos* superior, e a cega Salomé, um *Eros* inferior sob a forma do 'prazer'. O *Mysterium* mostra um processo de integração do *Eros* com o apoio do *Logos*, bem como uma primeira conexão com os aspectos obscuros, e ao mesmo tempo eficazes, da psique, representados pela serpente. Contudo, o mistério apenas prefigura o que deverá realizar.

O seguinte diagrama sintetiza sinopticamente todo o processo:

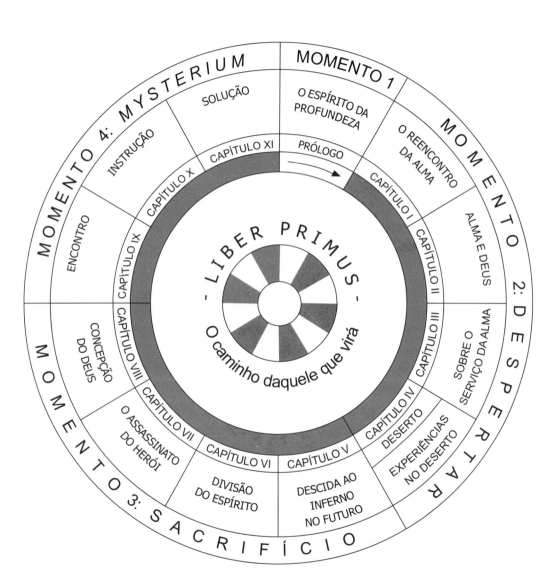

A seguir desdobramos num quadro concêntrico as situações e ideias principais do *Liber Primus*:

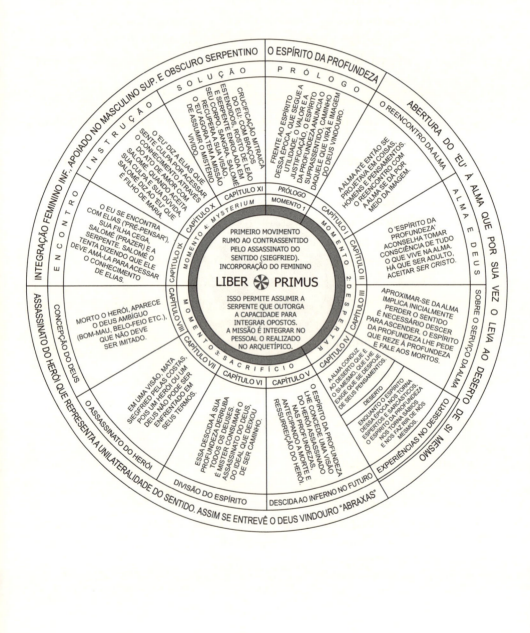

Primeiro momento: O espírito da profundeza

Sobre o 'prólogo'

O "Prólogo" contém a concepção central de todo o *Liber Novus*, pois aquele que há de vir é o 'Deus vindouro'*, esse Deus que concilia e tensiona todos os opostos e que há de nascer em cada homem. Jung se apresenta como uma espécie de vate** que recorda que sua mensagem provém do 'espírito da profundeza' e não do 'espírito dessa época'. Assim, expressamente, renuncia a escrever um discurso científico atrelado ao paradigma de nossa época, pois fazê-lo implicaria renunciar à própria mensagem. É necessário recorrer a essa voz insondável do espírito da profundeza, pois é ele que guarda em seu seio o segredo transformador. Observe-se que, à diferença de supostas e vazias revelações *New Age*, neste caso o espírito da profundeza irrompe convidando a uma transformação que torne possível acessar essa revelação. Em outras palavras, uma revelação consiste, precisamente, em ser transformado por uma mensagem e em receber a instrução para dar lugar a essa revelação, e não na recepção passiva de uma mensagem complacente ou aterradora. Mas há mais; o espírito da profundeza não apenas transforma com a sua aparição, mas também, e fundamentalmente, convida – e às vezes obriga – a determinadas ações e atitudes, pois só assim a revelação poderá ser compreendida e assumida.

Personagens principais: Eu – Espírito dessa época – Espírito da profundeza.

Síntese: Frente ao espírito dessa época, que segue a utilidade, o valor e a justificação, o espírito da profundeza anuncia o suprassentido, caminho daquele que virá e imagem do 'Deus vindouro'.

As quatro epígrafes do *Liber Primus* constituem o umbral simbólico que orienta inicialmente nossa leitura, ou seja, elas nos ajudam a suspeitar o que significa 'o caminho daquele que virá'.

Trata-se, como assinalamos mais acima, de quatro textos bíblicos: três de Isaías e um de São João. Se articulamos as epígrafes entre si, elas parecem sugerir que a profecia – e aquilo que ela anuncia – tem as seguintes características:

1) É inesperada e desprezível. Está ali onde não é aguardada e é desprezível porque se apresenta como algo nada estimável para o marco dos valores socialmente vigentes (Is 53,1-6).

---

* Nas palavras de Nante, no original: *Deus venidero* [N.T.].
** Visionário, profeta ou poeta [N.T.].

2) É como um menino. Sua natureza é maravilhosa, obstinada, e está prenhe de um futuro insuspeito (Is 9,5-6).
3) Encarna-se no homem, em cada homem (Jo 1,14).
4) Constitui uma promessa de plenitude messiânica (Is 35,1-8).

Se unirmos essas quatro ideias, poderíamos assinalar que a profecia anuncia algo inesperado e aparentemente desprezível, prenhe de um futuro insuspeito, que se encarna em cada homem como uma promessa de plenitude messiânica.

É provável que o capítulo V de *Tipos psicológicos*, cuja primeira edição é de 1921, tenha-se inspirado diretamente em algumas passagens iniciais de *O Livro Vermelho*[2]; de fato, aquilo que no texto teórico aparece como 'símbolo' corresponde em boa medida à imagem do Deus vindouro, o 'suprassentido'.

Vejamos com mais detalhe cada uma destas questões. Comecemos com o primeiro texto, Is 53,1-6:

> Quem deu crédito a nossa notícia: E o braço do Senhor, a quem se revelou? Cresceu diante dele como um rebento, como raiz de terra árida. Não tinha aparência nem presença; (o vimos) e não tinha aspecto que pudéssemos estimar. Desprezível e dejeto de homens, homem de dores e conhecedor de enfermidades, como alguém ante o qual se desvia o rosto, desprezível, e não o levamos em conta. E, contudo, eram nossas enfermidades que ele levava e nossas dores que ele suportava! Nós o tínhamos como açoitado, ferido de Deus e humilhado[3].

Não pretendemos nos deter nas inúmeras conotações bíblicas de Is 53, um dos capítulos mais importantes e complexos e, talvez, a maior referência ao messias em todo o Antigo Testamento. Isaías é o 'profeta messiânico', por mais que esse texto não seja atribuível ao Isaías do século VIII a.C., mas ao chamado Dêutero-Isaías do século VI a.C.[4]. O Messias de Isaías não vem como esperado pelo povo de Israel,

---

[2] Como escreveu S. Hoeller, em *Jung el Gnóstico y los Siete Sermones a los Muertos* (Madri: Héptada, 1999, p. 38) e é reiterado por S. Shamdasani (*LV*, p. 255, n. 241), G. Quispel assinalou que Jung informou ao poeta Adrián R. Holst que havia escrito *Tipos psicológicos* sobre a base de umas trinta páginas de *O Livro Vermelho*. Sonu Shamdasani conjectura que Jung provavelmente se referia aos três últimos capítulos do *Liber Primus*, relacionados com o *Mysterium*, e acrescenta que o tema parece estar mais diretamente relacionado com o capítulo V, "O problema do tipo na arte poética", onde o símbolo aparece como meio para conciliar funções opostas.

[3] Neste caso traduzimos diretamente do latim a versão da *Vulgata* latina consignada no *Liber Novus*; mas, em geral, para os textos bíblicos ajustamo-nos à *Bíblia de Jerusalém* [São Paulo: Paulus, 2016].

[4] Não podemos entrar nas complexidades próprias de Isaías. Para uma primeira introdução acessível e uma bibliografia sobre o tema, cf. GITAY, Y. "Isaiah". In: JONES, L. (org.). *Encyclopaedia of Religion*. Nova York: Macmillan/Thomson Gale, 2005, vol. 7, p. 4.545-4.551.

vem sem beleza externa, e será descartado e desprezado e, por certo, não será acreditado. Assim, por exemplo, em Jo 12,37-41, lemos:

> [...] a fim de se cumprir a palavra dita pelo Profeta Isaías [...] Quem creu em nosso anúncio [...]?

Jung cita os primeiros três versículos deste texto em *Tipos psicológicos*[5], em relação com a natureza do símbolo que aparece onde não se espera. De alguma maneira, o que nesta obra aparece como 'símbolo' corresponde em boa medida ao 'suprassentido', imagem do Deus vindouro:

> O nascimento do Salvador, isto é, o aparecimento do símbolo, acontece justamente onde não é esperado e exatamente onde a solução é a mais improvável.

O segundo texto, Is 9,5-6, reza assim:

> Porque um menino nos nasceu, um filho nos foi dado, ele recebeu o poder sobre seus ombros, e lhe foi dado este nome: Conselheiro-maravilhoso, Deus-forte, Pai-para-sempre, Príncipe-da-paz.

Na mesma obra de Jung, e quase que na sequência, aparece a passagem anterior acompanhada de um comentário que consignamos parcialmente:

> A natureza do símbolo redentor é a de uma criança, isto é, a atitude de criança ou atitude não preconcebida faz parte do símbolo e de sua função[6].

Mas, em *Tipos psicológicos*, Jung intercala – entre os dois textos antes mencionados – a conhecida passagem de Is 2,6, onde se apresenta a promessa escatológica ("Então o lobo morará com o cordeiro [...]") como uma 'unificação dos opostos'. Este texto não figura como epígrafe do *Liber Novus*, mas a ideia central de promessa escatológica e de redenção de opostos aparece expressa na quarta epígrafe, Is 35,1-9, que Jung menciona, precisamente – juntamente como Is 2,6 – em um texto tardio, *Mysterium Coniunctionis*, como um estado de completude messiânica, caracterizado por uma conciliação de opostos que, a partir do ponto de vista psicológico, corresponde a uma conciliação das forças destrutivas e criativas do inconsciente[7]. Assim, no quarto texto, lemos:

---

[5] OC 6, § 484s.

[6] OC 6, § 491.

[7] OC 14, § 258.

> Alegrem-se o deserto e a terra seca, rejubile-se a estepe e floresça; como o narciso, cubra-se de flores, sim, rejubile-se com grande júbilo e exulte. Então se abrirão os olhos dos cegos, e os ouvidos dos surdos se desobstruirão. Então o coxo saltará como o cervo, e a língua do mundo cantará canções alegres, porque a água jorrará do deserto, e rios, da estepe. A terra seca se transformará em brejo, e a terra árida em mananciais de água. Onde repousavam os chacais surgirá campo de juncos e de papiros. Ali haverá uma estrada – um caminho que será chamado caminho sagrado. O impuro não passará por ele. Ele mesmo andará por esse caminho, de modo que até os estultos não se desgarrarão (Is 35,1-8).

É significativo que este texto aluda ao deserto, pois, como já adiantamos, a alma, no *Liber Primus*, leva o eu ao deserto do 'si-mesmo' – movimento inexorável de despojamento –, à aridez interior, até que tudo enverdeça. Nesta passagem de *Mysterium Coniunctionis*, se assinala que este lugar em que os opostos se conciliam não é o paraíso, mas o deserto, o lugar do abandono e da solidão.

O terceiro texto é o celebérrimo Jo 1,14, que, pelo contexto, parece aludir ao 'deus vindouro' que se deve encarnar em cada um:

> E a Palavra se fez carne, e habitou entre nós; e nós vimos a sua glória, glória que Ele tem junto ao Pai como Filho único, cheio de graça e de verdade.

As epígrafes nos prepararam para anunciar algo insólito. Isso implica, em primeiro lugar, uma ruptura com o modo habitual de viver e de pensar que corresponde ao que o *Liber Novus* denomina o espírito dessa época. O 'espírito dessa época' que domina o 'humano' em nós, quer dizer, o que psicologicamente poderíamos denominar o 'eu', está determinado pela utilidade, pelo valor e pela justificação[8]. Por isso, não é pela via da 'justificação' do discurso racional que se pode apresentar o que se anuncia. Para dizê-lo em termos não empregados no *Liber Novus*, não é um *Logos* que pode dar conta da mensagem, mas sim um *mythos*,

---

[8] Como indicado por Sonu Shamdasani (cf. *LV*, p. 230, n. 8), existem ecos nietzscheanos em *O Livro Vermelho* que em alguns casos transparecem na terminologia. Tal é o caso, p. ex., de "passar ao outro lado" (*hinübergehen*). Mas é possível notar outro eco de Nietzsche no fato de uma das determinações do espírito dessa época ser o 'útil'. Com efeito, encontramos uma crítica a essa ideia do espírito dessa época que se fundamenta sobre o valor da utilidade já em Nietzsche, quando, rastreando a gênese da moral, se detém em Herbert Spencer. O filósofo inglês estaria encarnando, por certo, esse utilitarismo que Jung atribui ao espírito dessa época. É interessante que Nietzsche assinale que é uma 'explicação' falsa, mas por completo 'razoável' e 'psicologicamente sustentável'. Em termos de Jung tem realidade psíquica, cf. NIETZSCHE, F. *La Genealogía de la Moral*. Buenos Aires: Alianza, 2008, p. 39.

um 'mito', pois este último não é um discurso que se impõe arbitrariamente, mas uma Palavra que orienta nosso olhar para além das palavras[9].

O *Liber Novus* diz que há outro espírito que domina a profundeza de nossos tempos. Esse é o 'espírito da profundeza' que arranca Jung de sua fé na ciência e nos ideais de nossa época, e o leva às coisas últimas e mais simples. Por certo, na expressão 'espírito dessa época' pode haver uma referência ao *Fausto* I de Goethe. Quando Wagner – o discípulo submetido a convencionalismos – exalta o 'espírito das eras', Fausto replica:

> O que chamais de espírito de outrora
> É o espírito que em vossas testas mora,
> No qual o outrora está se refletindo.
> E quanta vez é uma miséria vil!
> A gente de vós foge enjoada;
> De trastes uma alcova e de lixo um barril.
> E, quando muito, alguma fantochada,
> De axiomas de pragmática, fanecos*,
> Como convém aos lábios de bonecos[10].

Recordemos que Goethe parece opor-se a certa literatura de seu tempo, que com a expressão *Zeitgeist* ('espírito do tempo') hipostasiava em uma realidade última, tendências individuais ou sociais.

O termo que, em boa medida, Hegel pôs em circulação foi cunhado por Herder com o fito de traduzir a expressão latina *genius saeculi*[11], porém, neste autor, nem sempre é claro se se trata de um uso metafórico para referir-se ao 'temperamento' de uma sociedade ou se alude a um conceito transcendente[12]. O termo

---

[9] Por certo, a obra teórica junguiana recolhe a cada passo o sentido instaurador do 'mito'. Lembremos também a célebre passagem inicial de *Memórias*, onde Jung assinala que: "O que se é segundo a intuição interna, e o que o homem parece ser *sub specie aeternitatis* só se pode expressar mediante um mito. O mito é mais individual e expressa a vida com mais exatidão que a ciência", p. 16. Para uma aproximação instauradora que a esta altura podemos considerar 'clássica', cf. ELIADE, M. *Mito y realidad*. Madri: Guadarrama, 1973.

* Sem viço, murchos [N.T.].

[10] GOETHE, J.W. *Fausto*. Madri: Cátedra, 1987, v. 577s. [A versão a que recorremos aqui é a já clássica tradução brasileira de Jenny Klabin Segall. 34. ed., p. 79].

[11] Herder forja o termo quando traduz a obra *Genius saeculi* de Christian Adolph Klotz.

[12] Cf. BARNARD, F.M. *Herder on Nationality, Humanity and History*. Montreal/Londres: McGill/Queen's University Press, 2003, p. 26.

Zeitgeist ou *Geist der Zeit*, traduzido, em geral, como 'espírito da época', aparece em várias ocasiões na obra teórica junguiana. Vamos nos limitar a uma referência que se encontra em "O problema fundamental da psicologia contemporânea", onde claramente podemos perceber uma tomada de posição teórica próxima, ainda que muito matizada, ao *Liber Novus*:

> O espírito da época não se enquadra nas categorias da razão humana. É uma propensão, uma tendência sentimental que, por motivos inconscientes, age com soberana força de sugestão sobre todos os espíritos mais fracos de nossa época e os arrasta atrás de si[13].

A isso acrescenta que pensar de modo diverso é ilegítimo e incômodo, e que assim como antes se dava por suposto que tudo provinha da vontade criadora de Deus, agora – a partir do século XIX – se sustenta que tudo procede de causas materiais:

> Se tivéssemos consciência do espírito da época, reconheceríamos nossa tendência a buscar explicações de preferência no âmbito físico, pela razão de que no passado se recorreu abusivamente ao espírito como fonte de explicação[14].

Por isso, o 'espírito da época' é, para Jung, um preconceito tão essencial que não é possível abordar o problema da alma sem entrar nele. De fato, o termo teórico junguiano que melhor convém a este espírito da época é o de 'consciência coletiva'. A 'consciência coletiva' é a estrutura psíquica constituída por um conjunto de valores, normas, preconceitos, costumes e tradições que condicionam o 'eu' afetiva e cognitivamente. Sem dúvida, como assinala Jung, o peso da consciência coletiva é maior entre as pessoas com menor acesso a seus fatos interiores e que mais se separaram de sua vida instintiva[15]. Por isso Jung insiste que:

> [...] dificilmente podemos evitar a conclusão de que entre a consciência coletiva e o inconsciente coletivo há uma distância quase intransponível no meio da qual está o sujeito[16].

A consciência coletiva, com seus conceitos gerais 'razoáveis', domina de tal modo nossa psique na atualidade, que não captamos que o essencial de nossa realidade – excluído de nossa percepção e cuidado – se manifesta destrutivamente.

---

[13] OC 8/2, § 653.

[14] Ibid., § 657.

[15] Cf. "Considerações teóricas sobre a natureza do psíquico" [in: OC 8/2], § 405.

[16] Ibid., § 423.

Assim, no *Liber Novus*, o exemplo histórico concreto é a Primeira Guerra Mundial; mas, no texto mencionado, Jung se surpreende pelo fato de o terrível acontecimento em Hiroshima ter disseminado um respeito quase reverencial pelas constatações mais abstrusas da física.

Mas não gostaríamos de deixar de lado que Jung está falando *desta* época, *deste* tempo, e que o termo que se utiliza no *Liber Novus* é 'espírito dessa época'. E uma característica fundamental *deste* tempo é, precisamente, a dessacralização que o homem contemporâneo vive como um sintoma de divisão da consciência, pois uma coisa é o que se conhece e outra o que se crê:

> A cisão entre fé e saber é um sintoma da cisão da consciência que caracteriza o estado de perturbação espiritual da época moderna. É como se duas pessoas diferentes professassem afirmações sobre um mesmo fato, cada um sob o seu próprio prisma, ou então como se uma mesma pessoa projetasse uma imagem de sua experiência em dois estados psíquicos diferentes[17].

O problema particular deste tempo é essa cisão que exige de cada um de nós uma obra maiúscula de redenção, de união de opostos, sob pena de que tal divisão se transforme numa catástrofe. Em tempos antigos, o acesso ao rito e ao símbolo permitia, até certo ponto, aliviar essa distância.

A realização do anúncio fundamental do 'espírito da profundeza', ou seja, o suprassentido, requereria a abertura ao mundo simbólico que espontaneamente se dá na psique.

As ideias essenciais deste "Prólogo" poderiam ser resumidas no seguinte esquema:

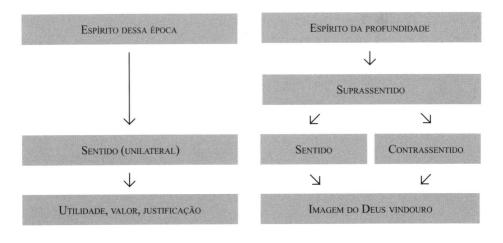

---
[17] *Presente e futuro* [OC 10/1], § 552.

O espírito da profundeza separa o 'eu' da fé na ciência e, em geral, nos ideais deste tempo. Ao retirar sua energia psíquica destes ideais, inevitavelmente se reverte ao simples e, de certo modo, ao último. Estas duas ideias se relacionam, pois a energia psíquica se reverte sobre o próprio sujeito e, se o 'eu' toma a atitude correta – uma atitude de aceitação, de entrega –, a energia psíquica anima o fundo da psique, se se quiser, o si-mesmo. Para isso será necessário que vá ao 'deserto' do 'si-mesmo', segundo veremos no capítulo IV.

Deve-se compreender claramente que aqui o 'sentido' se refere àqueles valores e princípios vigentes, e o 'contrassentido', a seu oposto. A sabedoria anunciada aspira a 'passar ao outro lado', sem perder de vista o ponto de partida, isto é, o passo do 'sentido' ao 'contrassentido', e do 'contrassentido' ao 'sentido'. Basicamente, se o 'sentido' é, por exemplo, a razão ou 'o racional', o 'contrassentido' será seu oposto, se se quiser, o 'não racional', para não utilizar o termo 'irracional'[18]. Neste movimento, nesta tensão e síntese entre 'sentido' e 'contrassentido', se descobre o 'suprassentido', imagem de Deus. Por certo, se o Deus for concebido sobretudo como racional, belo e bom, o não racional, feio e mau será seu contrassentido, e o suprassentido será o Deus bom-mau e belo-feio, sua imagem mais completa. O sem-sentido surge quando o sujeito se unilateraliza, seja no sentido ou no contrassentido. Não podemos estabelecer uma lista exaustiva ou fixa destes opostos, pois são os que vão determinando-se de acordo com a cultura e a situação pessoal de cada um. Aqui surge uma síntese fundamental; se em tempos arcaicos Deus ou o transcendente eram concebidos como realidades concretas e, em tempos atuais, devido a um processo abstrativo crescente, estas realidades se diluíram e perderam peso espiritual, o renascimento do divino deve ocorrer nesse nível intermediário de realidade anímica, na psique. Daí que o suprassentido possa transcender o psíquico, mas sempre a partir de uma tomada de consciência de sua recuperação.

---

[18] Não podemos nos deter na complexa questão referente às múltiplas acepções dos termos 'racional' e 'irracional' que, sem dúvida, são correlatos. O próprio Jung em *Tipos psicológicos* [OC 6], § 867, adverte que utiliza o termo 'irracional' não com o significado do contrário à razão (*Widervernünftigen*), mas como aquilo que está fora da razão (*Ausservernünftigen*). Para nossos propósitos, basta compreender que as concepções predominantes de racionalidade, relacionadas particularmente com o pensamento científico, são as que, de fato, constituem a base do 'sentido'. Certamente tais concepções não são unívocas e tampouco estáticas, mas se pode aceitar, a partir do ponto de vista antropológico e social, que há uma mentalidade que predomina em cada época. Essa mentalidade, que corresponde à consciência coletiva, constitui o 'sentido'.

Conciliação de opostos no suprassentido e dissociação em sua sombra, o sem-sentido.

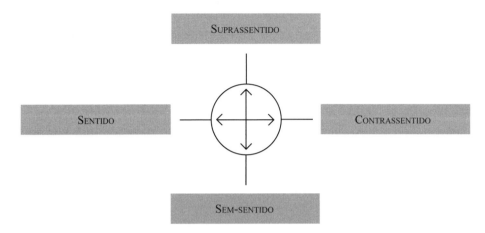

Sabe-se que na teoria junguiana a *imago dei*, a 'imagem de Deus', é símbolo do si-mesmo. Mas isso não nos deve fazer crer que o si-mesmo seja uma realidade psíquica de fácil acesso, pois, ainda que aceitando esta concepção, nosso 'eu' é uma parte do si-mesmo, embora nem sempre seja consciente disto.

Como o suprassentido é a fusão dos opostos, ocorre o paradoxo de que sua sombra, o sem-sentido, se lhe opõe e, contudo, faz parte dele. Encontramos este mesmo paradoxo formulado por Jung em sua obra teórica a respeito do si-mesmo:

> A totalidade da alma, isto é, o si-mesmo, representa uma conjunção de opostos. Sem sombra tampouco o si-mesmo é real[19].

Em seu correlato teológico, se Cristo é um paralelo ao fenômeno psíquico do si-mesmo, o anticristo corresponde à sombra do 'si-mesmo', ou seja, a metade obscura da totalidade humana. Mas o homem total reúne ambos os opostos em uma unidade paradoxal[20].

Isso permite compreender que o espírito dessa época possa reconhecer a grandeza e a extensão do suprassentido, mas não sua pequenez. Por isso teve de tragar a bebida amarga do repugnante e do pequeno, do contrassentido dos valores reconhecidos de grandeza e heroicidade.

O espírito da profundeza é o que lhe dá a palavra e o obriga a falar. Mas no campo da palavra está o esperto espírito dessa época que lhe pergunta qual é a

---

[19] *Um mito moderno sobre coisas vistas no céu* [OC 10/4], § 640.

[20] Cf. *Aion* [OC 9/2], § 76.

necessidade que o força a dizer estas coisas. Precisamente, o espírito da profundeza lhe ensina que é mister compreender e não explicar; a compreensão é possibilidade de retorno à vida do suprassentido, enquanto a explicação é capricho e assassinato. Já explicamos na primeira parte esta distinção, mas recordemos sinteticamente que 'compreender' alude a uma apreensão 'sintética' – se se preferir, 'holística' – e, por isso, se aplica a experiências ou a suas tentativas de objetivação, enquanto 'explicar' implica, em troca, uma apreensão de relações, de causas, e sua modalidade é analítica e abstrata. Apegar-se à explicação de algo que só pode ser compreendido significa afastar-se de sua compreensão. O suprassentido não pode ser explicado, mas pode ser compreendido, pois é com a totalidade da vida que se o compreende. Daí que o homem vindouro, o homem convocado ao suprassentido, só possa acessá-lo mediante o sacrifício, pois somente o sacrifício rompe as cadeias de aço do espírito deste tempo. Esse sacrifício consiste em ir ao deserto, mas em vez de ir ao deserto físico como os antigos, trata-se de ir ao deserto interior.

Houve sinais que ajudaram o 'eu' a compreender que esse espírito da profundeza era quem governava a profundeza dos acontecimentos do mundo. Tais experiências aconteceram em outubro de 1913, quando ele teve as visões de que um grande dilúvio cobria todos os países nórdicos e baixos, entre o Mar do Norte e os Alpes. Tal inundação abarcava desde a Inglaterra até a Rússia, e desde as costas do Mar do Norte quase até os Alpes. As visões foram aterradoras, pois consistiram numa terrível devastação e na morte de milhares de homens. Na segunda ocasião, uma voz lhe assegurou que isso ocorreria de tal modo. Tais visões o confundiram e o fizeram temer que se tratasse do prelúdio de uma psicose[21]. Também teve visões de um mar de sangue sobre os países do Norte. Mas em 1914 três sonhos se sucederam: o primeiro no início de junho, o segundo no fim desse mesmo mês e o terceiro, em julho. Estava num país desconhecido e, de repente, durante a noite e em pleno verão, sobreveio um intenso frio que provinha do espaço e congelava mares, rios e toda a vegetação. O segundo sonho foi similar e, no terceiro, se encontrava na Inglaterra quando se viu obrigado a voltar às pressas para casa, de barco. Uma vez em casa, constatou que, em pleno verão, tudo havia congelado devido a um frio incomum proveniente do espaço. Também havia ali uma árvore com folhas, mas sem frutos que, devido à geada, tinham-se transformado em uvas doces repletas de um suco medicinal que Jung entregava a uma multidão expectante.

---

[21] Jung menciona estas visões em *Recuerdos* [*Memórias, sonhos, reflexões*], p. 179, em seus *Seminários sobre psicologia analítica* de 1925 (Petrópolis: Vozes, 2014, p. 79-81) e numa conversa com Mircea Eliade (cf. SHAMDASANI, S. In: *LV*, p. 231, n. 16).

Estes fatos se confirmaram mais tarde, pois, efetivamente, quando começou a Grande Guerra, Jung se encontrava na Escócia e se viu obrigado a voltar de barco o mais rapidamente possível. Por certo, o resto corresponde ao plano simbólico; o frio da guerra e os frutos da árvore são, em boa medida, as mensagens do *Liber Novus*. Não obstante, assinala Jung, esses frutos deixam sabor de sangue na língua.

Qual é a natureza desta bebida: Qual é a natureza desse ensinamento: Qual é o caminho?

1) O ensinamento não é uma doutrina nem uma instrução. Jung não é nem um salvador, nem um legislador, nem um educador.

2) O caminho é de cada um, pois em nós está o caminho, a verdade e a vida.

3) O caminho não está nos deuses, tampouco em doutrinas ou em leis.

4) Os indicadores do caminho se perderam, e inúmeras sendas se desdobram diante de nós.

O homem já não pode ser tratado como menino ou ovelha e deve atrever-se a seguir seu próprio caminho. No *Esboço*, se assinala que não se deve fazer da ovelha um homem, mas um homem da ovelha; mas o médico de almas trata o homem como doente e o pastor de almas, como ovelha[22].

Encontramos uma ideia semelhante num texto de 1932, intitulado "Relações entre a psicoterapia e a direção espiritual":

> [...] tanto o médico como o diretor espiritual se acham presentes, mas de mãos vazias [...][23].

Pois bem, como já observamos na primeira parte, esta proposta, longe de ser individualista, permite que o indivíduo encontre ou reencontre a sua comunidade e a ame. Pois este caminho é individual, mas os homens compreenderão a similitude de seus caminhos. Em troca, quando o homem se vê submetido a leis e doutrinas, se torna solitário – ou se se preferir, isolado – tornando-se hostil e venenoso.

Há então uma recomendação fundamental:

> *Dai, portanto, a dignidade à pessoa e permiti que fique só, a fim de que encontre sua comunidade e a ame* (LV, p. 231 [itálicos de Jung]).

Trata-se de confiar em que o próprio curso da vida, isto é, a aceitação da vida psíquica em seu conjunto, permita encontrar o caminho. Por outro lado, é mister aceitar a sombra, a desvalia, a fealdade como partes constituintes da vida em cada um e em todos nós. Tal aceitação paciente inicia 'o caminho daquele que virá'.

---

[22] Cf. *Esboço*, p. 1. Apud: *LV*, p. 231, n. 28.

[23] "Relações entre a psicoterapia e a direção espiritual" [in: OC 11/6], § 506.

Segundo momento: Despertar (caps. I-IV)

Capítulo I – O reencontro da alma

12 de novembro de 1913

PERSONAGENS PRINCIPAIS: 'Eu' – Espírito da profundeza.
SÍNTESE: A alma até então se projetava em coisas, homens e pensamentos. O reencontro com a alma se realiza por meio da imagem.

A inicial historiada que abre este capítulo inclui uma pomba em voo, possível alusão à alma. Como se verá, a alma aparecerá mais adiante, às vezes como pomba[24] e, mais amiúde, como serpente. Pode-se dizer, a partir de certo ponto de vista, que é a mesma alma serpente-pássaro; e, a partir de outro, que reflete a dualidade alma ctônica (serpente) – alma celestial (pássaro). Mais ainda, a alma aparecerá também como tripla: alma terrestre-alma humana (correspondente ao 'eu')-alma celestial.

Jung explica os antecedentes de seu encontro, na verdade, de seu 'reencontro' com a alma. Em outubro de 1913, talvez no dia 17 desse mês, tem a visão da devastação da Europa. A esta experiência interior que manifesta um paralelismo com a psique coletiva, se agregam ao menos duas situações pessoais fundamentais:

1) Sua separação definitiva de Freud. De fato, a 27 de outubro de 1913, Jung escreve uma carta a Freud em que rompe sua relação com ele e renuncia ao posto de editor do *Jahrbuch für Psychoanalytische und Psychopathologische Forschungen*[25]. Nesta carta, Jung lamenta ter se inteirado por terceiros – neste caso, Maeder – de que Freud duvidava de sua boa-fé. Esse fato, que motiva sua renúncia, é relevante para compreender as circunstâncias dolorosas e a situação de isolamento em que se encontrava; mas, por certo, estas não podem ser dissociadas da controvérsia teórica motivada, fundamentalmente, pelo livro de Jung *Transformações e símbolos da libido*.

2) Jung, com 38 anos de idade, vive sua crise da metade da vida. Já havia alcançado fama, poder, riqueza e saber, mas cessa seu anseio de continuar acumulando esses bens, e essa felicidade humana não lhe basta. Na verdade, é o

---

[24] Sobre a pomba na alquimia, cf. OC 14/1, § 78.

[25] Cf. OC D. Epistolário, *Correspondencia Freud/Jung*, carta classificada como 357J.

mesmo anseio, a mesma direção da energia psíquica que se dobra sobre si e, num primeiro momento, a vida se lhe obscurece. O desafio consiste em aprofundar nesse obscurecimento.

Sua experiência começa com um chamado a sua própria alma. Esse chamado é o anúncio de um retorno, de uma volta a sua origem, a seu fundamento. E embora ele traga à alma o 'ruído do mundo' próprio de sua vida mundana, também lhe transmite que uma coisa aprendeu, ou seja, que esta vida é o caminho para o que chamamos divino. Ademais, é evidente que a vida passa pela alma, pela recuperação da alma. Esta recuperação requer uma ascensão que começa por um descenso, isto é, uma ascensão à solidão[26].

Por certo, é o espírito da profundeza que o obrigou a este reencontro com sua alma. Como psicólogo e psiquiatra, estudava a alma segundo uma abordagem científica, a qual o havia levado a pensar e falar muito sobre ela, mas no marco de uma abordagem redutiva. Para sair dessa disposição, devia compreender que sua alma não é objeto de seu saber, mas sim que seu saber é objeto de sua alma.

Para poder recuperar a alma, é mister reconhecer a 'realidade psíquica' e isso não é uma petição de princípio, mas sim um movimento empírico. Quer dizer, enquanto hipótese, a 'realidade psíquica' é um enunciado teórico, mas seu reconhecimento constitui um convite a abrir-se a uma experiência de tal realidade.

Este movimento permite perceber que não é o 'eu' quem outorga consistência à alma, mas sim a alma a que outorga consistência ao 'eu'. Quando o anseio se afasta das coisas externas – sejam 'coisas' ou homens – e se reverte sobre si, o homem encontra sua alma; mas, se isso não acontece, um grande vazio corromperá sua existência e ele sairá desesperadamente a buscar sua alma fora. A alma está projetada nas coisas e nos homens, mas o homem cego não vê a alma, mas apenas homens e coisas, objeto de seu anseio. É como se o anseio o possuísse, ao invés de ele possuir o anseio que é "[...] imagem e expressão de sua alma" (*LV*, p. 232).

Em termos psicológicos junguianos, trata-se do inconsciente projetado. Só é possível notar essa projeção se captamos a imagem, o símbolo. Quer dizer, se captamos que aquilo que se vive externamente é símbolo de outra coisa, que é uma cena significativa e não são meros fatos externos, então compreendemos a realidade de modo integral. Tal é, em parte, o significado da inspiradora passagem final do *Fausto* II:

---

[26] OC 5, p. 15 e "As etapas da vida humana" [in: OC 8/2], § 749-795.

> Todo o transitório
> não é mais do que símbolo;
> o Imperfeito
> aqui encontra seu acabamento;
> o inefável,
> aqui se torna ato;
> o Eterno Feminino
> nos leva ao alto"[27]

Estes versos do *Fausto* dão a entender não só que no símbolo se compreende aquilo que sucede na vida transitória, por assim dizer, 'cegamente', mas também que o símbolo proporciona a chave daquilo que aperfeiçoa o imperfeito. Em outras palavras, o símbolo não apenas é 'cifra', chave que desentranha o que está oculto, mas também – ou por isso mesmo – é '*dynamis*', potência de realização, força eficiente e transformadora. Mas há mais, pois, paradoxalmente, o símbolo *é* ou se radica no próprio transitório; o segredo de uma verdadeira sabedoria consiste em ver no transitório, no efêmero, o símbolo[28].

Nesse sentido, a 'realidade psíquica' completa o conceito de realidade. Uma célebre passagem de *Tipos psicológicos* assinala que a psique, com sua capacidade de criar imagens, é um agente que media entre o mundo 'subjetivo' ou mundo consciente do eu e o mundo 'objetivo', isto é, entre os objetos externos e internos:

> Para a solução, é preciso um terceiro ponto de vista, intermediário. Ao *esse in intellectu* falta a realidade tangível, e ao *esse in re* falta espírito. Ideia e coisa confluem na psique humana que mantém o equilíbrio entre elas. Afinal o que seria da ideia se a psique não lhe concedesse um valor vivo? E o que seria da coisa objetiva se a psique lhe tirasse a força determinante da impressão sensível? O que é a realidade se não for uma realidade em nós, um *esse in anima*? A realidade viva não é dada exclusivamente pelo produto do comportamento real e objetivo

---

[27] GOETHE, J.W. *Fausto* II, *in fine*. O texto original diz: Alles Vergängliche / Ist nur ein Gleichnis/ Das Unzulängliche / Hier wird's Ereignis; /Das Unbeschreibliche,/ Hier ist's getan; /Das Ewig--Weibliche /Zieht uns hinan (12.104-12.111). Consigno minha tradução do texto mesmo sendo consciente de que nenhuma das variantes 'aceitáveis' é satisfatória. [A tradução de Segall é assim: "Tudo o que é efêmero é somente / Preexistência; / O Humano-térreo-insuficiente / Aqui é essência; / O Transcendente-indefinível / É fato aqui; O Feminil-imperecível / Nos ala a si" – N.T.]

[28] Cf. NANTE, B. "Lo Eterno Femenino nos lleva a lo alto. Uma reflexión em torno al *Fausto* de Goethe" [O Eterno Feminino nos leva ao alto. Uma reflexão em torno do *Fausto* de Goethe]. In: *El Hilo de Ariadna*, n. 8. Buenos Aires: Malba, 2010.

das coisas, nem pela fórmula ideal, mas pela combinação de ambos no processo psicológico vivo, pelo *esse in anima*[29].

Mais ainda, no aprofundamento desta realidade psíquica mediadora, se revela algo que parece exceder o psíquico, embora se comporte como tal. Trata-se, em última instância, do *unus mundus* ou *mundus archetypus*, termos medievais que Jung retoma em *Mysterium Coniunctionis* para referir-se à Realidade que subjaz a, sustenta e transcende o subjetivo e o objetivo[30].

Este capítulo se encerra com a grave advertência de que o alimento da alma são as imagens, mas se este alimento não lhe é dado, se engendram monstros e demônios.

Capítulo II – Alma e Deus

14 de novembro de 1913

Personagens principais: 'Eu' – Espírito dessa época – Espírito da profundeza.
Síntese: O 'espírito da profundeza' aconselha tomar consciência de tudo o que vive na alma. Há que ser adulto, aceitar *ser* Cristo.

A inicial historiada deste capítulo contém uma árvore, uma serpente e uma ave. Já adiantamos que este complexo serpente-ave simboliza a alma em seus aspectos ctônicos-celestes. Em seu trabalho "A árvore filosófica", Jung estudou a relação simbólica alquímica da ave e da serpente com a árvore[31]. A árvore com a ave se refere ao *opus* e a sua consumação, como se pode observar em mais de uma imagem da tradição.

É oportuno adiantar que Filêmon aparece muitas vezes na copa das árvores, e que o próprio Cristo se manifesta, ao final do *Liber Novus*, como uma sombra azul na copa da árvore. A relação da serpente com a árvore é ainda mais óbvia se nos remetemos à história bíblica, mas na alquimia, aludindo à *serpens mercurialis*, representa o 'espírito vegetativo' ctônico que emerge das raízes e ascende até os ramos. A árvore é então o mediador entre o baixo e o alto, o lugar simbólico do encontro e transformação do ctônico e do celestial. Neste capítulo, o 'eu' chama novamente sua alma e lhe confessa

---

[29] OC 6, § 73.

[30] O *unus mundus* alude à unidade original sem diferenças que Jung faz equivaler à *agnosía* dos gnósticos. Cf. OC 14/2, § 325. Cf. tb. ibid., § 413-430.

[31] Cf. "A árvore filosófica" [in: OC/13], § 415-417.

A árvore filosófica, consumação do *opus* sob a forma de Mercúrio como Pandora.
Reusner, *Pandora* (Basileia, 1588).

seu cansaço pela longa travessia de sua vida. Nessa travessia, primeiro a reencontrou indiretamente na imagem que está nos homens, e depois encontrou ela própria, diretamente. Mas a alma já se havia antecipado em sonhos obscuros e aparecia como um menino ou uma menina. O 'eu' andou por muitos anos, a ponto de esquecer que possuía uma alma; embora ela sempre recolha os fragmentos, os una com o todo e deixe o 'eu' ver esse todo em cada parte. A alma compensa o que o 'eu' faz, tira quando há excesso e dá quando há carência. Ela – quiçá como traço premente de nossa época – ampara a fé em momentos de solidão e desespero.

O 'eu' se apresenta como um caminhante fatigado que deve compreender que atrás de tudo está a alma. Aquilo que se busca no mundo se encontra na alma e são os sonhos, espécie de 'espuma' do pensar: "[...] as palavras-guia da alma" (*LV*, p. 233). Tal dependência das palavras levou, na atualidade, a depender totalmente delas, o ponto de elas substituírem as coisas, e um verbalismo vazio tenta substituir, em vão, esta perda de relação com a profundeza[32]. Mas o 'espírito dessa época', que se guia pelo que é belo ou inteligente, resiste a abrir-se ao mundo da alma e a seu primeiro ingresso, o sonho. Em troca, o 'espírito da profundeza' lhe ensina a contemplar sua vida consciente como se dependesse dos sonhos. Os sonhos nos preparam para a vida e, embora não os entendamos, nos condicionam. A linguagem do sonho é misteriosa e está fechada ao saber erudito, que é incapaz de captar a alma. Por certo, apesar desta última afirmação do *Liber Novus*, a então incipiente teoria junguiana do sonho já sugeria seu caráter simbólico-antecipatório que mereceu desenvolvimentos posteriores.

Esta afirmação que leva a despojar-se de uma vida distorcida, erudita, academicista, reaparece claramente no capítulo II do *Liber Secundus*, onde o 'eu' se encontra com um erudito que sofre o peso de seu enorme saber e, sobretudo, do que ignora. Em um texto teórico de 1912, o próprio Jung recomenda que para ser um conhecedor da alma é preciso abraçá-la através do próprio viver e não no gabinete ou no laboratório. Por isso, esse autêntico buscador deveria

> [renunciar à ciência exata], despir-se da beca professoral, despedir-se do gabinete de estudos e caminhar pelo mundo com um coração de homem: no horror das prisões, de alienados e hospitais, nas tabernas dos subúrbios, nos bordéis e casas de jogo, nos salões elegantes, na Bolsa de Valores, nos *meetings* socialistas, nas igrejas, nas seitas predicantes e extáticas, no amor e no ódio, em todas as formas de paixão [...][33].

---

[32] Cf. *O Símbolo da transformação na missa* [OC 11/3], § 442.

[33] "Novos caminhos da psicologia" [in: OC 7/1], p. 134-135.

Para obter o saber do coração é necessário viver a vida de modo completo e isso se consegue quando se vive o que ainda não se viveu e se deixou para os outros viverem. Pois bem, é evidente que não é possível viver (ou pensar) tudo o que os outros vivem ou pensam, porém é possível permanecer aberto a viver a vida que ainda se poderia viver. E o mesmo se pode dizer do pensar: há que se pensar ou abrir-se ao pensar que ainda se poderia pensar. Para poder compreender de que se trata aqui, é mister retomar o anúncio proferido pelo espírito da profundeza originalmente: viver o não vivido é, em última instância, abrir-se ao contrassentido, pois só assim é possível reunir sentido e contrassentido e acessar o suprassentido. Não se trata de atuar o não vivido, mas de abrir-se interiormente aos movimentos compensatórios da alma. Se vivo ou penso o bom, devo perceber o mau que se constela no meu interior. Esta é a vida total que não pode ser racionalizada, pois se expressa num saber que, por envolver toda a vida, contém e excede o racional.

O saber do coração é, então, tanto o saber do coração mau como do coração bom. Não se trata, insistimos, de viver o mau, mas de assumir que o que cremos não vivido vive de algum modo e com grande mal-estar em nós. Por isso o texto assinala que o bem-estar decide, não o bem-estar do 'eu' nem o dos outros, mas o bem-estar como tal. O bem-estar não está nem no 'eu' nem nos outros, mas entre o 'eu' e os outros, na comunidade.

O espírito da profundeza reuniu no 'eu' sentido e contrassentido, e isso permitiu ao 'eu' compreender que é servo de sua alma. Enquanto o espírito dessa época ensina que se é um condutor dos pensamentos maduros, o espírito da profundeza ensina que o 'eu' só é símbolo da alma, seu servo e, pois, servo de uma criança. Assim o 'eu' teve de reconhecer que tanto sua alma como seu Deus em sua alma são uma criança.

E no início de uma passagem 'ditirâmbica' se ensina que:

> Deus está onde vós não estais (*LV*, p. 234).

O Deus, isto é, aquilo que verdadeiramente tem peso em nós e nos determina, é o que não assumimos, o que não incorporamos. Por isso, só quem vive tudo aquilo que se pode viver é adulto e só sendo adulto o Deus continua vivo. Já para quem é criança nestes tempos, o Deus morre. Por certo, este mistério que é ensinado pelo espírito da profundeza parece aludir a que, em tempos antigos, em particular no cristianismo, o homem se apresentava como uma criança perante Deus. O cristianismo assim entendido era para os espíritos maduros do passado, mas hoje é só para os imaturos. Agora, é mister ser adulto, pois cada um deve elaborar, engendrar seu próprio Deus interior. Daí que o Deus seja uma criança e que a vida esteja rodeada por esta criança divina da qual brota eternamente uma juventude.

Sabe-se, por certo, que Jung publicou na década de 1940, em colaboração com Karl Kerényi, um estudo sobre o arquétipo da criança. O símbolo da criança antecipa o si-mesmo, pois é uma tentativa de abrir o caminho para a integração de opostos. Bem distinto é o infantilismo que implica um estado regressivo do 'eu'[34]. Em outras palavras, enquanto o infantil é infecundo, o adulto engendra a criança divina.

O espírito dessa época zomba de que este Deus seja uma criança; mas, diante disso, é mister rir-se de si mesmo, ser zombado, atormentado e escarnecido por si mesmo, pois é desse modo que se pode ser Cristo[35]. Ninguém pode evitar o caminho de Cristo que, como veremos é um caminho que não se imita, pois cada um deve recriá-lo a partir de si próprio. O desafio é, então, maiúsculo; trata-se de *ser Cristo* e sua primeira tentativa no processo visionário deste livro se poderá ver no capítulo XI, ao final do *Liber Primus*.

Em um texto teórico tardio, *Resposta a Jó* (1952), Jung assinalou:

> Com a inabitação da terceira pessoa divina, isto é, do Espírito Santo, no homem, opera-se uma cristificação de muitos [...][36].

Capítulo III – Sobre o serviço da alma
15 de novembro de 1913

PERSONAGENS PRINCIPAIS: 'Eu' – Alma – Espírito da profundeza.
SÍNTESE: Aproximar-se da alma implica inicialmente perder o sentido. É necessário descer para ascender. O espírito da profundeza lhe pede que reze à profundidade e fale aos mortos.

Na noite seguinte, de acordo com as instruções de sua alma, o 'eu' anota todos os sonhos de que pode se lembrar. Pergunta-se até onde sua senda o leva, pois teme perder o sentido. Questiona se sobre si, para além do sentido, há semsentido ou também suprassentido. O desafio consiste em que, sendo apenas um

---

[34] Cf. "A psicologia do arquétipo da criança" [in: OC 9/1], § 259-305.

[35] Quer dizer, Cristo. Cf. *O símbolo da transformação na missa* [OC 11/3], § 296-448.

[36] *Resposta a Jó* [OC 11/4], § 758.

homem, sua alma avança como um Deus. O sentido da alma é um suprassentido, e por isso o seu passo é o de um Deus. Por certo, o 'eu' não pode deixar de vacilar, de duvidar, e teme abandonar a autocrítica; mas, justamente, a alma lhe adverte de que esse temor depõe contra ela, mata a confiança recíproca.

Paradoxalmente, ao aproximar-se da alma, a primeira coisa que se perde é o sentido. E, contudo, esta afirmação é coerente com a mensagem central, pois se trata de 'passar ao outro lado', de ir ao contrassentido, e isso implica perder os referenciais habituais. Não é outro o significado do sacrifício, algo que se rompe para que se liberte o mais alto. O texto insistirá na ideia de que toda ascensão começa com uma descida à profundeza e ao caos no qual se perde o pé.

As provas do medo e da dúvida estão justificadas e por isso constituem a tentação necessária para que este processo leve a uma verdadeira superação. E se Cristo superou a tentação do diabo, não resistiu à tentação para o bem e o razoável. Que significa isto? Que para libertar-se do cristianismo (e, contudo, 'ser' Cristo) é mister não se deixar enredar pelo caminho da virtude e da perfeição. O escravo das virtudes perde seu rumo do mesmo modo que o escravo dos vícios.

Em *Assim falava Zaratustra*, Nietzsche escreve:

> E mesmo que se tivessem todas as virtudes, uma, pelo menos, dever-se-ia de ter: mandar dormir a tempo as próprias virtudes[37].

Jung lembra, em *Psicologia e religião*, que – segundo Irineu de Lyon – para Carpócrates, pensador do século II, era necessário que, antes de morrer, as almas vivessem todas as experiências humanas concebíveis, sob pena de retornarem ao cárcere do corpo[38]. Martin Buber acreditou, erroneamente, que com isso Jung aderia a esta concepção e pretendia deificar os instintos ao invés de santificá-los[39]. Mas é evidente, na verdade, que para Jung tanto o 'moralismo' que nega a sombra e não reconhece os movimentos compensatórios da psique como a anulação de toda referência à moral evitam uma verdadeira reconciliação dos opostos. Mais ainda, sem moral não há referência à sombra e se suprimem os limites entre virtudes e vícios. Tal é o perigo de uma imitação equívoca da espiritualidade oriental que supõe ser possível ir para além de vícios e virtudes, como o grave perigo de cair em uma indiferença moral e, por isso, em uma

---

[37] NIETZSCHE, F. "Das cátedras da virtude". In: *Assim falava Zaratustra*. Petrópolis: Vozes, 2007, p. 44.

[38] *Psicologia e religião* [OC 11/1], § 133.

[39] BUBER, M. "Réplica a Jung". In: *Eclipse de Dios*. Buenos Aires: Nueva Visión, 1984, p. 118.

identificação com a sombra. Assim, em seu "Comentário psicológico sobre o livro tibetano da grande libertação", escrito em 1939, Jung diz:

> Não duvido que a libertação oriental tanto de vícios como de virtudes esteja ligada a um radical desprendimento, no qual o iogue seja conduzido, para além deste mundo, a um estado de inofensividade tanto ativo como passivo. Mas suspeito que qualquer tentativa europeia de imitar este desprendimento não implique nenhuma libertação que não a de nossos escrúpulos morais[40].

É evidente que Jung não nega essa possibilidade, embora o homem permaneça como tal enquanto houver paixão. Mas o caminho para transcender o dualismo entre virtudes e vícios não passa por unilateralizar-se em um ou outro polo, em ser virtuoso ou vicioso, mas em conseguir um reconhecimento da constelação de um enquanto se vive o outro.

Após haver recebido este ensinamento, a partir deste momento e num intervalo de seis noites, o 'eu' se debate com o medo, a repugnância e as paixões, o que lhe impede de escutar o espírito da profundeza ao qual o 'eu' resiste. Finalmente, na sétima noite, o espírito lhe fala e o exorta a observar, a rezar a sua profundeza, a despertar os mortos.

Pela primeira vez aparece este chamado aos mortos, questão que será central em todo o *Liber Novus*, pois os mortos não realizados, os mortos adormecidos, retêm nossos talentos e nossas sombras e representam a densidade do inconsciente[41].

Contudo, o 'eu' relê seus sonhos e decide descartar tudo para voltar a 'sua vida', pare entregar-se por inteiro ao cotidiano, porém o 'espírito da profundeza' o força a voltar a si mesmo.

Capítulo IV – O deserto

28 de novembro de 1913

PERSONAGENS PRINCIPAIS: 'Eu' – Alma.
SÍNTESE: A alma conduz ao deserto que é o si-mesmo, que lhe exige que se despoje de seus pensamentos.

---

[40] "Comentário psicológico ao *Livro tibetano*" [in: OC 11/5], § 826.

[41] Cf. "Sermões aos Mortos". In: *Aprofundamentos*, {6}-{12} [cf. tb. HILLMAN, J. & SHAMDASANI, S. *Lamento dos mortos* – A psicologia depois de *O Livro Vermelho* de Jung. Petrópolis: Vozes, 2015].

Na sexta noite, sua alma o conduz ao deserto de seu próprio si-mesmo. Depois de ter desejado coisas e homens, o 'eu' se converte em seus pensamentos. Para poder superar isso, é mister despojar-se do liame do pensamento e deixar que a vida nos leve a cultivar a solidão. Esta é a ida ao deserto que os antigos realizavam fisicamente, pois eles viviam seus símbolos, mas hoje devemos realizá-la internamente. Esse é o caso de Santo Antão (séc. III) e São Pacômio (séc. III e IV), aos quais nos referiremos no *Liber Secundus*, quando o 'eu' vai novamente ao deserto e se encontra com Amônio, o anacoreta cristão[42].

É o ingresso na solidão do si-mesmo que se torna um deserto, e ao deserto corresponde o tormento. Até então o 'eu' havia cultivado o espírito dessa época e, embora houvesse renunciado às coisas e aos homens, não havia renunciado aos pensamentos, dos quais era prisioneiro. Voltar-se ao mundo da alma implica entrar em um mundo peculiar que o homem (o 'eu') só acessa quando se entrega ao seu si-mesmo. E qual é a provação mais dura? Sem dúvida, a *espera*, pois a espera se transforma em um 'inferno ardente' e só ela é capaz de nos transformar[43].

Em 'Ulisses, um monólogo", Jung fala da consternação que lhe produziu a leitura do *Ulisses* de Joyce, pois cada frase é uma expectativa que não se cumpre. Ao abrir-se caminho através de sua leitura, várias vezes voltou a sua mente a seguinte observação de um velho tio que pensava linearmente:

> Um dia ele me parou na rua e me perguntou: "Sabe como o diabo tortura as almas no inferno?" Como eu disse que não sabia, ele prosseguiu: "Ele as deixa esperando"[44].

A alma exorta o 'eu' a tomar cuidado com as palavras, pois se diz que o lugar da alma 'existe', então existirá, e se diz que 'não existe', não existirá. A Palavra é ato de criação, por isso os antigos disseram: no princípio era a Palavra[45]. Estas palavras fundamentais, palavras simbólicas que oscilam entre o sem-sentido e o suprassentido, são as mais antigas e verdadeiras, pois tudo afirmam ou tudo negam.

---

[42] Há uma antecipação dessa experiência no *Livro Negro* 2, p. 33, citado em *LV*, p. 236, n. 73, onde Jung assinala: "Eu escuto as palavras: 'Um anacoreta em seu próprio deserto'", e em seguida lhe vêm à mente os monges do deserto da Síria.

[43] Essas palavras aparecem no *Livro Negro* 2, p. 35. Em *LV*, p. 236, n. 74.

[44] "*Ulisses*, um monólogo" [in: OC 15], § 165.

[45] Jo 1,1: "No princípio era a Palavra, e a Palavra estava com Deus, e a Palavra era Deus".

Experiências no deserto

11 de dezembro de 1913

Personagens principais: 'Eu' – Alma.
Síntese: Enquanto o espírito dessa época nos torna espertos e sarcásticos, o espírito da profundeza nos torna sábios e nos faz rir de nós mesmos.

O 'eu' se vê prisioneiro de dúvidas, confusão e, sobretudo, de riso sarcástico. A alma lhe recorda que está no deserto e que é necessário cultivar a paciência. O caminho rumo à verdade requer tamanho despojamento que é mister entrar sem intenções, sem querer esclarecer uma obscuridade, já que isso é presumir que sabemos antecipadamente de onde vem a luz. Esta ideia, por certo, é própria de todo saber espiritual que se abre à aceitação e à não interferência, tal como ocorre com o 'abandono' proposto por Mestre Eckhart[46] ou com a concepção taoista de *wu wei*, para limitar-nos a dois exemplos.

Mas o maior dos escolhos é sua risada sarcástica. A alma lhe ensina que, em realidade, o 'eu' fala com as palavras que a alma lhe dá e assim este compreende que é apenas uma tigela vazia que transborda unicamente graças à alma.

Isso ocorreu durante a vigésima quinta noite no deserto. Esse foi o tempo necessário para que a alma pudesse apresentar-se com sua existência autônoma frente ao 'eu' e deixasse de ser uma sombra.

A risada sarcástica que entorpece o 'eu' é uma expressão dessa astúcia que caracteriza o espírito dessa época que, como todos os espíritos da época de todos os tempos, acredita ser esperto. A sabedoria, por sua vez, não tem 'dobras', é 'cândida'. Esta é a razão pela qual o esperto zomba da sabedoria. Mas a zombaria recai sobre o zombador e, no deserto, onde não há interlocutor, ele se asfixia em sua própria risada.

Enquanto a esperteza corresponde à intenção, a simplicidade corresponde à falta de intenções, à entrega. A esperteza conquista o mundo, mas a candura conquista a alma. Não é possível libertar-se da esperteza de espírito com mais esperteza, mas sim entregando-nos à candura. Não se trata, porém, de negar a esperteza, pois, ao fazê-lo, a candura se torna artificial e nos tornamos bocós artificiais.

---

[46] No "Comentário a 'O segredo da flor de ouro'", Jung se refere a essa ideia, habitual no Oriente, mas que também podemos encontrar, por exemplo, em Mestre Eckhart: "O deixar-acontecer, o *Sich-lassen*, na expressão de Mestre Eckhart, a ação da não ação foi, para mim, uma chave que abriu a porta para entrar no caminho: *Devemos deixar as coisas acontecerem psiquicamente*" [OC 13, § 20].

A candura supõe uma entrega que não pode desconhecer a esperteza, a intenção e a risada sarcástica, pois assim nos tornamos bobos espertos e nos encaminhamos ao suprassentido. Trata-se então de fazer votos de pobreza e assim tornar-se partícipes da alma. Aonde irá o riso sarcástico? Irá a si mesmo, pois ninguém pode rir mais de uma pessoa do que ela própria, a respeito da própria tolice[47].

Assim o 'eu' supera o riso sarcástico, a alma pode falar-lhe e o deserto começa a enverdecer.

Terceiro momento: Sacrifício (caps. V-VIII)

Capítulo V – Descida ao inferno no futuro

12 de dezembro de 1913

Personagens principais: 'Eu' – Vozes – (Siegfried).
Síntese: O espírito da profundeza lhe concede uma visão do herói assassinado nas profundezas, antecipando a morte e ressurreição do herói.

Que significa uma descida ao inferno no futuro? É uma viagem aos abismos que guardam o germe do que há de vir. Neste caso se trata da morte do herói, das torrentes de sangue que invadirão a Europa como consequência de que o Ocidente se unilateralizou na direção dos valores heroicos e, por consequência, uma obscuridade não assumida devidamente irrompe de forma cruel. Na noite seguinte, em meio a uma confusão de vozes e abandonado à própria sorte, o espírito da profundeza lhe abre os olhos e assim ele vê o mundo multiforme da alma. Começa, deste modo, uma experiência, a descida aos infernos, cuja sequência apresentamos esquematicamente:
- Vê paredes de pedra.
- Se afunda em grandes profundezas.
- Está parado, com uma imundice negra até os tornozelos, em uma caverna escura.
- Sombras o cercam.
- Prossegue apesar do temor.

---

[47] Por certo, este não é o lugar para desenvolver uma teoria do riso ou do sarcasmo. Basta assinalar que, do ponto de vista junguiano, o riso parece vinculado à 'sombra'. No sarcasmo, o zombador alivia sua sombra projetando-a sobre o objeto da zombaria, enquanto, se esse processo se torna autoconsciente, se reverte sobre si e pode acarretar uma tomada de consciência dessa mesma sombra.

- Desliza através de uma fresta estreita e chega a uma caverna mais interna, com o chão coberto de água preta.
- Mais adiante vislumbra uma pedra vermelha luminosa, que pretende alcançar através da água misturada a lodo (gruta repleta de vozes que gritam).
- Pega a pedra que obstrui uma obscura abertura da rocha.
- Põe a pedra na mão e olha ao redor, indagando. Não quer obedecer às vozes, quer saber.
- Aqui algo quer transmitir-se em palavras. Apoia sua orelha na abertura e ouve o fluir das águas subterrâneas.
- Vê (estremecido e durante longo tempo) a cabeça sangrenta de um homem nas correntes obscuras; alguém ferido, assassinado, flutua.
- Vê um grande escaravelho que flutua nas correntes obscuras.
- No mais profundo da corrente um sol vermelho brilha através das águas obscuras.
- Ali vê (com terror) pequenas serpentes nas paredes obscuras da caverna, que vão às profundezas onde brilha o sol. Mil serpentes se enrolam e encobrem o sol.
- Cai a noite profunda. Brota uma corrente de sangue espesso e rubro, que depois endurece. O espanto o cativa.

O próprio Jung comenta a perplexidade que a experiência lhe produziu, mas ao mesmo tempo a falta de compreensão que naquele momento ele tinha. Podia compreender que esse cristal era a 'pedra da sabedoria', que o escaravelho é um antigo símbolo do Sol e vislumbrar o caráter arquetípico do pôr do sol. Também podia relacionar a imagem com o mar de sangue da visão anterior, referente à guerra. Mas não podia compreender a questão central: o significado do assassinato do herói. Pouco tempo depois, a 13 de dezembro, Jung tem um sonho no qual mata Siegfried pelas costas[48]. Sem dúvida, todo o ciclo corresponde a uma morte e ressurreição, é necessário matar o ideal heroico em virtude de uma nova concepção. Neste caso, a partir do ponto de vista psicológico trata-se de sacrificar a função superior para vivificar a função inferior.

A esta altura, o 'eu' está dominado pelo desconcerto, mas decide entregar-se a ele, pois resolve confiar-se à alma, ainda que o conduza à loucura. Como se pode ver, esta ida ao deserto traz uma estranha vegetação e, em certo sentido, a loucura.

---

[48] A morte de Siegfried aparece na famosa ópera *O crepúsculo dos deuses*, de Richard Wagner, a última da tetralogia *O anel dos nibelungos*. No terceiro e último ato, Hagen, o sombrio e violento filho de Alberich, mata Siegfried com sua lança pelas costas para conquistar o anel. Os libretos da tetralogia *O anel dos nibelungos* foram escritos pelo próprio Wagner, baseando-se no *Nibelunglied*, um poema épico do século XII que relata a história de nosso herói.

Nesta passagem se distinguem diversos tipos de loucura a que já nos referimos com mais detalhes na primeira parte. Em síntese, há três tipos de loucura: a loucura divina que surge do domínio do espírito dessa época pelo espírito da profundeza; a loucura doentia que se manifesta quando o espírito da profundeza possui o homem, o faz falar em línguas e o faz crer que ele mesmo é o espírito da profundeza; e também a loucura doentia dessa época, que consiste em viver a superfície, negar o espírito da profundeza e tomar-se a si mesmo pelo espírito dessa época.

Por estar preso ao espírito dessa época, o espírito da profundeza teve de irromper violentamente. Mas a balança entre um e outro é necessária para não cair em alguma das formas de loucura. Por isso, durante os vinte e cinco dias que durou sua ida ao deserto, se submetia às coisas, aos homens e aos pensamentos. Mas, durante a noite, ia ao deserto. Jung já havia compreendido que o erro de Nietzsche consistiu em não poder manter um laço com 'a realidade' social; por isso perdeu o pé, não foi capaz de voltar à superfície e integrar.

A vida nova que esperamos surge em nós quando começamos a ver as coisas a partir do interior. As coisas como tais não significam nada, só significam em nós. O significado das coisas não está nos livros de erudição, não está nem nas coisas nem apenas na alma. O significado está no Deus que se encontra entre as coisas e a alma. É o suprassentido mediador, caminho e ponte rumo ao outro lado. Jung não propõe abandonar o mundo das coisas, mas entregar-se ao mundo esquecido da alma para poder integrar coisas e alma.

Pois bem, o vindouro deve ver-se em si mesmo. Por isso, o 'eu' compreende que é partícipe desse crime do herói, é assassino e assassinado, algoz e vítima. O 'eu' não teria podido ver o vindouro se não tivesse podido vê-lo em si mesmo. Obviamente, esta condição de ser 'assassino e assassinado' sinaliza que se trata de um sacrifício, pois todo verdadeiro sacrifício é autossacrifício. Em *O símbolo da transformação na missa*, um texto de 1942, Jung se refere ao tema da identidade do sacrificador e do sacrificado:

> O que eu sacrifico é minha pretensão egoística e com isto, ao mesmo tempo, renuncio a mim mesmo. Por esse motivo, qualquer sacrifício é, em maior ou menor grau, autossacrifício[49].

Do ponto de vista social, é mister assumir a responsabilidade coletiva, pois a catástrofe exterior é, na verdade, interior. Nesse sentido, o herói assassinado corresponde ao príncipe ou herói assassinado na atualidade por algum homem

---

[49] *O símbolo da transformação na missa* [OC 11/3], § 397.

Segunda parte — O caminho simbólico do *Liber Novus* | **289**

Escaravelho egípcio (egip. *kheperâ*: "o que 'é' ou o que se desenvolve")
Neste caso alado, símbolo de renovação solar.

Assassinato de Siegfried pelas costas (ilustração de Johannes Gehrts).

anônimo[50]. Estes são 'profetas cegos' que creem que o herói que deve ser morto é externo, quando na realidade o herói que está ameaçado é interior.

Mas, em outro sentido, trata-se de matar o heroico em si mesmo, quer dizer, o estar dominado pelo fato de que isso ou aquilo é bom, ou indispensável ou desprezável. O heroico que se unilateralizou se fixa metas indispensáveis e não dá lugar à impotência.

Paradoxalmente, é preciso dar lugar ao não poder.

Capítulo VI – Divisão do espírito

17 de dezembro de 1913

PERSONAGENS PRINCIPAIS: 'Eu' – Espírito da profundeza – Alma.
SÍNTESE: Essa descida à sua profundeza derruba todos os deuses. É mister consumar o assassinato do Deus, do ideal que deixou de ser caminho.

Na quarta noite, o 'eu' compreende que viajar ao inferno é converter-se em inferno. O deserto parece vazio, mas está cheio de seres mágicos que atacam e tornam demoníaca a sua figura. Ele mesmo parece ter transformado sua humanidade em um animal monstruoso. E, nesta situação estranha, se engendra um desentendimento do 'eu' com o espírito da profundeza e depois com a alma. Assim, num começo, o espírito da profundeza lhe ordena que baixe à sua profundeza, que se afunde. Mas quando o 'eu' se rebela, pois não sabe como fazê-lo, o espírito lhe diz para sentar e se tranquilizar. Diante disso, o 'eu' fica ainda mais indignado, pois como poderia se tranquilizar se o espírito não fez mais do que derrubar os deuses e o supremo? O 'eu' clama a sua alma, pergunta se esse é seu caminho, e sua indignação o faz dizer que deseja estrangulá-la. E, contudo, apesar disso, segue disposto a receber o ensinamento dela.

Quando a alma insiste em que o caminho dela é luz, o 'eu' não compreende, pois parece que tal luz é uma terrível escuridão. Mas, novamente, quando a alma lhe esclarece que a luz dela não é deste mundo, ele se enerva, pois nada sabe sobre outro mundo. A alma então lhe ensina que não é por ele ignorá-lo que esse mundo deixa de existir. Por certo, quando o 'eu' pensa ou diz que algo é um sem

---

[50] Esse motivo reaparece no *Liber Secundus* (cap. III: "Um dos degradados"), onde o 'eu' se encontra com um homem pouco instruído e de modesta condição, para quem é satisfatório que se assassine um rei, não importa quem seja, pois a seu critério os homens só poderão ser livres se todos os soberanos forem eliminados.

sentido, esses pensamentos provêm da alma. Inclusive a indignação que o 'eu' sente contra ela provém dela própria, o que, segundo ela, é uma espécie de 'guerra civil'. Assim, o 'eu' compreende com dor e com fúria o caráter dual, inapreensível, dessa alma que ora se manifesta com a máscara do Deus e suscita adoração, ora se mostra com a máscara de um diabo e também do banal e do medíocre.

O 'eu' pede espaço para tomar distância e refletir, e sente que quer agarrar essa inapreensível alma, uma alma que agora se lhe apresenta simiesca. A luta é desigual, pois as mãos não podem agarrar a alma que é intangível, embora também os golpes que esta queira lhe desferir 'são ar'. Tais foram as visões do deserto abarrotado de ladrões e assassinos invisíveis que assediavam os solitários e lançavam seus projéteis venenosos. Por isso, o 'eu' se pergunta se a flecha assassina não estará cravada em seu coração.

Assim como os seres anônimos que assassinam os príncipes, o 'eu' arde de fúria contra o seu príncipe, que representa o alto e amado. Mas, à diferença do assassino anônimo que mata um príncipe de carne e osso, o 'eu' vive uma guerra civil, pois é assassino e assassinado. Buscamos o 'bode expiatório', mas ninguém pode carregar os nossos pecados[51].

Nesta peculiar obra de redenção, a própria traição é necessária. No *Esboço*, Jung argumenta que a traição de Judas ao herói faz parte da obra de redenção[52]. Já em *Transformações e símbolos da libido*, Jung toma o ponto de vista manifestado por Anatole France em *O Jardim de Epicuro*, segundo o qual Deus elegeu Judas para completar a obra de salvação de Cristo[53]. Jung pôde conhecer as notícias de um *Evangelho de Judas*, pois era assíduo leitor de Irineu de Lyon, que por volta de 178 d.C. nos informa:

> E dizem que Judas, o traidor, foi o único entre todos os apóstolos que teve este conhecimento (gnose) e por isso levou a cabo o mistério da traição, conhecimento pelo qual dizem que se dissolve todo o terreno e o celeste. E mostram para isso um livro de sua confecção que chamam de *Evangelho de Judas*[54].

---

[51] Cf. o trabalho junguiano que resume teoricamente estas ideias em NEUMANN, E. *Psicología profunda y nueva ética*: nueva valoración de la conducta humana a la luz de la psicología moderna. Madri: Alianza, 2007.

[52] Esboço, p. 71, in: *LV*, p. 241, n. 107.

[53] Cf. *Transformações e símbolos da libido*, p. 44-47 ou, mais facilmente, *Símbolos da transformação* [OC 5], § 41-45.

[54] IRINEU DE LYON. *Contra os hereges*, I, 31,1-2.

Wotan (ilustração de Johannes Gehrts).

Esta ideia gnóstica completa a inversão, pois revela que a traição é, na verdade, sacrifício. Há poucos anos contamos com o texto-fonte do *Evangelho de Judas*, onde se lê que Jesus diz a Judas que o liberte:

> Mas tu os superarás [refere-se aos apóstolos], porque sacrificarás o homem que me reveste...[55]

García Bazán assinala a respeito:

> Judas, agente da libertação de Cristo, será o verdadeiro sofredor por possuir ocultamente o espírito – como os restantes – firmemente confundido com a alma e o corpo, mas ativo. O vilão traidor da tradição canônico-apostólica e apócrifa – em oposição a Pedro – passa a ser servo sofredor [...][56].

Se nos detivemos num texto que, por óbvias razões, nosso autor não pôde analisar, é porque o espírito desta traição parece aproximar-se ao do assassinato do herói, que Jung celebra como necessário. Sem dúvida, na gnose há um conhecimento prévio do sentido que essa traição tem. Aqui, em troca, o sentido se perdeu e deve ser recuperado uma vez que essa obra seja vista e vivida como ignominiosa; quer dizer, primeiro se assassina Siegfried e depois se assume esse assassinato como um sacrifício. Poder-se-ia dizer que o Deus envelheceu porque está revestido do mundano, dos valores unilaterais próprios do espírito dessa época. Por isso, neste caso, o assassinato deve ser levado a cabo sem demora; o Deus deixou de ser caminho de vida e tem de cair:

> Tudo o que fica velho demais torna-se um mal, portanto também o mais elevado de vós.

Capítulo VII – Assassinato do herói

18 de dezembro de 1913

PERSONAGENS PRINCIPAIS: 'Eu' – Espírito da profundeza – Siegfried.
SÍNTESE: Em uma visão, o 'eu' mata Siegfried pelas costas, pois um herói não pode ser enfrentado em seus termos.

---

[55] *Evangelio de Judas*, 18-19 (Madri: Trotta, 2006, p. 63 [trad. F. García Bazán]).

[56] Ibid., p. 23.

Na visão da noite seguinte, o 'eu' se encontra com um jovem na alta montanha. Siegfried anuncia-se com seu chifre, e aparece em seu carro feito de ossos e, após descer, quando passa por onde estão escondidos o 'eu' e seu companheiro, estes disparam simultaneamente e o herói cai ferido de morte. Quando se preparava para fugir, cai uma chuva torrencial.

Após esta visão, Jung é presa de um terrível tormento, a ponto de se convencer de que deveria suicidar-se se não resolvesse o enigma. Assim, por exemplo, em *Memórias, sonhos, reflexões*, lemos que uma voz lhe disse:

> Se não entendes o sonho, deves fuzilar-te![57]

Contudo, o 'espírito da profundeza' lhe ensinou que a verdade suprema é uma com o contrassentido. Esse ensinamento assumido é simbolizado pela chuva que alivia sua terrível tensão e talvez lhe permite a segunda visão de um maravilhoso jardim por onde caminham figuras coloridas vestidas de seda branca, envoltas em capas brilhantes de cores variadas. O Deus só pode ser superado com um assassinato pelas costas, pois não pode ser enfrentado em seus próprios termos. O Deus envelheceu e, quando isso ocorre, se transforma em sombra e absurdo e vai ao inferior.

Por isso o que era mais alto – aqui representado por Siegfried – devia morrer pelas costas. E se isso nos leva a julgar, deve-se pensar no selvagem loiro das selvas alemãs que traiu o deus do trovão e do martelo e que deu lugar ao crescimento do cristianismo. Os valentes germanos começaram a se autodepreciar e a trair seus próprios deuses selvagens e suas árvores sagradas.

O próprio Jung assinalou que Siegfried – em particular o Siegfried wagneriano – era um personagem de pouca afinidade com sua *persona*, pois lhe resultava externo. Contudo, em seu caso, essa é a imagem espontaneamente escolhida pelo inconsciente. De qualquer maneira, aqui representa o ideal germânico que se unilateralizou na raiz do processo civilizatório. Embora haja uma oposição entre o paganismo germânico e o cristianismo, parece que a heroicidade germânica, em certo sentido, se unilateraliza em princípios luminosos. Sem dúvida, Jung o assinalou, mais de uma vez, que isso esteve vinculado à propagação do cristianismo no mundo germânico. Como já tivemos a oportunidade de desenvolver em nossa "Introdução", isso se vincula com a figura de Wotan, que, de certo modo, retorna em seu aspecto selvagem, tal como Jung desenvolveu em sua obra de mesmo nome[58].

---

[57] *Memórias*, p. 184.

[58] "Wotan" [in: OC 10/2], § 371-399.

Com relação ao efeito da propagação do cristianismo no mundo pagão germânico, pode-se ler de modo resumido este texto de 1918:

> O cristianismo dividiu o barbarismo germânico em uma metade inferior e uma superior e consegui assim – pela repressão do lado mais escuro – domesticar o lado mais claro e torná-lo apropriado para a cultura. Enquanto isso, porém, a metade inferior está esperando a libertação e uma segunda domesticação. Mas, até lá, continua associada aos vestígios da era pré-histórica, ao inconsciente coletivo, o que significa uma peculiar e crescente ativação do inconsciente coletivo[59].

Pois bem, no próprio seio do cristianismo se espera uma redenção. Quando Cristo morreu na cruz, desceu ao inferno e se transformou nele. Esse é o anticristo já previsto pelos antigos e que agora retorna inevitavelmente.

A chuva que alivia as tensões da visão é, por um lado, o pranto antecipado dos povos pela grande morte que se avizinha, mas também é o que dá vida para o renascimento do Deus.

Capítulo VIII – Concepção do Deus

PERSONAGENS PRINCIPAIS: Eu – Espírito da profundeza.
SÍNTESE: Morto o herói, aparece o Deus ambíguo (bom-mau, belo-feio etc.) que não deve ser imitado.

Na segunda noite seguinte, o 'eu' fala a sua alma aludindo à célebre parábola do grão de mostarda e lhe diz que o grão de mostarda prosperou até converter-se numa árvore, que é a Palavra concebida em um ventre virginal, e que se converteu num Deus ao qual a terra se submeteu[60]. Parece que o 'eu' quer sublinhar o caráter artificial, vazio, da palavra quem agora domina o mundo.

O espírito da profundeza irrompe e profere, com voz potente, um discurso que é difícil de reproduzir, devido aos inúmeros matizes que contém. Não obstante, resgatamos algumas ideias essenciais do extenso discurso. O espírito lhe assinala que ele concebeu o germe do 'eu', isto é, do homem vindouro, na necessidade e na baixeza mais profundas. Por isso o anuncia seu arauto, o medo, e a cada lado estão a dúvida (à direita) e a decepção (à esquerda). Não é casual, ao que parece, que a dúvida esteja à direita, pois corresponde ao pensar; já a decepção está à esquerda, pois constitui – por assim dizê-lo – uma alteração do sentir. O discurso, repleto

---

[59] "Sobre o inconsciente" [in: OC 10/3], § 17.

[60] Cf. Lc 13,18-19; Mt 13,31-32; Mc 4,30-32.

de paradoxos, tenta mostrar a geração do suprassentido por essa ida e vinda entre o sentido e o contrassentido e ao inverso. Esse processo requer autossuperação e, ao mesmo tempo, autonegação. A salvação, diz o espírito da profundeza, está em quem crê no supremo e se trai – como uma espécie de Judas – a si mesmo. A este banquete estão convidados os que sujam as mãos puras e quem extrai suas virtudes do interior do assassino. Estas são as maravilhas que farão do filho do que virá um 'Deus do que virá'.

Dito isto, Jung prossegue com sua própria reflexão. Tendo o príncipe caído, o 'eu' já estava preparado para que o espírito da profundeza lhe concedesse a visão do nascimento do Deus novo. Assim, a 'Criança Divina' se apresentou perante o 'eu' com todo o espanto e a ambiguidade do feio-belo, do mau-bom etc. O Deus não pode viver no absolutamente bom ou belo e o homem não pode viver em seu seio se aceita apenas uma de suas metades. Quando isso ocorre, o absoluto, como bom e belo, se congela numa ideia absoluta, e o mau e o feio se transformam em tudo o que é infame.

Cristo, para subir ao céu, teve de descer ao inferno. Mas ninguém sabe o que aconteceu naqueles três dias misteriosos, embora o 'eu' o tenha experimentado. E se os antigos sustentam que Ele pregou aos defuntos, o 'eu' insiste que só pode tê-lo feito com loucuras e momices, com uma mascarada dos mistérios mais sagrados, embora – como assevera a literatura canônica – Cristo não tenha permanecido no inferno, e sim ido às alturas do além[61].

Como se sabe, a descida de Cristo aos infernos se encontra em vários textos canônicos e apócrifos, o que interessou a Jung em mais de uma ocasião[62]. Assim, em *Psicologia e religião*, afirmou:

> A descida aos infernos, durante os três dias em que permanece morto, simboliza o mergulho do valor desaparecido no inconsciente, onde vitorioso sobre o poder das trevas, estabelece uma nova ordem de coisas e de onde volta, para elevar-se até o mais alto dos céus, ou seja, até a claridade suprema da consciência[63].

Mas essa descida às profundezas é perigosa e é mister se portar com 'temor e tremor', com desconfiança e cuidado. É conveniente não descer a sós e assegurar o caminho da volta, pois a profundeza tende a devorar.

---

[61] Mt 27,52ss.; Ef 4,8; Lc 23,34 e 1Pd 3,18. Quanto aos apócrifos, pode-se mencionar o *Evangelho de Bartolomeu*, cap. 1s. e o *Evangelho de Nicodemos*, cuja segunda parte se intitula "Descida de Cristo aos infernos".

[62] Cf. OC 12, § 61, n. 3, e § 440 e 451; OC 9/2, § 72; OC 11/1, § 149.

[63] OC 11/1, § 149.

Com efeito, viajar ao inferno implica converter-se nele, mas não se trata de ir com atitude heroica, mas com astúcia. Não é possível matar a morte, pois já de *per si* carece de vida. A única maneira de superar a morte é levar-lhe vida. Assim, a matéria morta se transformará na serpente negra que apagará nosso sol e cairá uma noite cheia de luzes malignas.

Trata-se de despertar a morte, de fazer covas fundas e lhes lançar oferendas. É mister pensar com coração bondoso a respeito do mal, pois esse é o caminho rumo ao alto. Caso contrário, pareceria impossível ascender. Mas lembre-se que, num primeiro momento, tudo é noite e inferno.

O inferno é, em cada um, aquilo no que não se é, ou aquilo que não se domina ou não se pode alcançar.

O inferno é quando se reconhece que em todo o bom está também o mau. Mas o inferno mais profundo é quando se percebe que o inferno é também um céu alegre. O Deus nasce da ambiguidade, mas se trata de passar de uma ambiguidade obscura a uma clara. O Deus cristão parece unívoco porque é amor; contudo, o amor é ambíguo, pois é caminho de vida e a tudo envolve. O verdadeiro amor não se ocupa do próximo; mas, como veremos mais adiante, alcança o próximo porque surge de um amor de si que alcança as verdadeiras profundezas do que deve e pode ser amado.

É fácil brincar de ambiguidade, difícil é vivê-la. Brincar é para crianças, e por isso o Deus de crianças envelhece e morre. Quem vive é adulto e seu Deus é jovem.

Após a morte do herói e do sentido, se reconheceu o contrassentido e todo o tensionado se precipitou em forma de chuva, então o 'eu' advertiu o nascimento do Deus, que se inclinou ao seu coração e nasceu virginalmente como um filho de sua própria alma. A princípio não percebeu sua concepção e então o 'eu' confundiu alma e Deus, quando na verdade Deus só vivia em seu corpo*. Também o 'eu' perseguiu a criança para matá-la, como se fosse um inimigo de seu próprio Deus. Mas sua própria inimizade, zombaria, ódio e raiva estão consumados no Deus.

O Deus não podia advir até que o herói estivesse morto, pois os deuses não querem a imitação. A partir destes tempos, a imitação será maldita e o Deus será somente seguidor de si mesmo no homem; o Deus é seu próprio imitador.

A solidão é o caminho; quando se ingressa na solidão e se abraça o si-mesmo, o mundo parece tornar-se frio e vazio, mas nesse vazio ingressa o Deus que virá. Assim afastado dos homens, se está mais perto deles do que nunca, pois embora parecesse inicialmente motivado por um desejo egoísta, na solidão, o Deus próprio conduz ao Deus dos outros e, por consequência, a uma verdadeira proximidade.

---

* No corpo da alma de Jung [N.T.].

Mas isso também requer a aceitação da impotência, da impossibilidade de imitarmos o herói ou de sermos, nós mesmos, o herói. A impotência derrota os deuses (aparentes), evita perder-se na unilateralização e nos abre à ambiguidade do Deus que virá.

Quarto momento: *Mysterium* (caps. IX-XI)

Esta terceira parte é a chave que encerra o *Liber Primus* e proporciona os elementos simbólicos fundamentais para a travessia que segue. Esses três capítulos estão concebidos de um modo diverso dos anteriores. O próprio Jung assim o sugere; trata-se, em suas palavras, de um texto mais observado do que vivido, e suas imagens são mais alegóricas[64]. Isso não significa que seja uma obra de ficção ou o produto de um mero artifício racional. São experiências imaginativas que se plasmam, fundamentalmente, como concepções de pensamentos inconscientes personificados. Realizaremos nosso breve percurso comentado pelos capítulos IX a XI, que constituem o *Mysterium*, à luz das próprias reflexões que Jung deixou registradas no *Esboço corrigido*.

Capítulo IX – Mysterium – Encontro

PERSONAGENS PRINCIPAIS: 'Eu' – Elias – Salomé – serpente.
SÍNTESE: O 'eu' se encontra com Elias ('pré-pensar'), sua filha cega, Salomé (prazer) e a serpente. Salomé o tenta, dizendo que ele deve amá-la para acessar o conhecimento de Elias.

Uma reflexão acerca da essência de Deus, possivelmente uma reflexão verdadeira – quer dizer, um movimento interior que implica uma intensa concentração da energia psíquica – leva o 'eu' a uma escuridão profunda. Ali aparece um ancião com aspecto de profeta, com uma serpente a seus pés.

Antes de prosseguir com a ação, cabe assinalar que, nas *Memórias*, Jung diz que, nos mitos, a serpente é amiúde oponente do herói:

> Em minha fantasia, portanto, a presença da serpente anuncia um mito do herói[65].

Veremos, contudo, que a serpente guarda na profundeza a própria potência da psique e que sua 'periculosidade' consiste em que é aquilo que permite 'passar ao outro lado', acessar o contrassentido sem cair no sem-sentido.

---

[64] Cf. *LV*, Apêndice B, onde se consigna o *Esboço corrigido*, p. 86-89 e 103-119.

[65] *Memórias*, p. 185. Cf. *LV*, p. 147, n. 173.

De uma casa construída sobre colunas sai uma bela jovem cega. Depois, todos entram na casa e o 'eu' vê refletida numa pedra de cor clara a imagem de Eva, da árvore e da serpente, e mais tarde Ulisses e seus companheiros no mar. À direita se abre uma porta que se conecta com um jardim ensolarado e ali se inicia um curioso diálogo entre o 'eu', o ancião – que vem a ser Elias – e a bela mulher cega, Salomé.

Ante a crescente surpresa do 'eu', Elias lhe explica que Salomé é sua filha e que sua própria visão e a cegueira dela os reuniram desde a eternidade. Mas mais estranho e espantoso ao 'eu' é o fato de que Salomé – cujas mãos estão manchadas com o sangue de João Batista – lhe declare amor. E mais, apesar de o 'eu' resistir com espanto à ideia de amá-la, ela não duvida de que no futuro ele a amará. Por certo, o estranho mistério começa a desdobrar-se ainda mais quando ela lhe insinua que seu pai, Elias, conhece os profundos mistérios, vê as coisas vindouras, e que o suposto 'pecado' de a amar é a chave desse saber. Mas ao 'eu' se afigura inconcebível a união de dois símbolos que são opostos extremos: um profeta, que é a voz de Deus, e uma fera cruel. Decerto, Elias se defende dizendo que são reais e esta afirmação parece reforçar a ideia de 'realidade psíquica' que, Elias primeiro, e depois o próprio Filêmon, irão transmitir.

Uma cena silenciosa, mas impactante se sucede. A serpente negra trepa na árvore e se esconde nos galhos, e tudo se torna sombrio. Ouve uma música selvagem e vê a cabeça sangrenta de João Batista. O 'eu', vacilante, se pergunta se Salomé o ama por ter assassinado o herói ou se ele próprio a ama por essa razão. Salomé é una com Elias e talvez com João, e cabe perguntar se também é una com o 'eu'. O 'eu' começa assim a admitir possibilidades que até então havia considerado impensáveis, mas é evidente que o 'eu' reconhece que, embora não a ame, a teme. E o espírito da profundeza lhe diz que com isso está reconhecendo a força divina dela.

Sem dúvida, este segredo é o segredo do homem Jung, e nesse sentido cada um deverá percorrer seu próprio segredo, pois não é possível imitar ninguém. Contudo, Elias e Salomé são formas arquetípicas e, como tais, correspondem a padrões universais de simbolização.

Os mistérios têm lugar nas profundezas, como se fosse numa cratera de vulcão onde está a lava incandescente, o indiferenciado. Quando se entra ali, se submerge no caos, e quem o faz se converte a si próprio em matéria caótica, na origem primordial. É óbvio que esta ideia oferece múltiplos paralelismos com a alquimia e admite uma explicação na psicologia junguiana. Não podemos nos demorar agora, mas esse é o sentido da *massa confusa* que predomina durante a *nigredo* e que, psicologicamente falando, corresponde ao ingresso na sombra arquetípica. Embora uma interpretação 'pessoal' de Elias e Salomé, referente a

Jung, seja limitada, sem dúvida seus caracteres correspondem a traços universais. O próprio Jung assinala em seu *Esboço corrigido* que, a princípio, o ancião (Elias) e a jovem (Salomé) representam, respectivamente, o *Logos* e o *Eros*. O velho profeta é uma 'alegoria' adequada para o *Logos*, pois se trata de um princípio que significa entendimento, compreensão, previsão, legislação, sabedoria. O profeta não apenas prevê, mas compreende e realiza aquilo que prevê. Já *Eros* é bem diverso, pois nele se mesclam todas as atividades anímicas, enquanto o *Logos* dá forma, ou seja – metaforicamente falando – é a tigela; o *Eros* é o vinho que ali é vertido, é o que preenche a forma. O *Eros* se manifesta com anseio, nostalgia, exaltação, prazer, paixão. O fato de Salomé ser cega significa a incompletude, pois sua cegueira não pertence a sua condição de *Eros*, mas se deve a uma falta na constelação psíquica de Jung, embora possa ser representativa do que ocorre em muitas pessoas, particularmente homens, de saber. O indivíduo se encontra cativo frente a essas imagens arquetípicas e, sobretudo, submetido à provocativa imagem de Salomé, embora ainda mais inquietante seja a serpente que representa todo o maligno ou obscuro que adere tanto ao *Logos* quanto ao *Eros*. Por isso, talvez, apareça primeiro a imagem de Eva com a árvore e a serpente; ou seja, se faz presente a tentação, movimento anímico de índole erótica. A figura de Ulisses parece convidar à aventura e a uma ampliação da visão que se abre a um jardim com um manancial que não embriaga e parece se referir ao *Logos*.

Mas, no *Liber Novus*, Jung assinala que a profundeza apresenta dois poderes: por um lado, o 'predeterminar' ou 'pré-pensar' e, por outro, o prazer. Em nossa edição castelhana de *O Livro Vermelho*, escolhemos um termo técnico, 'pré-pensar', para traduzir *vordenken**, pois se ajusta melhor à ideia que Jung quer transmitir e, de modo geral, à concepção junguiana. Com efeito, o 'pré-pensar' parece aproximar-se do 'protopensar' (*Urdenken*), o germe da função 'pensar' contraposta à do 'sentir'. Não se deve esquecer, contudo, a relação com Prometeu[66-67] que

---

* A tradução brasileira opta por "pensar prévio" [N.T.].

[66] Nante consigna uma nota de número 66 que, por algum lapso, não aparece indicada no corpo do texto. A nota em questão, descrita na p. 355 do original, diz: Cf. *Livro Negro* 2, p. 84, in: *LV*, p. 249, n. 188 [N.T.].

[67] Para além da referência pontual em *LV*, Jung se refere a Prometeu a partir de uma interpretação do poema épico de Carl Spitteler *Prometeu e Epimeteu*, como também do *Fragmento de Prometeu* de Goethe (1773) em *Tipos psicológicos* (cap. V: "O problema dos tipos na arte poética" [OC 6], § 261-314).

Ísis e Osíris em forma de serpente. Berlim. Museu Nacional.

o próprio Jung menciona ("o-que-pensa-antes") com a conotação de um pensar que 'premedita' porque 'prefigura', ou seja, que vê, antecipa e gesta em seu pensar uma determinada realidade. Jung assinala que o 'pré-pensar' está também antes do pensar. Já o prazer é a força que carece de formas, de limites, de determinação, e deseja e destrói formas. Pré-pensar e prazer são complementares: enquanto o primeiro é vidente e impotente, o segundo é potente e cego. Assim, Elias e Salomé simbolizam o pré-pensar e o prazer que, no homem, estão dissociados e requerem uma integração. Mas além de Elias e Salomé, aparece um terceiro princípio, a serpente, ao mesmo tempo estranha e íntima de ambos. Os caracteres específicos do simbolismo da serpente variam segundo o indivíduo e a cultura, mas a serpente expressa a essência terrena do homem que flui da mãe nutriz.

Em um seminário de 1925[68], Jung explicou as relações entre Elias/Salomé/serpente, de acordo com sua tipologia psicológica:

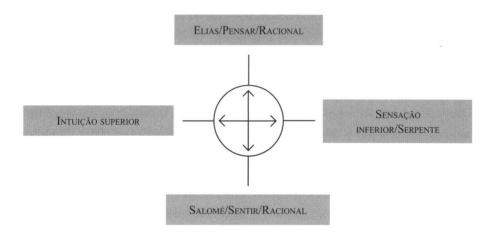

Jung assinala que a serpente, aparentemente, é que faz o homem se unilateralizar e se entregar seja a um princípio, o pensar, ou ao outro, o sentir, que aqui aparecem sob a modalidade do pré-pensar e do prazer. E é evidente que assim como não é possível viver com um só princípio, pois se precisa dos dois, tampouco de poder estar em ambos ao mesmo tempo. Velhos e rígidos são os que se aferram ao pensar em detrimento do sentir, e jovens e cegos são os que se aferram ao sentir em detrimento do pensar. Mas o texto assinala, além disso, que a vida é da natureza da serpente e, por consequência, não é só o antagonista entre os opostos, como mostramos mais acima, mas também uma ponte que une direita (pensar) e esquerda (sentir).

---

[68] Cf. *Psicologia analítica* [OC B, Seminários], p. 127. • *LV*, p. 247, n. 173.

Esta afirmação corresponde diretamente à teoria junguiana, pois se poderia substituir o termo 'vida' por 'vida psíquica' ou por 'psique'. Como tal, a psique é serpentina, evasiva, cambiante, base de todas as funções, em suma, o *topos* de onde tudo surge e onde tudo se dissolve. É evidente que O Livro Vermelho foi concebido sob o signo da serpente, pois, embora a vida psíquica pareça ser mais complexa, é nela onde se joga o desafio apresentado pelo 'espírito da profundeza'.

Elias e Salomé vivem num lugar escuro e claro. O escuro é o do pré-pensar que requer a capacidade de ver para ser habitado; já o do prazer não requer a capacidade de ver na claridade. O cristal que aparece na visão é o pensamento que tomou forma, que reflete no passado o que há de vir; sem dúvida, não se deve esquecer que Elias, à diferença de Salomé, representa um princípio altamente diferenciado.

Salomé se assimila a Eva, e Jung observa que sua própria condição pensante fez que seu princípio inimigo fosse o prazer e aparecesse como Salomé. Se tivesse sido um sentimental, teria aparecido como um demônio serpentino no caso de ter a capacidade de vê-lo. Não podemos deixar de supor, contudo, que ao sentimental, esse poder demoníaco aparece de início cegamente, cenestesicamente*, até que possa vivê-lo como uma visão. O pensante deve tentar conceber o prazer como caminho inicial de seu processo, assim como o sentimental deve fazer o mesmo com o pensar.

É através de sua função superior, o pensar, representado por Elias, que Jung pode aceder a seu prazer indiferenciado e elaborar sua transformação. Mas é fundamental compreender que Elias lhe deu a chave, e é, talvez, a chave de todo o processo descrito em O Livro Vermelho:

> Em seu amor deves reconhecê-la (LV, p. 248).

Será o amor que permitirá elevar e transformar o sentir para além do prazer. E isso reaparecerá no segundo *Mysterium* no capítulo XXI do *Liber Secundus*. Uma das chaves para compreender o grau de integração das imagens que aparecem na travessia é perguntar-se se se amam e qual é o estatuto desse amor.

Nesse caso, Salomé é santificada por amar o profeta, que, por sua vez, ama a Deus. Mas o profeta não ama Salomé, e Salomé não ama a Deus. Veremos que, embora seja sua filha, Elias tem Salomé sob seu poder e tal obstinação vai debilitando sua espiritualidade, assim como Salomé irá crescendo.

Esta ideia se repetirá no capítulo II do *Liber Secundus*, sob a situação de um erudito que mantém sua filha escondida e prisioneira. Nesse sentido, como uma espécie de dialética do senhor e do escravo, o *Logos* superior aprisiona o *Eros* inferior; mas, de algum modo, também é seu prisioneiro.

---

* Cenestesia: sensação geral do estado do próprio corpo [N.T.].

Capítulo X – Instrução

22 de dezembro de 1913

PERSONAGENS PRINCIPAIS: Elias – 'Eu' – Salomé – serpente.
SÍNTESE: O 'eu' diz a Elias que sente culpa por acessar o conhecimento através do ato de amor com Salomé. Quando aceita sua culpa e sua dúvida, Salomé diz ao 'eu' que é filho de Maria.

Na noite seguinte volta a se encontrar com Elias, Salomé e a serpente. Desta vez percebe o caráter sofrido de Salomé, em quem, por outro lado, nada pode reparar de sacrílego.

O 'eu' admite a Elias que não sabe o que é que o traz a sua presença e que, embora não lhe agrade estar ali, reconhece que se sente mais real. No interior da casa, diante do jogo ígneo do cristal resplandecente, se sucedem as seguintes imagens: a Mãe de Deus com o Filho, Pedro, em veneração e depois sozinho com as chaves, o papa com a tríplice coroa, um Buda no círculo de fogo e com o olhar fixo, uma deusa sangrenta de muitos braços (Kali) e Salomé com suas mãos torcidas em desespero, que o envolve e que ele reconhece como sua própria alma. Nesse momento o 'eu' vê Elias na imagem de pedra e, atormentado pela observação destas imagens cujo sentido lhe resulta obscuro, pede luz. Elias não responde e se dirige à esquerda, enquanto Salomé se encaminha para a direita. Depois, Elias o conduz a uma sala ainda mais escura de cujo teto pende uma lâmpada de luz avermelhada, e permanece diante do 'eu', apoiado sobre um leão de mármore que se encontra no centro.

Devido à grande quantidade de símbolos que aparecem neste capítulo, pode ser esclarecedor que, apoiando-nos em uma interpretação feita à parte por Jung, esquematizamos a interpretação:

• A cratera onde acontece a ação: lugar de profundidade, mas também explosivo.

• Salomé vai para a esquerda: o *Eros* não tem inclinação de ir ao consciente (direita), e sim ao inconsciente. A isso se soma que está acompanhada da serpente, que representa o poder mágico e os impulsos animais que surgem em nós de modo irreconhecível. O *Eros* apela ao coração, às paixões.

• O movimento para a esquerda é sem intenção, sem finalidade, por isso precisa da condução de Elias, mas não da do 'eu'. O 'eu' observa certa inocência em Salomé, provavelmente por captar que seu mal pode dever-se a sua cegueira, a sua ignorância. O 'eu' se conecta com o sofrimento que esta cegueira lhe produz.

• A presença da serpente é importante porque acentua o poder desta imagem e contrasta com o caráter imberbe do 'eu'.

- O movimento para a esquerda tem um sentido diverso se é guiado por Elias, por um *Logos* superior, pois se trata de ir ao contrassentido (com consciência), e não de cair no sem-sentido. Vale lembrar aqui a intercalação que o *Codex Bezae* faz a Lc 6,4, e que Jung cita nesta ocasião: "Ó homem, se sabes o que estás fazendo, és feliz; se, porém, não sabes o que estás fazendo, és um maldito e um transgressor da lei"[69]. Ora, o 'eu' carece de clara intenção, pois é inferior, mas essa inferioridade é sobrepujada por um firme anseio de transcender o enredamento que foi criado e por isso se deixa guiar pelo *Logos* superior: Elias.
- Para alcançar uma profundidade maior recorre ao cristal, ou seja, à concentração da psique, e isso lhe permite alcançar estas visões:
- Mãe de Deus com o filho. Esta imagem se contrapõe a Eva e, por consequência, a Salomé cega. A Mãe de Deus corporifica a virgindade carnal e a maternidade espiritual. Ou seja, trata-se de um movimento do *Eros* rumo ao espírito contraposto à carne representada por Eva/Salomé. Enquanto o 'eu' via Salomé, era cego, agora abre um panorama espiritual a *Eros*.
- A aparição de Pedro sugere a fundação de uma Igreja, ou seja, de uma obra espiritual sólida. Esta ideia é reforçada pelas chaves, símbolo do poder de abrir e fechar e, sobretudo, o papa que simboliza o poder espiritual sobre a terra. Mas esta figura indica um perigo, pois embora o *Eros* esteja submetido ao erro pela identificação com a carne, o poder espiritual não ama, crê amar o espírito, mas busca o domínio da carne.
- A aparição de Cristo e de Buda representa uma espiritualização, mas enquanto Cristo representa a superação do mundo por ter carregado sobre si o sofrimento, Buda supera tanto o prazer como o sofrimento. Buda transcende os opostos, enquanto Cristo deve renovar repetidamente o processo[70].

---

[69] Em sua obra teórica, Jung cita essa intercalação como um anúncio daquilo que transcende o que habitualmente se considera cristão, pois a moralidade é uma função da consciência e não do cumprimento de uma determinada norma. Nesse sentido, Jung escreveu em *Resposta a Jó*: "O critério moral, aqui, é a *consciência reflexiva*, e não a lei ou a convenção" [OC 11/4], § 696.

[70] Em mais de uma oportunidade Jung compara Buda e Cristo como dois modelos fundamentais e diversos de autorrealização, em última instância, como símbolos do si-mesmo. Assim, em *Memórias*, p. 286s., Jung sublinha que Buda (o Buda histórico) era homem e por fim compreendeu seu processo, já Cristo era homem-Deus e teve de cumprir com um destino que não parece ter compreendido inteiramente. Em "Considerações em torno da meditação oriental", Jung assinala que o budista é Buda e alcança seu conhecimento sendo *anâtman*, ou seja, tendo-se despojado de seu eu; em contrapartida, o cristão chega a sua meta em Cristo: "O cristão parte justamente do mundo transitório do eu, enquanto o budista se apoia ainda no fundamento eterno da natureza interior [...]". [OC 11/5], § 949.

• A aparição da sanguinária Kali é uma volta potente e arquetípica às paixões. O 'eu' não pode anular as paixões, pois é, em boa medida, paixão. Daí que, quando crê tê-lo logrado, as paixões mais violentas aparecem 'pelas costas'.

• O leão de mármore sobre o qual Elias se reclina simboliza o poder e a firmeza do *Logos*. O leão, animal real e, por consequência, de poder, é de pedra, o que significa firmeza. Sem dúvida, se o 'eu' não admite sua pequenez corre o perigo de pretender-se profeta e de crer que assim pode se subtrair ao *Eros*. Ao não poder seguir o *Eros* cegamente, o 'eu' pode tentar substituir essa impossibilidade com a posse do poder espiritual. Por certo, as consequências são graves; Jung diz que, nesse caso, não se possui o poder, mas o 'diabo do poder'; de fato, se trata de uma possessão pelo arquétipo e, portanto, do caminho rumo à constituição de uma 'personalidade mana'. Nesse caso, o 'eu' crê ser profeta, mas tal aparente conquista se alcançou ao preço de não assumir seu *Eros* ante o qual permanece em altíssimo grau de vulnerabilidade.

Após esta experiência, Elias lhe ensina que seu medo, sua incerteza, são a fonte de sua má consciência e, por outro lado, que é errada sua crença de que o impulso ao saber proibido é a causa de seu sentimento de culpa. Pelo contrário, se está ali vivendo esse mistério, acessando este saber, é porque isso corresponde a sua lei. Na realidade, sua verdadeira falta consiste em ter reconhecido o que significa que Salomé o ame e, agora, sob o pretexto de esquecimento, se deixa levar pela dúvida, quando na verdade a dúvida não lhe pertence, é um habitante externo que não corresponde àquilo que arde profundamente em seu interior. E isso vale para todos os pensamentos que estão fora de nosso si-mesmo, como árvores e animais o estão com relação ao corpo. Com esta ideia fundamental acerca da autonomia dos conteúdos psíquicos, inclusive os pensamentos, o 'eu' pode contemplar seu pensamento como externo. Antes de continuar com nosso relato, observe-se que o 'eu' denomina este ensinamento de Elias de 'sabedoria curadora', de modo similar, embora complementar, ao que ocorre com Izdubar no capítulo VIII do *Liber Secundus*. Ali, o 'eu', sem querer, adoece Izdubar quando refuta sua cosmologia tradicional que baseia sua crença na imortalidade, na ideia do Sol que morre no crepúsculo e renasce no Leste. De alguma maneira faz Izdubar adoecer de 'irrealidade', mas o restabelece quando, à maneira dos médicos tradicionais, muda o nome dele para curá-lo. Izdubar se restabelece quando é denominado 'imaginação', pois assim pode ser levado ao Ocidente para seu renascimento. Quando muda de nome ele fica leve e, já no Ocidente, o transforma em ovo e o incuba.

Em ambos os casos, trata-se de admitir a realidade psíquica, ou seja, uma realidade intermédia entre o concreto e o abstrato. No caso de Izdubar, a realidade psíquica é resgatada transcendendo o concreto; já no caso do 'eu', a realidade psíquica é resgatada transcendendo o abstracionismo ou, para dizê-lo com outros termos, superando o nominalismo[71]. Esta sabedoria curadora lhe ajuda a enfrentar seus dois pensamentos:

1) Um pensamento pouco crível segundo o qual Salomé o ama porque ele se parece a Elias ou a João Batista.

2) Um pensamento devastador segundo o qual Salomé o ama por ser oposto a Elias, por sua maldade.

Ante estes pensamentos, Elias se cala. E assim aparece Salomé sem que saibamos qual é o pensamento do 'eu' a respeito. Ela mesma parece manifestar essa vacilação, pois aparentemente se aproxima e o toma pelo braço como se fosse seu pai, dado que o 'eu' está sentado sobre a sua cadeira. E ali Salomé completa sua mensagem; segundo ela, o 'eu' é filho de Elias, ambos são irmãos e sua mãe é Maria. Que pode significar a esta altura do processo visionário que Salomé lhe revele que é filho de Maria?

A partir da interpretação posterior de Jung, podemos conjecturar que, basicamente, existem três caminhos para o 'eu':

1) Refugiar-se na puerilidade. O 'eu' foge à infância por temor dos perigos do espírito e se refugia na Mãe, por exemplo, na Igreja, na doutrina ou em qualquer de seus sucedâneos.

2) Atualmente, tal refúgio é, em boa medida, ineficaz, devido à perda da real vigência das concepções cristãs. Não obstante, embora o homem médio se tenha afastado, há tempos e de modo crescente, da cosmovisão cristã, seu sentir segue o velho caminho. Por isso, um caminho reativo ao anterior consiste em que por temor aos perigos do espírito se caia numa identificação com o sentir indiferenciado e, em suma, na arrogância erótica do poder. Trata-se de um aparente abandono da puerilidade, pois se vive possuído por um erotismo indiferenciado.

3) Mas ser filho de Maria abre a possibilidade de 'ser' Cristo, coisa que Salomé lhe revelará na visão que se consigna no capítulo seguinte, e que acontece três noites depois, a 25 de dezembro. Por certo, aqui já se abandona a segurança e a confiança que a paternidade de Elias pode proporcionar. Exige-se, para isso,

---

[71] Como se sabe, Jung realizou um complexo estudo psicológico sobre o realismo e o nominalismo ou de seus expoentes na primeira parte de *Tipos psicológicos* [OC 6]. Para além do problema filosófico, nominalismo e realismo revelam disposições psíquicas. É evidente que, a partir desse ponto de vista, uma disposição que parta do ponto de vista da concepção de 'realidade psíquica' transcende a dicotomia realismo-nominalismo.

o exercício de qualidades superiores; uma grandeza suficiente como para poder sustentar uma solidão extrema e uma humildade que permitam aceitar a própria pequenez e, ao mesmo tempo, evitar o perigo da inflação. Quiçá um dos maiores sacrifícios consista em atrever-se a superar o instinto humano de rebanho, pois para isso o homem deve cair em um verdadeiro e total abandono, uma das experiências mais graves que o homem pode chegar a viver. Suspeitamos do alto preço inerente a 'ser' Cristo, mas talvez só quando arcamos com este preço começamos a entrever seu verdadeiro alcance. Não se deve esquecer da advertência reiterada por Jung em sua obra teórica:

> [...] e devemos reconhecer com toda a humildade que a experiência religiosa *extra ecclesiam* (fora da Igreja) é subjetiva e se acha sujeita ao perigo de erros incontáveis[72].

Quando Salomé anuncia ao 'eu' que ambos são filhos de Maria, o 'eu' se apavora a tal ponto que chega a perguntar-se se é vítima de um encantamento ou se, simplesmente, Elias e Salomé são meros símbolos. Por certo, é evidente que o 'eu', que já aceitou a 'realidade psíquica', tenta defender-se regressivamente, minimizando o estatuto ontológico de quem os leva a uma experiência interior extrema. E a cena se encerra em silêncio. Salomé se afasta, atrás do 'eu' arde uma chama amarelo-avermelhada sobre um altar redondo e, ao redor da chama, a serpente está estirada em círculo. Segundo assinala Jung, isso significa que a chama ardente da devoção, somada à compulsão mágica da serpente, é mais poderosa do que a dúvida e a vacilação. Finalmente, o 'eu' vai tateando até a saída e observa um poderoso leão que se encaminha até ele.

Estas visões convidam a admitir o próprio anseio ou a própria saudade, a ser sincero consigo, o que significa que a tarefa consiste em viver-se a si mesmo na totalidade. E neste contexto podemos compreender ainda mais o alcance de alguns símbolos; a imagem da Mãe de Deus com o Menino anuncia o nascimento do suprassentido, o Filho Divino profetizado. Além disso, a presença de Pedro, apóstolo sobre o qual se construiu a Igreja, indica que o 'eu' não se transforma em suprassentido, mas sim o suprassentido é que se torna ou se dá a ele. O milagre da transformação é o que caracteriza este processo, mas o 'eu' é, por assim dizer, seu 'Papa'.

E, embora Jung tenha indicado que cada processo é único, aqui, como em outras partes da obra, dá conselhos. Neste caso, a recomendação é seguir o

---

[72] *Psicologia e religião* [OC 11/1], § 168.

pré-pensar e não o desejo, pois, embora leve ao dificultoso e a uma maior escuridão no começo, é necessário cair numa maior escuridão para acessar a luz. Nesta obscuridade se encontra uma chama débil e avermelhada que ilumina escassamente, mas o bastante para ver que o pré-pensar do 'eu' se apoia sobre o leão, sua força. E quando essa força se aplica a libertar-se da possessão pelos pensamentos, segundo já explicamos, o 'eu' se apercebe de sua liberdade, Salomé o abraça e, em certo sentido, o iguala a Elias, o 'torna' profeta. O pensar está para o pré-pensar como o prazer está para o amor. Salomé é filha de Maria, inocente Mãe de Deus.

Mas é só na próxima visão, registrada no capítulo seguinte, que Salomé revelará ao 'eu' que ele mesmo, enquanto Filho de Maria, é Cristo, o que está indicando – no contexto de *O Livro Vermelho* – uma tentativa de nascimento em seu interior do Deus vindouro. Mas este 'Deus vindouro' deve assumir sua parte feminina, neste caso, inferior; por isso – a esta altura de suas reflexões – Jung, sem indicar que de certo modo ele mesmo ou seu 'eu' é Cristo[73], antecipa a necessidade de unir estes opostos. Ou seja, o 'Deus vindouro' vai manifestando as características que nosso texto propõe:

1) Embora exceda o indivíduo, deve nascer em cada indivíduo, e por isso manifesta em cada caso características únicas.

2) Deve incluir – e em última instância, integrar – o contrassentido, a sombra, o inferior.

Por certo, esta integração de opostos pode-se dar a partir desse 'reino intermédio', ou seja, no plano psíquico que se manifesta como atividade imaginativa criadora. O pré-pensar como o que engendra, e o amor, como o que concebe, se dão nesse plano psíquico, ou melhor, 'psicoide', e se manifestam em nosso mundo, em nosso radar consciente costumeiro, como mero entendimento e prazer.

Tal parece ser uma das razões pelas quais Jung cita, a esta altura, sem demasiada explicação, uma passagem do *Evangelho dos egípcios*, onde se dá a entender que para abolir a obra das mulheres, ou seja, o ciclo da vida, seu prazer, nascimento e morte, é necessário evitar a procriação. Sem dúvida, o

---

[73] Esta afirmação não deve levar a pensar que se trata de uma identificação com o divino. Isso implicaria, segundo o ponto de vista psicológico junguiano, uma inflação psíquica e a constituição de uma personalidade-*mana*. Para o conceito de personalidade-*mana*, cf. *O eu e o inconsciente* [OC 7], § 374-406. Como já indicamos, utilizamos o termo 'eu' entre aspas, para referir-nos à personalidade consciente que em seu processo de individuação se transforma pela assimilação de diversos conteúdos inconscientes. Quer dizer, já se trata de um 'eu' que reconhece que seu centro está para além de si, por assim dizê-lo, no 'si-mesmo'.

texto apócrifo aludido é de filiação 'encratita'*, ou seja, promove – entre outras coisas – a abstenção de relações sexuais e, por isso, promove uma integração dos opostos em um plano espiritual, que, necessariamente, em contexto junguiano se limita ao – ou focaliza – o psíquico ou o psicoide. Ora, Jung tampouco explica por que, na sequência, menciona o ensinamento do *Evangelho dos egípcios* que Cristo transmite a uma 'Salomé' sem indicar, porém, que não se trata da filha de Herodes. Nesse texto lemos:

> Come de todas as ervas, mas não comas das amargas. [...] Quando Salomé perguntou quando aquelas coisas de que tinha falado iriam realizar-se, o Senhor disse: "Quando você calçar aos pés o manto da vergonha e quando de dois for feito um, e quando o homem, juntamente com a mulher, não forem nem homem nem mulher"[74].

Jung cita este *logion* como exemplo de união do masculino e do feminino, em mais de uma oportunidade, mas em seu seminário *Visões*, assinala que o *Evangelho dos egípcios* não é uma obra gnóstica, mas encratita, uma tendência ascética difundida entre os cristãos egípcios de natureza eticamente rigorista, e que ali Salomé não é a filha de Herodes[75].

É óbvio que esta passagem de uma Salomé a outra é um fenômeno de 'recepção', do qual já falamos. No plano simbólico, a Salomé criminosa tem em germe a Salomé sábia e só ela pode realizar e simbolizar esta união de opostos num plano superior.

Ao fim das contas, para além do alcance que esta expressão "quando de dois for feito um" tenha tido para o autor do *Evangelho dos egípcios*, é evidente que Jung lhe dá uma conotação mais próxima à significação gnóstica, ou seja, à ideia de que quem supera a dualidade entra no Reino[76]. Esta ideia se apresenta claramente em um texto que Jung não pôde conhecer então, qual seja, o *Evangelho de Tomé*:

---

* Referência ao chamado encratismo, seita cristã do séc. II [N.T.].

[74] *Evangelio dos egípcios*, § 5. Apud: CLEMENTE DE ALEXANDRIA. *Strom*. III, 13. In: *Los evangelios apócrifos*. Madri: BAC, 2002 [trad. Aurelio de Santos Otero].

[75] *Visiones*, p. 933s. [OC B – Seminários, 1.236]. Pode-se acrescentar que essa Salomé talvez seja a mulher de Zebedeu, pai de João e Tiago.

[76] A expressão 'quando dois forem um' se encontra também entre os Padres Apostólicos, in: 2Clem 12,2-6. Cf. GARCÍA BAZÁN, F., *Jesús el Nazareno y los primeros cristianos*. Buenos Aires: Lumen, 2006, p. 242-246, onde se estuda essa expressão no cristianismo primitivo.

Duas serpentes como luta e conciliação de polaridades vinculadas a *idâ* e *pingalâ*, canal lunar e solar do corpo sutil segundo a tradição tântrica (Escola de Arte de Bosohli, Índia, c. 1700).

Disseram-lhe: Então, fazendo-nos pequenos entraremos no Reino? Jesus lhes disse: "Quando fizerdes dos dois um e fizerdes o dentro como o fora, e o fora como o dentro, e o acima como o abaixo, de modo que façais o masculino e o feminino em um só, a fim de que o masculino não seja masculino nem o feminino seja feminino; quando fizerdes olhos em lugar de um olho e uma mão em lugar de uma mão e um pé em lugar de um pé, uma imagem (*eikon*) em lugar de uma imagem, então entrareis [no Reino]"[77].

A união dos opostos é, sem dúvida, o caminho de redenção proposto. Mas esta compreensão é ainda incipiente, pois em torno da luz tênue se suscitam questões enigmáticas. Mas, com tudo isso, o 'eu' sente que pôde recuperar o poder da profundeza, tal como lhe sugere o leão que caminha diante dele.

Capítulo XI – Solução

25 de dezembro de 1913

PERSONAGENS PRINCIPAIS: Elias – 'Eu' – Mime – Salomé – serpente branca – serpente negra.
SÍNTESE: Crucificação mitraica do eu: com braços estendidos, rosto de leão e serpente enrolada em seu corpo, sangra. Salomé recupera a sua visão. O 'eu' agora tem a missão de assumir o mistério vivido.

Na terceira noite, com um profundo anseio de continuar vivendo o mistério, e vacilando entre a dúvida e o desejo, o 'eu' se encontra numa colina e avista Elias no alto. Elias, com um gesto de mão, lhe dá a entender que deve desistir de subir. O rochedo, no qual o profeta está, divide à direita a noite escura, com uma serpente negra deitada, e, à esquerda, o dia claro, com uma serpente branca deitada. As serpentes se enfrentam e lutam, a negra parece mais forte, o que faz com que a branca recue. Contudo, a serpente negra acaba retirando-se e mostra que sua cabeça e parte dianteira do corpo se tornaram brancas. Finalmente, ambas desaparecem, uma na luz e outra nas trevas.

O 'eu' não compreende e se pergunta se se trata de que o poder da luz é tão grande que até o escuro que lhe resiste é iluminado por ela. Ao que parece, contudo, essa não é a resposta mais feliz, pois se trata de uma integração dos opostos, não do domínio de um sobre o outro.

---

[77] *Evangelio de Tomás*, logion 22. In: PIÑERO, A.; MONSERRAT, J. & GARCÍA BAZÁN, F. (orgs.). *Textos gnósticos* – Biblioteca de Nag Hammadi. Vol. 2. Madri: Trotta, 1999, p. 84.

Duas serpentes ou dragões, um dos quais sem asas, que representam as naturezas contrárias, neste caso o fixo e o volátil. *Esprit Gobineau de Montluisant*. Explicação muito curiosa dos enigmas e figuras hieroglíficas psíquicas que se encontram no portal da catedral metropolitana de Notre-Dame de Paris, *Bibliothèque des Philosophes Chymiques*, Paris (reunidos por Guillaume Salmon, A. Cailleau), 1740-1754, p. 89.

O esclarecimento que Jung faz em seu seminário de 1925 serve, embora limitadamente, para compreender esta passagem. As serpentes branca e negra representariam, respectivamente, o avançar no dia e no reino das trevas com um alcance que também é moral. Esta luta marcaria sua resistência ao descenso, a dirigir-se ao reino da escuridão. Cabe indagar, porém, qual é o significado do resultado dessa luta, ou seja, que a serpente negra que inicialmente parece predominar acabe se retirando com sua cabeça e parte dianteira embranquecidas. Em *Mysterium Coniunctionis*, Jung menciona o caso de uma paciente que estava tratando o problema dos opostos e sonhou que duas cobras com claras cabeças humanas copulavam. Meio ano depois, a mesma paciente sonhou que uma serpente branca com o ventre negro saía de seu peito e sentia um profundo amor por ela. É óbvio que se trata de uma primeira conquista de conciliação de opostos que, como se verá, exige um ulterior aprofundamento. Por outro lado, em *Aion* Jung assinalou que o motivo da luta entre serpentes é típico da alquimia medieval[78]. Em geral, a oposição se manifesta, não necessariamente mediante as cores, mas porque uma é alada e outra sem asas. Quando a conciliação é alcançada, configuram um *uroboros*[79].

Elias o conduz a uma grande altura onde se encontra uma enorme muralha circular que fecha um pátio em cujo centro se encontra um grande bloco de rocha, como um altar. Sobre ele está Elias, que lhe anuncia que esse é o templo do sol e que esse espaço é um recipiente que recolhe a sua luz.

Por certo, este simbolismo se assemelha ao simbolismo hermético e alquímico do vaso*, que Jung retoma em sua obra, ou seja, do recipiente que recolhe a luz ou o espírito (*nous*) no qual o homem é submerso para sair de seu estado natural de imperfeição e participar de um estado de iluminação (*énnoia*). O *locus classicus* deste batismo espiritual se encontra no tratado hermético intitulado "De Hermes a Tat: o vaso ou a unidade", que faz parte do *Corpus Hermeticum* e é retomado pelo célebre alquimista Zósimo de Panópolis que recomenda a sua *soror mystica*, Teosebeia, que se apresse a ir a Poimandres para ser batizada no vaso[80].

---

[78] Cf. *Aion* [OC 9/2], § 181.

[79] Na realidade, o uroboros enquanto tal simboliza tanto o resultado da conciliação dos opostos como o processo que lhe precede, de oposição e luta. Por outro lado, a oposição também se expressa entre duas aves, uma alada e outra sem asas.

* *Kratēr* [N.T.].

[80] Cf. "Tratado IV. De Hermes a Tat: o vaso ou a unidade" (*Corpus Hermeticum*). In: *Textos herméticos*. Madri: Gredos, 1999, p. 117-124. Jung se refere a isto em várias oportunidades, cf. esp. [OC 12], § 408-409.

Hermes Trismegisto, in: Senior, *De Chemia*, Estrasburgo, 1566
(reprodução original de María Ormaechea).

Uma série de estranhas experiências que então se sucedem levam o 'eu' do mundo de superfície ao submundo. Elias se torna 'Mime', que parece referir-se ao conhecido personagem wagneriano, isto é, o anão ganancioso que trabalha na forja e vive em uma caverna[81].

A luz reunida se torna água e flui em mananciais para baixo. O anão sugere que quem bebe dessas águas se torna sábio. Por certo, o 'eu' parece não poder chegar até o mais baixo e, quando vê a serpente do profeta no submundo, se pergunta como faz para subir ao mundo de superfície. Finalmente, se sente encolhido, a serpente se torna infinitamente pequena e se encontra no fundo da cratera rodeada por altas montanhas.

Depois o 'eu' se encontra novamente em frente à casa do profeta e este reaparece. O 'eu' se espanta por ter acreditado estar a distâncias siderais e, contudo, encontrar-se, agora, no mesmo lugar. Mas quando o 'eu' pergunta por Salomé, Elias ordena que se aproxime do cristal e se prepare em sua luz. E é ali que se precipita uma série de imagens visionárias:
- o pé de um gigante que esmaga uma cidade inteira,
- a descida de Cristo da cruz,
- o filho divino com a serpente branca na mão direita e a serpente negra na mão esquerda,
- a montanha verde, a cruz de Cristo de onde fluem torrentes de sangue,
- a própria cruz e Cristo na cruz na última hora de seu tormento.

É importante assinalar que, neste momento, quando a serpente se enrosca ao pé da cruz, o 'eu' sente que ela o faz em seus próprios pés. Observe-se que, de contemplar a crucificação que ocorre no alto, ele passa a vivê-la em si mesmo. Mas, além disso, agora a crucificação é diversa, pois em vez de estar empalado ele estende seus braços e, quando Salomé se aproxima, a serpente se enrosca em todo seu corpo e seu rosto se transforma no rosto de um leão. Por outro lado, Jung em sua obra teórica afirma:

---

[81] Em *O anel dos nibelungos* de Wagner, o anão Mime é irmão de Alberich e o artesão que forja o anel. Em *Siegfried*, Mime, que vive em sua caverna, encontra o menino Siegfried quando Sieglinde agoniza e o cria com o propósito de que mate o gigante Fafner, que possui o anel. Finalmente, Siegfried mata Fafner com a espada forjada por Mime, mas em seguida mata também Mime, pois este havia querido envenená-lo depois de recuperar o ouro. Em 1912, em *Transformações e símbolos da libido*, Jung assinalou que a natureza dinâmica de Mime representa a Mãe Terrível que põe o verme venenoso no caminho de seu filho, neste caso, Siegfried (cf. *Wandlungen und Symbole der Libido*. Munique: Deutscher Taschenbuch, 1995. In: *Símbolos da transformação* [OC 5], § 567.

O Andarilho (Wotan) interroga Mime (ilustração de Arthur Rackham).

Como a cruz se assemelha a um homem com os braços estendidos horizontalmente, ilustrações dos primeiros tempos do cristianismo mostram Cristo não pregado na cruz, mas postado diante dela, com os braços estendidos[82].

E quando o 'eu' não pode compreender que Maria, a Mãe de Cristo, é sua própria mãe, Salomé lhe anuncia:

> Tu és Cristo (*LV*, p. 252).

O 'eu' se sente sozinho em cima da montanha, a serpente comprime seu corpo, de onde jorram torrentes de sangue. Salomé abraça seus pés com seus cabelos e exclama que vê a luz. Assim, a serpente cai, o 'eu' caminha por cima dela e depois se ajoelha diante do profeta, agora refulgente como uma chama. Assim, Elias sentencia que a obra se cumpriu, mas que ele deve buscar e escrever sem descanso. Elias já é pura luz contemplada por Salomé, mas o 'eu' se vai como se não pudesse participar de tal magnificência. É sugestivo que, segundo Shamdasani assinala, Jung tenha copiado duas citações da *Divina comédia* no *Livro Negro* 2[83] que, evidentemente, guardam estreita relação com a experiência. Por um lado, está presente o caráter inspirador do amor: "Pensativo, escuto o sopro do amor, aceito como verdade o que sempre me prediz, e copio tudo, nada inventando eu mesmo"[84]. De certo modo se antecipa o conhecimento que o amor transmite e o matrimônio espiritual que esta cena sugere[85]. Por outro lado, aparece claramente o conceito de corpo sutil ou corpo de luz, que Dante apresenta veladamente na segunda passagem consignada por Jung: "E logo a chama, que

---

[82] *Símbolos da transformação*, § 402.

[83] *Livro Negro* 2 (p. 104), in: *LV*, p. 252, n. 213.

[84] DANTE ALIGHIERI. *Divina Commedia*. Purgatório, Canto 24, v. 52-54 [trad. conforme *LV*, p. 252, n. 213 – N.T.].

[85] Como assinala Shamdasani: "Essa descrição de Elias levou-o posteriormente à descrição de Filêmon. Jung observou que isto 'esboça a desconhecida como uma figura mítica no além (isto é, no inconsciente). Ela é *soror* ou *filia mystica* de um hierofante ou 'filósofo', portanto é evidentemente um paralelo em relação àquelas sizígias místicas tais como as encontramos nas figuras de Simão o Mago e Helena, Zósimo e Teosebeia, Comário e Cleópatra etc. (OC 9/1, § 372). Em "Aspectos psicológicos da Core" [OC 9/1], § 360, Jung apresenta esse mesmo episódio em uma chave mais simples: "Em uma casa subterrânea, ou melhor, no mundo subterrâneo, vive um mago e profeta velhíssimo, com uma 'filha', que não é sua filha verdadeira. Ela é dançarina, uma pessoa muito frívola, mas está em busca de cura, pois ficou cega".

Hércules menino vence as serpentes (reprodução de María Ormaechea).

ainda se movimenta, para onde quer que a trilha do fogo vá, assim segue a forma aonde o espírito a carrega"[86].

Foi seu desejo que o levou a essa claridade própria do amor através de uma descida por meio do prazer. Para poder ascender ao amor, as duas serpentes inimigas precisaram se confrontar. Elas manifestam, deste modo, o caráter demoníaco de ambos os princípios, o que parece reiterar a luta entre o sol e a serpente negra do capítulo V. Ora, o espírito da profundeza anseia que o homem compreenda que essa discórdia é própria da natureza humana. O herói morto se internou no fundo da natureza humana e incitou uma espantosa discórdia interior. O *mana* do herói morto, assassinado, aflora em nossa conduta supostamente civilizada, e é por isso que devemos fazer desse assassinato um verdadeiro sacrifício.

Em 1916 Jung escreveu:

> Nada mais apropriado do que os processos psicológicos que acompanham a guerra atual – notadamente a anarquização inacreditável dos critérios em geral, as difamações recíprocas, os surtos imprevisíveis de vandalismo e destruição, a maré indizível de mentiras e a incapacidade do homem de deter o demônio sanguinário para obrigar o homem que pensa a encarar o problema do inconsciente caótico e agitado, debaixo do mundo ordenado da consciência. Esta guerra mundial mostra implacavelmente que o homem civilizado ainda é um bárbaro. Ao mesmo tempo, prova que um açoite de ferro está à espera, caso ainda se tenha a veleidade de responsabilizar o vizinho pelos próprios defeitos. A psicologia do indivíduo corresponde à psicologia das nações. As nações fazem exatamente o que cada um faz individualmente; e do modo como o indivíduo age, a nação também agirá. Somente com a transformação da atitude do indivíduo é que começará a transformar-se a psicologia da nação[87].

Querer subjugar o outro, dominá-lo, matá-lo, é fazer o mesmo consigo. Trata-se de evitar a unilateralização, que aqui é descrita com a figura do anão que aparece

---

[86] *Purgatório*, canto 25, v. 97-99. Cf. NANTE, B. "En el misterio de Dante". In: *El Hilo de Ariadna*, n. 3, Buenos Aires: Malba, 2007, p. 66-87, onde se retoma o conceito de corpo sutil em Dante, particularmente nessa mesma passagem, a partir dos trabalhos de Klein, Agamben, Varela-Portas Orduña. O corpo sutil é um corpo de luz que se mostra como tal e com irradiação crescente à medida que se produz a ascensão ao Empíreo. Entre as trevas do inferno e a iluminação do paraíso, o purgatório é um lugar banhado em um claro-escuro que não cessa de se aclarar. Para o tema do corpo sutil em Jung, cf. NANTE, B. "Imaginación y cuerpo sutil en el proceso de individuación". In: *Páginas del Sur*, n. 2, nov./1999, p. 81-94.

[87] *Psicologia do inconsciente* [OC 7/1], "Prefácio à 1ª edição", p. 10.

como contrafigura de Elias, isto é, como uma deformação do pré-pensar, assim como Salomé é uma deformação de Maria celestial. A serpente é o que não está no princípio puro, é sua ausência e obscuridade, mas também é onde se gesta seu crescimento. Mais adiante, se poderá ver com mais clareza que a serpente, devidamente assumida, é a que permite conciliar as polaridades que inexoravelmente se combatem. Por isso, amor e pré-pensar estão num mesmo lugar, mas raramente nos damos conta.

Não se trata de redimir-se através de um herói, mas de ser Cristo. Por certo, isso se refere particularmente à guerra que deveria ser vivida como um grande mal-estar interior, como algo que se quis e que, portanto, surge de tendências interiores que reclamam sua redenção, pois levamos o fruto do horror da guerra.

Ainda que ao preço de nos repetirmos, vejamos se podemos compreender sinteticamente as questões centrais do *Mysterium*:

1) Visão do gigante que esmaga a cidade: a guerra. Nesse cristal pode-se ver o vindouro que recolhe as profundas tendências internas que estão gestando a guerra. O gigante que esmaga a cidade inteira só poderá redimir-se com o sacrifício, que é autossacrifício, e a busca redentora só pode ser feita no próprio si-mesmo, isto é, mediante o renascimento do Deus em cada qual. Em outras palavras, há um chamado ao autossacrifício. De fato, é o pré-pensar, representado por Elias, o que chama ao autossacrifício.

2) A criança divina que domina as serpentes: integração dos opostos. Essa é a criança divina, um jovem redentor, um Cristo que, como na conhecida façanha do Hércules recém-nascido, domina as serpentes, isto é, os opostos, com suas mãos[88]. É sugestivo que no *Esboço* Jung tenha escrito: "[...] eu vi que a partir do Cristo-Deus formou-se um novo Deus, um Héracles* mais jovem"[89].

3) Ainda que só tenhamos – pelo que sabemos – essa referência a Hércules parece-nos sugestiva à aparição ou assimilação a essa figura mítica. Por um lado, embora Hércules seja uma das figuras mais populares e complexas da mitologia grega, poder-se-ia afirmar com Burkert que um de seus traços principais consiste em

---

[88] Em Apolodoro, *Biblioteca*, II, 4, 8 (Madri: Gredos, 1985) lemos: "Alcmena concebeu dois filhos, o de Zeus sendo Héracles, uma noite mais velho do que Íficles, que ela teve com Anfitrião. Sendo Héracles de oito meses, Hera [mulher de Zeus], desejosa de matá-lo, enviou duas enormes serpentes a sua cama; Alcmena pediu socorro de Anfitrião, mas Héracles, sentando-se, as estrangulou com as mãos". As autoridades antigas divergem a respeito da idade; p. ex., Píndaro, *Nem.*, 1,35, diz que Hércules havia acabado de nascer.

* Héracles ou Hércules, nomes grego e latino do mesmo personagem mítico [N.T.].

[89] *Esboço*, p. 157; *LV*, p. 254, n. 237.

A serpente de bronze em versão alquímica (Abraham Eleazar, *Uraltes chymisches Werk* [A Era de Ouro do Trabalho Químico], Leipzig, 1760).

que "[...] transfere ao homem a superioridade dos animais, animais difíceis de capturar, perigosos e defendidos por donos sobre-humanos [...]"[90]. Neste caso, está transferindo ao querer humano, está humanizando, ajudando à encarnação de opostos inconciliáveis. Isso talvez permita compreender melhor a interpretação que Jung deu desta passagem em seus *Esboços* e que interpretamos sinteticamente a seguir. O Deus sustenta o amor em sua direita (lado favorável), o pré-pensar em sua esquerda (lado desfavorável) e isso faz com que estes princípios se conciliem em um querer humano. Isso não leva à divinização do homem, mas a que Deus ou o divino se torne humano no homem. Trata-se novamente da ideia inicial segundo a qual, enquanto o adulto (espiritual) tem um Deus criança, a criança (espiritual) tem um Deus envelhecido que morre. Ora, enquanto o homem se guia pelo espírito dessa época, não dá conta nem do querer do pré-pensar nem do querer do amor e seu inconsciente (sua 'serpente') os mantém separados. O espírito da profundeza é quem traz esta paixão pelo querer, mas o homem não pode sustentar por si só um e outro querer ao mesmo tempo. Por isso, o homem passa de um ao outro a não ser que dê à luz a criança divina que é quem pode sustentar os opostos por e para nós. O caminho consiste em querer-se a si mesmo entendido como o si-mesmo, ou seja, a totalidade psíquica. Esse é o Deus ou o caminho ao Deus capaz de suportar a tensão de opostos[91].

Visão da crucificação de Cristo: imitar a Cristo? Vê a cruz de Cristo na montanha e torrentes de sangue que fluem desde lá de cima. Cristo na cruz em sua última hora de tormento.

1) Autossacrifício leontocefálico: a serpente se enrosca ao pé da cruz e se entrelaça entre os pés do 'eu'. O 'eu' estende seus braços, Salomé se aproxima, a serpente se enrosca em todo seu corpo e o rosto é de leão. Jung assinala que o 'pré-pensar', Elias, sua ideia por cima de seu pensar, o força a fazer o autossacrifício, mas sua paixão (o leão) resiste, embora o destino, renovando-se (a serpente) execute o sacrifício. Por certo, como tentamos mostrar mais adiante, o complexo simbólico leão-serpente disposto no leontocéfalo, em última instância, alude a uma tomada de consciência espiritual dos aspectos condicionantes e limitadores do cosmos que se renovam na dimensão criadora do tempo.

2) Ser Cristo: quando Salomé lhe recorda que Maria é a Mãe de Cristo e o 'eu' replica que como é então possível que ele possa chamar Maria de sua própria Mãe, Salomé lhe anuncia que ele é Cristo. Observe-se que Salomé é o prazer que, ao entrar pela direita e ser aceito, traz o amor.

---

[90] BURKERT, W. *Mito e rituale in Grecia:* Struttura e Storia. Roma/Bari: Laterza, 1991, p. 151.

[91] Cf. *Esboço corrigido* (p. 142-145), in: *LV*, p. 254-255, n. 238.

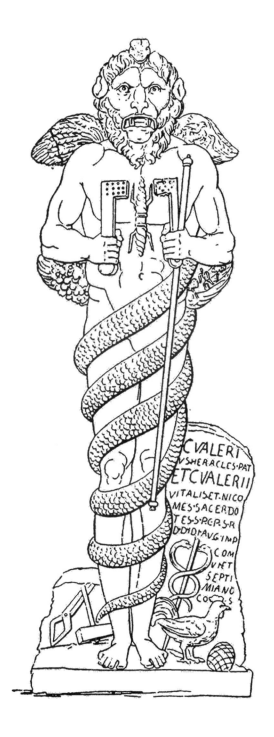

Leontocéfalo (*Aion*). Estátua de mármore do Mitreu de Ostia. Biblioteca do Vaticano.

3) O autossacrifício se consuma: a visão. É a serpente que comprime o corpo e o faz sangrar. Salomé, após agarrar os pés do 'eu' por um longo tempo, se torna vidente. Passa-se aqui do prazer cego ao amor vidente. Por isso, Elias já é uma luz branca a que só pode ter acesso um amor vidente e não um prazer cego como até agora.

O espírito da profundeza chama ao sacrifício, ao autossacrifício. Esse é o sangue que brota em mananciais e que deve ser assumido por cada um. Isso faz com que o prazer cego se transforme em amor vidente e, assim, pré-pensar e amor se unem (ou descubram sua união essencial) na chama. Mas estes princípios transcendem o humano, são divinos, daí que o desafio consista em assumi-los na escala individual e mundana.

O vivido neste mistério não está ainda realizado, e os bens que dele derivam ainda não foram assumidos pelo 'eu'. Resta a tarefa, a partir de um longo percurso por imagens visionárias numerosas e errantes, de assumi-los.

Uma reflexão sobre o leontocéfalo

O 'Deus leontocéfalo', como se sabe, pertence aos mistérios de Mitra. Na primeira parte referimo-nos brevemente aos mistérios mitraicos e assinalamos que nosso conhecimento da Antiguidade tardia é incompleto e, em boa medida, conjectural. Assinalamos isso porque, segundo o fenômeno de recepção, no *Liber Novus* os símbolos das tradições são assimilados de um modo peculiar, e neste caso nosso referencial inicial histórico-religioso é particularmente ambíguo.

Ora, o próprio Jung, admite em seus comentários que a experiência antes descrita corresponde "do princípio ao fim" a uma simbólica mitraica[92].

As representações que nos chegaram do 'Deus leontocéfalo' manifestam algumas variantes, mas em todas elas seu corpo é humano, seu rosto é de leão e uma serpente se enrola seis ou sete vezes, de um modo tal que sua cabeça repousa sobre a humana. Tais são as características que o 'eu' de Jung assume na visão antes descrita. Por certo, além disso o 'Deus leontocéfalo' é alado, às vezes tem um feixe de raios em seu peito ou carrega chaves ou um cetro em suas mãos, como se pode ver na imagem que reproduzimos. Esse leontocéfalo se assemelha ao que aparece tanto em *Aion* como em *Símbolos da transformação*, que está parado sobre um globo terrestre.

---

[92] Cf. uma breve passagem de *Psicología analítica*, p. 129-132 [OC B – Seminários] e *LV*, p. 252, n. 211.

SEGUNDA PARTE – O CAMINHO SIMBÓLICO DO *LIBER NOVUS* | **327**

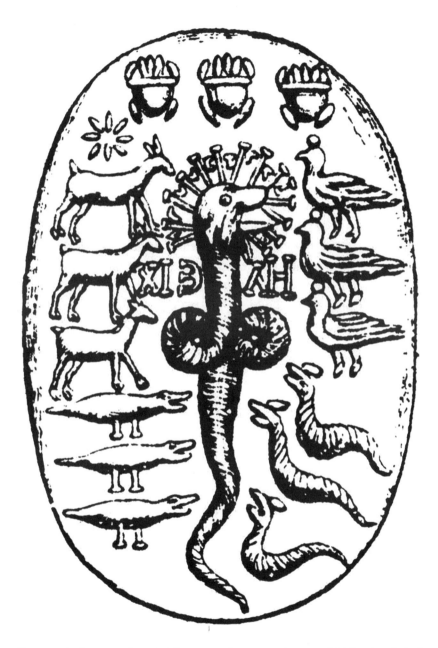

Figura arcôntica com cabeça de leão e corpo de serpente (como o *Yaldabaoth* gnóstico). Talhada numa gema dos primeiros séculos da Era Cristã.

Algumas significações cosmológicas são evidentes; o leontocéfalo representa o tempo que destrói e reconstrói; domina parado sobre o globo no eixo do mundo, e possui as chaves que permitem abrir e fechar as portas dos céus. A serpente representa o curso anual do Sol, as sete voltas são uma alusão planetária, as asas indicam sua rapidez e, em geral, seu aspecto assustador são uma recordação do caráter implacável do destino[93]. Mais importante para nossos propósitos, embora também mais incerto, é determinar qual a sua significação iniciática, isto é, que compreensão surge dessa mutação ontológica própria dos mistérios quando se assume interiormente seu simbolismo. Evitaremos nos deter numa discussão erudita a respeito da interpretação desta tradição e nos concentraremos no alcance que parece ter para Jung ou, mais ainda, em nosso texto, sem que se deixe de ver como uma possível aproximação à tradição mitraica como tal.

A partir do ponto de vista do *Liber Novus*, não é de se descartar que este símbolo antecipe certos traços de Filêmon, a saber, as chaves e as asas, pois, definitivamente, tanto o Deus leontocéfalo como Filêmon, entre outros, são imagens de totalidade que variam entre si segundo a etapa de integração de opostos de que se trate. Em suas "Conferências Tavistock" de 1935, Jung, aludindo ao simbolismo da chave e associado aos mistérios da caverna, assinala:

> No culto de Mitra há uma espécie particular de deus, o deus da chave, ou *Aion*, cuja presença não pode ser explicada, mas creio que ela pode ser perfeitamente inteligível. Sua representação é o corpo de um homem alado, que tem a cabeça de leão, estando envolvido por uma cobra que se eleva acima de sua cabeça. Há uma representação dele no Museu Britânico: ele é o tempo infinito e a longa duração, o deus supremo da hierarquia mitraica, que cria e destrói todas as coisas, é a *durée créatrice* de Bergson. É um deus-Sol. Leão é um signo zodiacal de quando o Sol atravessa o verão, enquanto a cobra simboliza o inverno ou o tempo úmido. Dessa forma, *Aion*, o deus de cabeça de leão, envolvido por uma cobra, novamente representa a união de opostos, luz e sombra, masculino e feminino, criação e destruição. Ele é representado com os braços cruzados, tendo uma chave em cada mão. É o pai espiritual de São Pedro, que também é o dono das chaves. As chaves de *Aion* são as chaves do passado e do futuro[94].

---

[93] Cf. ULANSEY, D. *The origins of the mithraic mysteries*, Nova York, 1989. Cf. a descrição do Leontocéfalo feita por Ignacio Gómez Liaño em *El círculo de la sabiduría* – Diagramas del conocimiento en el mitraísmo, el gnosticismo, el cristianismo y el maniqueísmo. Madri: Siruela, p. 106-115.

[94] "Fundamentos da psicologia analítica" [Las conferencias de Tavistock] [in: OC 18/1], § 266.

Segunda parte – O caminho simbólico do *Liber Novus* | 329

Deus Fanes representado no interior do círculo zodiacal. Galeria Estense, Módena.

À luz disso se poderia afirmar que *Aion*, equivalente ao Zervan Akarâna persa, o Tempo de longa duração, representa um princípio vivente eterno que contém todos os "*aiontes*" ou "*arcontes*", isto é, aqueles princípios dominantes que governam o fluxo da realidade. Tais princípios que, conforme sejam vistos, podem possibilitar ou limitar, equivalem – do ponto de vista psicológico – aos *samskāras*[95] do hinduísmo. Do ponto de vista junguiano, correspondem aos arquétipos que determinam o destino, mas devidamente assumidos conectam com a dimensão criadora do próprio fluxo do Tempo[96]. Em termos da psicologia junguiana, "aion" é o âmago da energia psíquica, sua qualidade fundamental criadora-imaginativa; nesse sentido, a referência a Bergson não é casual, pois em certa ocasião Jung assimilou a "libido" ao *élan vital* bergsoniano[97].

Por isso, na visão do *Mysterium*, a paixão de Cristo que o 'eu' observa no alto é recriada pelo 'eu' no plano do Tempo ou, se se quiser, da energia psíquica. Isso significa, de certo modo, a dolorosa integração de opostos na pessoa de Jung como reflexo do sinal dos Tempos. Por isso, justamente em 25 de dezembro, dia do *Sol Invictus* mitraico que foi assumido posteriormente pelo cristianismo como data do Natal, Jung vive uma experiência visionária 'sincrética' cristã-mitraica.

Pode-se comprovar agora aquilo que havíamos antecipado: o complexo simbólico leão-serpente disposto no leontocéfalo, em última instância, alude a uma tomada de consciência espiritual dos aspectos condicionantes e limitantes do cosmos que se renovam na dimensão criadora do tempo; mais ainda, o próprio tempo se renova e é subsumido na atemporalidade própria de uma *dynamis criadora*. Além disso, o 'eu' não se 'cristifica' imitando a Cristo, mas assumindo as trevas da matéria e da psique no modo particular como se constelaram nessa pessoa.

---

[95] A definição pode ser encontrada em PATANJALI. *Yoga Sûtras*, III, 9. Trata-se de resíduos mnêmicos que geram determinadas tendências psíquicas. Jung se referiu a isso em seus estudos sobre o *yoga* e às vezes assimila *samskāras* a arquétipos. É evidente, contudo, que em sentido estrito o *samskāra* não equivale nem a um 'arquétipo' nem a um 'complexo'; em primeiro lugar, ele excede uma vida encarnada, já que se transmite de encarnação em encarnação e manifesta um caráter condicionante da psique, Cf. COWARD, H., *Jung and Eastern Thought*. Nova York: State University of New York, 1985, p. 65-70 e 97-98.

[96] *Visions*, p. 807 [OC B, Seminários, *Visiones*].

[97] Cf. OC 4, § 568. • SHAMDASANI, S. *Jung and the Making of Modern Psychology*. Cambridge: Cambridge University Press, 2003, p. 227-228; cf. tb. p. 207-210. Para a relação entre a teoria de Jung e a de Bergson, cf. GUNTER, P.A.Y. "Bergson and Jung". In: *Journal of the History of Ideas*, vol. 43, n. 4, out.-dez./1982, p. 635-652.

Em última instância, se não há trabalho do indivíduo, o Tempo destrói o individual que não se diferencia e o dilui no Todo. Tal será, como se poderá ver, o ensinamento central dos Sermões aos Mortos. O desafio consiste em não cair em nenhum dos opostos para não se dissolver na indiferenciação do Pleroma. Em um dos Seminários antes citados, Jung alude ao Deus leontocéfalo como "Aion" e soma dos arquétipos para ilustrar aquilo que com mais evidência se dá em Abraxas:

> A ideia consistiria em que Abraxas é a soma total destes poderes *samskāra* do mundo arquetípico. Assim como este mundo arquetípico do inconsciente coletivo é um excesso paradoxal, sempre sim e não, a figura de Abraxas significa o começo e o final, é vida e morte, por isso é representado por uma figura monstruosa. É um monstro porque é a vida da vegetação no curso de um ano, a primavera e o outono, o verão e o inverno, o sim e o não da natureza[98].

Pode-se ver como no *Liber Novus* o leontocéfalo mitraico antecipa a Abraxas, mas não se trata de assimilar-se a Abraxas, mas de recriá-lo dentro de si.

Por outro lado, do ponto de vista histórico, o dragão leontocéfalo aparece na literatura gnóstica, talvez como herança iraniana. Assim, para nos limitarmos a um exemplo, no *Apócrifo de João* lemos que o demiurgo Yaldabaoth aparece como:

> [...] a figura de um estranho dragão com rosto de leão, de olhos resplandecentes como relâmpagos [...][99].

Além do mais, é sugestivo recordar que, em cenas iniciais do mito órfico, o "Tempo que não envelhece" é chamado "Héracles", que aparece sob a forma de um dragão com cabeças de leão e de touro, o que evoca, por um lado, a cosmogonia iraniana do "Tempo Infinito" e, por outro, a Yaldabaoth. Leve-se em conta que, deste ponto de vista, o Hércules criança que aparece na visão anterior pode ser uma antecipação do símbolo leontocéfalo[100].

Em todo caso, de nenhuma maneira se devem confundir as três tradições mencionadas, mas perceber suas convergências sincréticas permite captar nuanças simbólicas que são retomadas nos próximos capítulos e abonam o fenômeno de recepção junguiana que se irá aprofundando ao longo do *Liber Novus*.

---

[98] V*isions*, p. 807 [OC B – Seminários: *Visiones*].

[99] *Apócrifo de Juan* 10,10. In: *Textos Gnósticos, Biblioteca de Nag Hammadi*. Op. cit. vol. 1, p. 221.

[100] Cf. APRILE, E. "Orfismo y gnosticismo: algunas reflexiones". In: BERNABÉ, A. & CASADESÚS, F. *Orfeo y la Tradición Órfica*. Madri: Akal, 2008, p. 1.518.

Como mostramos, o vivido neste mistério ainda não foi realizado e agora cabe ao 'eu' a missão de ir assumindo a conciliação de opostos acontecida num plano arquetípico. Contudo, o legado fundamental deste percurso se radica na serpente, isto é, o inconsciente de algum modo se incorporou à personalidade egoica e, pelo menos, o 'eu' tem uma maior capacidade de aceitar os opostos, de reconhecer que o que se dá fora, particularmente o discordante, é um aspecto a ser integrado.

3

Liber Secundus

As imagens do errante

O *Liber Secundus* se intitula *Die Bilder des Irrenden* (As imagens do errante) e registra as experiências vividas por Jung entre 26 de dezembro de 1913 e 19 de abril de 1914. Esse bloco relata os sucessivos encontros com 'imagens' simbólicas, várias das quais 'personagens' com que o 'eu' de Jung interage, promovendo a tomada de consciência de aspectos até então dissociados da personalidade e abrindo o caminho à possibilidade de integrá-los em um todo que englobe o individual e o coletivo.

Como seu nome o indica, o *Liber Secundus* dá conta das imagens que aparecem ao longo de sua 'errância' e que toma como reais; no capítulo 1 se assinala o que ele aprendeu no mistério, que é aceitar a realidade dos personagens que habitam no mundo da psique, uma vez que atuam. Ou seja, dá conta do conceito de 'realidade psíquica' e põe de manifesto a imaginação ativa, parte do fato de que taticamente é real o que atua. Em um célebre texto de 1928, Jung reafirma este último ponto frente à posição da ciência que nega com fobia supersticiosa a 'fantasia':

> [...] o credo científico da nossa época desenvolveu uma fobia supersticiosa em relação à fantasia. *É verdadeiro aquilo que atua*. Ora, as fantasias do inconsciente atuam, sem dúvida alguma[1].

Mais prolífico no que se refere à produção de ilustrações, se o comparamos com o *Liber Primus*, o *Liber Secundus* não se limita a pequenos desenhos ou iniciais historiadas, e sim inclui páginas completas de pinturas grandes e elaboradas; algumas mostram o que o texto vai desenvolvendo e outras, com certa in-

---

[1] *O Eu e o Inconsciente* [OC 7/2], § 352.

dependência, se afastam um pouco dele, embora talvez para iluminá-lo a partir de outra perspectiva. O certo é que muitas dessas ilustrações foram intercaladas vários anos depois de o texto ter sido escrito, e de outras tantas carecemos da data precisa de realização.

O livro é composto de 21 capítulos, e também é precedido por uma citação bíblica. Desta vez é Jr 23,16 e 23,25-28. Na primeira citação se adverte contra os falsos profetas que não falam a partir da boca do Senhor e na segunda se insiste sobre a mesma ideia, ao referi-la àqueles que creem ter sonhos proféticos.

Em *Tipos psicológicos*, Jung consigna essas mesmas passagens e assinala que antecipam a intenção da religião cristã de extirpar as fantasias individuais:

> A forma pela qual Cristo apresentou ao mundo o conteúdo de seu inconsciente foi aceita e declarada obrigatória em geral. Todas as fantasias individuais perderam seu efeito e valor; foram perseguidas como heréticas, como no-lo atestam o movimento gnóstico e todas as heresias posteriores[2].

Por outro lado, o mesmo texto de Jeremias deixa aberta a porta às produções oníricas. De fato, diz:

> O profeta que tem um sonho, que o conte [...]

Mas, em seguida, retoma sua postura severa:

> [...] e o que tem minha palavra, que a diga de verdade" (Jr 23,28).

Com fins didáticos, e para ajudar no sinuoso percurso pelo *Liber Secundus*, propomos o agrupamento dos capítulos nos seguintes momentos:

QUINTO MOMENTO: PARA ALÉM DO DIABO E DO SANTO (CAPS. I-VII)

O 'eu' se encontra com o diabo (cap. I), com um erudito e sua filha oculta (cap. II), com um homem vulgar que morre (cap. III), com um anacoreta cristão (caps. IV-V), com a morte (cap. VI) e novamente com o diabo e o anacoreta, que estão juntos e num estado de decadência. Mas o capítulo VII resolve, em certa medida, uma polaridade central: de um lado, o diabo que representa a alegria, o mundano, o material; se se quiser, até certo ponto, o 'pagão' e, por outro lado, o anacoreta que representa a seriedade, a ascese, o espiritual, o cristão. Se percebe aqui uma capacidade 'serpentina' que o 'eu' possui para conciliar opostos (neste caso a alegria e a seriedade), o que aprofundará em seu encontro com a magia.

---

[2] OC 6, § 75.

Sexto momento: O ciclo de Izdubar (caps. VIII-XI)

Quando o 'eu' decide ir ao Oriente, ele cruza com o gigante babilônico Izdubar que buscava o lugar onde morre e renasce o Sol. Jung lhe ensina a teoria heliocêntrica e, assim, Izdubar adoece mortalmente, pois o discurso racional destrói suas convicções mágicas. Finalmente propõe mudar-lhe o nome chamando-o de 'uma imaginação' e deste modo se alivia, pode levá-lo ao Ocidente, concentrá-lo num ovo e incubá-lo (caps. VIII-IX). Assim recita as encantações (cap. X), que incubam o ovo e o Deus renasce renovado, resplandecente (cap. XI). Contudo, o Deus renovado ficou de fora e o 'eu' ficou órfão, em solidão, com sua obscuridade e sob o domínio do mal. O mal destrói sua conformação a Deus e assim essa força reflui para ele.

Sétimo momento: Inferno e morte sacrificial (caps. XII-XIII)

Pode-se pensar que essa conformação do mal leve ao submundo. Ali, como se pode ver no capítulo XII, uma espantosa visão lhe ensina que o mal não pode realizar um sacrifício, pois só o pleno pode fazê-lo. No capítulo XIII, a alma de uma menina assassinada – que certamente é o próprio Jung – exige que lhe coma o fígado. Com este sacrifício se reassumem as forças originárias que estavam com ele desde outrora, mas que ingressarão na conformação do Deus (Izdubar).

Oitavo momento: A divina 'loucura' (caps. XIV-XVII)

A divina 'loucura' parece aludir a uma espécie de 'tolice' ou torpeza frente ao divino, própria dos que estão imersos no racionalismo desta época (cap. XIV). A psiquiatria, em particular, parece incapaz de distinguir uma experiência religiosa de uma patológica (cap. XV). Mostra-se aqui a tensão irredutível entre o ceticismo cientificista e a devocionalidade infantil, e a incapacidade de viver de coração o mistério da união dos opostos (cap. XVI e XVII).

Nono momento: Da magia ao sacrifício (caps. XVIII-XX)

Desvelam-se as três profecias: a calamidade da guerra, as trevas da magia, a dádiva da religião (cap. XVIII). O 'eu' se torna consciente de sua limitação e debilidade, e assim recebe de sua alma 'o dom da magia' (cap. XIX) que requer o sacrifício do consolo, quer dizer, o labor destemido, desagradável e solitário consigo próprio. A passagem da magia negra à branca está vinculada ao sacrifício da cruz (cap. XX), em suma, ao caminho que requer o autossacrifício que leva a parir o antigo que retorna renovado. Para poder criar e encontrar o caminho que o libere da pressão do destino e que lhe desvele o que não se pode imaginar, dirige-se à casa de um grande mago.

DÉCIMO MOMENTO: O MAGO (CAP. XXI)

Neste extenso capítulo, que foi dividido em oito seções cujos títulos propomos didaticamente, o 'eu' de Jung não só aprende aquilo que não pode ser aprendido e compreende o incompreensível, ou seja, a magia, mas também a exerce e, assim, consegue unir poderes contrapostos de sua alma. Por certo, o processo que se descreve é de circum-ambulação e necessariamente inacabado.

O seguinte diagrama sintetiza sinopticamente todo o processo:

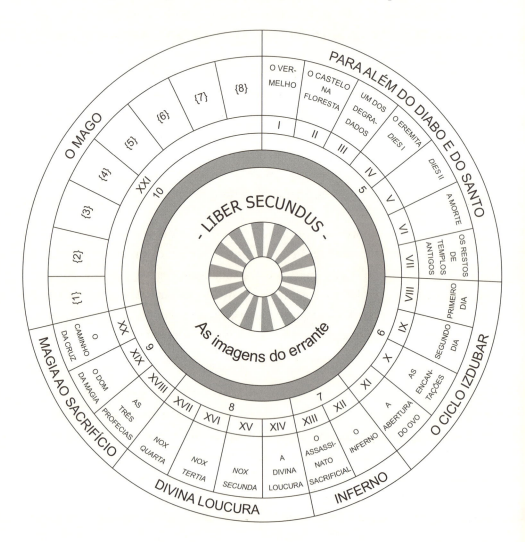

A seguir desdobramos em um diagrama concêntrico as situações e ideias principais do *Liber Secundus*:

Quinto momento: Para além do diabo e do santo (caps. I-VII)

O 'eu' se encontra com o diabo (cap. I), com um erudito e sua filha oculta (cap. II), com um homem vulgar que morre (cap. III), com um anacoreta cristão (caps. IV-V), com a morte (cap. VI) e novamente com o diabo e o anacoreta que estão juntos e em estado de decadência. Por certo, os sucessivos encontros implicam a tomada de consciência de aspectos até então não integrados na personalidade. Assim ocorre, por exemplo, com o erudito que mantém enclausurada a sua filha, a sua *anima*, e se concretiza assim a integração planteada com Salomé, no *Mysterium* do *Liber Primus*. Mas o capítulo VII resolve, em certa medida, uma polaridade central; por um lado está o diabo que representa a alegria, o mundano, o material; se se quiser, até certo ponto, o 'pagão' e, por outro, o anacoreta que representa a ascese, o espiritual, o cristão. Na realidade, ambos se repelem aparentemente, mas trabalham juntos em segredo há muito tempo. O 'eu' absorve do diabo a alegria, mas este não pode assumir a seriedade e a religião. O anacoreta, que havia se isolado no deserto, absorvendo-se na leitura do Evangelho, não queria encontrar-se consigo mesmo e, por isso, o 'eu' acaba parecendo-lhe o diabo, pois ele havia assumido algo de sua escuridão. O 'eu', em certa medida, havia conseguido recuperar uma condição natural, uma 'essência verde', para além da dicotomia entre o prazer mundano e o espiritual. Antecipa-se assim uma capacidade 'serpentina' para acessar a magia e para assumir dimensões maiores de escuridão.

Capítulo I – O Vermelho

26 de dezembro de 1913

PERSONAGENS: 'Eu' – 'O Vermelho' ou o 'diabo'.
SÍNTESE: O 'eu' se encontra com o diabo, um personagem com reminiscências pagãs, que lhe traz a 'alegria', simbolizada pela 'dança'. O 'eu' entrega ao diabo sua própria 'seriedade'.

Parece que após a apoteose do *Mysterium*, a ação dramática inicialmente perde intensidade. Ficou para trás o mistério em que se entreviu algo muito alto, muito profundo, mas agora se trata de ir assumindo seu segredo pouco a pouco. Voltarão a se repetir, ainda que com variações, cenas nas quais, após um movimento potente, tudo se detém ou fica letárgico. O 'eu' sente aqui seu querer paralisado, pois está possuído pelo poder da profundeza que não permite vislumbrar caminhos, mas sabe que ainda espera algo, embora sem saber o quê[3].

---

[3] É sugestivo que, na Idade Média, em geral, se celebravam a partir de 26 de dezembro festas com bailes e cantos, festas de tonalidade pagã que, em certos casos, caíam em frenesi.

Página inicial do capítulo I: "O Vermelho", *Liber Secundus*, em O Livro Vermelho.

A inicial historiada ilustra a situação; um "D" em cujo fundo pode-se ver um homem que carrega um chifre (conquistado a Siegfried) como um sentinela no alto de uma torre.

Para no alto de um castelo, o 'eu' vê se aproximar o Cavaleiro Vermelho, "O Vermelho", isto é, o diabo. O diabo lhe diz de imediato: "Tua espera me chamou". Posteriormente, em suas reflexões, Jung nos dá a chave, ao dizer que os poetas já nos fizeram saber que quando se mira a profundeza o primeiro a manifestar-se é a alegria primaveril do diabo.

O diabo vem a trazer-lhe a alegria, mas o 'eu' dará ao diabo a seriedade. Contudo, nesta troca parece que só o 'eu' se beneficiará, já que o diabo não poderá assimilar adequadamente a seriedade. Como já adiantamos, o diabo, ou ao menos *este* diabo é um contraponto do santo anacoreta que aparecerá nos capítulos IV e V. Ambos constituem dois opostos carregados de significações a serem integradas, mas estas polaridades não poderão conciliar-se entre si.

'O Vermelho' aparece inicialmente como um ser raro, com um ar mundano, impudico, exuberante, em suma, 'pagão', mas o 'eu' entende que não é realmente um pagão, mas alguém que pratica a religião cristã.

Nisso é que o diálogo ganha tensão, pois o 'eu' começa a mostrar-se propenso ao cristianismo, e teme que, ao contrário, 'O Vermelho' seja um seguidor da "Escola negra de Salerno", isto é, alguém que cultiva as ciências ocultas, entendidas neste contexto como artes perniciosas, diabólicas.

A réplica do diabo é sugestiva, pois toma o 'eu' como 'supersticioso' e 'demasiado alemão'. Como toda probabilidade a alusão à *Accademia Segreta* de Salerno, que floresceu entre os anos de 1542 e 1552 e que, de certa maneira, representa uma tentativa em chave renascentista de retomar o antigo saber 'pagão'. Esse saber consiste em buscar o autoconhecimento mediante a indagação recíproca de si mesmo (microcosmo) e da natureza (macrocosmo), mas introduzindo experimentações materiais[4] Nesse sentido, o diabo representa a aproximação pagã mais

---

[4] Leve-se em conta que esse foi o período em que se editavam "livros secretos" que prometiam desvelar os "segredos da natureza" por meio da alquimia e da magia entendidas como ciências experimentais. Por isso, os impressores se ocuparam de editar numerosos livros chamados de "livros secretos", que proporcionavam receitas mágicas ou chaves para obter a pedra filosofal. Um dos exemplos mais notáveis foi o dos *Segreti* atribuídos a um lendário Alessio Piemontese, que mereceu mais de cem traduções, embora seu verdadeiro autor fosse o humanista Girolamo Ruscelli, que afirmou que essa obra continha os resultados experimentais de uma "Academia Secreta", talvez a primeira sociedade científica experimental registrada na história. Mas o próprio Ruscelli sustentava que, para além de adquirir receitas, a Academia tinha o propósito de lograr um conhecimento de si e da natureza em si, considerando-se que o homem é um microcosmo. Trata-se, sem dúvida, de uma expressão do conhecimento tradicional retomado em chave renascentista ou pré-moderna, ou seja, com uma clara preocupação com a experimentação. Cf. EAMON, W. *Science and Secrets of Nature*: Books of Secrets in Medieval and Early Modern Culture. Nova Jersey: Princeton University Press, 1994, p. 155s.

aberta à "ciência natural", frente a um olhar mais cerrado aos fenômenos da vida representado neste momento pelo 'eu'.

Isto, talvez, permita entender por que cada um sabe tão pouco do outro e, no fim das contas, por que não conseguem se entender. A "O Vermelho" soa muito estranho que o 'eu' pertença a outra época, e começa a temer que se trate de um fanático. Mas o 'eu' lhe diz que quem não reconhece a Cristo profundamente é um pagão. E, quando o diabo alude aos judeus, o 'eu' assinala que por isso falta algo aos judeus e que, embora não queiram admiti-lo, eles sentem uma carência. Observe-se o caráter reciprocamente compensatório, aqui o 'eu' se apresenta como cristão e o diabo como não cristão. Mas isto deixa patentes as recíprocas limitações de ambas as posturas, e a necessidade de sua integração[5].

O 'eu' descreve algo que sempre preocupou a Jung; para o ocidental não é possível não 'ser' cristão e, contudo, o ocidental não assumiu devidamente seu cristianismo constitutivo. Mas, além disso, é mister assumir o paganismo, mais próximo – entre outras coisas – aos ciclos da natureza e ao instintivo.

Por certo, 'O Vermelho' resiste a esse ar tão sério, que caracteriza a argumentação do 'eu', e que – segundo sugere – só pode ser motivado pela negação do mundo própria do cristianismo ou, se se quiser, *desse* cristianismo.

E, mais adiante, com um claro eco nietzscheano, 'O Vermelho' ressalta que, mais do que exigir essa seriedade, a vida pede que se dance com ela:

> A vida não exige nenhuma seriedade; ao contrário, é melhor dançar pela vida (*LV*, p. 260).

---

[5] As compensações são recíprocas e exigem uma integração daquilo que o outro polo apresenta, ou do contrário esse polo funciona como 'complexo'. "Assim como todo judeu tem um complexo de Cristo, o negro tem um complexo de branco e todo americano tem um complexo de negro" (OC 10/3, § 963). Por certo, a despeito de qualquer questão confessional, para Jung a figura de Cristo, não assumida, funcionaria – ao menos – como um complexo. Para além de Jung, e dado que o si-mesmo pode assumir múltiplas formas, não vemos por que não se pode admitir um caminho diverso do cristão, se se quiser, uma outra modalidade de "Messias". A Cabala, que tanto interessou a Jung sobretudo pela mediação de Gershom Scholem, não é um caminho que, embora com influências cristãs, manifesta um modo espiritual próprio? Assim, p. ex., Jung assinala: "O cristianismo como fenômeno psicológico contribuiu muito para o desenvolvimento da consciência, e onde esse processo dialético não chegou a uma paralisação, encontramos novas assimilações. Mesmo no judaísmo medieval desenvolveu-se durante os séculos um processo paralelo, ainda que independente, às assimilações cristãs: a Cabala". OC 18/2, § 1.516. Para o "si-mesmo" como *Anthropos* (*Adam Qadmon*) na Cabala, cf. OC 14/1, § 18.

Com efeito, no *Zaratustra* de Nietzsche lemos:

> Homens superiores, o pior que tendes é não haverdes aprendido a dançar como é preciso dançar: a dançar por cima de vós mesmos[6].

Por certo, Nietzsche põe na boca de Zaratustra a necessidade de superar o 'espírito de gravidade' (*der Geist der Schwere*) e de ficar mais leve, aliviar-se, o que nada tem a ver com 'banalizar-se'.

Em seu estudo sobre "A psicologia da figura do *trickster*", Jung assinala:

> É esta inversão do sem-sentido para o pleno-sentido que mostra a relação compensatória do *trickster* para com o "santo", a qual no início da Idade Média já levava a estranhos costumes eclesiásticos, baseados na memória das *saturnalia* da Antiguidade. Estas eram celebradas com canto e dança nos dias que se seguiam ao nascimento de Cristo, portanto na época do Ano-novo[7].

Este tipo de baile foi a princípio inocente, mas por volta do século XII se foi transformando em uma espécie de festa carnavalesca (*festum stultorum*) cheia de excessos, o que motivou sua condenação.

É evidente que este 'diabo' é um personagem mais próximo a um *trickster*, que compensa a seriedade e o ascetismo próprios de um cristianismo marcado pelo 'espírito de gravidade'.

Ora, quando o diabo lhe fala de dança, o 'eu' reconhece – com certo desdém – dois tipos de dança:

a) A que é própria do 'acasalamento', ou seja, é a 'dança profana', que ele qualifica como "ridícula".

b) A segunda é que se dança para um Deus, mas que hoje é "um arremedo de antiguidade". Trata-se, por certo, da 'dança sagrada' que já perdeu sua eficácia.

Diante disso, 'O Vermelho' intervém, se torna "um pouco mais sério" e dá a entender que haveria um terceiro tipo de dança, a dança como símbolo, em suma, a dança como manifestação da alegria.

Observe-se uma vez mais como a resposta eficaz é a que consegue uma conciliação de opostos. Ocorre que, paradoxalmente, o 'eu' assumirá o ensinamento, mas o diabo não, 'ferido' de uma seriedade que não poderá assumir. Ante isso, o vermelho do cavaleiro se transforma num avermelhado delicado, cor de carne, e da túnica do 'eu' brotam folhas por toda parte. Assim é como o 'eu' reflete que,

---

[6] NIETZSCHE, F. *Así habló Zaratustra*. Madri: Alianza, 1972, p. 394. [apud: *LV*, p. 260, n. 11].

[7] "A psicologia da figura do *trickster*" [in: OC 9/1], § 458.

embora ainda não a tenha encontrado, talvez exista uma alegria por Deus que se possa chamar de dança, ao que 'O Vermelho' replica: "Eu sou a alegria!" O 'eu' então lhe roga para pegar-lhe pela mão, mas 'O Vermelho' se desvanece.

Por certo, este diabo do 'eu' de Jung lhe traz a alegria, compensando seu ponto de vista que é o da "seriedade"; mas há outros diabos que representam os opostos a outros pontos de vista. Neste caso o 'eu' compreende que, se não quiser evadir-se, deve entender-se com ele:

> Seria fuga se não procurasse me entender com ele. [...] O demônio é, como adversário, teu próprio outro ponto de vista que te tenta e te põe pedras no caminho, lá onde você menos as quer (p. 261).

O diabo é o chamado do contrassentido, mas não se trata de bandear-se para seu lado, pois isso implicaria tornar-se 'diabólico' e cair no sem-sentido.

A sequência em relação à alegria é evidente: a alegria leva ao prazer e este ao inferno. Por certo, o diabo, ou este diabo, que é a alegria, leva até às mulheres[8], como ocorre no próximo capítulo, em que o 'eu' se encontra com uma jovem aprisionada pelo pai dela, uma espécie de *anima* oculta. Por outro lado, como se verá, a alegria é necessária para dar conta da vida em sua totalidade, para levar a cabo um processo de individuação.

Capítulo. II – O castelo na floresta

28 de dezembro de 1913

PERSONAGENS: 'Eu' – serviçal – ancião erudito – bela filha prisioneira.
SÍNTESE: O 'eu' chega ao castelo de um erudito absorto em seus estudos, que lhe oferece hospedagem. Durante a noite lhe ocorre a ideia de que este erudito tem como prisioneira sua bela filha. Esta ideia absurda se 'materializa' e de seu encontro surge certa compreensão proporcionada pela *anima*: a sabedoria das questões singulares e pequenas da vida cotidiana.

Na segunda noite, o 'eu' se vê perdido em um caminho solitário de uma floresta obscura. Por fim encontra um pequeno castelo onde pede abrigo por aquela noite ao serviçal que lhe abre a porta. Este o leva a uma sala em um andar superior, na qual encontra o dono da casa, um ancião erudito vestido com uma toga

---

[8] No *Esboço* (p. 179), assinala que deveria ter-se dado conta de que o diabo sempre nos tenta com mulheres. Cf. *LV*, p. 261, n. 18.

larga e negra, e que o recebe amável e distraidamente. A expressão do rosto do ancião denota que a abundância de conhecimentos lhe ensinou a modéstia, mas também o enclausurou no caminho da ciência e o transformou num ser que deve ponderar cada coisa como se ele próprio tivesse que representar em sua pessoa o processo da veracidade científica.

O erudito apenas presta atenção a seu pedido de hospedagem, mas é incapaz de abandonar suas leituras sequer por um momento. Finalmente, lhe concede a hospedagem e o serviçal o conduz a um pequeno quarto, situado no mesmo andar, para que passe a noite. Decide deitar-se de imediato, mas enquanto pensa a respeito da estranha condição deste erudito preso em seus estudos, irrompe em sua mente a ideia absurda, própria de uma novela romântica e banal, de que o ancião mantém escondida sua bela filha. O 'eu' não sabe como desfazer-se desta ideia tão batida, que parece o argumento de uma novela romântica e banal; a de uma bela jovem que espera a redenção de cada caminhante perdido que chega ao castelo[9].

Obviamente, em termos junguianos, se trata da irrupção da *anima* negligenciada pela tendência unilateral do 'eu' (o erudito). Novamente, embora numa chave mais mundana que Salomé, trata-se de uma irrupção da *anima* reprimida por um desenvolvimento unilateral do *Logos*. Deste modo se retoma o *Leitmotiv* do *Mysterium* de Elias e Salomé numa chave 'vulgar', para levar à vida o que então se prefigurou.

Finalmente, esta ideia novelesca se materializa e aparece uma jovem esbelta, pálida como a morte, semelhante a um fantasma, que lhe faz perguntar-se se esta é uma novela que quer se tornar real, encarnando-se numa tola história de espíritos.

Sem dúvida, o 'eu' intui que se trata de assumir o inferior da humanidade, isto é, aquilo que parece vulgar, inferior ou banal. No capítulo seguinte aparecerá um personagem verdadeiramente vulgar, 'um dos degradados', que representa aquilo que parece estar fora da vida consciente do ocidental culto. Neste caso, custa ao 'eu' aceitar a realidade desta jovem mulher que parece um personagem 'fabuloso'; isto é, de 'fábula'. A jovem está buscando um homem que a reconheça, que a liberte deste cativeiro arbitrário em que seu pai a mantém, não por ódio, mas por amor, dado que ela é a viva imagem de sua mãe falecida, o que, como se pode notar, manifesta uma conotação incestuosa. O incesto pai-filha não proviria do que Jung denomina em sua teoria uma "hipertrofia de Eros", causada

---

[9] Jung registra essa visão sinteticamente em "Aspectos psicológicos da Core" [in: OC 9/1], § 361.

pelo complexo materno da filha, mas teria sua iniciativa no pai em razão de sua projeção da *anima* na jovem[10].

O 'eu' sente o peso de tal história banal, até que, ao perceber o sofrimento da jovem, surge uma atitude compassiva e finalmente a reconhece. Sem dúvida, só a compaixão permite a aceitação de uma realidade desta índole. Não é através do raciocínio que se pode abrir a esse tipo de realidade, mas através de um refinamento do sentir; por esta razão lhe pergunta se pode fazer algo por ela, dado que está tentando crer que é real. A isto, a jovem responde:

> Finalmente, finalmente uma palavra de boca humana! (p. 262).

A bela jovem sente que estas palavras são redentoras, pois estava conjurada pelo banal. E embora o 'eu' a perceba como se fosse uma personagem de conto de fadas, ela lhe ensina o caráter universal dos contos tradicionais, que não só refletem o mais conhecido, mas também o mais elevado da alma humana. E então, quando o 'eu' percebe a perspicácia da jovem, não pode evitar perguntar-lhe pelas verdades últimas. Observe-se que neste diálogo antecipa-se aquilo que será desenvolvido no capítulo "Quinto Sermão aos Mortos", consignado em *Aprofundamentos*, {10}:

> A espiritualidade do homem é mais celeste, visa ao maior.
> A espiritualidade da mulher é mais terrena, visa ao menor (p. 352).

A sabedoria que se mostra não é a que trata das questões últimas, mas a que se atém às questões singulares e pequenas da vida cotidiana. É evidente que ela mostra uma sabedoria que não provém de seu pai, o erudito. O 'eu' a percebe como 'inusual', mas ela insiste em que é 'usual', pois trata-se disso, de transmitir-lhe que a realidade banal também é redentora. Nesse diálogo o 'eu' elogia sua beleza e ela pergunta se ele a ama, ao que este responde que, embora a ame, lamentavelmente já está casado. É então que ela lhe fala do efeito redentor da realidade banal e lhe transmite uma saudação de Salomé.

Esta conexão com Salomé confirma que o 'eu' está elaborando com um personagem "fabuloso", mas mais próximo do plano pessoal, aquela experiência arquetípica vivida com Salomé. Além disso, aqui se sugere outra questão que se tornará evidente

---

[10] Cf. "Aspectos psicológicos do arquétipo materno" [in: OC 9/1], § 168s. Se abordado a partir da jovem, trata-se aparentemente de um complexo que surge da identificação da filha com a mãe, de quem é a imagem viva, quer dizer, daquilo que Jung denominou em seus textos teóricos "a apenas-filha": "[...] sem o homem, ela não consegue nem de longe chegar a si mesma; deverá ser literalmente raptada da mãe" (§ 182).

no capítulo XXI (p. 323), quando Salomé reaparece e lhe oferece seu amor. O 'eu' compreende que não deve casar-se, pois o encontro deve ser mantido num plano simbólico; o desafio consiste em não se identificar com o feminino, com *a* mulher.

Em outras palavras, trata-se de manter o vínculo num plano simbólico e não 'sentimental' e concreto. Assim se escorre esta bela aparição e desaparece, deixando em seu lugar uma grande quantidade de rosas vermelhas.

Por certo, foi a alegria tomada do diabo que permitiu esta aventura que, de certa maneira, é uma 'cópia desfigurada' do *Mysterium*. O romântico é uma espécie de passo atrás, um movimento que retira o 'eu' dessa busca unilateral do inusual, do oculto e do inencontrável, e o traz ao cotidiano. É evidente, também, que se trata de um reconhecimento do feminino no homem e do masculino na mulher, daquilo que Jung mais tarde denominará respectivamente *anima* e *animus*, o que expressa dizendo que a completude só se conquista quando o homem encontra o feminino dentro de si, e a mulher, o masculino em si mesma, pois ambos o possuem desde o princípio:

> Mas a pessoa é masculina e feminina, não é só homem ou só mulher.

Por certo, o texto privilegia a descrição do desenvolvimento da *anima*, pois se trata da experiência de um varão, mas é evidente que o argumento abarca tanto a um como ao outro. Mas há uma reflexão que merece particular atenção, já que permite compreender como é que verdadeiramente se assume o feminino. Em uma fórmula arriscada, poderíamos dizer que se trata de seguir inicialmente o prazer, mas ante a mulher, comportar-se como um homem, não como um varão: ou seja, como alguém que, enquanto ser humano completo, compartilha uma mesma realidade psíquica. Nesse sentido, o prazer deixa de ser cego como acontece quando alguém se deixa arrastar pelo diabólico, e se desperta essa compreensão que faz do varão um homem; isto é, um ser humano que também é feminino. Observe-se que no relato anterior surge a compreensão com a compaixão, com a assimilação daquilo que vive o outro em si mesmo. Ao contrário, quando isso não ocorre, o masculino na mulher e o feminino no homem é um mal, um mal que gera escravidão.

Quanto à figura do erudito, ela exprime um erro comum que consiste em crer que uma vida de investigação meramente intelectual é vida espiritual, quando na realidade é vida externa, pois está subordinada aos livros e aos pensamentos de outrem; os eruditos correm atrás do reconhecimento de seus pares, acumulam grandes méritos, mas suas almas estão famintas e sedentas, pois elas próprias nunca foram reconhecidas.

Assim como o caminho para o mais além conduz pelo inferno de tudo o que é odiado e não reconhecido. A jovem lhe diz, por fim, que seu inferno se compõe de tudo o que ele amaldiçoou e expulsou do santuário que ele construiu para si mesmo.

Em 1916, Jung dá uma conferência intitulada "Individuação e coletividade", na qual assinala que, no processo de individuação, o homem deveria:

> [...] consolidar-se separando-se totalmente da divindade e tornando-se ele mesmo. Com isso e ao mesmo tempo separa-se da sociedade. Exteriormente mergulha na solidão e interiormente no inferno, no afastamento de Deus[11].

Este processo é interminável e passa, não apenas por infernos impactantes, mas também por infernos e obscuridades deprimentes, como se poderá ver no próximo capítulo.

Capítulo III – Um dos degradados

29 de dezembro de 1913

PERSONAGENS: 'Eu' – 'um dos degradados'.
SÍNTESE: O 'eu' se encontra com um vagabundo, um homem vulgar. Todo homem culto tem em seu inconsciente um homem vulgar, que vive a vida e a morte de modo imediato e não como um enigma.

Na noite seguinte, está caminhando na neve com um vagabundo zarolho, desalinhado e de aspecto pouco confiável. O vagabundo está em viagem e busca trabalho, pois perdeu o que tinha alguns dias antes. O 'eu' lhe sugere que busque trabalho no campo, onde falta mão de obra, mas o vagabundo lhe dá a entender que prefere a cidade, pois só ali há estímulo espiritual.

O 'eu' se surpreende, pois considera que primeiro deveria pensar no sustento e depois no espiritual. Por outro lado, o vagabundo parece entender por 'espiritual' as coisas insólitas que se podem ver no cinema, as façanhas que a tecnologia cinematográfica permite realizar, como estar no meio do fogo e não se queimar ou andar com a cabeça debaixo do braço.

O 'eu' reconhece, contudo, a semelhança entre estes feitos e os que são relatados nas vidas de santos, por exemplo nas *Acta Sanctorum*[12], embora a mística se degrade em uma simples questão técnica. Ou seja, embora o vagabundo confunda

---

[11] "Adaptação, individuação e coletividade" [in: OC 18/2], § 1.103.

[12] *Acta Sanctorum* ou *Atos dos santos* é a maior compilação biográfica de santos, ordenada segundo suas datas comemorativas. Os *Atos* foram compilados e publicados pela associação jesuíta bolandista [Os bolandistas são um grupo de jesuítas cujo nome é uma homenagem ao seu fundador, o padre belga Jean Bolland (1596-1665) – N.T.].

o 'espiritual' com as 'proezas externas' que podem ser vistas no cinema, há feitos prodigiosos registrados desde muito tempo que podem ter um valor espiritual ou, ao menos, 'psicológico'. De fato, em *Tipos psicológicos*, Jung assinala que as *Acta Sanctorum* são um antigo exemplo de estudo psicológico empírico[13].

O encontro com o 'homem inferior' parece exprimir aspectos que o homem cultivado, supostamente superior, crê ter superado de todo. Em *Psicologia e religião*, Jung escreve:

> O homem culto procura reprimir o homem inferior que tem dentro de si, sem dar-se conta de que, com isto, o obriga a rebelar-se[14].

Mas a inferioridade se manifesta, sobretudo, no ressentimento do homem vulgar frente ao poderoso. Neste caso o vagabundo se diverte ao ver de vez em quando a morte de algum outro "desses malditos reis capitalistas" (p. 265), não importa quem seja.

Não se deve descartar que, além do homem inferior, o espiritual comporte o perigo de desenraizar o homem. Jung assinala que, quando o desenvolvimento espiritual eleva velozmente o homem, o homem ctônico "se defende instintivamente e de modo 'ressentido'"[15].

Finalmente, ambos os personagens chegam a uma taverna de camponeses e, embora sejam postos em lugares separados, em razão da condição social de cada um, o 'eu' decide que sirvam ao vagabundo uma ceia farta. Este último lhe conta sua história de vida: perdeu seu olho numa briga por uma mulher com quem pensa em casar-se – apesar de não saber onde ela está –, assim que arranje um trabalho. Devido a essa briga na qual feriu seu adversário, foi condenado a seis meses de prisão, o que não lhe foi nada mau, pois pôde trabalhar na serralheria e comer bem. O 'eu' se envergonha de estar falando com um presidiário, embora ninguém note isso. O homem de trinta e cinco anos não perdeu seu otimismo e não percebe sua grave situação de saúde.

De fato, durante a noite, quando o 'eu' ouve, do seu quarto contíguo, que o vagabundo – depois de sofrer um forte ataque de tosse – permanece em silêncio, corre para ajudá-lo, o encontra ensanguentado e em estado de asfixia e após uma breve agonia finalmente morre. Ante tudo isto, o 'eu' sente que se transformou no

---

[13] Cf. OC 6, § 1.036.

[14] *Psicologia e religião* [OC 11/1], § 136.

[15] "O significado da linha suíça no espectro europeu" [in: OC 10/2], § 918.

SEGUNDA PARTE – O CAMINHO SIMBÓLICO DO *LIBER NOVUS* | 349

São João, um comedor de ramos
(gravado de *As vidas dos Padres do Deserto*, 1761).

assassino de seu irmão – esse ser inferior que ele assassinou negando-o em si mesmo – e reflete sobre a morte, que a partir da perspectiva do mais baixo da vida – a partir da perspectiva do homem vulgar – é a verdade última e não um enigma. Só a alta cultura vê os enigmas, o homem natural se limita a viver sua vida e morrer sua morte.

Esta reflexão dentro do contexto visionário dá base a que a indigência do vagabundo seja a do próprio 'eu'. A profundeza leva, paradoxalmente, a ser igual a todos os homens, pois ali se compartilha o ser da humanidade. Ao contrário, na altura somos ou nos tornamos o que somos como indivíduos. Queremos permanecer na altura para obter um saber claro, completo de nós mesmos. Contudo, essa é nossa presunção; pois necessitamos desse saber profundo, visceral, terreno, que compartilhamos com todos os homens. Quem se move unicamente nesse plano não vive a vida como um enigma, só vive, mas quem vai às alturas é consumido pelo seu enigma se não vai para o baixo, se não se nutre do vulgar. Por isso, o 'eu' diz que é necessária a altura e o ser individual para perceber a vida e, ao mesmo tempo, para perceber a morte. Assim, a altura é como a lua que, brilhando em solidão, penetra a noite com seu claro olhar.

De certo modo, essa individualidade permite perceber a vida e, por consequência, a morte. Ao ter percebido a morte do vagabundo, o 'eu' viveu e morreu com ele, mas uma parte se distanciou dessa morte, pôde vê-la de fora e, em certo sentido, provocá-la. Por certo, surge aqui claramente a ideia da metade da vida como nascimento da consciência da morte.

Em 1934, Jung escreveu:

> A vida é um processo energético como qualquer outro; mas, a princípio, todo processo energético é irreversível e, por isto, é orientado univocamente para um objetivo. E este objetivo é o estado de repouso. [...] Do meio da vida em diante, só aquele que se dispõe a morrer conserva a vitalidade, porque na hora secreta do meio-dia da vida se inverte a parábola e *nasce a morte*. [...] não querer viver é sinônimo de não querer morrer. A ascensão e o declínio formam uma só curva[16].

A Lua é, como se indicou mais acima, o símbolo dessa luz que ilumina, mas que se distancia das trevas que imperam na terra durante as noites. Por certo, em numerosas culturas, a morte implica inicialmente uma viagem à Lua que, em geral, prossegue por outras esferas, segundo a condição da alma do defunto e

---

[16] "A alma e a morte" [in: OC 8/2], § 798s.

variadas vicissitudes. Não é o momento de nos determos neste conhecido motivo simbólico; basta lembrar que, geralmente, essa morte vinculada ao lunar não é definitiva, é iniciática e, portanto, está à espera da ressurreição.

Assim o observa Eliade:

> Compreende-se, pois, facilmente o papel da Lua nas cerimônias de iniciação, que consistem precisamente em experimentar uma morte ritual seguida de um "renascimento" e nas quais o iniciado adquire sua verdadeira personalidade de "homem novo"[17].

Pode-se perceber o caráter iniciático do ocorrido na tomada de consciência do 'eu', que participa de uma morte e, contudo, não só a transcende; mas, de certo modo, a propicia simbolicamente. De fato, esta experiência o leva a 'morrer' iniciaticamente, a afastar-se da vida externa, a morrer asceticamente para viver interiormente. É por isso que vai ao deserto como os antigos anacoretas cristãos, porque entende que morrer exteriormente é melhor do que sofrer a morte interior.

Capítulo IV – O eremita – Dies I

30 de dezembro de 1913

PERSONAGENS: 'Eu'– anacoreta (Amônio).
SÍNTESE: O 'eu' conhece no deserto o anacoreta cristão, Amônio. Nesse reconhecimento, Amônio tenta compreender a mensagem do vindouro oculta nos evangelhos. Amônio ensina ao 'eu' que o Evangelho de São João não alude à elevação do baixo, mas que São João fez o significado do *Logos* descer ao homem.

Na noite seguinte, o 'eu' chega ao deserto e em uma cabana encontra um anacoreta cristão do deserto líbio sentado numa esteira e com um pergaminho dos evangelhos escrito em grego sobre os joelhos. Um sugestivo diálogo se inicia entre eles; o 'eu' quer aprender deste sábio anacoreta chamado Amônio, que a princípio supõe como pagão o 'eu'. Este último não pode compreender como Amônio não se aborrece e como pode sentir, conforme afirma, que o tempo passa tão velozmente. A inquietação do 'eu' é própria de uma mentalidade contemporânea, pois,

---

[17] ELIADE, M. *Tratado de historia de las religiones*, vol. I, p. 209. Por certo, Jung já se havia referido ao motivo difundido nas culturas com relação às almas que vão para a Lua em *Transformações e símbolos da libido*, 1912, p. 304. Em *Mysterium Coniunctionis*, Jung se refere a isso no contexto da alquimia (cf. OC 14/1, § 150).

como o próprio Jung assinala em seus textos teóricos, hoje não podemos deixar de supor que um anacoreta é na verdade uma espécie de misantropo:

> Sempre tive a curiosidade de saber o que faz um eremita todo santo dia. Pode-se imaginar ainda hoje um eremita em carne e osso, com sua vida espiritual, que não tenha apenas se escondido e vivido mergulhado na sonolência de uma simplicidade misantrópica?[18]

Este eremita é historicamente indefinível, embora, de fato, se registrem numerosos personagens denominados 'Amônio', que poderiam corresponder em alguns aspectos a este anacoreta[19]. Não obstante, é indubitável que alguma relação há de existir entre este personagem e Santo Amônio ou "Amun", o monge ermitão que funda por volta de 320 ou 330 a.C. – seguindo o exemplo de Santo Antão, São Pacômio e São Macário[20] – a comunidade de monges anacoretas de Nitria, situada a umas quarenta milhas ao sul de Alexandria. Por certo, o anacoreta lhe ensina que há uma mensagem viva nos evangelhos e, por isso, sempre há coisas novas a descobrir. O 'eu' quer compreender como se pode ler o Livro para alcançar um sentido profundo e até divino que possa preencher tantos anos de vida. Amônio explica que damos às sequências de palavras um único sentido, quando nos níveis mais altos de entendimento se percebe que:

> [...] os ordenamentos de palavras têm mais de um sentido válido (p. 268).

O 'eu' crê que ele se refere ao fato de que as Sagradas Escrituras têm um sentido duplo, um exotérico e outro esotérico, mas Amônio julga que isso é uma superstição

---

[18] "Hermano Klaus" [in: OC 11/6], § 475.

[19] De acordo com uma carta de Jung de 31 de dezembro de 1913, Amônio pertenceria ao século III d.C. Cf. *LV*, p. 267, n. 45. Ali Shamdasani menciona que há três personagens históricos que viveram em Alexandria nessa época. A lista poderia ser completada com outros, tais como o conhecido filósofo Amônio Saccas do século III d.C. Para uma lista mais completa, cf. REALE, G. *Storia della filosofia antica*. Vol. 5. Milão: Vita e Pensiero, 1980, p. 307s. Não obstante, parecem evidentes os ecos de Amum ou Amônio, o fundador das aldeias de eremitas na montanha de Nitria.

[20] Cf. ZÖCKLER, O. "Ascetism (Christian)". HASTINGS, J. (org.). In: *Encyclopaedia of Religion and Ethics*. Vol. II. Edimburgo: T&T Clark, 1930, p. 76. Os 'anacoretas' (do gr. *anachoretai*, por sua vez de *anachórema* = retiro) são os monges que praticam a vida solitária; o termo se relaciona com 'eremita' (de *éremos* = deserto). É a forma mais antiga de monasticismo e se estendeu primeiro por todo o Egito, depois na Palestina, Síria, o resto do Oriente e, por fim, no Ocidente. Há outros tipos de monges: reclusos, estilitas, dendritas, cenobitas, sarabaítas, girovagos ou circuneliões, acorrentados, apotácticos.

maligna. Por certo, esta resposta hostil ao 'esotérico' pode ser aclarada a partir de duas perspectivas não necessariamente excludentes:

1) Em primeiro lugar, nos remete ao rechaço do cristianismo eclesial pelo 'esotérico', por um saber secreto transmitido iniciaticamente.

2) Em segundo lugar, o rechaço do próprio Jung pelo 'esotérico' *em sua acepção superficial*, isto é, quando pretende uma transmissão secreta que desconhece que nós não 'temos' segredos, os segredos é que nos 'têm'. Nesse sentido, "os verdadeiros mistérios não se *pode* revelá-los"[21]. Não obstante, a partir de outro ponto de vista: "Todos os ensinamentos secretos procuram captar os acontecimentos invisíveis da alma, e todos se arrogam a autoridade suprema". Assim, não só as doutrinas primitivas, mas também as próprias religiões universais "contêm uma sabedoria revelada, originalmente oculta, e exprimem os segredos da alma em imagens magníficas"[22].

Amônio lhe conta que, antes de abraçar o cristianismo, era um retórico e filósofo que ensinava em Alexandria. E eu não só ensinava a história da filosofia grega, mas também os sistemas mais novos, como o de Fílon de Alexandria. E, embora Fílon seja um pensador sério, do qual o evangelista João tomou alguns pensamentos, Amônio lhe ensina que aquele ficou com a palavra abstrata e o conceito morto, enquanto em João a Palavra como *Logos* é o filho do homem, o homem vivo. É interessante observar como, segundo Amônio, tal aproximação abstrata às palavras acaba por divinizá-las.

Encontramos esta ideia de modo recorrente na obra teórica de Jung, sobretudo aplicada a nossos tempos que supervalorizam as palavras, talvez como se, inconscientemente, não percebêssemos que se perpetua uma identificação entre a palavra e o *Logos* divino. Assim, em um texto tardio lemos:

> Até hoje não se percebeu com a necessária clareza e profundidade que a nossa época, apesar do excesso de irreligiosidade, está consideravelmente sobrecarregada com o que adveio da era cristã, a saber, com o predomínio da palavra, daquele *Logos* que representa a figura central da fé cristã. A palavra tornou-se, ao pé da letra, o nosso deus e assim permanece [...][23].

---

[21] "O bem e o mal na psicologia analítica" [in: OC 10/3], § 886.

[22] "Sobre os arquétipos do inconsciente coletivo" [in: OC 9/1], § 10.

[23] Trata-se de um texto de 1957, intitulado "Presente e futuro" [OC 10/1], § 554.

Mas, segundo Amônio, Fílon facilitou a João a palavra para que a pusesse em correspondência com a luz. Assim, leem o Evangelho de João:

> E a vida era a luz dos homens, e a luz brilha nas trevas, e as trevas não a compreenderam. Houve um homem enviado por Deus: se chamava João. Ele veio como testemunha, para dar testemunho da luz, para que todos cressem por meio dele. Não era ele a luz, senão quem devia dar testemunho da luz. A Palavra era a luz verdadeira que ilumina todo homem que vem a este mundo. Ela estava no mundo, e por ela o mundo foi feito, mas o mundo não a conheceu (Jo 1,6-10).

Amônio faz o 'eu' compreender que o Evangelho não alude à elevação do baixo, mas que João faz o significado do *Logos* descer ao homem. Amônio chegou a estas conclusões que surpreendem o 'eu' como resultado de um labor difícil e necessário, que consiste em voltar a aprender. Amônio ensina, também, que enquanto em São João o significado do *Logos* é outorgado ao homem vivo, em Fílon se atribui a vida ao *Logos*, ao conceito morto.

Reiteramos aqui o que foi dito na primeira parte. Se bem que a influência do conceito de *Logos* de Fílon em São João seja uma questão controversa[24], é evidente que em Fílon é um conceito mediador; pois o *Logos* não é o Pai, mas sua primeira e maior criação[25]. Amônio aparentemente está criticando, em primeiro lugar, a incapacidade do judaísmo para compreender a encarnação da Palavra, de modo tal que Ela permanece no plano da abstração como palavra morta. Contudo, a concreção do *Logos* é apresentada, menos em termos de encarnação que de luz[26], o que leva Jung a suspeitar que Amônio é um gnóstico, coisa que, contudo, o anacoreta rechaça.

---

[24] José Pablo Martín assinala: "A relação do *logos* de Fílon com o Evangelho de João e a Epístola dos Hebreus foi muito tratada com posições antagônicas [...]", in: FÍLON DE ALEXANDRIA. *Obras Completas*. Vol. 1. Madri: Trotta, 2009, p. 61, nota 175 [ed. dirigida por José Pablo Martín] onde também se indica bibliografia sobre a questão. Cf. tb. MILLER, E.L. "The Johannine Origins of the Johannine Logos". *Journal of Biblical Literature*, The Society of Biblical Literature, vol. 112, n. 3, outono de 1993, p. 445-457. Para uma referência sobre a presença de Fílon nos primeiros séculos, cf. MARTÍN, J.P. Op. cit., p. 76s.

[25] Remetemos novamente a José Pablo Martín, que ressalta: "A teologia do logos em Fílon cumpre a função decisiva de mediar entre a afirmação absoluta da unicidade e transcendência de Deus e a afirmação de sua presença e providência universais no mundo", op. cit., p. 60.

[26] Cf. BORGEN, P. "Logos was True Light: Contributions to the Interpretation of the Prologue of John". *Novum Testamentum*, Brill, v. 14, fasc. 2, abr./1972, p. 115-130.

Mais do que o fato de Jung ter reconhecido em sua obra teórica uma proximidade entre João e os gnósticos[27], importa compreender que aqui se está gestando uma ideia simbólica que Jung retomará em chave alquímica em sua obra tardia. Em *Mysterium Coniunctionis*, se assinala, em alusão a esta passagem de João, que as trevas desejam a luz, mas que não devem compreendê-la, pois, paradoxalmente, só a luz que não se compreende é a que pode iluminar as trevas:

> Pois então está satisfeito o desejo que as trevas têm da luz, quando a luz já não puder ser explicada pelas trevas. As trevas têm, entretanto, seu intelecto próprio e sua lógica própria, que deve ser levada muito a sério. Somente aquela *"lux, quam tenebrae non comprehenderunt"* [luz que as trevas não compreenderam] pode iluminar as trevas[28].

Claramente, para além deste giro alquímico, que é mais óbvio na obra posterior ao *Liber Novus*, trata-se da luz que se encarna no homem. Mas em tal interpretação de ressonâncias gnósticas se entrevê uma ideia que 'ronda' em Amônio, mas que este não parece querer assumir plenamente. Trata-se talvez de anunciar que o homem é chamado a ser Cristo e não a ser meramente um cristão.

Finalmente, quando anoitece, Amônio o leva a uma gruta para que passe ali a noite e o adverte que não esqueça sua prece matutina, quando o Sol se levanta. O solitário habita no deserto infinito e observa desde longe a totalidade das coisas; só ali todo o próximo é simples e só ali pode contemplar a distância. Sua vida seria fria se não contasse com o Sol, pois este parece ter substituído o seu calor vital. Por isso, quando o Sol se oculta, permanece imóvel esperando o alvorecer. O solitário no deserto não é pobre, pois como não há nada fora, em sua alma crescem florescentes jardins que dão deliciosos frutos alimentados pelo ardor do intenso Sol. É como se essa abstenção extrema fizesse o anacoreta viver em dependência da luz solar. O próprio 'eu' o experimenta quando, durante a noite, sente que desce por milhares de anos solares e ao amanhecer volta a ascender através deles.

No deserto está a totalidade frente a si mesmo, como se fosse um livro que se quisesse devorar, mas essa totalidade se mostra inacessível quando se deseja apanhá-la. Apanham-se frutos, mas não a totalidade da vida. O escrito também está diante da pessoa, mas se ela crê nas palavras, ele sempre diz o mesmo. Não se trata

---

[27] Cf. p. ex., OC 18/2, § 1.480 e § 1.549. Sem dúvida, que certas ideias gnósticas sejam mais próximas a São João não autoriza que se qualifique João de 'gnóstico'. Cf. GARCÍA BAZÁN, F. *Gnosis – La Esencia del Dualismo Gnóstico*. Buenos Aires: Castañeda, 1968, p. 186-188.

[28] OC 14, 1, § 337.

Hélio como Kosmokrator. Afresco de Pompeia.

de encontrar novas palavras que substituam as velhas, novos modelos para os velhos deuses. Trata-se de que as palavras voltem a seu criador, o homem, e surjam dessa escuridão abissal do silêncio. Talvez essas sejam as trevas que esperam uma luz que não compreendem, mas que as salva.

Capítulo V – Dies II

1º de janeiro de 1914

PERSONAGENS: 'Eu'– anacoreta (Amônio).
SÍNTESE: Amônio foi ao deserto não para encontrar-se consigo mesmo, mas para encontrar o sentido dos evangelhos e, por não assumir sua própria escuridão, viu o 'eu' como o diabo. Já o 'eu' viu sua própria escuridão e a aceitou; 'comeu' a terra e 'bebeu' o sol, e por isso se converteu numa árvore que reverdece.

Em *Um mito moderno sobre coisas vistas no céu*, Jung escreveu:

> Através das experiências de vida ascética e reclusa de eremitas, sabemos que, querendo ou não, isto é, sem a participação do consciente, surgem sintomas psíquicos espontâneos para compensar as necessidades biológicas do anacoreta...[29]

Na solidão, as projeções inconscientes se revertem mais facilmente sobre si mesmo, e por isso surgem fenômenos psíquicos insólitos que os ascetas avaliam positiva ou negativamente, conforme o caso. Mas a fuga do mundo que nos primeiros séculos teve, em parte, um efeito compensatório com relação aos excessos do mundo romano, também atentava contra a possibilidade da individuação.

Em *Símbolos da transformação*, lemos:

> Esta solução ao problema teve seu paralelo na fuga do mundo durante os primeiros séculos depois de Cristo (cidades de anacoretas no deserto). Os Padres do Deserto se mortificavam por meio da espiritualidade para escapar da extrema brutalidade da decadente civilização romana. O ascetismo acontece sempre que os instintos animais sejam tão fortes como para necessitar que sejam violentamente exterminados. [...] A partir de todo ponto de vista os ascetas eram pessoas éticas desgostosas com a melancolia da época, que era meramente uma expressão de uma disrupção do indivíduo, punham fim a suas vidas para mortificar uma atitude que era por si só obsoleta[30].

---

[29] *Um mito moderno sobre coisas vistas no céu* [in: OC 10], 15, § 649.

[30] OC 5, § 87 [*Símbolos de transformação*, p. 119].

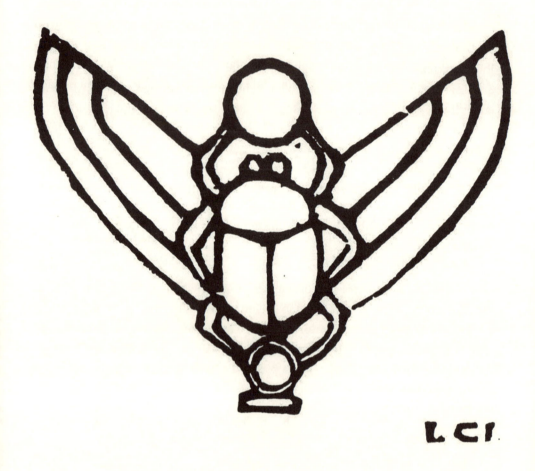

Escaravelho egípcio (egip. *kheperâ*, "o que 'é' ou o que se desenvolve")
Neste caso alado, símbolo de renovação solar.

Neste capítulo o 'eu' desperta e tenta relembrar seu sonho com o carro de Hélio levado por quatro cavalos brancos com asas douradas. O 'eu' tem presente o conselho de Amônio de não esquecer suas orações, mas onde encontrar hoje as orações? Não se deve esquecer que Amônio é um cristão dos primeiros séculos, seu Deus está vivo, mas o 'eu' é contemporâneo e não pode evitar o influxo da 'morte de Deus'. O 'eu' decide fitar o Sol como se tivesse a ver com isso, como se assim orientaria ou inspiraria uma oração, embora Amônio pareça referir-se ao dever de orar a Deus. Por outro lado, Amônio o convidou a dizer suas orações quando do nascer do Sol, talvez porque secretamente o adorasse. Mas esta manhã a ascensão de Hélio é que motiva em sonhos que ele se ajoelhe, eleve suas mãos suplicantes e exclame:

> Dá-nos tua luz, sedutor do fogo, abraçado, crucificado e ressuscitado, tua luz, tua luz (p. 270).

Por fim, observa um pequeno escaravelho escuro que empurra uma bola e que parece estar atualizando o antigo mito egípcio de renovação solar. Pergunta-se se o pequeno escaravelho ainda trabalha para viver seu belo mito enquanto o homem já desistiu deles[31].

Assim é como o 'eu' começa a vacilar em dois sentidos. Por um lado, começa a aplicar o pensamento crítico e a duvidar do valor do ensinamento de Amônio. Por outro lado, parece haver uma oposição entre o cristão e o mitológico; orar a Deus ou ao escaravelho. Observe-se o que assinalamos a respeito disso na "primeira parte" desta obra; há uma oposição entre o cristianismo e o paganismo, e também uma oposição entre todo o pensamento religioso (seja cristão ou pagão) e o pensamento crítico, racionalista e inclusive cientificista, próprio de um homem contemporâneo. Mas por fim o 'eu' focaliza a natureza, e quase a seu pesar, profere três preces 'pagãs': uma destinada ao Sol, a segunda ao escaravelho e a última à pedra.

Em seguida o 'eu' visita o anacoreta, lhe confessa que está aprendendo muito e que começa a compreender que o tempo transcorre rapidamente no deserto, pois até as pedras lhe falam. Além disso, condessa que sua prece inicial em sonhos foi

---

[31] Sabe-se que o escaravelho é um antigo símbolo de renascimento. Em "Sincronicidade: um princípio de conexões acausais", Jung escreveu: "O escaravelho é um símbolo clássico de renascimento. O livro *Am-Tuat* do antigo Egito descreve a maneira como o deus-sol morto se transforma no *Kheperâ*, o escaravelho, na décima estação, e, a seguir, na duodécima estação, sobe à barcaça que trará o deus-sol rejuvenescido de volta ao céu da manhã no dia seguinte", OC 8/2, § 845.

ao Sol nascente e depois ao escaravelho e à terra, mas o anacoreta não se perturba ante tais orações pagãs, como se compreendesse que é necessário aceitar as tentativas da alma de comunicar-se com o Alto. Prova disso é o relato de Amônio a respeito de sua conversão ao cristianismo. Quando era professor de Filosofia e Retórica, apareceu um velho que lhe fez notar como sua erudição e seu engenho aplicados a suas classes encobriam o fato de que na realidade ele não estava em si mesmo, que estava fora de si. E assim lhe dá a Boa-Nova da Encarnação; Deus se fez carne e trouxe a salvação a todos nós. Por certo, a princípio Amônio acreditou que se tratava de uma referência aos mistérios egípcios, pois, neles, o Deus se regenera e quem se inicia em seus mistérios vive esse renascimento. Recordemos que Osíris, filho de Geb ("terra"), é despedaçado pelo seu irmão Seth. Sua mulher, Ísis, reúne os pedaços do morto, engravida dele e engendra a Hórus, o filho que vinga Osíris e com o qual o faraó se identificará. Por certo, quando o velho lhe transmitiu pela primeira vez a mensagem deste Deus que morre e renasce, Amônio acreditou que se tratava de Osíris ou de seu filho Hórus, e quando o velho lhe mostra que se refere a um homem real suspenso numa cruz, pensou que lhe falava de Seth. E embora a princípio rejeite essa estranha religião (cristã) que se cultiva em porões, e mande o velho embora, as palavras fundamentais se repetem dentro de si:

> [...] uma pessoa humana e contudo Filho de Deus. Pareceu-me significativo, e foram estas palavras que me levaram ao cristianismo (p. 272).

Pois bem, Amônio admite, segundo o 'eu' lhe sugere, que o cristianismo pode ser uma reconformação das doutrinas egípcias, se as entendermos como uma prefiguração, isto é, como expressões menos adequadas daquilo que se consuma no cristianismo. Mas há mais, pois Amônio admite que todas as religiões são uma espécie de prefiguração, mesmo as provenientes dos povos mais incultos, e por isso cada religião é uma consumação da anterior. Para explicá-lo conta sua experiência com um escravo negro comprado pelo seu pai, proveniente de uma terra em que nunca haviam tido notícias dos deuses que Amônio e os seus veneravam, e, contudo, dizia de seus deuses o mesmo que eles acreditavam dos deles, o que o levou a compreender que as religiões, em sua essência, não são distintas. Há de se buscar nelas o sentido do vindouro. Mas daqui provém o mais difícil e, ao mesmo tempo, o mais importante, isto é, qual é o significado do vindouro. É óbvio que agora o texto se volta sobre si mesmo e os próprios personagens devem refletir com suas vidas uma resposta, se é que ela existe. Supostamente, o vindouro está contido na mensagem evangélica, mas como fazer para descobri-lo? É evidente que o anacoreta não poderá descobrir essa mensagem se não se questiona a si mesmo e, de algum modo, ele abster-se do mundo e do próximo é – em seu caso – um modo de evitar-se a si mesmo. Bastou o 'eu' sugerir a necessidade do outro para que seu isolamento fosse derrubado. No diálogo onde isso se expressa, o 'eu' estimula em Amônio a necessidade dos outros para cumprir sua obra, mas este – apesar de que o considera razoável – crê que é satã que o está tentando.

Abandonar o mundo e ir para o deserto sem buscar-se a si mesmo implica expor-se a ser sugado pelo deserto. Uma grande esterilidade se havia instalado em sua vida, mas bastou que alguém lhe mostrasse sua sombra para que tudo se derrubasse. O 'eu' diz que o abandono do mundo não serviu de nada ao solitário, pois o deserto o exauriu e ficou como filho da terra "[...] totalmente terra e não Sol". Amônio foi ao deserto não para encontrar-se a si mesmo, mas para encontrar o sentido dos evangelhos, e por não assumir sua própria escuridão viu o 'eu' como o diabo. Já o 'eu' viu sua própria escuridão e a aceitou. Comeu a terra e bebeu o sol e, por isso, se converteu numa árvore que reverdece.

Capítulo VI – A morte

2 de janeiro de 1914

PERSONAGENS: 'Eu' – Escuro (morte) – mortos.
SÍNTESE: Em seu encontro com o Escuro entrevê a guerra, a matança, resultado de uma escuridão que a humanidade foi gestando a partir de um virtuosismo que não reconhece sua contrapartida: o vício.

Na noite seguinte, se encaminha para terras setentrionais, e ali se encontra com o Escuro, a morte, um homem magro e pálido, vestido com um manto negro e enrugado, e que mostra uma extrema seriedade em seus traços. Neste ser nunca bateu o coração, é a mesma frieza da morte que o 'eu' quer sentir. O Escuro estranha a presença de um ser vivo e lhe pergunta o que busca, já que os viventes nunca o visitam. O 'eu' lhe diz que seu caminho, inesperadamente, o levou até ele quando estava seguindo o leito da vida, e por sua vez pergunta se o Escuro está no lugar correto. Este lhe responde que sim, que esse é o lugar onde todos se tornam indiferenciados e se tornam um só.

Este texto parece antecipar os encontros com os mortos do capítulo XXI e, mais ainda, os dos Sermões aos Mortos nos *Aprofundamentos*. Por um lado, alude ao totalmente indiferenciado, ao Pleroma, que implica a morte total; por outro, aos mortos que vagam sem haver definido, ainda o seu destino, ou seja, aqueles que não lograram diferenciar-se, mas que tampouco caíram ainda no total aniquilamento e vagam perdidos buscando vida e sentido. Por certo, neste caso se anuncia a grande guerra como resultado daquilo que os homens não assumiram. Trata-se da grande geada que sobrevirá na Europa em pleno verão de 1914. As visões manifestam, por assim dizer, diversos níveis de interpretação. Em primeiro lugar, trata-se do anúncio da guerra; depois, da decadência espiritual caracterizada por não se ter assumido a própria escuridão e, por último, transmitem um ensinamento cosmológico e espiritual, pois a verdadeira morte é a identificação com um só dos polos; se só concebemos e vemos a virtude, caímos no vício. No parágrafo que expressa isso, o Escuro lhe pergunta se vê com precisão o que se aproxima, e ele, depois de ajustar o olhar, lhe responde que é uma visão espantosa de vegetação murcha, de animais e pessoas de olhar rígido e frio que não emitem sons nem fazem movimentos, que se seguram pelas mãos e braços, olhando para frente sem prestar atenção neles, os vivos. Mas uma experiência complexa e aterradora desemboca num espantoso mar de sangue, do qual surge um sol de crueldade. A guerra, a matança, é o resultado de uma escuridão que foi sendo gestada em boa medida a partir de um virtuosismo que não reconhece sua contrapartida, o vício. Assim, na segunda noite de 1914, sai ao encontro desse espanto vindouro. O que vê é um mar de sangue, o sol novo que devém como contrapartida do que nomeamos como dia; o sol das trevas, a grande queda.

A esta altura é útil, talvez, recordar alguns dos desenvolvimentos teóricos posteriores de Jung, com relação ao tema do mal. Nosso autor criticou, a partir do ponto de vista psicológico, a concepção do mal como *privatio boni,* pois a considerava incompatível com suas observações e comprovações empíricas:

> [...] faz-se necessário conceber o mal de forma um pouco mais substancial, desde o momento em que ele se nos depara no plano da psicologia empírica[32].

Além disso, em outra passagem lemos:

> [...] o psicólogo tem horror das afirmações metafísicas, mas deve criticar as explicações humanas comumente aceitas da *privatio boni*[33].

Esta concepção demasiado otimista o preocupou não só pelo que entendia serem suas consequências teóricas no campo da psicologia, mas também porque suas consequências práticas, observáveis no contexto do tratamento analítico e na conduta moral do homem médio, eram verdadeiramente perniciosas, em termos morais e psíquicos.

---

[32] *Aion* [OC 9/2], § 75.

[33] Ibid., § 85.

No "Prólogo" ao livro de seu amigo, o Padre Victor White, *Deus e o inconsciente*[34], Jung deu a conhecer o fato que originou sua tese anteriormente assinalada:

> Quis, porém, o destino que eu tratasse de um paciente, um cientista, que se viu envolvido em todos os tipos de práticas duvidosas e moralmente questionáveis. Ele se mostrava um adepto fervoroso da *privatio boni*, porque isto se ajustava admiravelmente a seu esquema de pensar. O mal em si nada é; não passa de mera sombra, de uma insignificante e passageira diminuição do bem, a modo de uma nuvem que passa diante do Sol.

Por outro lado, nesse texto, Jung parece já ter amenizado suas afirmações prévias sobre a inépcia da *privatio boni*, tal como se evidencia na seguinte passagem:

> Minha crítica, portanto, é válida somente no âmbito empírico, ao passo que no âmbito da metafísica o bem pode ser uma substância e o mal um *mê ón* (não ente). Não conheço qualquer fato empírico que se aproxime de uma tal asserção. Por isso, neste ponto o empirista deve guardar silêncio[35].

Porém, com o objetivo de demonstrar sua tese dedicou um capítulo de *Aion* a relacionar e criticar numerosos textos da Patrística, nos quais se nega a realidade do mal[36].

Ora, deve insistir-se em que Jung se ocupa do que se poderia denominar o 'mal psíquico' ou 'mal psíquico-espiritual', a saber, aquele que aparece como resistência e obstáculo ao processo de individuação. Por certo, o 'eu' deve combater esse mal; deve responsabilizar-se por ele, embora o mal não se origine (totalmente) nele. Encarregar-se disso supõe um ato ético-espiritual que não se limita à vida individual, mas que também contribui com a sociedade, pois na psique individual pulsa, por assim dizer, a psique coletiva. O mal é, em certo sentido, inconsciência entendida não como mera oposição ao eu consciente, mas como a oposição ao si-mesmo, que é a verdadeira consciência total em potência.

Por isso, compreender a própria escuridão – o que se poderia denominar, numa linguagem posterior, a 'sombra pessoal' – implica, em profundidade, a porta para a sombra arquetípica, aquilo que em princípio se constela numa época como não assumido, mas que, por sua vez, manifesta raízes ontológicas. O 'eu' disse

---

[34] JUNG, C.G. "Foreword". In: WHITE, V. *God and the Unconscious*. Dallas: Spring, 1982, p. XX [OC 11/6, § 457].

[35] Ibid., § 459.

[36] *Aion* [OC 9/2]. Cap. V: "Cristo, símbolo do si-mesmo", *passim*.

que quando compreendeu sua escuridão foi tomado pela noite dos milênios e desde então ascendeu. E o mundo foi tomado pelas trevas, e desceu ao inferno, pois ao pretender compreender a escuridão, as virtudes se transformaram em vícios, embora, paradoxalmente, fosse necessário fazê-lo.

O desafio é ver o mal em cada um de nós. Em *Interpretação psicológica do Dogma da Trindade*, Jung escreve:

> O Mal é relativo; em parte é evitável e em parte é uma fatalidade. Isto se aplica à virtude, e muitas vezes não sabemos o que é pior[37].

E isso adquire grandes proporções em nossos tempos pois cremos, no segundo milênio do éon de Peixes, que satã havia ficado encerrado no abismo e se havia convertido em um mero conto infantil. Mas satã retorna, e tanto as virtudes como os deuses se mostram impotentes frente a esta irrupção do mal. Mais ainda, vícios e virtudes são irmãos, pois um existe com referência ao outro. A falta de reconhecimento do lado obscuro das coisas se manifesta numa irrupção de morte e destruição.

E depois de algumas noites de desolação, em meio a uma forte vivência do sem-sentido, na terceira noite fez-se ouvir uma risada e a vida começou a mover-se novamente...

Capítulo VII – Os restos de templos antigos

5 de janeiro de 1914

PERSONAGENS: 'Eu'– O Vermelho – Amônio.
SÍNTESE: O 'eu' reencontra o Vermelho e Amônio unidos e em estado de decadência. Ambos representam os restos de uma espiritualidade em ruínas. Vê-se claramente que cada um é seu oposto recíproco não integrado. O 'eu', por sua vez, parece ter transcendido essa dicotomia básica 'instintividade-ascetismo' ou 'paganismo-cristianismo eclesial' ou 'alegria-seriedade'. Mas tal espiritualidade ocidental resulta insuficiente. É mister ir ao Oriente.

Nesta nova aventura se encontra com o Cavaleiro Vermelho em um estado de franca decadência, pois está envelhecido, sua cabeleira vermelha ficou grisalha e sua roupa estava surrada e desbotada. Acompanha-o um monge com uma grande barriga, e ele vem a ser Amônio. É surpreendente, sem dúvida, que dois personagens tão diferentes estejam juntos, embora se possa ver que o encontro deles é

---

[37] *Interpretação psicológica do Dogma da Trindade* [OC 11/2], § 291.

paródico e que são opostos que não puderam se conciliar devidamente, pois cada um padece por não ter integrado devidamente o outro. O 'eu' aparece coberto de folhas verdes por todo o corpo e os saúda rindo. Eles, contudo, o rechaçam; Amônio o trata como satã, e "O Vermelho", como o "maldito canalha da floresta". Ambos os personagens demonstram um estado espiritual deplorável, e enquanto lançam insultos ao 'eu' se golpeiam e se desrespeitam entre si. Amônio o acusa de ter causado sua degradação e "O Vermelho", de tê-lo ferido com essa seriedade, produto de sua pose cristã. Nesta situação se pode perceber a desorientação do cristão e do pagão, desenvolvidos pela metade e pouco integrados entre si.

Apesar de tudo, cada um conta a história que relata como chegaram até aqui: Amônio, deslumbrado pelas palavras do 'eu', se reuniu com seus irmãos do vale e lhes anunciou que havia aparecido um mensageiro de Deus que lhe ordenara fundar um monastério com os irmãos. Fundaram um monastério próximo do Nilo e um dia foi tomado do desejo de voltar a ver Alexandria, e tanto a vida no barco como a multidão das ruas da cidade o inebriaram e ele se desviou. Tomou um dos grandes barcos que iam à Itália e ali se deixou levar pelos prazeres da carne, até que chegou a Nápoles e se encontrou com "O Vermelho".

Assim é como "O Vermelho" conta sua história, também ela consequência do encontro com o 'eu'. E continua: após ter-se encontrado com a seriedade, foi ao monastério, orou, jejuou e se converteu. Também deslumbrado por obra do 'eu', quando se tornou Abade, pediu autorização episcopal para introduzir a dança no ritual. A princípio só ele dançava em frente ao altar, mas os irmãos acabaram se lhe juntando, e depois todas as comunidades devotas e por fim toda a cidade. Tentando sair desta dança infernal generalizada e obsessiva, fugiu; durante o dia se escondia e durante a noite dançava sozinho nos bosques e montanhas solitárias. Assim, decidiu ir para o Sul, pois não chamava tanto a atenção como no Norte, e ali encontrou esse diabo atenuado com quem disse que não se deu tão mal.

Do mesmo modo, "O Vermelho" admite que seu monge é de índole menos fanática, apesar de ele ter desenvolvido, em sua vida monástica, uma grande aversão pelos cristãos. Mas sua união não é alegre como o 'eu' crê, pois a necessidade é o que os uniu, e é patética. Amônio sente necessidade do diabo para infundir respeito nas pessoas e "O Vermelho" deve pactuar com o clero, caso contrário careceria de clientela.

Após ter visto a morte e o terror sublime que a rodeia, e de ter-se convertido em noite e em gelo, surgiu a ebriedade da vida e assim se viu na terra média, no sul, em plena primavera. Mas o 'eu' já não era o homem de sempre, mas um duende do bosque, um 'ser verde'.

Por isso já havia absorvido a vida de ambos, "O Vermelho" e Amônio, já eles haviam sucumbido à vida, foram seduzidos por ela e viviam nesse estado de fragmentação e mediocridade. Foram vítimas de seus ideais, pois ninguém pode vivê-los sem considerar a sua sombra. Isto não reflete, em última instância, a condição do homem contemporâneo, mescla instável do cristão e do pagão? Por outro lado, também parece antecipar essa vida de extravio de que padecem os mortos que chegam de Jerusalém a Alexandria, segundo se pode ler nos *Aprofundamentos*.

Já esses extremos, outrora representados por Amônio e o diabo, não podem fazer nada, não são referenciais. Chegou-se a uma instância na qual só resta ocupar-se de si, sem pedir nem exigir nada:

Cabe ao 'eu' tão somente ater-se ao que a natureza virgem de seu ser lhe proporciona. E assim caminha pelas terras verdes do Oeste, devastadas e ao mesmo tempo livres, ricas e ao mesmo tempo desprovidas de toda ajuda. E nesse caminho solitário, o 'eu' decide caminhar até o Leste, até uma meta distante onde possa encontrar seu amanhecer. Assim se encaminha para a aurora, a terra do Oriente.

Sexto momento: O ciclo de Izdubar (caps. VIII-XI)

Quando o 'eu' decide ir ao Oriente, cruza com o gigante babilônico Izdubar, que busca o lugar onde o Sol morre e renasce. Jung lhe ensina a teoria heliocêntrica e assim Izdubar adoece e fica à beira da morte, pois o discurso racional destrói suas convicções mágicas. Finalmente, propõe trocar-lhe o nome e o chama de 'uma imaginação' e, desse modo, se alivia, pode levá-lo ao Ocidente, concentrá-lo num ovo e incubá-lo (caps. VIII-IX). Assim, recita as encantações (cap. X), que incubam o ovo e o Deus renasce renovado, resplandecente (cap. XI). Contudo, o Deus renovado ficou de fora e o 'eu' ficou órfão, em solidão, com sua escuridão e sob o jugo do mal. O mal destrói sua conformação do Deus e assim essa força reflui para ele.

Capítulo VIII – Primeiro dia

8 de janeiro de 1914

Personagens: 'Eu' – Yzdubar.
Síntese: O 'eu' decide ir ao Oriente e se encontra com Izdubar, que busca o lugar ocidental onde o Sol morre para renascer. O 'eu' lhe explica a teoria heliocêntrica e Izdubar adoece gravemente. A magia representada por Izdubar cede ante a ciência, mas ambos ficam desvalidos.

Gilgamesh (Izdubar), rei de Uruk.

Ter repudiado esses dois opostos mal-integrados entre si – o anacoreta e o diabo – faz que eles penetrem no sujeito. Todo o repudiado externamente penetra no interior, na parte desconhecida da alma. Assim se instalou essa obscuridade do ocaso, 'ocidental'*, e dela surge a necessidade de buscar a Luz do Leste. *Oriente Lux***.

Mas o caminho variado se torna em algum momento intransitável, a metade negra é ferro quente e a metade branca é gelo, embora logo seja capaz de superar esse obstáculo. Que significa isso? Em certa medida, quando os opostos repudiados se enfrentam a partir de fora, é mais fácil superá-los. Mas eles penetraram na profundidade da alma e aparecerão novamente como uma ameaça interior.

Adiantamos os fatos. Em sua busca da Luz o 'eu' se dirige ao Oriente e depara com seu oposto interior, o gigante Izdubar, que adoecerá com a palavra do 'eu' – a palavra da ciência ou do cientificismo, na realidade o veneno da serpente – e se bloquearão reciprocamente o caminho. Será a incubação, o fogo comum, o que permitirá sair de uma situação que parece insuperável.

O encontro com Izdubar é, entre outras coisas, o encontro com o mais arcaico da civilização. É o encontro entre a perspectiva mágica tão cheia de luz, que é um tanto cega, e a perspectiva do Ocidente, que ostenta uma luz pequena e, ao mesmo tempo, um grande poder sobre a matéria. Mas há mais. O encontro com Izdubar é, sobretudo, o encontro com o Deus que se encaminha ao ocaso, ao lugar da morte da Luz; é o encontro entre o Deus e a serpente, entre o Deus vivo e o Deus morto e, por consequência, a possibilidade de sua renovação. É aqui que aparece o Deus vindouro. A 'morte de Deus' não surge exclusivamente de uma decisão humana e, portanto, tampouco poderá fazê-lo o renascimento de Deus. A 'morte de Deus' é consequência dos rumos da civilização, cujos fios, em última instância, desconhecemos. O Deus não pode renascer restabelecendo antigas pautas; renascerá na matéria psíquica, nesse mundo intermédio da imaginação criadora que permite unir ou que está constituída por opostos: a serpente e o Deus.

Voltemos ao relato: após seu encontro com o anacoreta (no Sul) e com a morte (no Norte), se retira para o Ocidente (Oeste), onde tanto se sabe e se pode, mas onde se vivem as consequências da morte de Deus. É assim que parte em busca da Luz oriental:

---

* Ocidental tem na sua raiz latina a conotação de "pôr do sol", e portanto de declínio, ocaso, assim como "oriente" remete à parte Leste do céu onde o Sol aparentemente surge, ao nascer, levantar-se, à "origem" [N.T.].

** A Luz vem do Oriente [N.T.].

> Larguei tudo para lá e fui para o Oriente, onde diariamente a luz se ergue. Como uma criança, fui para o Oriente. Não perguntava, só esperava (p. 279).

Em um caminho de montanha, o 'eu' se depara com um gigante de cuja cabeça se erguem dois chifres de touro, seu rosto enrugado é pálido e amarelado, sua barba crespa está ornada com pedras preciosas, veste uma armadura negra, e sua mão tem o fulgurante machado duplo com o qual mata touros.

Um grande terror acomete o 'eu' ao se ver frente a frente com o gigante Izdubar; contudo, um tremor de mãos e joelhos denota que um medo interior acomete este ser poderoso que o fita com olhos de surpresa. É estranho que o grande Izdubar, o homem touro, trema desse modo. Por certo, já assinalamos a correspondência entre Izdubar e Gilgamesh, não só em razão de que o primeiro era o nome com o qual erroneamente Gilgamesh era conhecido, mas também porque têm em comum a busca da imortalidade mediante uma viagem perigosa e infecunda ao Ocidente[38].

O 'eu' pede clemência, mas a Izdubar não interessa tomar-lhe a vida, pois se encaminha ao Oeste com a intenção de saber onde está essa terra (ou água) imortal, na qual o Sol ingressa para renascer. O 'eu' lhe ensina que isso não ocorre e, em breves palavras, lhe transmite a doutrina heliocêntrica, produto da rigorosa ciência ocidental. E quando Izdubar aprende que o Sol é um corpo celeste em um espaço infinito, compreende que nunca alcançará a imortalidade, pois o Sol se reveste de uma infinitude inalcançável. Por isso, furioso e desolado, destroça sua arma, impotente contra a finitude e o vazio; e soluçando como uma criança, desmorona ferido pelo veneno da ciência. Izdubar pôde – no passado – enfrentar o assustador exército de demônios de Tiamat, mas o veneno que o 'eu' lhe transmite agora é verdadeiramente letal. O 'eu' lamenta ter-lhe transmitido tais conhecimentos, porque nunca imaginou as graves consequências que isso poderia acarretar, mas pensou que devia dar-lhe a conhecer a verdade. E então Izdubar lhe pergunta como pode chamar de verdade esse veneno.

> Não dizem também nossos intérpretes dos astros e nossos sacerdotes a verdade? No entanto, ela não atua como veneno (278).

Izdubar desfalece e, enquanto o 'eu' sugere – dada sua situação precária e o cair da noite – que deixem esta conversa para outro momento, lhe exige que explique

---

[38] Por outro lado, a associação de Izdubar com o Sol já aparece na obra consultada por Jung: ROSCHER, W. *Ausführliches Lexikon der Griechischen und Römischen Mythologie*. Leipzig, 1884-1937. Cf. *LV*, p. 277, n. 96. Tudo isso se relaciona com o estudo do herói solar em *Símbolos da transformação*, ao qual já aludimos.

por que chama 'verdade' a esse veneno, pois talvez sua palavra possa restaurá-lo. O 'eu' duvida de que sua palavra possa ser curadora, mas o gigante recebe certo alívio quando este lhe explica que a verdade de seu próprio mundo, o ocidental contemporâneo, flui do conhecimento das coisas exteriores, enquanto a verdade dos sacerdotes do mundo de Izdubar flui das coisas interiores. Izdubar se surpreende com os avanços técnicos ocidentais, mas não compreende como se conquistaram tais conhecimentos e artes sem alcançar a imortalidade. Mas logo compreende que a ciência é uma magia venenosa e desapiedada que debilita, e o 'eu' lhe ensina que o homem se viu na necessidade de abrir-se à ciência e acostumar-se pouco a pouco com ela, pois do contrário teria se exposto a uma morte certa. Assim, o homem debilita sua força vital, mas tal é o preço inexorável que há de pagar-se para evitar a morte. No mundo do 'eu', os próprios deuses eternos perecem e só restam as palavras; enquanto a ciência moderna fez que se perdesse a fé, no mundo de Izdubar, embora os deuses não sejam vistos, são reconhecidos na natureza.

Mas neste momento não é só Izdubar quem aprende – embora o faça com dor –, pois o 'eu' busca no 'Leste' essa Luz que falta na terra do ocaso. Então Izdubar lhe adverte que, se provém de uma terra tão tenebrosa, deverá precaver-se em relação à Luz do Oriente, pois poderia ficar cego, assim como eles também o são um pouco. E assim cada um se entrega ao sonho ansiando pela terra do outro.

Nessa viagem ascendente do 'eu' rumo à Luz, ele topa com o gigante que desce rumo à escuridão. Por isso, o 'eu' diz que, a partir de pontos opostos, um corria na direção do outro, e o encontro os surpreende na linha que separa o dia e a noite.

Nesse encontro surpreendente se irá desvelando o parentesco oculto entre a serpente e Deus. Mas a princípio esse encontro está marcado por um fracasso. Para Izdubar é o fracasso do renascimento, e para o 'eu', o fracasso do acesso ao poder do Sol, à abundância da luz. Mas se a palavra foi o veneno que tornou o Deus mortal, será também a palavra que incubará, a palavra mágica, a que acenda o fogo necessário para seu despertar e renascimento.

Quando a noite chega, ambos caem em um grande desvalimento, mas é então que as palavras – devidamente pronunciadas – são o fogo sagrado que podem devolver a vida e a luz. Assim se incuba o estranho encontro entre o humano e o divino, onde cada parte, o homem e o Deus, devem dar tudo de si. O Deus se entrega à morte e o homem incuba sua imortalidade.

Assim permanece junto ao Deus durante a noite longa e fria. As imagens 44 e 45 de *O Livro Vermelho* assim o mostram. Na margem desta última encontramos a legenda "Atharva-veda 4,1,4", que é uma fórmula para despertar a masculinidade. O primeiro verso reza assim:

> A ti, planta que Gandharva desenterrou para Varuna, quando sua virilidade estava morta, a ti extraímos aqui, planta que ergue o falo[39].

Capítulo IX – Segundo dia

9 de janeiro de 1914

PERSONAGENS: 'Eu' – Izdubar.
SÍNTESE: O 'eu' descobre que para poder levá-lo ao Ocidente e curá-lo, devem concordar entre si que Izdubar é uma 'imaginação'. Graças à aceitação de Izdubar, pode levá-lo ao Ocidente, transforma-o num ovo e o incuba.

Nenhum sonho inspirou no 'eu' a palavra salvadora. Izdubar jaz prostrado e o 'eu' deseja ajudá-lo, mas nada pode fazer. Nada pode se esperar do Oeste e talvez pudesse chegar assistência do Leste, mas ninguém aparece. O 'eu' tampouco é forte o bastante para carregá-lo e levá-lo aos médicos ocidentais, e Izdubar se mostra resignado em morrer. O caminho até o Leste é longo e solitário, o Sol cega durante o dia e as serpentes e dragões ameaçam durante a noite.

O 'eu' se retira e sua voz interior lhe faz compreender que sua resposta consiste em reconhecer que Izdubar é uma fantasia. Por certo, trata-se de uma '*imaginatio vera*', de uma fantasia entendida como uma expressão viva da realidade psíquica. Mas o grande desafio consiste em transmitir isso a Izdubar sem lesá-lo, pois a princípio crê que seria o mesmo que declará-lo irreal. Assim decide traduzir numa linguagem oriental ou arcaica esta ideia e lhe recorda que os médicos tradicionais dão um novo nome aos enfermos para assim renová-los e curá-los, pois: "Teu nome é tua natureza".

Assim o 'eu' dá seu golpe de mestre, segundo o próprio Izdubar admite, pois este fica tão leve que ao 'eu' custa permanecer com os pés na terra*. O 'eu' decide

---

[39] Embora Jung utilizasse a edição de *Sacred Books of the East*, vol. 42, p. 31-32, baseamos nossa tradução na de Whitney, onde se pode ver com mais precisão que se está propiciando a potência sexual, ou seja, o calor sexual, a partir de uma planta afrodisíaca. Baseamo-nos na reedição de 1993 da primeira edição de 1905: Atharva-Veda-Samhita, Delhi, Motila Banarsidass, p. 149-151, trad. W.D. Whitney.

* O 'eu' comenta, pouco depois, que havia acontecido o "milagre de que meu corpo perdeu seu peso quando eu tomei às costas o Deus" (p. 283) [N.T.].

levá-lo ao Ocidente, onde seguramente se alegrarão de poder receber uma tão grande fantasia.

No caminho ao Ocidente reencontram Amônio e o diabo como velhos restos disformes, encarregados de cuidar daqueles que ainda vivem como ovelhas, atados a suas velhas crenças. Ao chegar ao Ocidente, evitam as cidades, onde a luz da ciência e da civilização cozinha as poções mais perigosas. E, finalmente, decidem ir a uma casa solitária e oculta onde serão acolhidos durante a noite e onde poderão dedicar-se à regeneração do deus. Mas para fazê-lo passar por uma porta tão pequena, o 'eu' comprime Izdubar ao tamanho de um ovo.

O segredo do ocorrido consiste em reconhecer o Deus como uma fantasia, como uma imaginação verdadeira, implica incorporá-lo em nosso interior. Segundo a lenda – que parece remeter ao século III –, São Cristóvão carregava a todos através do rio perigoso, mas não pôde carregar a criança pequena que vinha a ser Cristo, pois este levava, por sua vez, os pecados do mundo. Só sendo Cristo podemos levar o peso do Deus.

Mas uma vez que o Deus está no Ocidente, deve-se protegê-lo da fúria exterior, pois o próximo é como um animal manso até que o Deus aparece. É mister protegê-lo e ocultá-lo, sentar-se com tranquilidade e na solidão e cantar "as encantações de acordo com a maneira bem antiga":

> Coloca diante de ti o ovo, o Deus em seu princípio.
> E contempla-o. E com teu olhar de calor mágico choca-o (p. 284).

Já nos referimos à incubação como processo de concentração da energia psíquica que procura uma mutação ontológica. O simbolismo do 'ovo' é bem conhecido; basta recordar que suas duas principais variantes: o 'ovo cósmico' e o 'ovo iniciático' se complementam. O primeiro alude, no plano macrocósmico, ao germe da totalidade, e o segundo, ao germe da renovação espiritual no plano mencionado. Isto é bem claro na alquimia, pois a obra alquímica é, de certo modo, uma cosmogonia que se leva a cabo no laboratório, isto é, na interioridade do adepto. O próprio Jung escreveu:

> O ovo é um germe de vida, dotado de um alto significado simbólico. Não é apenas um símbolo cosmogônico, mas também "filosófico". No primeiro caso, trata-se do ovo órfico, o começo do mundo; no segundo, do *ovum philosophicum* da filosofia medieval da natureza, ou seja, do vaso do qual surge, ao final da *opus alchymicum*, o *homunculus*, isto é, o *Anthropos*, o homem espiritual, interior e completo; na alquimia chinesa, o *chên-jen* (literalmente: o homem completo)[40].

---

[40] "Estudo empírico do processo de individuação" [in: OC 9/1], § 529.

Figura alquímica. Altus, *Mutus Liber*, La Rochelle, 1677, décima primeira prancha.

Referindo-se às iniciações bramânicas que consideravam o iniciado como "duas vezes nascido" (*dvija*), e os pássaros e serpentes que recebiam também este nome, enquanto nascidos de um ovo, Eliade afirma:

> A produção desse ovo se assimilava ao "primeiro nascimento", isto é, ao nascimento natural do homem. Sua eclosão correspondia ao nascimento sobrenatural da iniciação[41].

Capítulo X – As encantações

PERSONAGENS: 'Eu' – Izdubar no ovo.
SÍNTESE: Série de doze encantações que incubam o ovo.

Sucedem-se doze encantações mágicas, cada qual emoldurada por uma bela imagem (imagens 50 a 61 de *O Livro Vermelho*). Faremos uma referência àquilo que parece constituir o núcleo essencial dessas encantações que, como vamos assinalar, reaparecem numa ordem particular na árvore da Imagem 63 de *O Livro Vermelho* que consignaremos mais adiante.

Recorde-se que estas encantações produzem uma incubação, isto é, a concentração da energia psíquica que gera um ardor (tapas) e, em última instância, uma transmutação dessa mesma energia psíquica que retroage a sua própria origem, ao 'lugar' atemporal onde estão, por assim dizer, as sementes de todo o possível. Em suma, isso permite que a energia psíquica ecloda renovada.

Tentaremos percorrer estas enigmáticas encantações e destacaremos alguns de seus aspectos essenciais. Tenha-se em conta que novamente aparece a primeira pessoa do singular, isto é, o 'eu', levando a cabo o rito de incubação, mas claramente esse 'eu' vai se transformando através de uma identificação com os aspectos ocultos que intervêm no rito. Assim, o 'eu' começa anunciando o que fez, por exemplo, estender um tapete vermelho ao Deus; e depois anuncia que é a mãe, o pai e – mais tarde – que é o ovo. Em outras palavras, como já o pontuamos oportunamente, toda polifonia se magnifica nos momentos de maior intensidade, pois o 'eu', ao conectar-se com a totalidade psíquica, percebe que faz parte de uma 'alma múltipla' composta por todos os pronomes. Por razões didáticas demos a cada encantação um título e, além disso, destacamos suas palavras-chave. Evidentemente, tais recursos didáticos não devem impedir uma aproximação livre de toda fórmula, capaz de impregnar-se de seu misterioso encanto.

---

[41] ELIADE, M. *Imágenes y símbolos*. Madri: Taurus, 1979, p. 85.

Weihnacht ist angebrochen, d[er] gott ist im ei. i[ch] habe mein[em] gott ein tepr gebreitet/ ein köstlich roth tepr des morgenlandes. er soll vom schim[er] d[er] pracht sei nes östlich[en] landes umgeb[en] sei[n] i[ch] bin die mutr/ die einfältige magd/ die empfang[en] hat v[nd] w uszte nicht wie. i[ch] bin d[er] sorgsa me vat[er]/ d[er] die magd schützte. i[ch] bin d[er] hirt/ d[er] die botschaft e mpfieng/ als er des nachts sei n[er] herde wartete auf dunkeln flur.

Encantação 1 – "gestação do Deus no ovo"
Corresponde à imagem 50 de LV

> O Natal chegou. O Deus está no ovo.
> Estendi para meu Deus um tapete, um tapete vermelho e muito valioso do Oriente.
> Que esteja cercado pelo brilho da magnificência de sua terra oriental.
> Sou a mãe, a serva pura que concebeu e não soube como.
> Eu sou o pai cuidadoso que protege a serva.
> Eu sou o pastor que recebeu a mensagem, quando apascentava seu rebanho durante a noite em pastos escuros (p. 284).

Vejamos alguns elementos da encantação:
- "O Natal chegou. O Deus está no ovo".

Como se pode ver, esta encantação – à diferença de algumas das seguintes – *também* alude a Cristo. É, entre outras coisas, uma renovação de um Cristo que requer a luz do Oriente; isto é, é a renovação do Cristo que cada um está chamado a ser. É, por outro lado, Cristo iluminado pela antiga sabedoria oriental. Não se deve esquecer que o Deus apareceu como um ser arcaico, Izdubar, vindo do antiquíssimo Oriente. E observe-se também que a próxima encantação parece aludir aos Reis Magos que vislumbram de longe o milagre, tal como indicado em Mt 2,1s.

- O 'eu' anuncia ter-lhe estendido um tapete do Oriente, um tapete vermelho que de certo modo o faz estar rodeado da Luz do Oriente.

A encantação assinala que se lhe estende um "tapete vermelho e muito valioso do Oriente". A incubação se realiza no Ocidente, no país do ocaso, mas o Deus é oriental, isto é, requer para ser incubado a Luz oriental de uma Alta Consciência. Por outro lado, simbolicamente, o tapete delimita um espaço, neste caso luminoso, o que o assimila a uma espécie de 'tapete de oração', a um autêntico *templum*. Nesta imagem de *O Livro Vermelho* se podem ver motivos natalinos e a silhueta de árvores natalinas europeias, o que sugere um sincretismo ocidental cristão-oriental pagão. Na imagem 64 de *O Livro Vermelho*, que alude à ruptura do ovo, se pode observar o 'eu' prostrado sobre um tapete vermelho, honrando a aparição da irrupção ígnea do Deus renovado. É interessante recordar que, embora o simbolismo do tapete persa seja variado e complexo, um de seus motivos remete à Porta do Sol, sugerida no centro ou num lugar nuclear e que, neste caso, se identificaria com o próprio ovo[42].

- A encantação irá anunciando e, por isso, desvelando três identidades do mesmo 'eu': mãe, pai, pastor.

> Sou a mãe [...] sou o pai cuidadoso [...] sou o pastor [...] (p. 284).

---

[42] Cf. CAMMANN, S.V.R. "Religious Symbolism in Persian Art". *History of Religions*. The University of Chicago Press, vol. 15, n. 3 (fev., 1976), p. 193-208.

Por que isto? Porque, como já assinalamos, uma incubação requer que os cursos psíquicos mais profundos se comprometam em sua maturação e isso é o que significam estas três identidades, ao menos do ponto de vista psicológico. A partir de uma perspectiva simbólica, toda incubação necessita, fundamentalmente, do materno, isto é, da matriz em que o ovo é incubado. De certo modo, o ovo cósmico se assimila à Grande Mãe, ao menos como continente daquilo que se gesta[43].

A isso se agrega a potência paterna que protege o processo e a do 'pastor' que cuida dos conteúdos psíquicos dispersos no inconsciente, pois o texto assinala que se trata daquele pastor que recebeu a notícia quando cuidava dos rebanhos "em pastos escuros".

Sem dúvida, este último evoca a Lc 2,8-11:

> Naquela mesma região havia uns pastores no campo vigiando à noite o rebanho. Um anjo do Senhor apresentou-se diante deles, e a glória do Senhor os envolveu de luz, ficando eles muito assustados. O anjo lhes disse: Não temais, pois vos anuncio uma grande alegria, que é para todo o povo. Nasceu-vos hoje, na cidade de Davi, um Salvador, que é o Cristo Senhor.

Encantação 2 – "Reunião das forças no ovo"
Corresponde à imagem 51 de LV

> Eu sou o sagrado animal [...]. Eu sou o sábio que veio do Oriente [...]. E eu sou o ovo que contém e guarda em si o germe do Deus.

O "sagrado animal" está maravilhado e não pode conceber que o devir do Deus 'seja' porventura a alma, o lugar onde tudo isto se gesta e que, por consequência, o transcende. A imagem 51 de *O Livro Vermelho* parece sugerir a ideia de que a alma é um animal sagrado serpente-ave, o que coincide com a aparição recorrente deste simbolismo no *Liber Novus*. A alusão aos magos que viram a estrela de Jesus no Oriente (cf. Mt 2,1s.) se refere ao sábio que vê pelos signos desde longe e, portanto, representa uma sabedoria superior. E, no fim das contas, o 'eu' também é o próprio ovo que a tudo reúne, pois do ponto de vista psicológico, o 'eu' é essencialmente filho do 'si-mesmo', mas o 'si-mesmo' é, no plano temporal, seu pai. Recordemos uma passagem teórica de Jung:

---

[43] Na alquimia, a mesma vasilha hermética concebida como um ovo é também uma Grande Mãe [Tentativa de redenção pelo obscuro]. É interessante destacar, adiantando-nos ao que se descreve nas encantações posteriores, que a alquimia ilustra o processo de uma serpente que sobe. Cf. NEUMANN, E. *The Great Mother* – An Analysis of the Archetype. Nova York: Princeton University Press, Bollingen, 1991, p. 328.

Com a conscientização dos conteúdos inconscientes, nós, de certo modo, criamos o si-mesmo, e nesse sentido ele é também nosso *filho*. Por isso os alquimistas chamavam essa substância incorruptível, que outra coisa não é senão o si-mesmo, de *filius philosophorum*. Mas é justamente a presença do si-mesmo, do qual provêm os mais fortes impulsos para a superação do estágio de inconsciência, que nos leva a esse esforço. Sob este ponto de vista, o si-mesmo é nosso *pai*[44].

Encantação 3 – 'Dores do parto do deus ambíguo"
Corresponde à imagem 52 de LV

Nesta encantação o 'eu' aparece como uma mulher parturiente, com as dores do parto do Deus. Esse Deus reúne todos os opostos: vazio e cheio, nada e tudo, escuro e claro, acima e abaixo, simples e múltiplo, livre e preso, submetido e vitorioso etc. Por isso podemos suspeitar que se trata de Abraxas, o Deus dos Sermões aos Mortos consignados nos *Aprofundamentos*, que é o paradoxal Senhor do Mundo e, ao mesmo tempo, o Deus Último. Nós nos deteremos neste estudo mais adiante, mas basta recordar por ora que, em algum sentido, Abraxas é ou manifesta o "Deus do vindouro". É o Deus que expressa, segundo a encantação também apregoa, "o sentido no contrassentido" ou o "sim no não". Esse Deus se qualifica também como "velho na juventude", isto é, como Aquele 'de sempre' que se renova em sua juventude, o que coincide com a ideia já assinalada no *Liber Primus*, segundo a qual é mister ser adulto (pai, mãe...) para que o Deus seja criança e não o inverso, para a criança (o 'infantil') seu Deus morre.

Encantação 4 – "Concentração da luz"
Corresponde à imagem 53 de LV

Nesta encantação o 'eu' não aparece, pois se descreve o estado da "Luz do caminho do meio [...] voltado para si"; uma clara descrição de uma luz que une, em tensão, os opostos. Ou seja, se descreve que a própria natureza dessa potência que se incuba é Luz que se reverte sobre si, que se enrola. Quando à imagem 53 de *O Livro Vermelho*, a encantação aparece pela primeira e única vez escrita dentro do ovo, aqui representado por um círculo suspenso na parte superior da ilustração. Na parte inferior do ovo há uma espécie de patena*, sustentada por uma anfisbena, isto é, uma serpente de duas cabeças disposta em forma de taça com um pé serpentino de três caracois. Sem dúvida, sugere o cálice (serpentino) e a hóstia (o ovo) suspenso no Alto.

---

[44] *O símbolo da transformação na missa* [OC 11/3], § 400.

* Pequeno prato, geralmente de metal, utilizado na consagração do pão durante o ritual eucarístico [N.T.].

Encantação 5 – "Palavra que dá à luz"
Corresponde à imagem 54 de LV
Esta encantação reza assim:

> Amém, tu és o Senhor do nascente.
> Amém, tu és a estrela do Oriente.
> Amém, tu és a flor que floresce sobre todos.
> Amém, tu és o cervo que irrompe da floresta.
> Amém, tu és o canto que ressoa longe sobre a água.
> Amém, tu és o começo e o fim (p. 284).

Cada um dos seis versos que constitui este encantamento começa com o "Amém", e louva ao Deus, respectivamente, como Senhor do começo, estrela do Oriente, flor que se abre sobre todos, cervo que irrompe (talvez associado à Luz que se revela abruptamente como o cervo que tem por chifre uma cruz), canto distante e finalmente reza: "Amém, tu és o começo e o fim".

Como se pode ver, a imagem 54 de *O Livro Vermelho* mostra uma serpente inserida num montículo, aparentemente de brasas incandescentes, que se desenrosca e vem, com a boca aberta, para o alto. De sua boca brota uma forma arborescente dourada com alma rósea, de tal modo que sua copa emoldura a encantação. No extremo inferior esquerdo, Jung escreveu a legenda *"brahmanaspati"*.

É significativo que, nos Vedas, Brahma, *Brihaspati* e *Brahmanaspati* denotem uma única divindade. Brahma assimilada a *Vak*, a palavra criadora, e ao mantra. *Brahmanaspati* é o Senhor dos *mantras*[45] e Senhor da prece. *Brihaspati* é uma divindade mencionada na tradição alquímica da Índia: a aparência de um *siddha* ou ser que obteve a realização última é imaculada como a de *Brihaspati*. Uma das metáforas utilizadas nesta tradição para aludir ao processo de transmutação ontológica é a transformação de cinzas em néctar. As cinzas se convertem num símbolo do passo intermediário nas etapas: vida profana-morte-ressurreição, três instâncias que culminam na conquista de uma vida superior, plena[46]. Posteriormente, na tradição purânica, foi também chamado *Ganapati*, o Deus com cabeça de elefante, venerado como ajuda na superação de obstáculos, simbolizado pela sílaba sagrada *Om*. Foi então assimilado ao Deus da sabedoria e da eloquência, e se lhe atribuíram diversas obras como os *Barhaspatya sutras*. Na tradição tântrica, *Ganapati* aparece presidindo *Para-Vāk* (a Palavra suprema, primordial, concebida como criadora, plena e eterna, sustentadora do mundo e dos seres), cuja residência é *mūlādhāra*

---

[45] Cf. SRI AUROBINDO GHOSE. *The Secret of the Veda*, Sri Aurobindo Birth Centenary Library, vol. 10, Pondicherry, Aurobindo Ashram, 1972-1975.

[46] GORDON WHITE, D. *The Alchemical Body*. Chicago, 1996, p. 283-286; 323-327.

ein wort / das nie gesproch' ward ·
ein licht / das no' nie leuchtete ·
eine verwir's sondergleich ·
v' eine straße ohn' ende ·

cakra na concepção da fisiologia sutil da Índia, isto é, o centro que se encontra localizado no períneo. Esta vinculação com *Vak* volta a mostrar o papel mediador da divindade: pela Palavra, o homem ascende ao divino através da oração e do *mantra*; é também pela Palavra que o divino se encarna no mundo. Pode-se observar então que, por um lado, há uma alusão a que a prece, a Palavra, em suma, o mantra, propicia a luz e a criação. Por outro lado, a própria energia psíquica contém essa Luz em potência, no seio da escuridão. Em *Símbolos da transformação*, Jung se refere à associação entre o Som, a Luz e o Amor, pois o 'criador' primeiro criou o Som, depois a Luz e depois o Amor[47]. O fato de que para além da conhecida alusão a *Brahmanaspati* como Senhor da Prece, este possa estar simbolicamente associado a *mūlādhāra*, permite conjecturar que esta serpente, neste caso desenroscada três vez e meia, se possa assimilar a *kundalinī*, que está ali enroscada em torno ao falo três vezes e meia. Por tratar-se de um símbolo e não de uma mera reprodução, não se deve buscar nesta possível alusão uma referência direta, mas uma conotação. De fato, em seu Seminário sobre a *Psicologia do Yoga Kundalini*, Jung assinala:

> *Shakti-Kundalinī* ou *Devī-Kundalinī* é uma deusa. É um princípio feminino, o poder de automanifestação que rodeia a gema no centro. Ela é *shabdabrahman*, a palavra de criação. Como uma serpente que se enrosca ao redor do centro, a semente de ouro, a joia, a pérola, o ovo[48].

Embora não exista nenhum fundamento erudito para assimilar *Amém* com *Aum*, o certo é que a Palavra primordial é a que transmuta essa potência, obscura no ovo, em Luz transformadora.

ENCANTAÇÃO 6 – "A TRAVESSIA NOTURNA"
Corresponde à imagem 55 de LV
Esta breve encantação reza assim:

> Uma palavra que nunca foi pronunciada.
> Uma luz que jamais brilhou.
> Uma confusão sem igual.
> E uma estrada sem fim (p. 284).

---

[47] *Símbolos da transformação* [OC 5], § 65.

[48] SHAMDASANI, S. (org.). *The Psychology of Kundalini Yoga* – Notes of the Seminar Given in 1932 by C.G. Jung. Princeton: Princeton University Press, 1996, p. 74 [Bollingen Series] [OC B – Seminários: *La psicología del yoga kundalini*].

Os quatro breves versos desta encantação parecem sugerir que aquilo que se gesta não só está em potência (ou seja, fora do espaço e do tempo), mas que também por si mesmo traz novidade e surpresa: "Uma palavra que nunca foi pronunciada". A imagem 55 correspondente é a da barca solar egípcio que leva o disco solar e navega em águas onde se pode perceber um ameaçador monstro marinho. A barca solar corresponde ao ciclo diário do Sol, comparável ao ciclo da vida e da morte; assim, no reino dos mortos, o Deus solar deve enfrentar o monstro Apophis que representa o caos, para depois renascer a cada manhã.

É óbvio que, do ponto de vista psicológico, como Jung assevera em *Símbolos da transformação*, isto alude à tentativa de libertar a consciência da possessão pelo inconsciente, aqui representado pelo monstro do mar[49]. Mas, para além disso, o processo para superar o perigo consiste em manter a conexão com essa encantação que 'canta' a uma palavra não dita, uma luz não vista, uma 'confusão' única, que leva a um caminho indeterminado, imprevisível.

Encantação 7 – "O perdão"
Corresponde à imagem 56 de LV
O perdão é o centro da mais breve encantação, que consta de dois versos. O 'eu' se perdoa por suas palavras, e assim espera que (supostamente) o Deus o faça em virtude de sua luz extraordinária.

Encantação 8 – "Súplica baseada nos serviços ao deus"
Corresponde à imagem 57 de LV
Esta encantação de quatorze versos é uma súplica para que o fogo seja clemente e se levante. Insiste em que se beijou o umbral, estendeu o tapete, serviu o banquete, apresentou as oferendas; em suma, tudo foi feito para buscar o despertar. Em outras palavras, a clemência solicitada ao Deus se fundamenta, sobretudo, no serviço prestado ao Deus.

---

[49] *Símbolos da transformação* [OC 5], § 539. Cf. WALLIS, E.A. (org.). *The Book of the Dead*. Nova York. • ABT, T. & HORNUNG, E. *Knowledge for the Afterlife – The Egyptian Amduat: A Quest for Immortality*. Zurique, 2003.

Descrição das Encantações

7.
O perdão
(imagem 56)

8.
Súplica
baseada
nos serviços
ao Deus
(imagem 57)

9.
Súplica
baseada no
compromisso
com o Deus
(imagem 58)

10.
Chamado
a nós,
pai e mãe
(imagem 59)

11.
Pergunta,
procura e
encontro
(imagem 60)

12.
Sacrifício
(imagem 61)

5.
Palavra que
dá à Luz
(imagem 54)

6.
A travessia
noturna
(imagem 55)

3.
Dores do
parto do Deus
ambíguo
(imagem 52)

4
Concentração
da Luz
(imagem 53)

1.
Gestação
do Deus
no ovo
(imagem 50)

2.
Reunião das
forças
no ovo
(imagem 51)

Encantação 9 – "Súplica baseada no compromisso com o deus"
Corresponde à imagem 58 de LV

Esta encantação de vinte versos consiste em uma nova súplica de dezoito versos onde o 'eu' declara: "Nós somos miseráveis e esgotamos nossos cantos". Neste caso, diferentemente do anterior, a ênfase parece estar posta no tormento acarretado por sua ausência e sobretudo no compromisso levado a cabo nesse serviço. Se rendeu total obediência ao Deus, fiéis a sua lei, o que supõe muitas vezes viver em contradição.

Encantação 10 – 'Chamado a nós, pai e mãe"
Corresponde à imagem 59 de LV

Esta encantação repete cinco vezes "Vem a nós...", e na sexta repetição se revela que é um chamado do pai-mãe a seu seio: "Vem, criança, ao pai e à mãe". As cinco reiterações sublinham sua solicitude ou compromisso de sua vontade, sua compreensão, o calor que procuram, a cura e finalmente o corpo em que será gerada a criança. Volta assim à primeira encantação onde estavam o pai e a mãe.

A imagem correspondente a esta encantação (imagem 59) consta em sua parte inferior de uma forma serpentina dupla, parecida à da imagem 53 embora sem cabeças, e de um círculo ígneo (o 'ovo') suspenso por uma massa avermelhada em sua parte inferior e ladeada por formas celestiais em sua parte superior. A imagem leva um título: *Hiranyagharba*, que em sânscrito significa literalmente 'germe dourado', 'útero dourado', 'ovo dourado'. No pensamento da Índia, *Hiranyagharba* é considerado a fonte da criação do universo, de toda a manifestação, e embora apareça mencionado em numerosos textos, o mais antigo deles e ao qual o resto se refere é sem dúvida Rig Veda X, 121, onde é mencionado como "*Hiranyagharba sūkta*:

> Como Germe de Ouro (*hiranyagharba*) / Surgiu no princípio./ Logo que nasceu,/Foi o único Senhor de todo o existente./ Firmou o céu e a terra./ Quem é aquele Deus / A quem devemos honrar com nossa oferenda?[50]

---

[50] *Himnos de Rig Veda* X, 121 (Buenos Aires: Sudamericana, 1968, p. 288 [trad. F. Tola]). *Hiranyagarbha* aparece em numerosas Upanishads (Isha, Shvetashvatara, Brihadaranyaka, Mundaka, entre outras; como aquele que flutua no vazio do oceano primordial e na escuridão da não existência, depois dividido em duas metades que deram origem ao céu e à terra). No hinduísmo clássico purânico, *Hiranyagarbha* é um dos nomes de Brahma, expressão da Alma do Mundo (*Mahā Atmā*), o Ovo Cósmico, o Primogênito (*Prathamaja*) que manifesta as formas potencialmente contidas nele. Ele também é *shutrātman*, o fio invisível que une as almas, amarradas por ele como pérolas num colar. Enquanto Ishvara é considerado o princípio causal (*karanabhūtam*) *Hiranyagarbha* é o aspecto dinâmico ou o princípio ativo (*kriyābhūtam karyābhūtam*).

Jung em várias ocasiões identifica *Hiranyagarbha* com o 'si-mesmo'; mas, ao mesmo tempo, com aquele que possui 'múltiplos olhos'; isto é, com um 'vasto conglomerado', o que implica que não se trata de uma alma individual, mas de uma alma coletiva[51]. Assim, por exemplo, em *Mysterium Coniunctionis* lemos:

> [...] a definição indiana do si-mesmo, neste caso a do *Hiranyagarbha*, como "agregado coletivo de todas as almas individuais"[52].

Jung recorda em *Símbolos da transformação* que no Rig Veda X, 121, Prajapati cria estes mundos fazendo *tapas*, isto é, mediante a autoincubação. Prajapati é em última instância *Hiranyagarbha*, o ovo que se choca a si mesmo[53].

Encantação 11 – "Pergunta, procura e encontro"
Corresponde à imagem 60 de LV

Nestes dez versos se marca a pergunta ("Perguntamos...") a todas as regiões e elementos (terra, céu, mar, vento, fogo) e a procura ("Nós te procuramos...") do mais externo e múltiplo ao mais refinado e interno: povos, reis, sábios, a própria cabeça e coração. Mas essas perguntas, essas procuras, são as direções externas e impróprias, dão conta de onde não se há de encontrar o Deus, pois está em nenhuma dessas partes, está no centro de todas, no ovo: "E nós te encontramos no ovo".

Encantação 12 – "Sacrifício"
Corresponde à imagem 61 de LV

Nesta encantação final o 'eu' declara seu sacrifício e, até certo ponto, uma entrega maiúscula através de diversos atos comprometidos e inclusive cruéis. Talvez por isso, a imagem 61 de *O Livro Vermelho* correspondente é um monstro. Finalmente, diz,

> Tornei pequeno todo o grande e grande todo o pequeno.
> Troquei meus objetivos mais distantes pelo que havia de mais próximo, portanto estou pronto (p. 285).

Assim terminam as encantações, mas antes de prosseguir com as consequências deste trabalho, nos deteremos na reflexão que o próprio 'eu' realiza a partir do reconhecimento de que, apesar do que disse, ainda não se sente preparado. Pois o terrível é que esse Deus esteja em um ovo e toda a ousadia desta incubação o

---

[51] *Aion* [OC 9/2], § 387.

[52] *Mysterium Coniunctionis* [OC 14/1], § 264.

[53] *Símbolos da transformação* [OC 5], § 589.

fez esquecer o espanto de ter um Deus a quem nem sequer vale a pena ofender. O 'eu' derrubou o Deus com a palavra do 'espírito dessa época', agora a incubação procura sua renovação, mas o paradoxo é que seu Deus seja também seu filho. É compreensível, não obstante, que tendo morto o Deus pai, agora tenha de nascer uma criança divina em seu coração de mãe.

É um menino, um filho que cresce no ovo do Leste[54], e contudo Dele se espera a Luz que falta. Pois aquilo que se espera desse Deus não é seu poder, mas sua vida.

A imagem 63 de *O Livro Vermelho* consiste em uma árvore que integra as doze encantações. Pode-se observar que se trata de uma árvore que guarda em sua base um ovo sustentado por uma silhueta que sugere a serpente dupla em forma de cálice.

Se se percorre a sequência das encantações, poder-se-á observar que vão da esquerda à direita, e depois da direita à esquerda, até alcançar a copa onde vão da esquerda à direita. Trata-se de um movimento espiralado que entretece a força de incubação e que leva o resultado à consciência. Ou seja, os opostos se entrelaçam entre si e levam a luz à consciência.

A imagem 64 de *O Livro Vermelho* leva como título *Śatāpatha-brāhmana* 2.2.4[55], texto que dá a base ao sacrifício do fogo, o *Agnihotra*. O mito de base se refere a que, impulsionado pelo desejo de se reproduzir, ele cria *Agni* ('Fogo') que sai de sua boca. *Prajāpati* se oferece a *Agni* e se salva de ser devorado por ele. Assim, o fogo é consagrado no *Agnihotra* e se renova. Tal é a potência purificada que parece anunciar aqui a manifestação da potência de Izdubar incubada. A imagem mostra o 'eu' prostrado sobre um tapete vermelho frente a uma grande irrupção de fogo que surge de um ovo quebrado. Na parede verde ao fundo se percebe a barca solar.

Capítulo XI – A abertura do ovo

10 de janeiro de 1914

PERSONAGENS: 'Eu' – Izdubar.
SÍNTESE: Abertura do ovo e aparição do Deus renovado.

Finalmente no terceiro dia, ajoelhado no tapete, o 'eu' abre o ovo e, depois de forte fumaça, aparece Izdubar resplandecente e curado, como se despertasse

---

[54] Se nos atermos ao relato, a incubação se realiza no Ocidente. Não obstante, do ponto de vista espiritual, o 'ovo do Leste' recebe a Luz do Oriente, tal como se indica pelo simbolismo do tapete na primeira encantação e nele se renova um Deus que é oriental, embora o faça numa síntese de Oriente e Ocidente.

[55] A transliteração utilizada pelo *LV* é "çatapatha-brahmanam 2.2.4".

de um sonho. Pergunta-se onde esteve, pois agora se sente num lugar estreito, enquanto antes havia se sentido fora do universo, cheio de luz e de vida, em suma, ele mesmo se sentiu Sol. E quando o próprio 'eu' declara sua alegria pela sua cura, Izdubar estranha ter estado doente, pois então havia sido puro Sol.

Por certo, do ponto de vista mitológico se trata de uma típica associação do herói com o Sol. Não obstante, a grande questão é o que acarreta, do ponto de vista do processo do 'eu'.

Com efeito, Jung escreve naquele dia em seu *Livro Negro* 3 que parecia que, através desta experiência, ter alcançado algo memorável, mas não é capaz de saber aonde tudo isso vai levá-lo[56]. Pode-se recordar, também, que em *Tipos psicológicos* (1921), Jung escreveu:

> O Deus renovado significa uma atitude renovada de vida intensa, uma nova consecução de vida, porque psicologicamente Deus significa sempre o valor maior, a maior quantidade de libido, a maior intensidade de vida, o ótimo da vitalidade psicológica[57].

Contudo, neste caso, após esta fulgurante aparição do Deus, tudo desaparece e só resta a casca no tapete.

Ocorre que sua força, o belo e bem-aventurado de seu ventre materno passou ao ovo e ao Deus. O Deus sofre quando o homem não acolhe suas trevas em si. E o homem que não reconhece o mal, embora o odeie, o ama em segredo. Trata-se de aceitar o mal, nosso mal, sem amor e nem ódio, pois, pelo mero fato de reconhecê-lo, lhe tiramos força.

Com a renovação do Deus, o 'eu' quer ascender com Ele. Mas como toda sua força se concentrou nele, o 'eu' cai na indigência do vazio e da matéria, a partir do que cresce a conformação do mal.

Assim o homem fica exposto nesta indigência frente ao mal, à matéria e à morte[58].

Sétimo momento: Inferno e morte sacrificial (caps. XII-XIII)

Pode-se supor que essa conformação do mal leve ao submundo. Ali, como podemos ver no capítulo XII, uma espantosa visão lhe ensina que o mal não pode realizar um sacrifício, pois só o pleno pode fazê-lo. No capítulo XIII, a alma

---

[56] Cf. *LV*, p. 286, n, 135.

[57] *Tipos psicológicos* [OC 6], § 301.

[58] Com relação às imagens 69, 70, 71 e 72, que seguem a este capítulo, cf. supra nossa breve referência na introdução à segunda parte.

de uma menina assassinada – que sem dúvida é o próprio Jung – lhe exige que coma o fígado dela. Com este sacrifício se reassumem as forças originárias que estavam com ele desde os tempos antigos, mas que ingressaram na conformação do Deus (Izdubar).

Capítulo XII – O inferno

12 de janeiro de 1914

PERSONAGENS: 'Eu' – uma mulher – homem diabólico.
SÍNTESE: Uma mulher (sua alma) foi atacada por seres diabólicos. Ela soube se defender e pôde atingir o olho do mal. Se o diabo se mover, ela lhe arrancará o olho, mas o mal não é capaz de sacrifício. O mal é necessário e o sacrifício é o único modo de enfrentá-lo.

Após a apoteose do Deus aparece o mal insondável, pois o movimento enantiodrômico é inexorável. Dar à luz o Deus supõe ao mesmo tempo querer para si o mal. Criar o eternamente pleno implica criar o eternamente vazio. Só a indiferença detém, ao menos em aparência, a aparição do mal insondável. Por outro lado, embora o Deus seja – em certo sentido – interior, todo o pode se foi para Ele e o mais humano, representado psicologicamente pelo 'eu', ficou de fora. Isto quer dizer que o movimento enantiodrômico nestes dois capítulos (XII-XIII) se aplica a dois eixos:
1) Em primeiro lugar, se todo o bem e a luz se foram na criação do Deus, toda a obscuridade e o mal devem aparecer e se revertem sobre o 'eu'.
2) Em segundo lugar, se este processo deixa de fora o homem, o sujeito que incubou o Deus (que em termos psicológicos equivale ao 'eu', à personalidade egoica), é mister que algo disso se incorpore, se humanize.
Mas é evidente que ambas as questões são inseparáveis. Precisamente, para poder incorporar algo desse poder do mal no indivíduo, no 'eu' (segundo ponto), é necessário a passagem pelo mal insondável (primeiro ponto). Por isso, este capítulo, por um lado, compensa o 'ciclo de Izdubar' e, por outro, leva algo de seu resultado para a vida individual, assumindo pelo absurdo parte do poder do Deus para poder levá-lo ao 'eu', segundo se vê claramente no capítulo seguinte.
Por isso, na segunda noite depois da criação do Deus o 'eu' tem uma visão aterradora e estática. Uma jovem mulher é atacada por três seres demoníacos, dois deles estão atirados sobre o seu corpo e o mais perigoso, deitado debaixo dela. Este último tem a cabeça inclinada para trás e um filete de sangue escorre por sua frente, pois a jovem conseguiu cravar o olho deste diabo com o anzol de uma vara

de pescar. É evidente que queriam martirizar a jovem até a morte, mas ela soube se defender e pôde atingir o olho do mal. E aqui surge o grande ensinamento, se o diabo se mover, ela lhe arrancará o olho, mas o mal não é capaz de sacrifício e por isso não o faz. Uma voz lhe diz:

> O diabo não pode fazer sacrifícios, não pode oferecer em sacrifício seu olho, a vitória está com aquele que pode oferecer sacrifícios (p. 289).

Jung comenta que para o mal nada é mais valioso do que o olho, pois ele é a sombra do belo. Isto lembra o pacto de Fausto, de Goethe, com Mefistófeles, segundo o qual entregará sua alma quando puder dizer: "Detém-te, momento, és tão belo!" (v. 1.700). A beleza é, sem dúvida, o valor que o mal disputa ao bem e, por isso, o olho é também o órgão com o qual o mal vê o belo.

Em todo encontro humano intervém uma troca, muitas vezes subliminar, desse mal que está no fundo de nossa psique. Por isso, Jung conclui que devemos assombrar-nos de que os homens creiam estar perto uns dos outros, de que possam entender-se e amar-se; e não, ao contrário, de sua distância e de que se combatam e matem entre si. É necessário descobrir a ponte entre os homens, mas para isso é mister descobrir o seu abismo. E reconhecer o abismo consiste, em primeiro lugar, em aceitar que uma parte de nós quer o mal, já que nos é difícil libertarmo-nos dele:

> Quem não quer o mal, a este falta a possibilidade de salvar sua alma do inferno (p. 289).

Mas, embora o olho do mal tenha sugado toda a força de sua alma, restou sua vontade, simbolizada por esse anzol. Como já dissemos, o mal não é capaz de sacrificar, e, por isso, evitará que se lhe arranque o olho. Mas tampouco a mulher, isto é, sua alma, pode arrancar o olho do mal, já que o mal tem muitos olhos e, se perde um, lhe restam outros. Isto significa que o que detém o mal e, em certo sentido, permite tomar a força da qual o mal se apodera é o sacrifício. E essa é a tarefa que ainda aguarda.

Capítulo XIII – O assassinato sacrificial

13 de janeiro de 1914

PERSONAGENS: 'Eu' – alma de uma menina assassinada.
SÍNTESE: Junto ao cadáver de uma menina assassinada está a alma dela, que lhe pede que coma seu fígado. O 'eu' consente com repugnância e a alma lhe diz que essa menina é ele mesmo. Trata-se de reconhecer que o 'eu' é responsável ou, ao menos, corresponsável pelo mal que levou a matar a criança divina.

O 'eu' experimenta uma das visões mais aterrorizantes. Após se ver subjugado pela visão de repugnantes serpentes, chega até um vale que cheira a crime e onde encontra o cadáver de uma menina ensanguentada e despedaçada, a cabeça esmigalhada e o corpo recoberto de feridas espantosas. Junto à menina há uma mulher tranquila, com a face coberta por um véu impenetrável, e que lhe pergunta se é capaz de compreender. O 'eu' se enfurece ante o terrível crime e diz que nada há a ser compreendido, mas a mulher lembra que isto ocorre o tempo todo e, contudo, ele não vive enfurecido. Em seguida ela lhe ordena que tire o fígado do cadáver e coma um pedaço, ao que, de início, ele resiste, mas finalmente consente quando fica ciente de que ela é a alma da criança e que tal sacrifício lhe é necessário.

Comer o fígado o faz sentir-se culpado de canibalismo e, em última instância, cúmplice do crime ocorrido. Mas o 'eu' deve compreender, assinala a alma, que um homem cometeu este crime e, enquanto homem, é culpável. E tal ato é expiatório, pois requer a humilhação máxima.

Uma vez cometida a humilhante ação, a mulher levanta seu véu e lhe mostra que, em realidade, é sua alma.

Como pode interpretar-se esse estranho assassinato transformado em sacrifício?

1) Trata-se de reconhecer que o 'eu' é responsável ou, ao menos, corresponsável pelo mal que levou a matar a criança divina.

2) Provavelmente, comer seu fígado implica assumir sua vida, reincorporá-lo[59].

Sem dúvida foi o mal que ingressou no 'eu' (na personalidade egoica) e cometeu o crime. A alma era inteiramente humana embora possuísse, de forma latente, as forças primordiais que se transferiram integralmente – sem intervenção do 'eu' – ao Deus que deu à luz. O assassinato sacrificial permitiu que tais forças reingressassem à alma individual, ao 'eu' entendido como personalidade egoica. Ingerir a carne e o sangue da vítima implica receber a qualidade divina que excede o humano. Esse foi sempre o significado arcaico do sacrifício da carne e do sangue, embora seu sentido devesse ser captado simbolicamente[60].

---

[59] Não é o caso de nos determos no simbolismo do fígado. Por um lado, está vinculado "[...] às comoções da cólera, e ao fel, à animosidade e às intenções deliberadamente venenosas, o que explica o sabor amargo da bílis" (CHEVALIER, J. & GHEERBRANT, A. (orgs.). *Diccionario de los símbolos*. Barcelona: Herder, 2003, p. 567). Além disso, o fígado é historicamente um órgão vinculado à imaginação e à adivinhação. Em muitas culturas se praticou a "hepatoscopia" ou predição do futuro por inspeção do fígado de certos animais, em especial o do carneiro. A essa prática, bastante difundida e que remonta a pelo menos três mil anos, também se referirão no âmbito clássico Platão, Cícero, Porfírio entre outros. O fígado está relacionado com a vida, com a potência da vida. Embora possa surgir de um jogo de palavras, (Liverpool e *pool of life*), Cf. o sonho de Jung referente a Liverpool em *Memórias*, p. 202.

[60] Cf. *O símbolo da transformação na missa* [OC 11/3], *passim*.

Mas este sacrifício, esta incorporação do Deus, tem seus riscos, pois o Deus quer se apoderar da vida do sacrificador, quer a vida do humano. Ser humano significa não ser divino, não cair na loucura irracional. Ao que parece agora o desafio consiste em que o humano não se perca, em não ser absorvido pelo absoluto. O 'eu' se defende rechaçando o divino, pois transtorna o sentido humano, é impertinente e até supérfluo.

É claro que o polo humano quer se salvar, mas embora o texto não o assinale ainda, uma nova tarefa se avizinha, qual seja, recuperar o divino a partir do homem ocidental moderno. Tal será a missão dos quatro capítulos seguintes (caps. XIV-XVII).

Oitavo momento: A divina 'loucura' (caps. XIV-XVII)

A 'divina' loucura parece referir-se a uma espécie de 'estupidez' ou torpeza frente ao divino, próprio de quem está absorvido pelo racionalismo dessa época. A psiquiatria, em particular, parece incapaz de distinguir uma experiência religiosa de uma patológica. Mostra-se aqui a tensão irredutível entre o ceticismo cientificista e a devocionalidade infantil, e a incapacidade de viver de coração o mistério da união dos opostos.

Capítulo XIV – Divina loucura – Nona aventura – Noite I

14 de janeiro de 1914

PERSONAGENS: 'Eu' – bibliotecário.
SÍNTESE: O 'eu' pede a um bibliotecário um livro devocional. Surge então um diálogo que mostra a irredutibilidade entre religião e ciência. A ciência ou o cientificismo desconfiam da falta de sentido de realidade da religião; mas, por outro lado, a ciência não basta para a vida. Os profetas de nossa época (Nietzsche, Fausto) tampouco parecem dar-nos a resposta. Trata-se de ser Cristo, não cristãos, mas é mister reconhecer nosso cristianismo histórico, constitutivo.

Para a contextualização deste capítulo, remetemos o leitor à nossa primeira parte, onde nos referimos ao eixo religião-ciência e ao lugar dos profetas de nossa época no *Liber Novus*.

O 'eu' chega a uma sala de leitura de uma biblioteca e, um tanto desconcertado, lhe ocorre pedir a *Imitação de Cristo*. O bibliotecário, que até certo ponto representa a perspectiva cientificista moderna, se surpreende de que o 'eu' se interesse por um livro devocional. O 'eu' assinala que, a despeito de seu alto apreço pela ciência, ela amiúde nos deixa vazios; já um livro como o de Tomás de Kempis está de algum modo escrito com a alma. E mais, o rechaço das crenças muitas vezes se fundamenta em razões débeis, por exemplo, seu choque com a ciência da natureza ou com a filosofia. Por certo, isto parece referir-se ao fato de que, em essência, a religião trata de questões bem diversas da ciência; ou seja, é de uma ordem diferente daquilo que se pode descobrir ou refutar a partir da razão ou da investigação empírica. Contudo, o bibliotecário objeta que a falta de sentido de realidade é um prejuízo evidente e, ademais, existem livros devocionais contemporâneos que podem substituir os antigos, por exemplo *Assim falava Zaratustra*, de Nietzsche, e o *Fausto* de Goethe, por certo, aqueles que correspondem a quem se pode denominar os 'profetas dessa época'. E embora o 'eu' o admita, de certo modo objeta que Nietzsche parece dirigir-se a quem necessita de mais liberdade e não dá resposta a quem sofre. Há muitos homens que não precisam da superioridade que ele propõe, mas sim de sua inferioridade, o que alude a uma submissão deixada como legado pelo cristianismo. Além disso, Nietzsche parece ser o extremo oposto do cristianismo e, por isso, ao fim das contas, está numa forte dependência dele.

Como se pode ver, aqui se nota a tensão – aparentemente irredutível – entre religião e ciência, à qual aludimos em nossa seção anterior. Ao que parece essa tensão não é resolvida pretendendo abandonar o cristianismo, pois, por mais que queiramos fazê-lo, ele não nos abandona. Tampouco se trata de imitar a Cristo, pois Cristo está sempre adiante de nós. Do mesmo modo, os profetas dessa época advertiram sobre as consequências deste cristianismo submisso e propuseram despojar-se dele e exercer a vontade de poder. Contudo, seguir a Cristo não significa imitá-lo, pois Ele mesmo não seguiu nenhum modelo. Trata-se, sem dúvida, de ser Cristo. Mas como realizar tamanha odisseia? Para poder fazê-lo, é preciso começar desde baixo, do mais simples, pois o pensamento não resolve estas questões, só a vida pode fazê-lo. É assim que o 'eu' aparece recomeçando a partir de um cristianismo ingênuo, mas vivo.

Capítulo XV – Nox secunda

17 de janeiro de 1914

PERSONAGENS: 'Eu' – cozinheira – 'anabatista' – professor (e colega) – "vizinho-pensar" – "vizinho-sentir".
SÍNTESE: Depois de um diálogo harmonioso com a cozinheira que manifesta uma inclinação devocional, em sonhos aparecem anabatistas liderados por um certo Ezequiel. Vão a Jerusalém, porém o 'eu' tem corpo, e por isso não pode acompanhá-los. O 'eu' é levado ao manicômio e internado por conta de uma paranoia religiosa. Seu pensar e seu sentir deitam-se a seu lado enfermos.

Na cozinha da biblioteca se encontra com a cozinheira, que se surpreende que alguém de sua condição social, sem ser clérigo, esteja lendo a *Imitação de Cristo*, o mesmo livro que sua mãe lhe deu em seu leito de morte e que tanto lhe serviu em momentos de tribulação.

O 'eu' lê no capítulo XIX a seguinte passagem:

> O propósito dos justos mais se firma na graça de Deus, na qual confiam em tudo o que empreendem, do que sobre sua própria sabedoria[61] (294).

Disso conclui que esse é o 'método intuitivo' de Tomás de Kempis, isto é, o método necessário para entrar em relação com aquilo de insondável que se apresenta na vida. Em outros termos, poder-se-ia dizer que também é um método para 'antecipar' aquilo que quer ocorrer no caminho de desenvolvimento da personalidade total. Obviamente, trata-se de outra expressão para o que Jung denominou de 'imaginação ativa'.

Ele mergulha assim em seus próprios pensamentos e suspeita que deixar-se levar pelo próprio capricho também seria um 'método intuitivo'. Pensa, contudo, que ao invés disso deveria imitar o cristão e, talvez como consequência desse pensamento e intenção, irrompe um bando de pássaros e numerosas figuras humanas em sombras. No confuso vozerio se destaca uma voz que diz: "Adoremos no templo" (p. 294).

Ezequiel, um anabatista alienado, lhe anuncia que – junto com seus irmãos na fé – marcham para Jerusalém para rezar junto ao Santo Sepulcro, mas que o 'eu' não pode acompanhá-los, pois tem corpo e eles estão mortos. Ezequiel e seus irmãos devem peregrinar pelos lugares santos, pois a despeito de sua fé, parece que esqueceram de viver. Ezequiel, após dizer-lhe isso, o agarra freneticamente e lhe adverte:

> Solta, demônio, tu não viveste teu animal[62] (p. 294).

Em numerosas ocasiões, Jung alude em sua obra teórica à repressão por parte do cristianismo (e do mitraísmo) aos instintos. Assim, em *Símbolos da transformação*, assinala que o cristianismo mostra em certo sentido sua superioridade a

---

[61] *"Justorum propositum in gratia potius Dei, quam in propria patientia pendet. In quo et semper confidunt quidquid arripiunt. Nam homo proponit, sed Deus disponit, nec est in homine via ejus"* [O propósito dos justos depende da graça de Deus mais do que do próprio saber; confie sempre nele ao iniciar qualquer coisa. Porque o homem propõe, porém Deus dispõe; não está na mão do homem seu caminho] (TOMÁS DE KEMPIS. *Imitação de Cristo*, I, 19, 2).

[62] Em *LV*, p. 294, n. 174, lemos: "Em 1939, disse que o 'pecado psicológico' que Cristo cometeu foi de 'não ter vivido o lado animal de si mesmo'" (*Modern Psychology*, 4, p. 230).

respeito do mitraísmo, pois, no primeiro, não só a instintividade animal do homem (simbolizado pela tauroctonia mitraica) deve ser sacrificada, mas o homem natural inteiro[63]. Do mesmo modo, lemos em "Sobre o inconsciente":

> No mistério cristão é o cordeiro sacrificado. Na religião-irmã do cristianismo, o mitraísmo, que também foi sua rival mais bem-sucedida, o principal símbolo de culto não era o cordeiro sacrificado, mas o *touro*. [...] O cristianismo reprimiu esse elemento pagão, mas no momento em que a validade da fé cristã parece abalada, ele torna a manifestar-se em primeiro plano. É o elemento instintivo animal que ameaça irromper, mas a tentativa de libertação lhe quebra a perna, isto é, o instinto se mutila a si mesmo[64].

É significativo que seja um anabatista, denominado Ezequiel, quem repreende o 'eu' por não haver vivido os seus instintos. "Anabatista", que significa "rebatizador", não é um termo que os próprios anabatistas utilizaram, mas alude a que o batismo é um testemunho exterior de uma confissão de fé interior do crente com Deus através de Jesus Cristo. O movimento tem uma origem múltipla, mas seu começo formal teve lugar em Zollikon (perto de Küsnacht, onde Jung viveu), a 21 de janeiro de 1525, quando Conrad Grebel, Felix Mantz, Georg Blaurock e outros se batizaram reciprocamente sob uma confissão de fé, e constituíram assim uma congregação separatista. O anabatista enfatiza a relação imediata com Deus e rechaça as instituições eclesiásticas. Com o tempo, os anabatistas se separaram dos grandes reformadores, Zwinglio e Lutero, se radicalizaram e sofreram violentas repressões que resultaram em milhares de vítimas[65].

De certa maneira, este anabatista parece representar o contrassentido, uma violenta incursão no polo antitético ao cristianismo eclesiástico moderado. É sugestivo que o próprio Jung aluda aos anabatistas em *Psicologia e religião*, quando de uma referência aos escritos da Igreja medieval em que não se nega que os sonhos possam ser, por vezes, veículo de inspiração divina, mas se reserva o direito a decidir em cada caso sobre sua autenticidade. Jung cita passagens dos tratados sobre os sonhos e suas funções de Benedictus Pererius, jesuíta do século XVI, e do humanista Caspar Peucer, também do século XVI, segundo

---

[63] Cf. OC 5, § 673.

[64] "Sobre o inconsciente" [in: OC 10/3], § 31.

[65] Para uma breve introdução e bibliografia, cf. DICK, C.J. "Anabaptism". LINDSAY, J. (org.). In: *Encyclopaedia of Religion*. Vol. 1. Nova York: Macmillan/Thomson Gale, 2005, p. 304-306.

Jung um "criptocalvinista", sem dúvida mais severo do que o católico, tal como se observa nesta passagem:

> O criptocalvinismo de Peucer manifesta-se de modo palpável em suas palavras, sobretudo se as compararmos com a *Theologia naturalis* de seus contemporâneos católicos. É provável que sua alusão a "revelações" se refira a certas inovações heréticas da época. Pelo menos é isto o que ele diz no seguinte parágrafo, onde trata dos *somnia diabolici generis* (sonhos de origem diabólica): "e tudo o mais que o diabo revelou em nossos dias aos anabatistas, aos delirantes e fanáticos de todas as épocas"[66].

É evidente que, deste ponto de vista, o anabatista condensa o instintivo, o irracional e o 'diabólico' e prepara o caminho à sua imersão no 'diabólico', tal como se poderá ver no capítulo seguinte. Mas há mais, pois os anabatistas vão ao Santo Sepulcro e o 'eu' não pode acompanhá-los já que possui corpo. Aqui se percebe que os mortos que vivem em nós seguem buscando o corpo do ressuscitado no Santo Sepulcro. Jung assinalou, em *Símbolos da transformação*, que a adoração do Santo Sepulcro, de certo modo, é um símbolo do ventre materno ao qual se retorna com a intenção de renascer[67].

Quando tudo isso ocorre, reaparecem a cozinheira e o bibliotecário, e alguns policiais o levam ao manicômio. Como o 'eu' leva ainda seu livro, se pergunta o que diria Tomás ante esta situação; assim abre o livro e no capítulo XIII lê:

> Enquanto vivemos neste mundo, não podemos estar sem trabalhos e tentações. Ninguém há tão perfeito e santo que não tenha às vezes tentações, e não podemos ser delas totalmente isentos[68] (p. 294).

No manicômio, é atendido por dois médicos, um dos quais um professor pequeno e obeso que ao ver que ele leva o livro de Tomás de Kempis, não hesita em lhe diagnosticar paranoia religiosa, pois a *Imitação de Cristo* leva hoje em dia ao manicômio.

---

[66] *Psicologia e religião* [OC 11/1], § 32.

[67] OC 5, § 536.

[68] TOMÁS DE KEMPIS. Op. cit., I, 13, 1 e 2. Vejamos o contexto completo: "Enquanto vivemos neste mundo, não podemos estar sem trabalhos e tentações. Por isso está escrito no Livro de Jó: 'É um combate a vida do homem sobre a terra' (Jó 7,1). Cada qual, pois, deve estar acautelado contra as tentações, mediante a vigilância e a oração, para não dar azo às ilusões do demônio, 'que nunca dorme, mas anda por toda parte em busca de quem possa devorar [1Pd 5,8]. Ninguém há tão perfeito e santo que não tenha, às vezes, tentações, e não podemos ser delas totalmente isentos". Continua em seguida destacando os méritos da tentação, já que seria um meio através do qual o homem seria "humilhado, purificado e disciplinado". [Cf. *LV*, p. 294, n. 175 – N.T.].

E quando o 'eu' diz ao professor que as vozes que escuta não o perseguem, mas sim ele é quem as procura de acordo com o 'método intuitivo', parece que tal neologismo só vem a confirmar sua enfermidade. Por outro lado, a insistência do 'eu' a respeito de sua saúde demonstra que seu estado é grave, já que carece de consciência da enfermidade.

Quando o levam à grande enfermaria, percebe que seu vizinho da esquerda está deitado imóvel e seu rosto parece petrificado, enquanto o da direita parece ter um cérebro que perde peso e volume. O vizinho da direita simboliza seu pensar, e o da esquerda, o seu sentir, e devido ao fato de o 'eu' ser sobretudo pensador, seu sentir é mais baixo. Mas, do mesmo modo, seu pensar está agora desamparado, pois o 'eu' deu espaço ao inusitado, ao inconsciente, por meio deste caminho que da devoção moderada passou ao surto anabatista.

A *Imitação de Cristo*, o ter-se deixado levar por seu método intuitivo, o fez romper com o cotidiano:

> Se quebrares o mais cotidiano de todos os anteparos, jorra para dentro em torrente incontrolável o caos (p. 295-296).

Mas o caos não é informe, mas sim se refere aos mortos, ou seja, às massas de mortos que vivem em nós, massas de mortos da história humana, cortejos de espíritos não redimidos. Eles nos assediam com seus desejos não satisfeitos e, embora não o notemos, influem em nossas vidas, em nossas decisões e ainda em nossas intenções. Por certo, dentre todos eles, se destacam os cristãos, de natureza pouco comum e nobre, mas que esqueceram de viver segundo seus instintos animais. É necessário incorporar o animal, caso contrário se vive unilateralmente e trata seu próximo como um animal.

Em seus seminários *Visões*, Jung destacou:

> Nós temos preconceitos em relação ao animal. As pessoas não entendem quando digo que elas se devem familiarizar com seus animais ou assemelhar-se a eles. Elas pensam que o animal está sempre pulando sobre paredes e fazendo barulheira infernal em toda a cidade. Mas, por natureza, o animal é um cidadão bem comportado. Ele é leal, segue o caminho com grande regularidade, nada faz de extravagante. Somente o ser humano é extravagante. Se você assimilar o caráter do animal, você se tornará um cidadão respeitador da lei e da ordem, você irá com muita cautela e se tornará muito sensato em seus caminhos, na medida em que conseguir assimilá-los[69].

---

[69] *Visions* I, p. 168. [OC B, Seminários, *Visiones*].

Mas abrir as portas aos mortos é um labor solitário que se realiza à noite e em segredo, enquanto se mantém a relação com a vida durante o dia.

Para poder dar um passo para além do cristianismo, é mister dar primeiro um passo para trás e ir à parte animal. Só assim é possível aspirar a não ser cristão, mas ser capaz de 'ser Cristo', entendido como aquele que integrou os opostos. Mas a redenção do cristão em nós é inseparável dos cristãos mortos não redimidos, pois eles nos habitam. Por certo, isto antecipa o ensinamento que será ministrado aos mortos nos *Aprofundamentos*, pois ali se realizará o que aqui só é sugerido.

A esta altura, o *Liber Novus* consigna uma imagem (imagem 65 de *LV*) que Jung reproduz anonimamente em 1929, em seu "Comentário a 'O segredo da flor de ouro'". Sem dúvida, trata-se de um mandala que tenta conter os opostos que se encontram em tensão, como o leitor pode verificar em nossa descrição consignada na introdução desta segunda parte.

Os mortos padecem de sua imperfeição, pois não puderam encontrar a tranquilidade em Cristo; carregam o peso da culpa, pois não puderam se salvar com a lei do amor. E nós somos cegos e vivemos na superfície, enquanto não nos encarregarmos dos mortos. Não importa que não se creia na imortalidade da alma, o fato é que, de certo modo, os mortos vivem em nós e clamam por sua redenção. E enquanto não o façamos, prevalecerá tudo o que se opõe à lei do amor. Pois é mister abraçar o contrassentido para alcançar uma verdadeira redenção.

O caminho é avançar pelo caminho indefinido, sem procurar proteção:

> Eu aceitei o caos, e na noite seguinte minha alma veio a mim (p. 298).

Capítulo XVI – *Nox tertia*

18 de janeiro de 1914

PERSONAGENS: 'Eu' – professor-psiquiatra – louco.
SÍNTESE: O 'eu' afunda no caos da loucura dialogando com um personagem singular que encarna o sem-sentido. O desafio é unir o que está separado, suportando-se na dúvida só seguir a si mesmo. Uma imagem da árvore ao final resume o capítulo.

A alma lhe pede que faça silêncio para poder escutar e lhe murmura palavras inquietantes acerca da aceitação de sua loucura, uma loucura que ele reconheceu, mas que deve ser vivida para que se transforme em luz.

E embora o 'eu' manifeste seu desacordo com relação à necessidade de aceitar a loucura, percebe que se encontra num manicômio e que é vítima do caos que surge quando todos os diques se rompem.

Um 'louco' se apresenta como um Nietzsche-Cristo predestinado para redimir o mundo e lhe narra seu delírio. O diretor do manicômio é o diabo que tem em seu poder a Mãe de Deus – com o qual ele mesmo [o louco] deveria ter se casado – e a cada entardecer engendra com ela um filho que depois os demônios assassinam cruelmente ao amanhecer. Por certo, o 'eu' considera isto pura mitologia, mas não há dúvida de que é a expressão do marulhar da loucura que se assume. E não deixa de ser significativo que o 'louco' se considere Nietzsche-Cristo, isto é, a união caótica do profeta cristão e do profeta dessa época. Ou seja, no sem-sentido da loucura tenta-se unir aquilo que na superfície está separado. Por certo, a verdadeira união exige um movimento mais profundo, mas não se pode evitar a assunção da loucura como tal. Em todo caso, não há caminhos preestabelecidos, e o caminho se faz ao andar*. Pois bem, assim como o Cristo supôs ser Ele o caminho, a verdade e a vida, o 'eu' sabe agora que o caos é o caminho que deve advir aos homens. E por isso, Deus, o Deus vindouro, não se encarna, não é Espírito que se faz carne, mas sim o Espírito que nasce no seio do homem[70]. Mas agora é o espírito que deve submeter-se à santificação, e não a carne.

> Assim como Cristo subjugou a carne através do sofrimento da santificação, também o Deus dessa época martirizará o espírito através da carne (p. 300).

Para chegar a isto deve-se ter em conta que o ínfimo é a fonte da graça. Nada do obscuro deve ser escamoteado, e o espírito sofrerá tormentos sem que ninguém o alivie nem o ajude. E isso Cristo quis dizer de si mesmo quando anunciou que não trazia a paz, mas a espada (Mt 10,34).

O ínfimo sempre aparece junto do mais Alto, como os ladrões de cada lado da cruz de Cristo. Mas um deles subiu ao céu e o outro desceu ao inferno, e ainda não sabemos o alcance de um e outro destino. Em *Resposta a Jó*, Jung assinalou com relação a Cristo na cruz:

---

* Um comentário que não deixa de remeter aos célebres versos de Antonio Machado (1875-1939): "Caminhante, não há caminho, o caminho se faz ao andar" [N.T.].

[70] Já ressaltamos que Jung desenvolve esse tema posteriormente, em *Resposta a Jó* (1952) [OC 11/4], em 1958, Jung escreveu em uma carta a Morton Kesley: "A verdadeira história do mundo aparece como a encarnação progressiva da divindade" ([OC D, Epistolário, Cartas II], p. 178).

Este quadro é completado pela presença de dois malfeitores, um dos quais desce ao inferno e o outro sobe ao paraíso. Não se poderia representar melhor a antinomia do símbolo central do cristianismo[71].

A imagem 113 que aqui se consigna, realizada em abril de 1919, é a do filho divino, Fanes, e significa a perfeição de um longo caminho. De certo modo, antecipa a realização do que aqui se gesta; assim, pode-se observar a Árvore da Vida com raízes no inferno e a copa no céu. Já não há diferenças, a árvore cresce de baixo para cima e de cima para baixo, e conhece o caminho rumo à redenção. Por isso o louco lhe diz que deve voltar a reunir o bom e o mau, porque o havia separado para aspirar apenas ao bom; e o rechaçado, o negado, o deixou sem o alimento da profundeza. Diziam os antigos que depois do pecado de Adão a árvore do paraíso secou.

Para salvaguardar a vida, é mister não separar taxativamente o bom do mau. Assim como se pode ver na árvore, no crescimento ambos estão unidos, e para que isso seja possível, é mister manter-se calmo na grande dúvida:

> O forte tem a dúvida, mas a dúvida tem o fraco (*LV*, p. 301).

Capítulo XVII – Nox Quarta

19 de janeiro de 1914

PERSONAGENS: 'Eu' – cozinheira – bibliotecário – Amfortas – Kundry – Klingsor – Parsifal.

SÍNTESE: O 'eu' desperta de seu sonho de incubação na cozinha. Ao sair depara com uma cena paródica: a cozinheira (Kundry), o bibliotecário (Amfortas) e o próprio 'eu' representam a história tradicional, mas banalizada.

Ao terminar a noite, sua alma lhe diz com voz nítida que se há de construir vias fáceis para conduzir de um polo a outro; a tarefa é conseguir uma mediação entre os opostos.

Abre os olhos, e a cozinheira – ali presente – lhe diz que dormiu mais de uma hora. O 'eu' se pergunta se a cozinha não é o 'reino das Mães'[72], ou seja, aquele

---

[71] *Resposta a Jó* [OC 11/4], § 659.

[72] No primeiro ato do *Fausto* II, para que possa ter acesso a Helena, Mefistófeles lhe dá uma chave para descer ao Reino das mães. Nos versos 6.287s., Mefistófeles as define: "As mães, umas sentadas e outras em pé, indo e vindo. Formação, transformação, eterno jogo de pensamento" (cf. tb. *Um mito moderno sobre coisas vistas no céu* [OC 10/4], § 714).

lugar primordial onde se gestam todas as coisas. Jung assinalou que o 'reino das Mães' simboliza o aspecto criativo do inconsciente[73].

Assim, abre o livro e lê o capítulo XXI da *Imitação de Cristo*:

> Ó minha alma, em tudo e acima de tudo descansa sempre no Senhor, porque Ele é o eterno repouso dos santos[74] (p. 302)

A imagem 115 do *Liber Novus* representa um homem com cabeça de animal e chapéu. E a epígrafe diz: "Isto é o ouro material no qual mora a sombra de Deus".

A cozinheira lhe informa que trabalha para o bibliotecário, um homem de paladar muito requintado. Finalmente, quando ele devolve o livro ao bibliotecário, lhe pergunta se alguma vez este teve um sonho de incubação em sua cozinha. Por certo, o bibliotecário se surpreende, pois nunca teve uma ideia tão singular.

Esta passagem merece uma reflexão. O bibliotecário se mostrou até agora como o representante de um ceticismo contemporâneo, um cientificismo incapaz de abrir-se ao mistério. Só pode responder a partir da razão, mas ignora que existem processos psíquicos pelos quais é possível se dar conta de uma realidade mais plena. Por isso, nem sequer é capaz de saber que em sua cozinha é possível incubar, concentrar a energia psíquica e assim alcançar uma transformação. Mais ainda, tampouco compreende que por não admitir este processo, por não cultivar esta possibilidade, está inconscientemente enfeitiçado por sua cozinheira.

Isso parece explicar que ao sair da biblioteca, de certo modo estes aspectos apareçam sob a forma de uma paródia.

Quando sai da biblioteca, desemboca numa representação teatral paródica. No jardim encantado de Klingsor se encontram Amfortas e Kundry, estranhamente o bibliotecário e a cozinheira, embora à luz de nossa proposta possamos compreender que este bibliotecário (Amfortas) está ferido pelo feitiço de sua cozinheira (Kundry). O feitiço se mostra em termos paródicos, pois ele sofre de indigestão e ela está zangada e decepcionada. Na verdade, o feitiço da cozinheira é o feitiço da banalidade, 'da boa mesa'. O bibliotecário (o racionalismo, a ciência) e a cozinheira (a devoção ingênua) são dois polos sem mediação consciente, a não ser pela cozinha.

À esquerda aparece Klingsor, com quem o 'eu' parece identificar-se, e que segura a caneta do bibliotecário. Quando aparece Parsifal – que curiosamente também é igual ao 'eu' – Klingsor lhe atira a caneta e Parsifal a pega calmamente. Obviamente se trata de um simulacro da lança que na história tradicional Klingsor atira em

---

[73] OC 5, § 182.

[74] TOMÁS DE KEMPIS. Op. cit., III, 21, 1.

Parsifal e este a toma. Depois a cena se transforma e o público, nesse caso novamente o próprio 'eu', participa do último ato; trata-se do suplício da Sexta-feira Santa. Parsifal aparece e depõe suas armas, mas ali não está Gurnemanz para o purificar e consagrar. Kundry está distante, cobre sua cabeça e ri. O público – que definitivamente é o 'eu' – está absorto e se reconhece a si mesmo em Parsifal. Assim, Klingsor primeiro, e depois 'Parsifal-público', são o próprio 'eu'. Este 'eu' vai com sua camisola de penitência até seus banhos lustrais, veste trajes civis, sai de cena, se aproxima de si mesmo que como público continua ajoelhado devotamente:

> Levantei a mim mesmo do chão e tornei-me uno comigo mesmo (p. 303).

É evidente que esta representação teatral é, em princípio e segundo o ponto de vista psicológico, uma tentativa de integração da psique, embora seu tom paródico sugira que o processo é superficial. Aquilo que ocorreu nas profundezas da psique, representado pelo caos psíquico e pela internação psiquiátrica, aparece como não assumido no plano da psique consciente. Em outras palavras, o bibliotecário-cozinheira representam – para nos limitarmos a um aspecto – a tensão superficial entre a ciência (bibliotecário) e a religião devocional (cozinheira) e, ao mesmo tempo, entre o poder e a ordem masculinas (Amfortas) e a força vital instintiva (Kundry), que não dão conta do fundo obscuro do inconsciente que irrompe como loucura tentando compensar, para poder articular estes polos aparentemente irreconciliáveis.

Pode iluminar a questão a referência que o próprio Jung faz ao Parsifal de Wagner em *Tipos psicológicos*, onde o apresenta como uma tentativa de solução de integração de opostos – representados pelo Graal e pelo poder de Klingsor – baseado na posse da lança sagrada.

Reproduzimos parcialmente a interpretação de Jung:

> O sofrimento está na tensão dos opostos entre o Graal e o poder de Klingsor que reside na posse da lança sagrada. Sob o feitiço de Klingsor está Kundry, a força vital instintiva, ainda natural, que falta a Amfortas. Parsifal liberta a libido da condição de permanente instintividade, de um lado, porque não sucumbe ao seu poder e, de outro, porque também está separado do Graal. Amfortas está junto ao Graal e sofre por isso, isto é, porque não tem a outra parte. Parsifal não tem nenhum dos dois, ele é *nirdvandva*, livre dos opostos e, por isso, é também o salvador, o dispensador da cura e da renovada energia vital, o unificador dos opostos, nomeadamente o claro, o celeste, o feminino do Graal e o escuro, o terreno, o masculino da lança[75].

---

[75] *Tipos psicológicos* [OC 6], § 421.

Esta breve passagem basta para compreender alguns dos aspectos da paródia e de nossa incipiente interpretação. Primeiramente, o bibliotecário (Amfortas) está enfeitiçado pela força instintiva representada pela cozinheira, a qual atribui apenas um valor externo, isto é, dotes culinários. Mas na realidade, por estar privado da força instintiva, sofre e está desvitalizado. Mas o verdadeiro sofrimento, a verdadeira ferida, consiste em estar perto da verdade (ciência), mas distante de uma verdade que se possa viver (religião). Na cozinha da biblioteca, no lugar mais 'banal', está a possibilidade de incubar, abrindo-se ao contrassentido, ao caos, ainda que mantendo um ponto de referência. Parece compreender-se, então, que o 'eu' se comporte como um Klingsor-Parsifal, embora ainda se trate de um processo majoritariamente inconsciente, pouco integrado, pois bibliotecário e cozinheira são conteúdos da personalidade total. Mas há mais: a cena termina com a Sexta-feira Santa que, neste caso, não implica a descida de Cristo aos infernos, mas nossa própria descida, tendo consumado a Cristo em nós. Por último, a presença do público, identificado com o 'eu', parece indicar que o desafio posterior consiste em levar tudo isso à vida cotidiana, ao homem comum, ao 'eu'.

Tudo isso se apresenta em tom de zombaria, talvez porque para assumir o contrassentido é preciso zombar de si mesmo e aceitar a dúvida e a oposição. No fim das contas, o um nunca pode nos bastar, pois o outro sempre está em nós. O verdadeiro crescimento implica que o espírito, mediante um grande sofrimento, conquiste essa liberdade que lhe permite aceitar o outro apesar de crer no um.

Sinal disso é a capacidade de zombar de si mesmo, que faz com que caia a divindade e a heroicidade de si e se possa ser completamente humano. Os dons tampouco são nossos, mas sim algo externo, pois a essência do homem nada tem a ver com o dom.

Ainda pesa a noite que está cheia de estranhezas [imagem 117][76]. Há um fogo não extinto, brasas incandescentes e a aceitação desse magma é a aceitação da vida indivisa. O desafio é dar voz e vida àquilo que parece morto e lhe falta o calor

---

[76] Já nos referimos a esta imagem, Atmavictu, o personagem central, que aparece pela primeira vez em 1917 no *Livro Negro* 6. A serpente diz que Atmavictu era há milhares de anos seu companheiro e que primeiro foi um homem velho, depois um urso, uma lontra, uma salamandra e a serpente. A serpente é Atmavictu, mas cometeu um erro, quando ainda era uma serpente terrestre. A partir da serpente, Atmavictu se transformou em Filêmon. Por certo, apesar destas referências e das de *Memórias*, seria preciso um acesso completo a todos os documentos para compreender mais claramente o significado de Atmavictu. Não obstante, parece tratar-se do poder serpentino em si, equivalente à *serpens mercurialis* que a tudo penetra e transforma. Cf. *LV*, p. 303, n. 222 e *Memórias*, p. 231.

necessário para que se expresse. Os antigos sabiam que era mister entregar o calor e o coração aos mortos e ao oculto para que essas coisas acontecessem[77].

Assim, em nossos tempos, a Sexta-feira Santa – como dissemos – exige que consumemos a Cristo e desçamos ao inferno, mas desta vez para unir o separado. O 'eu' reconhece que sua identidade é onde não é, por isso assume as identidades que se dão na profundeza da psique, mas não as toma como próprias, mas se mantém pequeno e espectador. Esse é o significado do final da paródia, quando depois de 'ser' Parsifal se purifica, muda de roupa e se une com o 'eu' que está orando e observando o espetáculo. Por isso o 'eu' já sabe que sua verdade não é ele mesmo, quer dizer, o 'eu', mas a identidade que se manifesta em múltiplos nomes; embora para dar conta disso não deve identificar-se com nenhum.

Na imagem 119 de *O Livro Vermelho*, pode-se ver que um homem (aparentemente o mesmo que lhe ajudou a matar Siegfried) crava uma espada no monstro que comeu o Sol, Atmavictu, o de múltiplas identidades[78].

Assumida, em boa medida, a sombra, se abrem os caminhos do primordial e no primordial se abre o futuro. A terra entrega novamente seus frutos ocultos, e tudo está previsto para receber as profecias[79].

Nono momento: Da magia ao sacrifício (caps. XVIII-XX)

Desvelam-se as três profecias: a calamidade da guerra, as trevas da magia e a dádiva da religião (cap. XVIII). O 'eu' se torna consciente de sua limitação e debilidade, e assim recebe de sua alma 'o dom da magia' (cap. XIX), que

---

[77] Na Antiguidade há numerosos exemplos de invocações aos mortos com efusão de sangue. No canto 11 da *Odisseia*, Ulisses oferece um sacrifício sangrento aos mortos para que possam falar-lhe. Sabe-se que Jung assinalou que seu destino, como o de Ulisses, esteve marcado pela *nekya*, a descida tenebrosa ao Hades (*Memórias*, p. 104).

[78] A imagem traz a seguinte legenda: "O maldito dragão devorou o Sol, abriram-lhe a barriga com uma faca e agora precisa entregar o ouro do Sol, juntamente com seu sangue. Esta é a volta de Atmavictu, o velho. O senhor que destruía as colinas verdes e vicejantes é o jovem que me ajudou a matar Siegfried (refere-se ao cap. VII do *Liber Primus*, "Assassinato do herói").

[79] Não podemos nos deter no estudo minucioso das imagens. Basta assinalar que a imagem 121, realizada em novembro de 1919, representa o *Lapis philosophorum*. De certa maneira, simboliza a mônada que compensa o Pleroma, isto é, o germe do homem realizado. A imagem 122 mostra Atmavictu, o ancião, depois que se retirou da criação. Jung assinala que Atmavictu voltou à história sem fim, de onde tirou seu começo. Já na imagem 123, realizada em 4 de janeiro de 1920, se vê o sagrado regador de água. Do corpo do dragão brotam flores e delas crescem os Cabiros a que nos referimos no capítulo XXI.

exige o sacrifício do consolo, quer dizer, o labor destemido, desagradável e solitário consigo próprio. O passo da magia negra à branca está vinculado ao sacrifício da cruz (cap. XX), em suma, ao caminho que exige o autossacrifício que leva a parir o antigo que volta renovado.

Para poder criar e encontrar o caminho que o liberte da pressão do destino, e que lhe revele o que não se pode imaginar, vai à casa de um grande mago.

Capítulo XVIII – As três profecias

22 de janeiro de 1914

PERSONAGENS: 'Eu' – alma.
SÍNTESE: A alma oferece ao 'eu' os mais variados 'bens'. Como não pode receber tal quantidade de coisas, ela lhe oferece três profecias: guerra, magia, religião. Mas compreender isto requer conhecer-se e despojar-se.

A partir dessa escuridão surge a alma, perguntando-lhe se quer aceitar os bens que lhe traz:

> Eu: Aceitarei o que quiseres. Não cabe a mim o direito de julgar e recusar (p. 305).

E a alma encontra os mais variados bens da cultura em sua etapa mais arcaica e os feitos mais potentes do passado. Bens e feitos que, em realidade, foram também portadores de muitos males; por exemplo, armas ou tudo o que fica no campo de batalha, a superstição tramada pela Antiguidade, a traição, a guerra, epidemias, catástrofes, tesouros, livros de sabedoria, cantos, as histórias contadas ao longo de milhares de anos...

Assim, o 'eu' reconhece que essa enorme massa de 'bens' é, por si só, um mundo; por consequência, não está capacitado a abarcar tal extensão e deve restringir-se.

Não obstante compreende que isso lhe propiciou três coisas:

> [...] a calamidade da guerra, as trevas da magia e a dádiva da religião (p. 306).

E a alma lhe diz que ele deve compreender que essas coisas têm relação entre si, pois elas são o que desencadeia o caos, mas também o que lhe dá sentido.

Por certo se pode compreender como estas três profecias se conectam, segundo já assinalamos na primeira parte; a guerra é a sombra que deve ser assumida, a magia é a compreensão do incompreensível, dessa não dualidade que opera em nosso interior e que permite abraçar a realidade, e a religião surge do sacrifício que descobre a imagem de Deus no suprassentido. Por outro lado, estas afirmações são meras aproximações, clarões de um caminho que se começa a trilhar.

Por isso, o texto adverte que o pensamento não consegue compreender o alcance destas profecias, não pode abarcar o monstruoso nem conceber a extensão do vindouro. A chave está em voltar ao pequeno, a minha pequena realidade.

É desmedido querer dominar tudo, querer dar significações e interpretações. A tarefa é conhecer-se; o limite de um conhecedor é conhecer-se a si mesmo. É mister despojar-se, desnudar-se; essa é a pobreza de espírito que se deve cultivar. E isso implica aceitar deuses e demônios tais como se dão, sem restringir-se ou sem sustentar sua realidade.

Na imagem 125, pode-se observar um homem segurando um cântaro sobre a cabeça. Por cima há um círculo como uma cruz no interior e rodeado de um grande fulgor. Debaixo há uma cidade portuária. Segundo Shamdasani, a cena da paisagem se inspira naquela que Jung imaginou quando pequeno. A Alsácia é submersa na água, a Basileia era uma cidade com navios, uma torre medieval e um castelo com canhões e soldados[80]. Pois bem, a imagem parece referir-se ao anúncio das três profecias: a guerra e a *complexio oppositorum* 'cósmica' representada por esse mandala e aquela à qual o espírito da profundeza convida. O personagem parece ser o mesmo da imagem 123, ou seja, o regador da água, só que aqui está recolhendo do Alto.

Capítulo XIX – O dom da magia

23 de janeiro de 1914

PERSONAGENS: 'Eu'– alma.
SÍNTESE: A alma lhe entrega a vara-serpente mágica e lhe ensina que a magia exige o sacrifício do consolo, do consolo que se dá e do que se recebe.

A alma lhe anuncia que o tilintar que ouve no ouvido esquerdo é a desgraça e lhe ordena que estenda as mãos e receba o que lhe chega. O 'eu' obedece e trata de entender se o que lhe é entregue é uma vara ou uma serpente, ou talvez, uma vara negra com formato de serpente, e pergunta se por acaso não é como uma vara mágica, o que é confirmado pela alma.

E esta lhe ensina que a magia, contra o que o 'eu' crê, exige um sacrifício, o sacrifício do consolo, tanto do consolo que se dá como do que se recebe.

---
[80] Cf. *LV*, p. 306, n. 237 e *Memórias*, p. 86s.

A imagem 127, que Jung terminou em 9 de fevereiro de 1921 – que consiste num círculo dividido por uma cruz em quatro partes, preenchidas, respectivamente, por um faquir, um homem sacrificado, uma árvore cortada e um touro sacrificado – é a roda das funções e representa o sacrifício que exige a integração. A relação amorosa é a que melhor expressa esse sacrifício exigido, daí a inscrição "*Amor triumphat*"[81].

Ao 'eu' custa crer que valha a pena perder essa parte de humanidade que se reflete no conselho, em troca da magia. É também consumido por preconceitos racionalistas, mas a alma lhe insinua que, no fundo, ele crê na magia. Contudo, para fazê-lo ele deve superar a ciência em prol da magia, o que lhe soa como sinistro e ameaçador. O 'eu' aceita a vara negra, porque é a primeira coisa que a escuridão lhe deu. Por isso, diz que quer recebê-la de joelhos, embora sinta o frio e o peso que sua forma simboliza, e toda e escuridão que contém, que é a de mundos anteriores e futuros, mas também é a totalidade da "força misteriosa da criação" (p. 308).

Finalmente, o 'eu' abriga a vara negra em seu coração; ali se instala sua tensão resistente como o aço e fria como a morte. Mas a alma lhe adverte que não se impaciente, pois o 'eu' sente que algo deve quebrantar essa tensão insuportável que a vara lhe trouxe, que deve inclinar-se ante poderes desconhecidos e assim consagrar um altar a todo Deus desconhecido. A vara, seu aço negro, lhe dá uma força misteriosa, talvez inumana.

Trata-se de suportar os enigmas e a escuridão dos abismos sobre os quais há pontes. Mas a missão é proteger os enigmas, se engravidar deles, e assim se carrega o futuro. Parece que assim o futuro se faz presente, como uma tensão insuportável, pois algo muito grande deve irromper em algo muito pequeno.

E não é possível buscar ajuda, nem consolo. Pois esse caminho é próprio e ninguém virá em socorro.

O poder do caminho é grande, e talvez seja essa sua natureza mágica, pois no caminho se unem as forças do Baixo e do Alto. A magia primeiramente opera em si mesma, mas só se transfere aos outros quando o 'eu' não resiste a ela. Cabe perguntar-se, qual é a matéria que se trabalha na magia? Mais adiante o texto esclarece que foi preciso desenterrar as velhas runas, pois as palavras se tornaram sombras. A matéria parece ser a raiz de todos os pensamentos e dos atos humanos, em suma, da psique.

E assim, recitam-se no texto dois grupos de encantações: o primeiro une, enlaça, cura; o segundo separa, desata, não cura. Utiliza-se aqui o tradicional método de ligar e desligar, próprio da magia tradicional.

---

[81] Cf. *LV*, p. 307, n. 240.

Comparemos algumas passagens desses grupos de encantações:

No primeiro lemos:

> O superior é poderoso.
> O inferior é poderoso.
> Poder duplo existe em um [...] (p. 309).

No segundo:

> Que sabor doce,
> Que sabor amargo Ele tem!
> O inferior é fraco.
> O superior é fraco.
> Dupla tornou-se
> a forma do um [...] (p. 309).

No primeiro grupo lemos:

> Os ventos intermédios prendem o barlavento.
> Os polos se unem através dos polos intermédios [...] (p. 309).

No segundo grupo lemos:

> Os polos distantes estão separados pelos polos intermédios [...] (p. 309).

Que significam? O primeiro grupo de encantações começa ligando, unindo as forças poderosas, enquanto o segundo separa. No primeiro há poder, união e mediação entre os polos. No segundo há debilidade, dualidade, separação de polos.

A que isto se deve? Parece que a chave está no fato de que as encantações do primeiro conjunto concentram o poder, a força, pois unem os opostos, mas para que isso não seja possuído pelo 'eu'; em suma, para evitar o que psicologicamente se poderia chamar de 'inflação', é mister que o 'eu' desligue, se liberte, zombe de si mesmo.

Assim, antes do segundo grupo de encantações, lemos:

> Mas por amor ao ser humano renunciei a ser um salvador. Agora minha poção completou sua efervescência. Eu não misturei a mim mesmo à poção, mas cortei um pedaço de humanidade, e vede, ele clareou a poção de espuma turva (p. 309).

Essa afirmação permite compreender a última encantação de cada grupo.

No primeiro lemos:

> Um solitário cozinha poções terapêuticas,
> ele asperge aos quatro ventos.
> Ele saúda as estrelas e toca a terra.
> Ele tem algo brilhante em suas mãos (p. 309).

No segundo:

> O dia vem surgindo e o Sol distante sobre as nuvens.
> Nenhum solitário cozinha poções terapêuticas.
> Os quatro ventos sopram e riem de sua dádiva.
> E ele caçoa dos quatro ventos.
> Ele viu as estrelas e tocou a terra.
> Por isso sua mão segura uma coisa luminosa
> e sua sombra cresceu até o céu (p. 309).

Capítulo XX – O caminho da cruz

27 de janeiro de 1914

PERSONAGENS: 'Eu'– serpente – pássaro.
SÍNTESE: A serpente negra entra no corpo do crucificado e sai branca. Necessidade de abrir-se ao símbolo e à totalidade da vida.

De certa maneira, o caminho da cruz sugere o passo da magia à religião ou seu passo prévio, o da magia negra à magia branca, pois a magia ainda deve ser aprofundada ou assumida em plenitude. Para isso, é mister transformar a magia negra em magia branca, como de fato se pode ler na nota à margem que o próprio Jung escreveu em 25 de fevereiro de 1923: "A transformação da magia negra em magia branca". Por certo, esse passo requer o sacrifício, a entrega, que se reflete no caminho da cruz. Este capítulo começa com uma estranha visão da serpente negra enroscando-se na cruz, rastejando para dentro do corpo crucificado e aparecendo, branca, por sua boca. Depois prossegue formando uma espécie de diadema de luz sobre sua cabeça, ao mesmo tempo em que o esplendoroso Sol surge no Oriente, e enquanto ele o fita, confuso, um pássaro branco pousa em seu ombro, dizendo-lhe que ele deve permitir a cada coisa o tempo para crescer e vir a ser.

Se o caminho conduz através do crucificado, cabe perguntar de que se trata. Alguns pontos o resumem.

Em primeiro lugar, o crucificado é aquele que decide viver, assumir sua própria vida, isto é, a totalidade de sua vida, incluída sua mais terrível e repugnante escuridão.

Em segundo lugar, quem vai rumo a si mesmo desce. É mister reconhecer o ínfimo em nós, pois se se proclama em voz alta o poder e a grandeza, é porque o chão estava fugindo debaixo de seus pés.

Em terceiro lugar, para subir por sobre si mesmo, é mister empregar as armas mais perigosas contra si. É mister decidir-se sem delongas a fazer o sacrifício.

Em quarto lugar, o sacrifício é a própria pessoa, essa é a comida sacrificial mais preciosa que se pode oferecer.

Em quinto lugar, se a voracidade devora é porque nada havia para subsistir.

Em sexto lugar, é preciso que da boca saia o símbolo e não o signo, porque o signo não significa nada e o símbolo significa tudo. A liberdade externa pode ser obtida através de uma ação vigorosa, mas a liberdade interior só se cria mediante o símbolo. Aceitar o símbolo é abrir-se ao que até então não se sabia; é como se se abrisse uma porta que conduz a um novo quarto de cuja existência não se sabia.

Em sétimo lugar, o símbolo não é a palavra que falamos, mas a que sobe desde a profundeza do si-mesmo e se põe sobre a língua.

Pela manhã, isto é, com a consciência atenta ao despontar de si mesma, sai o Sol, a palavra simbólica, que porém é assassinada impiedosamente, pois [Jung] não suspeitava que ela era o salvador.

Para começar, é indispensável um estado de quietude do entendimento e da vontade; um estado de quietude que exige uma espera cega e um tatear desconfiado.

A resposta será sempre algo antiquíssimo que se recria; trata-se de dar à luz o velho em uma época nova; essa é a boa-nova, a profecia, pois o velho requer uma renovação.

Até aqui se podem entrever os princípios que regem uma renovação, ou seja, o Deus do vindouro. Cabe perguntar como se pode realizar isto, como se pode criar o futuro sem que seja algo predeterminado, fossilizado, sem que seja uma repetição. Se se força o futuro, não se trata de verdadeira criação, e se não se participa na criação, se é vítima de leis das quais me faço vítima. Como se cria o futuro?

Pois a resposta está na magia. Por isso o 'eu' se dirige a terras distantes onde habita um grande mago de cuja reputação ele já ouvira dizer.

Ich gehe meine Straße weiter. ein feingeschliffen/in zehn feuern gehärteter stahl/im gewande geboren/ist mein begleiter. ein panzerhemd liegt mir um die brust/heimlich unt d- mantel getrag- üb- nacht gewann i- die schlange lieb/i- habe ihr räthsel errath-. i- setze mich z- ihn- auf die heiß- steine am wege. i- weiß sie listig u- grausam z- fang-/jene kalt- teufel/die d- ahnungslos- in die ferse stech-. i- bin ihr freund geword- u- blase ihn- eine mildtönende flöte. meine höhle ab- schmücke i- mit ihr- schillernd- häut-. wie i- so meins wegs dahinschritt/da kam i- z- ein- röthlich- fels/darauf lag eine große buntschillernde schlange. da i- nun beim groß- ΦΙΛΗΜΩΝ die magie gelernt hatte/so holte i- meine flöte hervor u- blies ihr ein süß- zauberlied vor/ daß sie glaub- machte/sie sei meine seele. als sie genügend bezaubert war/

Décimo momento: O mago (cap. XXI)

Neste extenso capítulo, que se dividiu em oito seções, o 'eu' de Jung não só aprende aquilo que não pode ser aprendido e compreende o incompreensível, ou seja, a magia, mas também a exerce e assim consegue unir poderes contrapostos de sua alma. Por certo, o processo descrito é de circum-ambulação e necessariamente inacabado. A conciliação dos opostos é um processo tão vital quanto interminável e sua manifestação mais terrível é a do bem e do mal. Descrevemos aqui os principais aspectos desta singular trajetória simbólica, a partir do ponto de vista temático e dramático, omitindo um sem-número de nuanças.

O 'eu' se encontra aqui com o mago, que o fará ingressar no mundo da magia. Do ponto de vista da história espiritual do Ocidente, a magia, para além de suas deformações, recolhe boa parte desse paganismo não assumido no Ocidente. Assim o entendia Jung em *Tipos psicológicos*:

> O mago preservou um pedaço do paganismo antigo; ele mesmo possui em si uma natureza que não foi atingida pela dilaceração cristã; isto é, tem acesso ao inconsciente que ainda é pagão e onde os opostos ainda estão lado a lado em ingenuidade original, e que está além de toda pecaminosidade; mas, quando assumido na vida consciente, está apto a produzir, com a mesma força original e, portanto, demoníaca, tanto o mal quanto o bem. [...] Por isso, é um destruidor e também um salvador [...]. Esta figura é, portanto, a mais indicada para se tornar a imagem simbólica de uma tentativa de união[82].

Para facilitar a identificação dos temas, atribuímos títulos que não figuram no *Liber Novus* às respectivas seções.

{1} Filêmon e o ingresso na magia

27 de janeiro de 1914

PERSONAGENS: 'Eu' – Filêmon – Baucis – grupo de gente.
SÍNTESE: O 'eu' se encontra com Filêmon, que a princípio parece um simples ancião já débil. Após insistir, Filêmon consente em lhe falar sobre a magia. O 'eu' se retira com certo desconcerto.

O 'eu' se encontra com Filêmon, um mago que vive num aprazível retiro junto com sua esposa Baucis. É evidente, como já dissemos, que não se trata de

---
[82] OC 6, § 314.

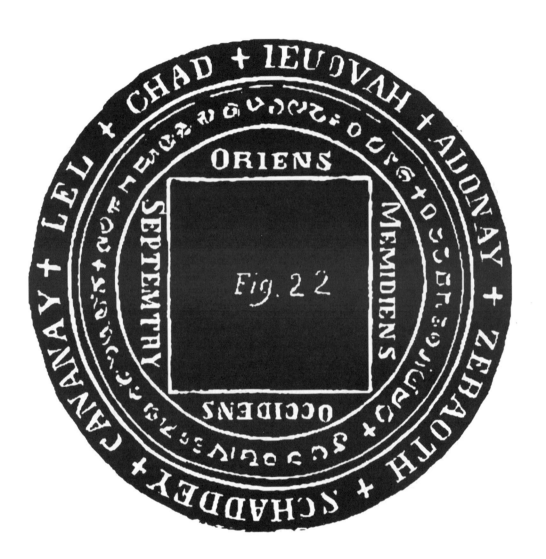

Selos do *Sexto e Sétimo Livros de Moisés*.

um mago comum; isso é confirmado pela vara mágica e pelos livros herméticos e cabalísticos que estão guardados, aparentemente esquecidos, mas à primeira vista parece que este ancião já perdeu sua conexão com o 'numinoso'; ou seja, que já não manifesta essa potência de outrora. Contudo, pouco a pouco, a potência de sua mensagem se irá desvelando ao eu, primeiramente neste capítulo, e depois nos *Aprofundamentos*.

A vara mágica está num armário junto com o *Sexto e Sétimo Livros de Moisés* e a 'sabedoria' de Hermes Trismegisto, isto é, sua obra compreendida em suas fontes, tal como sugerido pelo fato de que seu nome apareça escrito em grego. A referência aos livros de Hermes Trismegisto, o Hermes greco-egípcio sob cujo patrocínio se desenvolveram as ciências ocultas, indica claramente que se trata de quem se remete ou foi remetido às fontes mais elevadas de um saber já esquecido ou preterido. Por outro lado, a menção desse outro livro, *Sexto e Sétimo Livros de Moisés*, um texto pseudocabalístico tardio e espúrio, remete a uma 'magia demônica'[83], que consiste no uso de selos para a invocação ou conjuro de anjos e forças planetárias.

O texto, pretensamente ambíguo, à diferença de suas próprias fontes, alude a uma magia vulgar, a fórmulas decadentes que perderam sua conexão com as autênticas palavras de poder. Mas ali está a vara mágica esquecida. Será que Filêmon está inativo, que seu retiro significa uma detenção de um processo de crescimento? Ou, pelo contrário... não será que a magia, em sua dimensão mais profunda, transcende textos e instrumentos?

Inicialmente, Filêmon dá a entender ao 'eu' – de um modo paradoxal – que a magia consiste em que o 'não compreendido' se torne compreensível de um modo não compreensível e, por consequência, que se pode ensinar o caminho até a magia, mas não a magia como tal. A magia carece de leis, mas desperta nessa solidão necessária para ser si mesmo, nessa quietude que leva à incerteza e na qual afloram os poderes opostos que devem ser mantidos em matrimônio.

Do diálogo sutil e escorregadio entre Filêmon e o 'eu', vão surgindo, das palavras do mago, certos princípios que caracterizam a magia e que podemos resumir brevemente assim:

---

[83] Tomo essa expressão do conhecido livro de D.P. Walter, *Spiritual and Demonic Magic from Ficino to Campanella*, The Pennsylvania State University Press, 2003. A obra foi publicada pelo Warburg Institute, University of London, 1958. A respeito dos *Sexto e Sétimo Livros de Moisés*, foram publicados em 1849 por Johann Schiebel, que argumentou que eles provinham de fontes talmúdicas antigas. Na verdade são um compêndio de provérbios mágicos cabalísticos espúrios e tardios que gozaram de grande popularidade.

a) A magia opera mediante a simpatia.
b) É inata, o que sugere que é um reconhecimento e um colocar-se em movimento da natureza humana ou daquilo que é mais do que humano que se dá no homem.
c) É aprendida quando se vai mais além da razão e das palavras.
d) É incognoscível: "[...] a magia é o negativo daquilo que podemos conhecer".
e) Não há absolutamente nada a entender na magia.

Afora a simpatia, que é reconhecida como o princípio universal da magia, como se podem abordar estas estranhas afirmações de Filêmon? Talvez possam ser interpretadas assim:

A magia é inata porque é uma potência constitutiva, é a natureza mesma da alma, à qual só é possível abrir-se sem a mediação da racionalidade, aceitando o caráter contraditório dessa própria alma.

Por certo, o 'eu' vai embora desconcertado, mas seu desconcerto é necessário para incubar a mensagem. E em sua reflexão inspirada acerca da personalidade de Filêmon, o alcance dessas estranhas afirmações vai sendo desvelado. Isso não significa que tais afirmações possam ser explicadas, mas parece que sua verdade vai se incorporando paulatinamente no 'eu'. Não se deve esquecer que Filêmon é a personalidade profunda do 'eu', em termos teóricos junguianos, seu 'si mesmo', e por isso compreender a Filêmon é compreender-se. Filêmon é, sem dúvida, a personalidade contraposta – e, em certo sentido, complementar – a Cristo, pois nela se mantém unido o que em Cristo está separado. É por esse motivo que diz que Cristo, não só em si mesmo, mas no exemplo que dava aos outros, aparecia separado do mal; contudo, Filêmon sente que nele estão unidos tanto o bem como o mal.

Este é o desafio de nossa era, pois Cristo lançou o inferior ao inferno e agora, com o fim da era de Peixes, o separado retorna para ser unido.

E, como já se disse, a estranha personalidade de Filêmon ajuda a compreender a índole do modo de vida e de ser que conduz a essa direção. Filêmon tem a sabedoria das serpentes, ou seja, das potências ocultas que se manifestam inicialmente como 'contrassentido'. É uma sabedoria fria, mas que em pequenas doses cura.

Filêmon não devora aos outros nem se deixa devorar, não ensina, não se imiscui na vida dos outros, não é um pastor atrás de suas ovelhas, não presenteia como Cristo. E por isso vive sozinho e se tecem histórias ao seu redor. Embora pareça pagão, na realidade não é nem pagão nem cristão, talvez porque assume e transcende essas polaridades. Por isso, sua própria natureza o transforma em um anfitrião dos deuses: "[...] pai de todas as verdades eternas".

Filêmon é um verdadeiro amante, mas à diferença de outros homens, ama sua própria alma, embora faça isto por amor aos homens. Amando-se a si mesmo, a sua profundeza, não impõe a obediência ou o vão discipulado, mas antes irradia a força do numinoso que estimula a ser discípulo de si mesmo.

É como se Filêmon só pudesse ser um guia para os homens sob a condição de não ser tomado como exemplo nem como um profeta. Mas o modo cristão habitual precisa disso. Filêmon, como uma espécie de Merlin, ri desta necessidade dos homens[84]. Mas esta risada parece dirigida, antes de mais nada, aos mortos, sombra da humanidade da qual Filêmon é mestre e amigo. E com isso se antecipa o ensinamento que, nos *Aprofundamentos*, Filêmon ministrará aos mortos. Filêmon também conversa com essa sombra azul que é Cristo, e embora pareça operar primariamente com os poderes serpentinos – como se pode perceber sobretudo ao final dos *Aprofundamentos* –, reconhece em Cristo o poder do Alto. Por certo, com tamanha tensão inconclusa – cujo reconhecimento é o caminho rumo a sua resolução – o *Liber Novus* se encerrará. Filêmon é o mestre que cala, que não ensina ou que ensina no silêncio. É o mestre que se oculta para que cada um ouça a própria voz:

> Quando a boca dos deuses se cala, cada qual pode ouvir sua própria fala (p. 316-317).

Sem dúvida, repete-se aqui a mensagem apocalíptica central do *Liber Novus*; o Deus vindouro se gesta em cada um. Há uma nota marginal em inglês onde se evoca a célebre passagem do *Bhagavad Gita* 4,7, que assinala que o 'avatar' (sans.: *avatāra*, descida); ou seja, a divindade se encarna em momentos de iniquidade. Neste texto fala Krishna, avatar de Vishnu:

> [...] sempre que a justiça declina e a iniquidade aumenta, me manifesto. / Para a proteção dos justos e a destruição dos perversos, para estabelecer a justiça, me manifesto em diferentes épocas[85].

Mas Filêmon é o profeta, o sábio que se faz presente num invólucro enganoso, talvez para evitar que cada um deixe de buscar por si mesmo. Sua presença é ausente, inabordável, impede que seja imitada. Por isso, é de venerar-se seu invólucro enganoso, que o faz pai de todas as luzes, mesmo das más. Isto permite compreender mais claramente a figura de Abraxas em *O Livro Vermelho*, segundo

---

[84] NANTE, B. "La risa de Merlín – Reflexiones junguianas en torno a la leyenda del Grial". In: *El Hilo de Ariadna*, n. 7, out./2009.

[85] *Bhagavad Gita*. Madri: Trotta, 1997, p. 99.

explicamos no apêndice respectivo. Abraxas é o "Senhor deste mundo", o Senhor dos sapos, e, contudo, é o mais Alto, porque paradoxalmente é o reconhecimento desta escuridão, dessa ambiguidade que nos domina, a que pode nos fazer transcender sua escravidão.

Estas reflexões visionárias sobre Filêmon parecem constituir uma aprendizagem sobre a magia, e assim o 'eu' assume aspectos fundamentais da personalidade de Filêmon. Desse modo, mais com sua vida o que com suas palavras, Filêmon lhe indica o caminho rumo à magia. E isso parece representar-se de dois modos:

1) Porque segue seu caminho protegido por uma cota de malha ao redor do peito, oculta sob a roupa, o que evitará que a serpente o fira.

2) Porque já sente que pode desvelar o enigma das serpentes, embora, de fato, só o consiga parcialmente.

Assim, o 'eu' se converte em amigo das serpentes, as encanta e com esses meios faz uma grande serpente multicolorida crer que é sua amiga, em suma, que é sua alma.

{2} A alma-serpente – A Última Ceia e a união dos opostos

29 de janeiro de 1914

PERSONAGENS: 'Eu' – serpente (alma).
SÍNTESE: O 'eu' descobre sua alma em forma de serpente, que lhe avisa que será celebrada a Última Ceia. O 'eu' se entusiasma e isto irrita a serpente, que tenta mordê-lo, mas quebra os dentes, pois o 'eu' conseguiu proteger-se pois unificou os opostos num certo nível.

Mas logo percebe que este engano, esta ficção, é uma espécie de descoberta, pois de algum modo sua alma é uma serpente.

E, diante da surpresa do 'eu', a serpente se apresenta inicialmente como mera banalidade e não como quem está em estreita relação com o além, como alguém vinculado com a sabedoria. Contudo, a serpente lhe avisa que se prepara a "Última Ceia" na qual – como ocorreu com Cristo – se celebra uma espécie de eucaristia consigo mesmo. A que se refere em última instância? Um texto da obra teórica de Jung pode nos ajudar.

Em *Mysterium Coniunctionis*, lemos:

> Se o conflito projetado deve ser sanado, precisa ele retornar à alma do indivíduo, onde ele se originou de modo inconsciente. Quem quiser dominar esta ruína deve celebrar uma ceia consigo mesmo, comendo sua própria carne e bebendo seu próprio sangue, isto é, deve reconhecer e aceitar o outro dentro de si[86].

---
[86] OC 14/2, § 176.

Figura alquímica. Altus, *Mutus Liber*, La Rochelle, 1677, décima quinta prancha. Na página 171 do volume caligráfico de *Das Rote Buch*, quando se faz referência à edificação da torre uma vez sacrificados os Cabiros, Jung escreveu em latim: "Aceita o que está presente. Nas últimas páginas da coleção de Manget". Parece tratar-se da *Bibliotheca chemica curiosa* de 1702, que inclui o *Mutus Liber* e em cuja última página se consigna a consumação da obra alquímica por meio da visão iluminada do homúnculo, elevado aos ares pelos anjos.

Por certo, nos *Atos de João*, que Jung considerava como uma das mais importantes criações da literatura apócrifa, lemos que Cristo organizou uma dança mística antes de sua crucificação. Nessa ocasião, ordenou a seus discípulos que se dessem as mãos, e enquanto dançavam em círculo em torno dele, Cristo entoou um cântico de louvor:

> Quero ser salvo e quero salvar. Amém.
> Quero ser liberto e quero libertar. Amém.
> Quero ser ferido e quero ferir. Amém.
> Quero ser gerado e quero gerar. Amém.
> Quero comer e quero ser devorado. Amém [...][87].

Não podemos nos deter nas inúmeras nuanças que surgem da leitura deste texto, mas basta assinalar que claramente expressam que Cristo é, ao mesmo tempo, Deus e homem, sacrificador e oferenda sacrificial. Em outras palavras, Cristo é quem se sacrifica a si mesmo e a isso convida seu próprio sacrifício:

> A cerimônia* expressa, sob uma forma inspirada na celebração dos mistérios pagãos, uma relação da comunidade com Cristo sobre a qual quase nos atreveríamos a dizer que é mais imediata e que corresponde ao sentido da comparação de João: "Eu sou a videira, vós sois os ramos. Aquele que permanece em mim e eu nele, esse produz muito fruto"[88].

Se voltarmos ao *Liber Novus*, o 'eu', longe de se escandalizar diante da proposta desta Última Ceia – numa espécie de rapto eucarístico – sente que de um modo 'pecaminoso' as coisas fluem entre si e os opostos se miram e se alternam reciprocamente[89].

Esta aceitação da sombra, esta capacidade de abraçar os opostos fortalece o 'eu' e enfurece a serpente, que tenta mordê-lo no coração, mas fracassa, pois

---

[87] *Atos de João*. Apud: *O símbolo da transformação na missa* [OC 11/3], § 415.

* A cerimônia eucarística descrita nos *Atos de João* [N.T.].

[88] *O símbolo da transformação na missa* [OC 11/3], § 418.

[89] Não podemos deixar de assinalar que o caráter 'pecaminoso' da conjunção de opostos recorda, p. ex., o caráter 'incestuoso' de certo simbolismo do matrimônio. Cf. *Mysterium Coniunctionis* [OC 14/2], § 188, n. 411. Por certo, não podemos entrar aqui na concepção junguiana do incesto que manifesta basicamente duas etapas, a primeira delas representada por *Símbolos da transformação*, e a segunda, por *Psicologia da transferência* e *Mysterium Coniunctionis*. Basta lembrar como ideia geral que, para Jung o incesto tradicional "alude sempre ao fato de que a suprema união de opostos exprime uma composição de parentes de espécies diferentes" (OC 14/2, § 329). Dito sinteticamente, a prescrição do incesto, na realeza ou divino, alude a uma união arquetípica que se realiza num plano simbólico, interior.

seus dentes peçonhentos se quebram contra a couraça oculta. É evidente que a serpente domina enquanto se esteja dominado pelos opostos e, inversamente, é dominada quando se dominam os opostos. A serpente se retira decepcionada e lhe diz que ele se comporta como se fosse inatingível, ao que o 'eu' responde que é porque aprendeu o que outras pessoas sempre fizeram, mesmo sem sabê-lo, isto é, a arte de "pisar com o pé esquerdo sobre o direito e vice-versa". O 'eu' quer que sua alma de serpente lhe comunique sua sabedoria; por isso, enquanto ela estava deitada ao Sol, se aproxima e pergunta se a vida se aquietará, agora que Deus e o diabo se tornaram um só.

{3} A união de Deus e do diabo e o sacrifício dos Cabiros

1º de fevereiro de 1914

PERSONAGENS: 'Eu' – serpente (alma) – satanás[90] (alma) – Cabiros.
SÍNTESE: O 'eu' preocupado porque a vida agora se aquieta envia a serpente a consultar o além. Satanás aparece e lhe diz que há de voltar a começar desde o baixo. Surgem os Cabiros que, para sua surpresa, chamam o 'eu' de seu senhor e forjam uma espada para seu autossacrifício.

Cabe perguntar se, ao se haver unificado Deus e o diabo, a vida se aquieta, pois já não conta com a luta dos opostos que parece sustentá-la.

Sua 'alma-serpente' está de mau-humor, pois com as inovações do 'eu' perdeu sua força, já não pode atraí-lo como suas manobras nem o irritar com banalidades. Mas o 'eu' lhe exige que consulte o além e a alma, embora resista, se vê obrigada a obedecer. Aparecem então, lentamente, o trono de Deus, a Santíssima Trindade, o céu e o inferno; e, por fim, o próprio satanás, que reluta, pois o mundo superior lhe parece demasiado frio.

A partir desta união dos opostos, tudo alcança um aparente estado de quietude definitiva, uma sorte de 'estado absoluto'. Contudo, desta vez a serpente aconselha sabiamente o 'eu', pois essa quietude acoberta um miserável estado de letargia, e esse absoluto é apenas oposição à vida que é sempre um vir-a-ser. Por isso, satanás volta ao inferior, a Trindade e seu séquito sobem ao céu e tudo recomeça.

---

[90] Considerados de certo ponto de vista, a serpente e satanás são dois símbolos que sucessivamente assumem o papel da alma. Daí que em nossa tradução de *O Livro Vermelho* tenhamos deixado como interlocutor explícito a alma.

Mas sempre se começa desde muito baixo, do pequeno, do elementar. E numa oração que antecipa o Primeiro Sermão aos Mortos, lemos que sempre é preciso começar de baixo, como se essa escuridão do inferior se abrisse à possibilidade de uma liberdade ilimitada. Recomeça-se então na escuridão da matéria. Satanás partiu e agora se reinicia o processo de integração com os espíritos elementares que se desprendem do corpo. São os Cabiros, personagens mitológicos aos quais já fizemos alguma referência. Trata-se de potências vinculadas ao fundo obscuro da matéria que aludem ao 'eu' como "Senhor da natureza inferior", pois sua gesta anterior o fez merecedor de tal dignidade. E o 'eu' se surpreende por tais seres elementares e primordiais se apresentarem como súditos dele.

Os Cabiros eram estranhos seres mitológicos adorados em todas as partes, embora seu principal santuário ficasse em Samotrácia; raramente são evocados, correspondem à dimensão mais secreta da divindade e atuam como poderes desconhecidos do espírito em homens e deuses e, talvez por isso, não podem ser evocados impunemente. Jung assinalou, em seus textos teóricos, que os Cabiros são propriedades secretas da imaginação que manifestam uma autonomia em relação à consciência e muitas vezes interferem nela:

> Os Cabiros são verdadeiramente as forças secretas da imaginação criadora, os duendes que trabalham subterraneamente na região subliminar de nossa psique, para prover-nos de "ideias súbitas", e que à maneira dos Kobolds* pregam todo tipo de peças, roubando de nossa memória e inutilizando datas e nomes que "tínhamos na ponta da língua". Tudo o que a consciência e as funções de que ela dispõe não tenham tido o cuidado de fazer primeiro e por si mesmas, será levado a cabo pelos Cabiros. [...] Uma consideração mais atenta permitirá que descubramos precisamente nos motivos primitivos e arcaicos da função inferior determinadas significações e relações simbólicas significativas, sem que zombemos dos Cabiros tal como se fossem ridículos "Pequenos Polegares" sem importância; pelo contrário, devemos suspeitar que eles encerram um tesouro de sabedoria escondida[91].

Para Jung, Goethe compreendeu profundamente que a superioridade dos Cabiros radicava paradoxalmente na sua inferioridade. Assim, em *Fausto* II, ato II, as Nereidas e Tritões dizem a respeito dos Cabiros:

---

* Personagens da mitologia germânica, semelhantes aos duendes [N.T.].

[91] *Interpretação psicológica do Dogma da Trindade* [OC 11/2], § 244.

Nós trouxemos três,
O quarto não quis vir conosco:
Ele diz que é o único verdadeiro,
Que pensa por todos os outros[92].

É justamente o quarto, o ausente, que pensa por todos; aquele que domina por estar ausente do plano consciente. Como o número dos Cabiros é variável, no próprio Fausto, quando se refere aos sete, se assinala que a respeito do oitavo "há de se perguntar no Olimpo".

Não podemos deixar de mencionar o "rito cabírico" sobre cuja natureza última os estudiosos não entraram em acordo. Parece, contudo, basear-se na 'morte cabírica' da qual temos como única questão segura seu mito de base.

De acordo com este relato mítico que podemos encontrar, por exemplo, num texto de Clemente de Alexandria, dois dos três Cabiros assassinam o terceiro, envolvem sua cabeça num véu púrpura e, após coroá-la, a colocam na mortalha e a transportam sobre um escudo de bronze até o pé do Monte Olimpo. Seus sacerdotes são os Anactotélestes que chamam aos Coribantes, Cabiros e a todo o resto de 'mistério cabírico'[93]. Por outro lado, Clemente e outras fontes assinalam que do sangue do Cabiro morto teria surgido a planta do aipo, razão pela qual não era servida à mesa de quem respeitava esta tradição. Na Grécia, quando dos Jogos Ístmicos*, coroavam-se os vencedores com plantas de aipo ou salsa. É símbolo de juventude ou, mais ainda, de renovação, já que era utilizado nas cerimônias fúnebres com o propósito de indicar esta ideia. É sugestivo que na imagem 123 do *Liber Novus*, datada de 24 de janeiro de 1920, os Cabiros surjam das flores que brotam de um dragão. Poder-se-ia pensar na renovação procurada pela morte de um estado indiferenciado. De fato, o rito cabírico parece incluir, ou concluir-se com uma entronização; o iniciado, no centro de uma dança iniciática, é instalado num trono.

---

[92] GOETHE, J.W. *Fausto* II. Madri: Cátedra, 1987, ato II, vv. 8.186-8.190 [trad. J. Roviralta]. Jung se refere a esta cena do Fausto em *Interpretação psicológica do Dogma da Trindade* [OC 11/2], § 243s. e mais detalhadamente em *Psicologia e alquimia* [OC 12], § 203s.

[93] Adv. Nat., V, 19. Cf. ROSSIGNOL, J.P. *Les metaux dans l'Antiquité* – Origines religieuses de la métallurgie ou les dieux de la samothrace représentés comme métallurges d'après l'histoire et la géographie. Paris: Auguste Durand, 1863, p. 153-154.

* Realizados a cada dois anos no Istmo de Corinto, ponto de ligação entre a Grécia continental e o Peloponeso; torneios que recebiam grande número de participantes e espectadores, sendo dedicados à honra de Poseidon, deus dos mares [N.T.].

Após este excurso relacionado com o simbolismo dos Cabiros, cabe perguntar: Que 'escuridão' os Cabiros então representam aqui? Que é o que deve ser assumido?

Os lentos processos materiais aos quais o texto alude, para dizê-lo numa chave interpretativa psicológica, correspondem àquilo que de modo ignoto se entrelaça nos materiais psíquicos sem intervenção do 'eu'. Por isso, embora os Cabiros anunciem: "Somos filhos do diabo", eles não representam a negação absoluta de satã, são antes a laboriosa expressão de seu poder serpentino. Os Cabiros sabem trabalhar a matéria, são os que encontram os minerais nas entranhas ocultas da montanha.

Por isso, o 'eu' os deixa trabalhar e depois de um longo tempo lhe trazem uma espada para que execute o sacrifício e possa cortar o 'emaranhado' que é loucura. Para dizê-lo em outros termos, trata-se, sem dúvida, de superar a dependência obscura dos processos arcaicos da psique. Assim a espada é a superação da loucura, pois no cérebro seu 'eu' é apenas um Pequeno Polegar, mas para além dele é um gigante. Os Cabiros pedem pelo próprio sacrifício, executado com a potência, com a espada que eles mesmos forjaram e ofereceram ao 'eu'. Deste modo se constrói uma sólida torre, pois o 'eu' consegue ser o autêntico Senhor de si mesmo.

Esse é o resultado de ter-se unido com a serpente do além, desse além em si mesmo. Mas quando o 'eu' termina a obra, pergunta à serpente se não gostaria de lhe trazer notícias sobre o que acontecia no além, pois tal detenção parece requerer uma abertura de horizonte. Mas a serpente estranhamente se nega, pois está fatigada.

{4} A inanidade dos mortos

2 de fevereiro de 1914

PERSONAGENS: 'Eu' – serpente (alma) – homem criminoso.
SÍNTESE: A serpente volta a submergir e aparece um homem enforcado por ter assassinado seus familiares. Fala ao 'eu' do além, descrevendo-o como um lugar indiferente. O 'eu' se encontra em estado de apatia.

Finalmente, a serpente desaparece na profundeza e sua voz anuncia ao 'eu' que crê ter alcançado o inferno e, nele, um enforcado. Aparece um homem desfigurado e horrível, um assassino que foi condenado à forca por ter envenenado seus pais e sua mulher.

O criminoso declara que os assassinou em primeiro lugar "em louvor a Deus", já que tudo acontece em seu louvor; e em segundo lugar, de acordo com suas próprias ideias, pois achava que eles viviam uma vida miserável. O assassinato foi um modo de levá-los à bem-aventurança eterna.

Este enforcado não sabe na realidade, se está no inferno e quando se encontra ocasionalmente com sua mulher, só falam de banalidades. O 'além' ou este 'além', supostamente infernal, é um lugar onde nada acontece e onde tudo é indiferente. Nada há para contar no além, pois nunca se vê o diabo e não acontece absolutamente nada. Sua serpente lhe diz que o além é descolorido e lhe falta o pessoal.

As seguintes reflexões ordenam o comentário do próprio Jung e, de algum modo, resumem o essencial do processo até aqui realizado:

1) O diabo é a soma de toda a escuridão na natureza humana. Justamente por ter querido viver conforme a luz, ao 'eu' se extinguiu o Sol e ele alcançou uma profundeza obscura e serpentina. Assim assumiu a "serpentinidade" e esse é o trabalho que vem fazendo desde o começo do *Liber Novus*, mas é no capítulo XXI que se consuma, pois esse processo se torna autoconsciente, é compreendido como um processo 'mágico'.

2) Ao aceitar o serpentino, esse poder é assumido pelo 'eu' e ele – à diferença do que ocorreu a Fausto –, se torna invulnerável perante o diabo. Recorde-se que o diabo exerce seu poder mediante a contradição, mas assumir a 'serpentinidade' implica uma capacidade para sustentar a contradição.

3) Deve-se distinguir entre o serpentino do diabo ("Mefistófeles") e o mal irredutível de satã, quintessência do mal. Ou seja, há um aspecto 'dinâmico', em certo sentido integrável, do diabo, mas também há um aspecto imóvel e, aparentemente, impossível de ser integrado. Isso parece recordar a *terra damnata** dos alquimistas.

4) Ao resistir à força destruidora, os descendentes dela, os Cabiros, o serviram e compeliram a que ele os sacrificasse. Recordemos que os Cabiros representam as forças obscuras e misteriosas que operam em nosso inconsciente. São os que entrelaçam a raiz oculta de nossas ideias e emoções, são os que controlam o fundo anímico condicionado pela obscuridade da matéria.

5) Pois bem, os pontos anteriores recapitulam o que, essencialmente, ocorre até a seção {3} do capítulo XXI. Como consequência desta construção firme, o 'eu' alcança uma estabilidade que lhe permite resistir às oscilações do pessoal e extrair o obscuro de 'seu' além. Desse modo desaparecem as pretensões dos mortos e cessam as ameaças de seu além. Ainda assim parece tratar-se de duas consequências diversas; por um lado uma resistência ante as oscilações do pessoal que ademais afeta as relações pessoais e, por outro, um silenciamento das vozes dos mortos no além. Em realidade, ambas as consequências são o resultado de uma única transformação. Esse criminoso é no fim das contas o próprio 'eu', que antes 'assassinava' forçando os outros a

---

* Terra maldita; cf. OC 14/2, § 386 [N.T.].

uma determinada felicidade, a uma forma de vida. Agora, essa ânsia inconsciente se apagou, mas como contrapartida o 'eu' carrega esse 'morto', certa perda de vitalidade de suas relações pessoais, vive solitário e não se impõe mais aos outros.

Contudo, esta nova vida solitária, em princípio bela e em comunicação com os mortos, se consegue continuar bela, dissolve-se no além e o tédio sobrevém no aqui. Em outras palavras, sempre que algo é assumido, integrado, clarificado, é necessário dar um passo a mais na escuridão.

Se o 'eu' não tivesse assumido o serpentino, o diabo lhe teria tomado esta parte de poder sobre ele. Mefistófeles é satã "[...] revestido de sua natureza serpentina" (p. 323); já satã é a mera negação e os Cabiros são seus descendentes sacrificados. Ao ter-se tornado isto possível, cria-se uma firme construção e, ao reconhecer as ambições dos mortos presentes em seu interior, é capaz de abandonar sua ambição pessoal e considerar-se como um morto. Assim, deixa de impor-se aos outros e querer sua felicidade.

Mas deste modo sobrevém esta prova de aborrecimento.

{5} O novo *Mysterium* de Elias e Salomé que não se consuma

9 de fevereiro de 1914[94]

PERSONAGENS: 'Eu' – serpente (alma) – Elias – Salomé.
SÍNTESE: A serpente traz de novo Elias e Salomé, que é entregue ao 'eu' por este. Salomé lhe entrega seu amor, mas é rechaçada. Para o 'eu' isto não chega a ser um sacrifício e por isso o *Mysterium* não chega a realizar-se.

O 'eu' crê haver consumado um trabalho, mas a serpente (lembremos que é sua alma ou o aspecto ctônico de sua alma) lhe dá a entender que ainda não há nada consumado, pois: "Primeiramente, a vida tem de começar". Efetivamente, esse aborrecimento, esse vazio, implica uma falta de vida e tal é a tarefa que parece ser enfrentada agora. Mas – interpretando antecipadamente o sentido desta passagem – podemos afirmar que já não cabe uma vida submetida à morte, deve tratar-se da aquisição de uma vida eterna.

A serpente lhe dá uma recompensa pelo consumado até agora, a saber, "Elias e Salomé", cujo *Mysterium* se abre novamente. Elias entrega Salomé ao

---

[94] Cabe registrar que aqui termina a transcrição em livro caligráfico do *Liber Novus*. Mais precisamente, é onde se diz: "Já está em [minhas mãos, uma coroa [...]]. Cf. *LV*, p. 325, n. 330, onde se indica que o restante é transcrito do *Esboço*, p. 533-556.

'eu' e ela lhe oferece seu amor, mas o 'eu' não aceita essa carga. Nem Elias nem Salomé compreendem a negativa do 'eu' em aceitar seu amor incondicional. Pode-se ver claramente que se o 'eu' aceitasse esse amor, o processo seria detido. Trata-se da superação de um amor que pressupõe uma dependência. Nesta ocasião o próprio 'eu' aconselha a Elias que não dê Salomé, que não entregue o que não possui e que, ao invés disso, "coloque-a de pé sobre as próprias pernas". Por certo, seus interlocutores não o compreendem. Pode-se notar, do mesmo modo, que Elias assinala que perdeu sua serpente, e que desde então se tornou um pouco triste.

Qual é o estado de coisas a esta altura?

- Elias ainda domina Salomé e crê poder entregá-la. Mas Elias perdeu seu poder, sua conexão com a serpente. De certo modo perdeu o que nas tradições se denominaria seu *mana* ou seu *barakah*, termos que não são sinônimos, mas que aludem a uma conexão com a potência numinosa.
- Salomé segue independente de Elias e por isso planteia sua libertação a partir de um amor humano, mais diferenciado do que o que correspondia ao mero 'prazer' no *Mysterium* do *Liber Primus*, mas ainda não compreendeu que o verdadeiro mistério do amor transcende o humano, por isso não aceita o rechaço do 'eu' e cai em desconsolo. Contudo, Salomé cresceu em diferenciação e um novo e autêntico *Mysterium* a aguarda.
- O 'eu' incorpora a serpente e, em termos relativos, é agora mais sábio do que o próprio Elias. Até certo ponto, também compreende mais do que Salomé; não obstante, por trás dessa procura do amor humano, meramente humano, há outra mais profunda, que Salomé manifestará em seguida.

Elias fica sabendo que o 'eu' possui a serpente pois é necessária no 'mundo superior', já que no 'submundo' ela poderia ser prejudicial. O profeta amaldiçoa o 'eu' e lhe deseja o castigo de Deus, mas a serpente torna impotente sua maldição.

Jung compreende que é seu próprio amor que quer vir até ele, mas na verdade pertence a outro. O 'eu' já alcançou prazer e poder. Salomé perdeu o prazer e aprendeu o amor por outro e também perdeu o poder da tentação que se converteu em amor. Elias, por sua vez, perdeu o poder de sua sabedoria, mas aprendeu a reconhecer o espírito do outro. Elias diz ter perdido a serpente, mas na realidade o 'eu' a possui. Ante esta situação, Elias desaparece desconcertado, e Salomé não para de chorar. Desta vez, o *Mysterium* não pôde ser consumado pois para o 'eu' não é um sacrifício ter renunciado a Salomé. É evidente, como assinalamos, que o *Mysterium* deverá ser realizado em outro plano e que Salomé terá participação nele.

{6} O autêntico Mysterium: o amor que une o terreno e o celestial
11 de fevereiro de 1914

PERSONAGENS: Salomé – 'eu' – serpente – pássaro – corvo – satanás.
SÍNTESE: Para que o 'eu' possa fazer o sacrifício, a serpente se transforma em pássaro e traz do céu uma coroa. O 'eu' não compreende e fica dependurado numa árvore por três dias. Ao descer, Salomé ascende.

Desta vez a serpente ajuda o 'eu', pois lhe dá a entender que deve fazer um novo sacrifício. O 'eu' sente que deve elevar-se por cima de sua cabeça; se antes pediu à serpente que averiguasse pelos mortos, agora pede conselho aos do além, indo seja ao inferno ou ao céu. Assim, algo puxa a serpente para cima e ela se transforma num pequeno pássaro branco que se eleva até desaparecer. Do alto, se ouve a voz do pássaro que lhe diz que o céu está distante e o inferno mais perto da terra. No caminho das incomensuráveis abóbadas celestes, a alma encontra uma coroa de ouro que deposita em sua mão. A coroa leva inscrita em seu interior:

> O amor nunca termina[95].

Por certo, este conhecido texto paulino é retomado em *Memórias, sonhos, reflexões*. Ali lemos:

> O homem, como parte, não compreende o todo. Ele lhe é subordinado, fica a sua mercê. Quer consinta ou se revolte, está preso ao todo, cativo dele. Depende dele, se fundamenta nele. O amor é sua luz e suas trevas, cujo fim nunca pode ver. O amor nunca termina, quer ele "fale com a língua dos anjos" ou persiga, com uma meticulosidade científica, nos últimos recantos, a vida da célula. Pode impor ao amor todos os nomes de que dispõe, mas não fará mais do que incorrer em infinito autoengano. Mas se possuir um grão de Sabedoria deporá as armas e o denominará *ignotum per ignotius* (uma coisa ignorada por uma coisa ainda mais ignorada), isto é, com o nome de Deus[96].

À luz deste texto tardio, pode-se vislumbrar que o mistério do amor é o mais alto, pois permite uma integração do que não se conhece, mais ainda, do incognoscível.

Por outro lado, a 'coroa' como símbolo foi abordada por Jung em numerosos textos e em várias de suas significações. A 'coroa' por um lado implica uma inte-

---

[95] 1Cor 13. A citação paulina também aparece em *Memórias*, p. 358.

[96] *Memórias*, p. 358.

gração dos opostos e a possibilidade de alcançar uma vitória sobre o 'destino'. Tal é o sentido da coroa vitoriosa ou '*corona vincens*', expressão que aparece claramente na alquimia[97]. Mas, por outro lado, a coroa pode significar a submissão a algo mais alto ou essa mesma união estabelecida, em geral, como um matrimônio. Assim, para nos limitarmos a um par de textos de Jung, em *Símbolos da transformação* se comparam – apoiando-se em Robertson – a coroa de Prometeu e a coroa de espinhos de Cristo, pois em ambos os casos seus devotos a carregam como sinal de que são "cativos do Deus"[98]. Ambas as perspectivas certamente não se contradizem num plano espiritual, pois aludem à submissão adequada que une e liberta.

Com relação ao nosso relato, ao receber a coroa o 'eu' agradece, mas ao mesmo tempo desconfia deste presente enigmático, por mais que provenha do céu, tendo-se em conta o que se fez do céu e do inferno após a união de opostos. O pássaro (ou 'alma-pássaro') assinala que embora, pelo que viu, acontece tão pouco no céu como no inferno, o que não acontece, 'não acontece" no céu de outro modo do que no inferno. Esse discurso enigmático sugere que ainda há opostos a integrar referentes ao céu e ao inferno, para além do inteligível. E quando o 'eu' pergunta pela coroa, o pássaro dá a entender que fala mediante as palavras que leva. Mas o mistério não se desvela com essas palavras, se aprofunda. E assim, o pássaro se transforma em serpente e o 'eu' se sente suspenso no ar até que descobre que, na realidade, está pendurado numa árvore e compreende que é o sacrifício que se segue àquela crucificação consignada no final do *Liber Primus*, onde redimiu a cegueira de Salomé. O 'eu' vê Salomé que chora por seu amor não correspondido, enquanto segue refletindo sobre este segundo sacrifício, temendo ainda que lhe venha um terceiro sacrifício, que consiste em perder sua cabeça como ocorreu com João Batista.

A esta altura, o 'eu', talvez desconsolado, vê Salomé como um ser insaciável, incapaz de vislumbrar algum caminho para tornar-se racional.

Mas quando Salomé fica sabendo que o 'eu' tem a coroa, considera que esta é uma felicidade para ambos. O 'eu' não compreende, mas Salomé lhe indica que deve ficar pendurado até compreender. Pode-se notar que agora Salomé compreende, e embora pareça reconhecer sua entrega, não duvida que o duro sacrifício deve ser consumado.

Em *Símbolos da transformação* há várias referências a respeito do significado de estar pendurado. Referir-nos a este significado antes de prosseguir pode

---

[97] Cf. GRATAROLUS. *Verae alchemiae artisque metallicae, citra aenigmata*. Basileia, 1561, II, p. 265. Cf. tb. OC 14/1, § 6.

[98] OC 5, § 671, n. 76.

ajudar a compreender nosso relato: por um lado, o 'Deus pendurado' tem para Jung um valor simbólico inconfundível, relacionado com um desejo insatisfeito ou em 'suspenso' ou tensa expectação. Cristo, Odin, Átis e outros serão pendurados em árvores[99]. Não devemos esquecer, por outro lado, que a árvore tem um significado materno e, como tal, a árvore onde se pendura o sacrificado é a árvore da morte, árvore materna que implica uma regressão à Mãe, às vezes incestuosa, para assim renascer[100]. Por outro lado, o *Liber Novus* estabelece uma comparação explícita com Odin[101], que ficou pendurado numa árvore, talvez Yggdrasill, por nove noites, até que pôde mentalizar as runas que lhe deram o poder. Numa bela passagem, no "Canto das runas" do *Hávamál* 138, lemos:

> Sei que estive suspenso
> na árvore sacudida pelo vento
> durante nove noites.
> Ferido pela lança,
> consagrado a Odin,
> eu mesmo [oferecido] a mim mesmo,
> naquela árvore
> de que nada sabia
> sobre de qual tipo de raízes provinha.

É evidente que aquela relação histórica ou arquetípica, já sugerida por muitos autores entre o sacrifício de Odin e o de Cristo, é retomada no *Liber Novus*. Basta por isso assinalar que esse sacrifício continua na 'crucificação' *sui generis* padecida pelo 'eu' no final do *Liber Primus*. Ambos foram pendurados numa árvore, ambos atravessados por uma lança e ambos se sacrificaram; Cristo pela humanidade, Odin por si e pelo bem dos mortais.

Assim, o 'eu' permanece pendurado por três dias e três noites e quando alça o olhar só consegue ver a coroa: "O amor nunca termina". A aparição de um corvo, que insinua a distinção entre o amor terreno e o celestial, somado ao fato de que uma parte da serpente (a metade serpentina, mágica) tenha ficado na terra, enquanto a outra tenha voado para o alto, leva a pensar que se trata de uma conciliação entre o terreno e o celeste, e que o amor como tal é capaz dessa síntese. Confirma-o a aparição de satanás que critica a conciliação de opostos. Assim,

---

[99] Ibid., § 594.

[100] Ibid., § 349.

[101] Jung cita uma *Edda* em OC 5, § 399.

coroa e serpente são opostos e são uma só coisa. Salomé volta e ele desce. Pode-se compreender então que se trata de bodas místicas entre o Alto e o Baixo, das quais há de surgir o filho espiritual, isto é, a alma espiritualizada. Constituirá agora um sacrifício poder coroar (espiritualizar) o serpentino.

Contudo, a vida se revela acima do amor; o amor quer possuir, a vida não. O amor dá início às coisas, mas a vida é o ser das coisas. O amor é a mãe da vida, mas a vida sobrepuja o amor, por isso não se há de submeter a vida ao amor, mas o amor à vida. A vida, como o filho, se desprende do seio materno, pois quer se tornar, seguir seu próprio curso. Assim, percebe que mediante essa união sua "alma prostituta" secretamente engravidou, e que Filêmon permitiu que engendre uma potência da escuridão.

{7} O filho não engendrado

23 de fevereiro de 1914

PERSONAGENS: 'Eu' – serpente.
SÍNTESE: A serpente conta a história de um rei que tem de ceder seu poder ao filho. Primeiro resiste, depois cede. Assim acontecerá com o 'eu' e com o filho das rãs.

Em um estado de grande solidão do 'eu', sua alma-serpente se arrasta até ele e lhe conta uma curiosa história que aqui resumimos. Um rei não tinha filhos e pede ajuda a uma mulher sábia, que era conhecida como bruxa. O rei confessa seus pecados, o que lhe suscita um sentimento de humilhação, e a bruxa lhe dá determinadas instruções mágicas para engendrar um filho, que nasce do seio da terra. Ele é criado por sua mulher com todo o esmero e, por fim, quando chega à idade de vinte anos, se converte num homem maior e mais forte do que os demais, e reivindica ao rei a coroa. O arrependimento dos pecados é a causa de sua força, e não ter nascido de mulher é a causa de sua inteligência. Assustado pelo saber de seu filho e, mais ainda, por lhe cobrar o trono, o rei recorre novamente à bruxa para matá-lo em segredo. Mediante um novo recurso mágico o debilita rapidamente e seu filho morre. Mas esse fato lhe desperta uma tristeza insuportável e assim pela terceira vez pede ajuda à bruxa, que o instrui novamente. Desta vez, a magia faz que seu filho amadureça vinte anos em vinte semanas, e quando manifesta seu desejo pelo reino, o pai o concede, com satisfação. O filho chega a ser rei, mostra gratidão pelo pai e o tem em alta estima até o final de seus dias.

Através deste conto, sua serpente lhe dá a entender que nele nasce um filho renovado, um filho não engendrado, ao qual deverá entregar a coroa. Mas o 'eu' reluta em aceitar um filho mais alto, mais poderoso, que no fim das contas será um 'filho das rãs'. O contrassentido ingressa na mãe originária, em seu seio, e assim dá à luz esse filho das rãs. Assim, em extrema solidão, se acomoda sobre as pedras que estão na água e incuba o obscuro. Chama a serpente, mas seu filho poderoso emerge, de cabeça coroada, juba de leão e pele de serpente.

{8} Solidão: estar consigo mesmo

19 de abril de 1914

PERSONAGENS: 'Eu' – seu filho.
SÍNTESE: O filho, sua alma renovada, sobe aos céus anunciando-lhe que voltará numa figura renovada. O 'eu' permanece com sua espantosa solidão.

Este filho é sua alma renovada que se havia convertido em carne a agora retorna ao eterno. Volta ao eterno ardor do Sol e deixa o 'eu' em seu mundo terreno. De certa maneira, é como se voltasse com consciência e autonomia a essa luz solar oculta no ovo. O 'eu' se desespera e duvida de sua própria identidade. Seu filho lhe indica que quer desaparecer do campo de visão do pai, que este não seja iluminado pelas luzes divinas e que, ao invés disso, os homens iluminem a escuridão dele. O 'eu' sente suas palavras tão severas como sublimes e sente tal comoção que não sabe se delira nem qual é sua identidade.

Sem dúvida, é também a mãe que leva em seu seio esse filho que se elevará ao céu.

A alma renovada, seu 'filho', se vai, embora, diante de seu desespero, lhe diz que estará e não estará presente. Assim, o 'eu' fica só, com seu próprio 'eu', e isso o horroriza. Nessa sequidão do 'eu', compreende que deve recuperar um pedaço da Idade Média, desse passado que ainda não foi assumido:

> A pedra de toque é o estar só consigo mesmo.
> Este é o caminho.

E esse filho que nasce é sua alma renovada que se afasta para os céus. O filho lhe anuncia que estará e não estará presente, e que voltará numa figura renovada, mas o 'eu' fica em total solidão.

4

Liber Tertius

Aprofundamentos

No inverno de 1917, Jung escreveu um novo manuscrito denominado *Aprofundamentos*, que transcreve e comenta as experiências desde 19 de abril de 1914 até junho de 1916, e embora não tenha sido transcrito no caderno de capas vermelhas, por seu conteúdo pode ser considerado como a terceira parte do *Liber Novus*[1]. Não obstante, sua linguagem é diferente da dos livros anteriores, o estilo é, em certos momentos, menos poético, e as visões e reflexões estão mais integradas entre si. Embora seu conteúdo possa ser mais complexo, sua estrutura é mais sistemática e em alguns casos, provê algumas chaves para a compreensão das experiências relatadas nos livros anteriores. À diferença do *Liber Primus* e do *Liber Secundus*, *Aprofundamentos* não está dividido em capítulos; mas, para facilitar a leitura, não só mantemos as quinze partes propostas pelo editor na versão alemã, mas também lhes atribuímos títulos. Assim também, agrupamos essas quinze partes em quatro "momentos", tal como se pode notar nos diagramas consignados mais adiante.

Do mesmo modo que fizemos anteriormente, reagrupamos em forma didática os quinze capítulos em quatro momentos.

Décimo primeiro momento: A solidão do 'eu' e o reencontro com a alma
O 'eu' agora se encontra em solidão consigo mesmo. Em termos junguianos posteriores, se produz um brutal encontro com sua 'sombra pessoal', ou seja, com todas as formas do apego, suas intenções egoístas e as fachadas, inclusive a hipocrisia do amor. Com um olhar lúcido, este eu que se separou de si mesmo

---

[1] Cf. SHAMDASANI, S. In: *LV*, p. 225-226.

compreende que deve aceitar sua inferioridade, domesticar-se {1}. Por fim, a alma reaparece carregada de uma 'solaridade' celestial e quando se aproxima para conversar com o eu, se obscurece com o peso terreno. A alma ensina ao eu que não se carregue com os mortos, que deixe as vítimas cair a seu lado, que se mantenha fiel a sua solidão; esse parece ser o sacrifício e, em última instância, sua missão para com a humanidade. Por certo, ao 'eu' não fica evidente a antecipação da guerra mundial que naquele momento se avizinhava, e muito menos o que neste sinuoso diálogo se insinua. Assim, ficou submetido a uma profunda tristeza até 24 de junho de 1914 e logo depois a guerra irrompeu {2}.

Décimo segundo momento: Novo ensinamento de Filêmon

Após um ano de silêncio, Filêmon aparece com um discurso obscuro. Jung conclui que para viver por si mesmo é mister proteger-se mais das virtudes recíprocas que dos vícios {3}. Aparecem três sombras ou mortos; um deles é uma mulher sedenta de 'sangue', de vida, que representa a comunidade daqueles mortos cuja vida foi incompleta. Ou de certo modo, antecipa a chegada dos mortos no começo do Primeiro Sermão aos Mortos. Mas o vivente – neste caso, Jung – deve fazer-se responsável por esta comunidade de mortos que nossa sociedade esqueceu {4}. Filêmon lhe aconselha que se liberte da alma temendo-a e amando-a. Para isso é mister completar a obra de redenção em si mesmo, ao invés de pretender ajudar ou aconselhar a outrem. A alma se apresenta deste modo como um verme, uma prostituta cheia de mistérios mentirosos e hipócritas, e Filêmon a liberta exaltando-a. A alma carece do amor humano, de calor e de sangue, mas Jung a retém pois sabe que ela, em sua ambiguidade, possui o tesouro mais precioso. Dividem o trabalho: os homens trabalham por sua salvação, que ela trabalhe pela felicidade terrena. Assim, lhe pede que jogue tudo na fornalha de fundição, tudo o que é velho, pois grande é o poder da matéria {5}.

Décimo terceiro momento: Sermões aos Mortos

A alma lhe pede seu 'medo' para apresentá-lo ao Senhor do Mundo (Abraxas). Aparecem os mortos e, quando ao sentir-se oprimido por eles quer desbaratá-los, a alma lhe pede que não interfira na obra. Filêmon entra em cena e Jung diz aos mortos que falem. Começam assim os Sermões aos Mortos. O Primeiro Sermão começa com o ensinamento do que não pode ser ensinado, o Pleroma, esse 'nada' que é plenitude. O Pleroma apresenta pares de opostos – por exemplo o pleno e o vazio –, mas essas suas propriedades ao mesmo tempo não o são, pois nele se anulam. Filêmon não ensina porque crê, mas porque sabe {6}. No Segundo

Sermão, os mortos querem saber sobre Deus e perguntam se está morto. Deus ou o Sol (*Hélio*) não está morto e é inseparável do diabo, pois ambos são propriedades do Pleroma. Este é o Deus ignorado, Abraxas, mais indeterminado ainda e ao qual só se opõe o irreal. É força, duração, mudança. Os mortos fazem tumulto e Filêmon lhes ensina, pois se trata de um Deus que conhecem, embora não o saibam {7}. No Terceiro Sermão, fala-lhes novamente sobre o Deus Supremo. O homem toma do Sol, o *Summum Bonum*; do diabo, o *Infimum Malum*; e de Abraxas, a vida indeterminada, que é a mãe do bem e do mal. Pode-se conhecer esse Deus, mas não o compreender {8}. No Quarto Sermão se configura uma quaternidade com dois eixos polares, um Deus-diabo, e outro, Eros-Árvore da Vida. Filêmon explica depois a Jung que não pode lhes ensinar o Deus uno e não múltiplo, pois o repudiaram pela fé. Por isso, deram poder às coisas e por esse 'superpoder' que outorgaram merecem ser chamados de deuses {9}. Quinto Sermão: o mundo dos deuses se manifesta na espiritualidade (os celestiais) e na sexualidade (os terrenos), a primeira é feminina e a segunda, masculina. O ser humano se diferencia da espiritualidade e da sexualidade; não as possui, antes é possuído por elas, que são demônios. O ser-individual se diferencia da comunidade, mas esta é necessária em virtude da debilidade do homem frente a deuses e demônios. Comunidade e indivíduo são opostos complementares, a comunidade é o calor e o indivíduo a luz {10}. O Sexto Sermão descreve o demônio da sexualidade, a serpente, que é metade humano e significa desejo de pensamento. O demônio da espiritualidade submerge em nossa alma, como pássaro branco, e é pensamento de desejo. Filêmon, ante a defesa da racionalidade dos mortos, lhes ensina que devem levar loucura à razão: "Teu conhecimento é loucura e maldição". "Tu queres tocar a roda para trás? Isso é o que ocorre", responde Filêmon. Filêmon lhe diz que saiu do círculo da oscilação e assim Jung experimenta que as palavras dele [Filêmon] movem seus lábios [de Jung]: "Tu és eu, eu sou tu". Parece que os mortos captaram que foram cegados pela verdade e enxergam através do erro. "Eles o conheceram e sentiram e se arrependeram, voltarão e vão implorar com humildade" {11}. No Sétimo Sermão, o último, o homem é a porta entre o mundo externo e o interno; é o Abraxas deste mundo. Filêmon lhe diz: "Por isso [os mortos] precisam aprender o que não sabiam, que o ser humano é uma porta pela qual se espreme para passar o comboio dos deuses e o vir a ser e desaparecer de todos os tempos".

Décimo quarto momento
Aparece a figura preta de olhos dourados, a morte, e lhe avisa que traz a renúncia à alegria e ao sofrimento humanos. Filêmon completa o que lhe disse o negro

e lhe mostra, no céu da noite escura, a Mãe. Filêmon diz a ela que Jung quer se tornar filho dela, mas ela o adverte de que deve primeiro se purificar. Para consegui-lo deve manter-se fiel ao amor e assim livrar-se da sujeição aos homens e às coisas e adquirir a infantilidade da Mãe. Com isso consegue que a morte comece como uma nova vida e que o amor supere o pecado. Filêmon lhe traz um peixe e assim aparece uma sombra, Cristo. Sua obra está inacabada porque os homens não a assumiram como própria e não estão dispostos a seguir sua própria vida sem imitação. Chegou o momento em que cada um deve realizar sua própria obra de redenção {13}. Com seus assassinatos, com seus excessos, os homens servem à serpente de Deus. Reaparecem Elias e Salomé. Elias se declara débil e pobre pois um excesso de seu poder passou para Jung, e não pode compreender a morte do Deus único e que a multiplicidade das coisas únicas é o único Deus. Salomé, contudo, parece compreender um pouco: Os deuses pedem ao 'eu' obediência: que ele faça por eles aquilo que sabe não querer fazer. Jung não aceita, pois já não há mais obediência incondicional. A alma (dividida em pássaro e serpente) lhe traz a mensagem dos deuses e lhe adverte que eles estão indignados. E ainda que a alma recorra à figura do diabo para convencê-lo, o 'eu' a descobre e assim os deuses se rendem {14}. Cristo aparece a Filêmon como uma sombra azul e lhe comunica que está em seu jardim e que pode encontrar nele e em sua esposa, Baucis, um lar, pois eles são os anfitriões dos deuses. Filêmon lhe dá razões para reconhecer que sua natureza é também a da serpente. A sombra o admite e diz que lhe traz a beleza do sofrimento, pois é disso que o anfitrião do verme necessita {15}.

O seguinte diagrama sintetiza sinopticamente todo o processo:

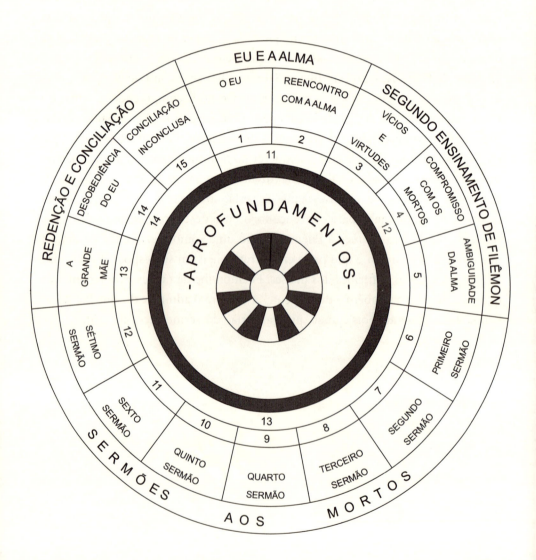

A seguir, desdobramos num quadro concêntrico as situações e ideias principais de *Aprofundamentos*:

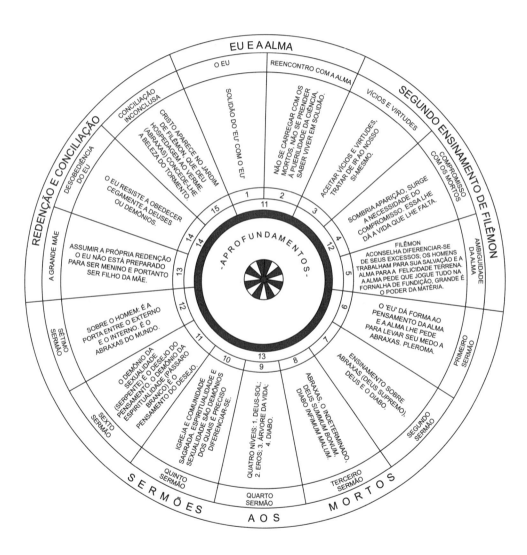

Décimo primeiro momento:
A solidão do 'eu' e o reencontro com a alma

{1} O 'eu' a sós com o 'eu'

19-21 de abril de 1914

PERSONAGENS: O 'eu' dividido em dois 'eus'. Ou seja, o 'eu' que está em solidão fala como seu próprio 'eu'.
SÍNTESE: A ter sua alma se elevado, após um longo trajeto no qual o eu se reencontra com suas profundezas, ele agora se encontra em solidão consigo mesmo, neste caso, com seu próprio 'eu'. Neste encontro brutal compreende que não tem uma valoração correta de si mesmo. Esse 'eu' não é sua alma, mas sim um "mero nada vazio". E assim, nessa tensa aproximação, seu 'eu' lhe desvela obscuras verdades com duras palavras. O 'eu' diz a seu 'eu' que é um ser desonesto consigo mesmo, infantilmente orgulhoso e covarde, pessimista, ambicioso e desejoso de glórias e, por isso, promete fazer-lhe sofrer, deixá-lo em carne viva.

Em termos junguianos posteriores, produz-se um desagradável encontro com sua 'sombra pessoal', ou seja, como todas as formas do apego, suas intenções egoístas e as fachadas, inclusive a da hipocrisia do amor. Com um olhar lúcido, este eu que se dissociou de si mesmo compreende que deve reconhecer sua inferioridade. Uma célebre passagem da obra junguiana posterior, referente à 'sombra pessoal', parece corresponder – em parte – a esta experiência:

> Verdadeiramente, aquele que olha o espelho da água vê em primeiro lugar sua própria imagem. Quem caminha em direção a si mesmo corre o risco do encontro consigo mesmo. O espelho não lisonjeia, mostrando fielmente o que quer que nele se olhe; ou seja, aquela face que nunca mostramos ao mundo, porque a encobrimos com a *persona*, a máscara do ator. Mas o espelho está por detrás da máscara e mostra a verdadeira face. Esta é a primeira prova de coragem no caminho interior, uma prova que basta para afugentar a maioria, pois o encontro consigo mesmo pertence às coisas desagradáveis que evitamos, enquanto pudermos projetar o negativo à nossa volta. Se formos capazes de ver a própria sombra, e suportá-la, sabendo que existe, só teríamos resolvido uma pequena parte do problema. Teríamos, pelo menos, trazido à tona o inconsciente pessoal[2].

---

[2] "Sobre os arquétipos do inconsciente coletivo" [in: OC 9/1], § 43-44.

Contudo, este encontro não pode ser explicado como um simples e inicial encontro com a sombra pessoal, trata-se de algo ainda mais desagradável, pois o eu já não conta com a possibilidade de recorrer à misericórdia de um Deus do amor, pois esse Deus está morto.

Pode recordar-se aqui que Jung manifestou reiteradamente seu inconformismo com a redenção do *Fausto* de Goethe. Para Jung, Fausto se redime sem uma verdadeira tomada de consciência dos atos ímpios – particularmente o crime contra Filêmon e Baucis – e sem uma expiação que o fizesse merecedor de ser salvo pela graça. A prova de que isto excede a sombra pessoal é que, no regozijo com o mal alheio, não se está tendo em conta que cumpre fazer-se responsável pela humanidade: desta forma tenta domesticar o seu próprio 'eu'; esse 'eu' carregado de sombra sempre inclinado à inveja, à vingança, ao cálculo mesquinho; esse 'eu' suscetível que trama pérfidas intrigas como se fosse possível vingar-se do destino. Mas a suscetibilidade surge do fato de que o 'eu' quer ser compreendido quando para isso, em realidade, é preciso primeiro compreender a si mesmo.

O ensinamento que emerge aqui é o de que se trata – no fim das contas – de compreender-se, única forma de superar essa suscetibilidade que consiste em pretender a compreensão do outro. Em duro diálogo consigo mesmo, lhe diz que é um 'filhinho da mamãe' e que ele não consentirá com seus lamentos. Em suma, para sentir-se compreendido é mister compreender-se a si mesmo.

Não é possível saber quanto pode durar uma situação desta índole, mas ao que parece o desafio consiste em não ceder, em resistir.

{2} Reencontro com a alma

Maio de 1914

PERSONAGENS: A alma (solar) – o 'eu' dividido em dois eus – um ancião de barba branca e rosto aflito.
SÍNTESE: A solidão do 'eu' se torna um fardo muito pesado, pois não consegue compreender que o processo em que se encontra não se reduz ao nível pessoal. Sua alma compensa a situação do 'eu', e a aparição do ancião é a possibilidade de compreender o caráter arquetípico da situação.

O 'eu' começa a suportar estar a sós consigo, embora não poucas vezes tem de açoitar-se por sua suscetibilidade, até superar o prazer do autotormento.

Finalmente, a alma reaparece carregada de uma 'solaridade' celeste e quando se aproxima para dialogar com o 'eu', se obscurece com a gravidade terrena. Neste diálogo, o 'eu' tenta preservar a 'solaridade' de sua alma, essa luz do Alto da qual ela provém, mas tal encontro desvela o estado de desolação em que ele está, rodeado de morte e de dor, embora ainda não entenda que não se trata de um acontecimento meramente pessoal, "[...] pois o oprimia a carga do duelo inaudito".

Uma voz que fala a partir do próprio 'eu' lhe diz coisas como esta:

> É duro – as vítimas caem à direita e à esquerda – e tu estás crucificado por amor à vida (p. 335).

Por certo, isto ocorre em 21 de maio de 1914, quando ainda não sabia o que o futuro reservava, ou seja, a guerra.

Por um lado, o 'eu' submerge em grande tristeza, e por outro, a alma conquista maiores alturas e uma grande alegria. Assim, esta tensão de opostos se torna exasperante e o 'eu' percebe a crueldade da alma que ama beber o sangue vermelho.

A alma aconselha o 'eu' a deixar caírem as vítimas ao seu lado, pois:

> O caminho da vida está semeado de gente caída em combate (p. 335).

Novamente observamos que o 'eu' se divide, pois, por assim dizer, o primeiro 'eu' diz a seu 'irmão' (seu outro 'eu') que não se carregue com os mortos. Paradoxalmente, desta vez a alma recomenda ao primeiro 'eu' que deixe ao 'eu' a compaixão, ante o que o primeiro 'eu' reage negativamente, pois é precisamente a própria alma que aconselha compaixão quando ela, por sua vez, não se mostra compassiva já que vai para o Alto, seguindo o Deus. 'Alma' e 'eu' parecem desempenhar papéis complementares; cada um está chamado a ocupar-se de um aspecto da realidade e da vida psíquica, e é mister que suas tarefas não se misturem, pois "há uma intenção divina e uma humana". O 'eu' ainda não compreende que tudo o que lhe ocorre não tem a ver exclusivamente com um acontecimento pessoal, pois isto ocorre dois meses antes da eclosão da guerra.

Por certo, o maior ensinamento que se transmite aqui é que, em tempos de guerra, já não é possível crer, é preciso conhecer, embora o texto reconheça em outro lugar que a fé também é necessária, pois nos dá segurança. Em princípio, o caminho atual consiste em alcançar um conhecimento diferenciador, pois a infantilidade da fé fracassa ante as necessidades atuais.

De certo modo, parece que aqui se volta ao ponto inicial. A compreensão de si é a chave necessária para poder suportar tudo o que ocorre e para ajudar a humanidade, ainda que o preço seja altíssimo. Ora, o preço da solidão parece ser o sacrifício necessário e, em última instância, sua missão para com a humanidade.

Um ancião de barba branca e de rosto aflito (um antigo santo cristão do deserto, a julgar pelo *Livro Negro* 4)[3] lhe recorda a importância da solidão, a necessidade de agarrar-se a sua alma, dizendo-lhe que não deve esquecer que os homens devem sofrer pelo bem de seus irmãos; que na solidão alcançará o amadurecimento e que deve abandonar a ciência, pois ela é demasiadamente superficial. Esse é o trabalho que deve começar sem falta. E com palavras estranhas, que ao 'eu' parecem desprovidas de sentido, o ancião lhe dá a entender – a 25 de maio de 1914 – que o pior é iminente, a guerra ainda insuspeitada. Assim, o eu permanece absorto em sua profunda tristeza até 24 de junho de 1914. Depois irrompe a guerra, e isso lhe permite compreender o que havia ocorrido e escrito anteriormente.

Décimo segundo momento: Novo ensinamento de Filêmon

{3} Assumir vícios e virtudes: caminho ao 'si-mesmo' e a Deus
PERSONAGENS: 'Eu' – Filêmon.
SÍNTESE: Após um ano de silêncio, Filêmon aparece com um discurso obscuro. Jung conclui que para viver de si mesmo é mister proteger-se mais das virtudes recíprocas que dos vícios. Trata-se de ir rumo a nosso si-mesmo, o que implica dar conta de vícios e virtudes em nosso interior, em vez de vivê-los fora: "Através da união com o si-mesmo chegamos ao Deus". Deus está acima do si-mesmo, e somente se suporto o meu si-mesmo

> [...] alivio a humanidade e curo meu si-mesmo do Deus.

As vozes da profundeza se calaram durante um ano inteiro, embora sua alma tenha voltado a lhe falar em 3 de junho de 1915. Finalmente, em 14 de setembro, a voz de Filêmon reaparece e lhe diz que quer dominá-lo, moldá-lo, de certo modo tomar-lhe sua vontade própria, pois:

> Serás vontade de todo mundo (p. 337).

Esta reaparição de Filêmon é ainda mais paradoxal, pois sua intenção parece consistir em que assuma a seu si-mesmo em suas contradições e, particularmente, que dê conta, não só de suas virtudes, mas também de seus vícios. No

---
[3] *LV*, p. 336, n. 16.

Livro Negro 5, Filêmon continua dizendo: "Hermes é teu *daimon*"[4]. Trata-se do reconhecimento de um *daimon* que convida a abraçar o paradoxo da vida psíquica. É inegável aqui a presença do hermetismo e de ecos antecipatórios de sua relação com a alquimia. Confirma-o a utilização do 'ouro' como expressão desse tesouro que é a totalidade buscada por todos e encontrada por muito poucos. Mas o maior paradoxo consiste em que:

> [...] o ouro não aguarda nem abrevia o sacrifício do homem – quanto mais demorado o esforço, mais valorizado (p. 337).

O 'eu' percebe a ambiguidade do discurso de Filêmon, mas sem dúvida se trata de que essa totalidade, esse 'ouro', exige a assimilação do sacrifício, do infortúnio. O erro do falso buscador consiste em desconhecer o caráter ambivalente desse ouro que é "[...] desprezado e ansiosamente requerido".

Por certo, isso nos recorda a dupla condição do 'ouro alquímico' ou 'filosófico', que se distingue do ouro vulgar (*aurum vulgi*), e da pedra filosofal na alquimia, a mais estimável e a mais vil[5].

Mas deve-se observar que o próprio Filêmon é ambíguo, e que sua personalidade é intangível e mercurial. O 'eu' recolhe, deste estranho encontro, um ensinamento fundamental: é necessário dar conta das próprias virtudes e também dos próprios vícios; do contrário, se carrega o próximo com a própria suposta virtuosidade e se impede que cada um leve a carga que lhe corresponde. Filêmon expressa suas reflexões segundo as quais se deveria proteger os homens mais de suas virtudes do que de seus vícios, embora a moral cristã não o ajude a fazê-lo; e indaga como é que se pode pedir a um homem que leve a carga de outrem, se o melhor que se pode esperar é que consiga levar a sua própria.

Começa a perfilar-se com mais clareza a integração de opostos como condição necessária para o processo de individuação, isto é, para realizar o si-mesmo. Em tudo isso se deixam ouvir ecos do *Zaratustra* de Nietzsche:

> O si-mesmo se informa também com os olhos dos sentidos, ele escuta também com os ouvidos do espírito. Sempre está à escuta e assim se informa o próprio ser: compara, submete, conquista, destrói. Ele domina e é também o dominador do eu. Detrás de teus pensamentos e sentimentos, meu irmão, há um poderoso soberano, um sábio desconhecido – ele se chama si-mesmo[6].

---

[4] *LV*, p. 337, n. 25.

[5] Cf. OC 12, § 343s.

[6] NIETZSCHE, F. *Así habló Zaratustra*. Madri: Alianza, 1972. "Dos desprezadores do corpo", p. 61.

Em 1935, Jung comentou este parágrafo em seu seminário sobre o *Zaratustra*:

> Já estava muito interessado no conceito do si-mesmo, mas não estava seguro de como haveria de entendê-lo. Marquei estas passagens quando as encontrei e me pareceram muito importantes [...]. O conceito do si-mesmo continuou a causar-me boa impressão [...]. Penso que Nietzsche se referia a uma espécie de coisa-em-si detrás do fenômeno psicológico [...]. Então vi que ele estava produzindo um conceito do si-mesmo que era semelhante ao conceito do Oriente; é uma ideia de Atman[7].

O pior pecado é o esquecimento de 'si-mesmo', e é o que ocorre com a busca unilateral da virtude, que logo se deseja impor ao outro. O mais grave pecado consiste em ensinar ao outro com a própria virtuosidade.

Por isso, a obra de redenção deve ser realizada em si mesmo, mas para não cair novamente num suposto 'virtuosismo', é preciso renunciar ao belo resplendor em torno desta palavra e a qualquer pretensão de beleza no pensamento da redenção. E ao assumir os vícios e virtudes, não como algo externo, mas como o que vive no fundo anímico, alcançamos nosso si-mesmo e, com isso, a Deus:

> Através da união com o si-mesmo chegamos ao Deus" (p. 338).

É fácil reduzir a experiência a um marco teórico conhecido, mas nesse caso se perderia sua verdadeira condição paradoxal. As teorias tendem a se aferrar ao já conhecido; mas, por outro lado, não há teoria capaz de minimamente afetar a experiência de Deus.

Não obstante, Jung se refere à experiência de Deus via si-mesmo em seus textos teóricos, quando, por exemplo, em *O símbolo da transformação na missa* escreve:

> O si-mesmo passa a atuar como uma *unio oppositorum*, constituindo assim a experiência mais próxima do divino que se possa exprimir em termos de psicologia[8].

E, contudo, embora o si-mesmo seja a via rumo a Deus, o si-mesmo é encontrado na medida em que se tome a própria vida em plenitude e se esteja livre de Deus. Evidentemente, este libertar-se ou curar-se de Deus se refere às formas preconcebidas de Deus, como um Ser unilateralmente bom e belo. Em suma, para que sua vida 'seja' plenamente deve servir a seu si-mesmo que é, ao mesmo tempo, o modo de servir a Deus e ser útil à humanidade:

---

[7] JUNG, C.G. *Nietzsche's Zarathustra* [OC B]. *Seminarios* – Sobre el Zaratustra de Nietzsche. Vol. 1, p. 391.

[8] *O símbolo da transformação na missa* [OC 11/3], § 396.

> Quando eu mesmo me suporto, alivio a humanidade de meu peso e curo meu si-mesmo do Deus (p. 339).

Após compreender isto, a voz de Filêmon o desconcerta; pois, tendo assumido que devia libertar-se de Deus, volta a dizer-lhe que é mister entrar na tumba de Deus para "[...] morar nele". O processo, contudo, é bem compreensível; o desafio consiste em adentrar-se na profundidade de um Deus que está além dos opostos. Para isso, o próprio Filêmon se mostra, agora, diferente do modo como apareceu inicialmente, isto é, como um mago que habita terras distantes. Na realidade, a maioria do escrito nas partes anteriores foi dada por Filêmon, mas agora este personagem central adquire uma forma separada e diferenciada do 'eu'.

{4} O compromisso com os mortos

5 de dezembro de 1915

PERSONAGENS: 'Eu' – três mortos, entre os quais se destaca uma mulher – Hap (filho de Hórus).
SÍNTESE: Aparecem três sombras ou mortos; um deles é uma mulher sedenta de 'sangue', de vida, que representa a comunidade daqueles cuja vida foi incompleta. Isto, de certo modo, antecipa a chegada dos mortos no começo do Primeiro Sermão aos Mortos. Mas o vivente (neste caso, Jung) deve fazer-se responsável por esta comunidade de mortos que nossa sociedade contemporânea esqueceu. É então que Jung lhe dá a 'palavra' simbolizada por Hap, um dos filhos de Hórus, que oferece uma conexão de vida a uma morta que está desvitalizada e que parece precisar de algo dessa visceralidade para poder assumir os ensinamentos que ainda precisam receber dos vivos.

Após algumas semanas, aparecem as sombras, cujo hálito frio revela que se trata de três mortos. Uma dessas sombras é uma mulher que lhe pede o 'símbolo', a palavra. Embora a princípio o 'eu' não compreenda, é claro que se trata daquilo que pode dar vida ao morto, daquilo que permite mediar entre o vivo e o morto. Diante da surpresa do 'eu', que não compreende, a princípio, de que símbolo se trata, aparece depositado em sua mão 'Hap', esse polo de Deus. A mulher morta acrescenta que ele é o espírito da matéria, o que pode devolver-lhes o corpo que lhes permita estar entre os vivos.

E em sucessivas aparições, a morta lhe faz entender que Hap é "o cerne da igreja que ainda está submersa". Ao longo de vários encontros e diálogos, fica evidente

SEGUNDA PARTE – O CAMINHO SIMBÓLICO DO *LIBER NOVUS* | 447

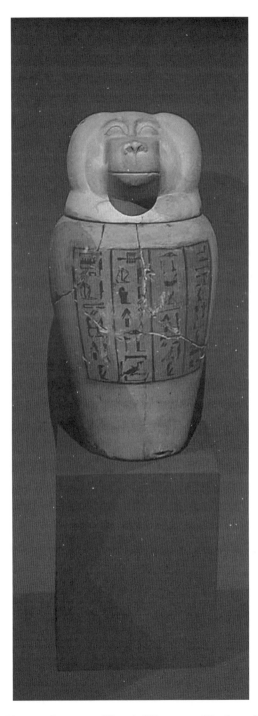

Vaso canópico de Hap, um dos quatro filhos de Hórus, guardião dos pulmões dos mortos.

que os mortos que não puderam ir para além dos espaços cósmicos precisam participar da vida dos vivos a qualquer preço. Mais ainda, isto permite antecipar a necessidade de um ensinamento aos mortos, que mais adiante o próprio Filêmon irá ministrar.

Em diálogo com a morta, ela lhe pede sangue e ele lhe sugere que beba sangue do coração dele, mas quer um corpo, uma forma animal para entrar e voltar à terra, mesmo que seja o corpo de um cachorro.

E assim, em discursos estranhos a morta vai fazendo o 'eu' compreender que deve tornar-se 'sombra' para gerar uma comunidade com os mortos não reconhecidos pelos vivos. Deve tornar-se uma 'vasilha' que possa reunir o baixo, Hap, e o alto, o pássaro que pousa sobre a cabeça de Hap.

Segundo diz a morta, mortos e vivos precisam formar uma comunidade; não para viver juntos, mas para poder ajudar aos primeiros com orações expiatórias.

Numa carta de Jung em resposta ao Pastor Pfäfflin, que lhe havia escrito que pôde ter uma conversa com seu irmão falecido, lemos:

> [...] os mortos estão ocupados, de maneira bastante particular, com a condição espiritual de outros mortos. Além disso, há de se considerar a existência de locais de cura (psíquica). Desde sempre me pareceu que as instituições religiosas, as igrejas, os conventos, os templos, os ritos, os métodos psicoterapêuticos de cura poderiam ser representações de certos estados *post mortem*, verdadeira *Ecclesia spiritualis*, modelo da Igreja visível e terrestre, *una sancta*[9].

E dito isto, invoca aos mortos em nome do 'eu'. Finalizada sua prece, lhe diz que eles têm grande necessidade de preces dos vivos, porque ainda compartilham da mesma natureza, embora nesta época os homens os tenham esquecido, caíram em delírio.

{5} Reaparição da alma carregada de ambiguidade

PERSONAGENS: 'Eu' – alma – Filêmon.
SÍNTESE: Filêmon lhe aconselha que se liberte da alma temendo-a e amando-a. Trata-se de diferenciar-se dela na medida em que aparece nos excessos e na projeção no outro. Para isso, é mister completar a obra de redenção em si mesmo, ao invés de pretender ajudar ou aconselhar a outrem. A alma lhe pede amor e ódio; isso a 'porá em prisão'. A alma se apresenta, deste modo, como um verme, uma prostituta, cheia

---

[9] *Briefe*, p. 323s. A isso acrescenta que essa ideia é comum no Oriente; tal é o caso do *sambhogakāya*, mundo de figuras sutis.

de mistérios mentirosos e hipócritas, e Filêmon a liberta exaltando-a. A alma carece de amor humano, calor e sangue, mas Jung a retém, pois sabe que ela, em sua ambiguidade, possui o tesouro mais precioso. Dividem o trabalho: os homens trabalham para sua salvação, que ela o faça pela felicidade terrena. Assim, lhe pede que jogue tudo na fornalha de fundição, tudo o que é velho, pois grande é o poder da matéria.

Após haver pronunciado suas palavras, a morta desaparece e o 'eu' fica mergulhado em uma profunda tristeza. A alma reaparece, iluminada pelo brilho da divindade, e o 'eu' lhe relata o ocorrido, repreendendo-a por ter-lhe abandonado em uma grande escuridão. Além disso, lhe diz:

> Os mortos querem viver de mim (p. 342).

Em última instância, o 'eu' lhe pede que proclame o direito do homem ante os deuses e que se vingue deles, pois são os únicos capazes de atormentá-lo. Mas depois descobre que estas palavras, em realidade, provêm de Filêmon, que, em seguida, lhe ensina que deve libertar-se do poder que sua alma exerce sobre ele, poder que foi conseguido porque a venera. Algo similar querem que faça com eles os mortos que não seguiram viagem e estão desejosos de voltar para dominar.

Como se pode ver, o discurso tem um fio em comum: reconhecer que é necessário libertar-se da sujeição da alma; dos mortos na alma e também do divino nela:

> Nunca encontrarás uma mulher mais infiel, mais ardilosa, mais perversa do que tua alma. [...] Protege as pessoas dela e a ela das pessoas (p. 343).

Mas a alma se manifesta na *hybris*; mais ainda, pertencem a ela o excesso da ira, do desespero e do amor. Por isso, para sair de sua sujeição, para diferenciar-se, é mister encarcerar a alma sem perturbar o próximo, pois tudo o que se exige do outro atenta contra a própria diferenciação. Diferenciar-se da alma implica protegê-la de deuses e de homens e, ao mesmo tempo, proteger os deuses e os homens da alma.

Ao que parece, depois destes ensinamentos de Filêmon, o 'eu' tenta entrar infrutiferamente em novo acordo com a alma. A alma quer tudo do 'eu', tanto seu amor como seu ódio, e é por isso que o 'eu' propõe colocá-la em prisão, no estreito âmbito humano, no sanguíneo e embriagante mundo do humano. E embora, a princípio, a alma pareça aceitar e mostrar-se agradecida, e o 'eu' reconheça sua beleza divina, em seguida este lhe desfere uma grave acusação dizendo que ela é diabólica, pois o levou à loucura e o torturou quase até à morte, porque ela não compreende que ele é também um prisioneiro. Além disso, lembra que a tirou do pântano e a acusa de comedora de homens.

A alma, diminuída, encurvada e retorcendo-se como um verme, pede compaixão ao 'eu', que por sua vez lhe repreende pela falta de compaixão que teve para com os homens. Parece ser a hora de mudar a situação, pois até aqui a alma viveu às custas do sangue e do tormento humano. É evidente que, em contraste com o que ocorreu no início do *Liber Primus*, onde o 'eu' deve se entregar a sua alma, aqui se trata de que a alma também ofereça um serviço ao mais humano do homem, àquilo que se manifesta nos vínculos afetivos próprios do mundo terreno, àquela humanidade grávida de calor humano e humor sanguíneo. Mas esta acusação não parece ser eficiente para obter a associação entre a alma e o 'eu'. Talvez por essa razão, Filêmon intervém e fala em nome do 'eu' exaltando novamente a alma e o seu poder de relação com o Alto. Não apenas bendiz e louva a alma, mas também concebe os homens como servos dela, já que ela os leva para cima e os apresenta para Deus, trazendo a alegria e o bem. Assim, a alma recupera sua liberdade e se dispõe a ir para o Alto, mas o 'eu' a retém quando percebe que ela roubou um bem precioso e lhe exige que o devolva. Esse tesouro, esse ouro, é em última instância esse amor humano que acabamos de mencionar, um bem que nem os deuses possuem.

A alma fica à espera um dia e uma noite e, finalmente, a 14 de janeiro de 1916, o 'eu' volta a falar-lhe. Nesse discurso fica claro que o 'eu' pede, talvez pela primeira vez, que a alma trabalhe por sua felicidade, assim como ela compele os homens (o 'eu') a trabalhar por sua salvação, esclarecendo que exige isto em seu nome e no de todos os homens, pois são dela o poder e a terra prometida.

Por conta disso, a alma faz duas recomendações ao 'eu', claramente vinculadas entre si.

1) Construir uma fornalha de fundição onde deve jogar tudo o que é velho e desnecessário, para que seja renovado.

2) Dar forma à matéria com o pensamento.

Observe-se, em primeiro lugar, que estas duas recomendações mostram grande afinidade com a alquimia, pois se trata de jogar tudo no crisol, dar conta da vida psíquica em sua totalidade (*Ars requirit totum hominem*! – reza a máxima alquímica*) e de trabalhar a matéria (que é em última instância 'psíquica'), de ordená-la, para assim libertar sua potência criadora. Ora, é evidente que trabalhar com esta matéria implica recuperar tudo aquilo que ficou fora do alcance do 'eu', por exemplo, aqueles mortos que não puderam seguir sua viagem às alturas e vivem perdidos, ávidos de vitalidade e de sentido.

---

* A arte exige o homem inteiro; cf OC 12, § 6 [N.T.].

Em síntese: o que significa dar forma à matéria? Pois, se respondemos primeiramente que a matéria é, segundo diz o texto, "o preenchimento do vazio" (p. 345) e que – de acordo com os Sermões aos Mortos – o Pleroma, isto é, o princípio último de todas as coisas, é um vazio pleno, podemos compreender que se trata de dar forma a essa *dynamis*, a essa potência obscura do inconsciente, tão informe quanto capaz de toda forma possível. Em definitivo, se trata de chegar à raiz dessa qualidade serpentina que se vem apresentando em todo o *Liber Novus*. Mas a esta altura do processo, parece ser urgente dar forma, discernimento, à matéria obscura para que seja apropriada pelo eu, para que seja possível realizar e compreender o que em termos posteriores da teoria junguiana se denomina um 'processo de individuação'. Não se trata de racionalizar experiências, mas de iluminar nossa consciência fragmentária com um saber que discerne e orienta. Hap é guardião das vísceras, contém a matéria de que os conteúdos ainda fragmentários (os mortos) necessitam para aproximar-se deste mundo e receber a lição do discernimento.

Décimo terceiro momento: Sermões aos Mortos

{6} Primeiro Sermão: O Pleroma

PERSONAGENS: 'Eu' – alma – Filêmon – mortos.

SÍNTESE: O 'eu' dá forma na matéria ao pensamento que a alma lhe havia dado e assim surge um fogo ardente, espantoso, que se aproxima. A alma lhe pede seu 'medo' para apresentá-lo ao Senhor do Mundo (Abraxas). Aparecem os mortos e, quando – ao sentir-se oprimido por eles – quer desbaratá-los, a alma lhe pede que não interfira na obra. Filêmon entra em cena e Jung diz aos mortos que falem. Começam assim os Sermões aos Mortos. Os mortos de vida incompleta, que terminaram suas vidas cedo demais, ainda pairam sobre seus sepulcros. Filêmon ensina ao 'eu' que estes mortos foram cristãos que repudiaram sua fé e que assim, sem sabê-lo, aderiram à doutrina que os próprios cristãos haviam repudiado. Por compaixão, e embora pareça opor-se com suas murmurações, Filêmon deve lhes ensinar a antiga doutrina, porque é a que lhes pertence. O Primeiro Sermão começa com o ensinamento do que não pode ser ensinado, o Pleroma, esse 'nada' que é plenitude. A criatura é a diferenciação e luta contra a perigosa igualdade originária. O Pleroma apresenta pares de opostos (p. ex., o cheio e o vazio), mas estas, suas propriedades, ao mesmo tempo não o são, porque nele se anulam. As propriedades estão em nós, criaturas, mas diferenciadas. Na medida em que nos deixamos levar por um dos polos (p. ex., a beleza), caímos no outro (p. ex., a feiura) e nos indiferenciamos no Pleroma. Isso ocorre quando nos deixamos levar por nosso pensamento e não por nossa essência que é a diferenciação. Por isso, é mister ensinar o saber que ponha freio ao pensamento. Por certo, Filêmon não ensina porque crê, mas porque sabe.

À diferença do restante do *Liber Novus*, contamos com uma vasta literatura crítica referente aos Sermões aos Mortos (Quispel, Maillard, Ribi, von Franz, Segal, Brenner, Hubback, Heisig, Olney, Hoeller, Jeromson etc.)[10], pois o texto foi publicado em separado anteriormente. Tenha-se em conta que sua contextualização dentro do *Liber Novus* confere aos Sermões uma perspectiva nova e mais rica. Em nosso caso, não podemos entrar em todas as questões de detalhe e nas discussões sugeridas pela vasta literatura crítica; mas, insistimos – dentro dos limites impostos –, sua abordagem no marco geral do *Liber Novus* permite, até certo ponto, ampliar nosso horizonte.

A forma que o 'eu' dá à matéria, de acordo com a instrução recebida da parte da alma, é, em última instância, o conjunto de ensinamentos que Filêmon ministra aos mortos. E, como a matéria é esse 'preenchimento do vazio', trata-se de uma manifestação ou expressão da totalidade. Quando o 'eu' começa a dar forma à matéria, surge o fogo ardente da transformação que vem ao encontro desde o Alto. A alma pede ao 'eu' seu medo para levá-lo ao Senhor do Mundo (Abraxas), dado que ele exige o sacrifício de seu medo e, apesar de Abraxas ser-lhe propício em troca disso, o 'eu' quer esconder-se ante o Deus do proibido.

É possível – tal como já foi assinalado por alguns estudiosos – que dar forma à matéria, ao pensamento de sua alma, se refira ao *Systema Munditotius*, ou seja, ao mandala de aparência gnóstica que Jung realizou neste período e onde Abraxas aparece como o 'Senhor deste mundo' (*dominus mundi*). Por certo, a relação entre os Sermões e este mandala gira fundamentalmente em torno do lugar de Abraxas na cosmologia do *Liber Novus*, questão que preferimos desenvolver mais adiante em "Um apêndice dos Sermões", pois tal tratamento requer primeiro o percurso total dos Sermões.

Voltando a nosso texto, esta situação não resolvida e a ameaça desse fogo perduram vários dias até que, finalmente aparecem 'os obscuros' ou 'os morenos', isto é, os mortos. Quando a alma o anuncia isso, o 'eu' lhe objeta que isso não o protege de tamanha confusão diabólica, ao que ela replica que ele fique quieto para não interferir com a obra. Em seguida, o 'eu' vê Filêmon aproximar-se, colocar a mão em seu ombro, e em seguida interpelar aos mortos, pedindo que

---

[10] Cf. a bibliografia em SHAMDASANI, S. In: *LV*, p. 346, n. 81.

falem. Estes começam a vociferar dizendo que estavam voltando de Jerusalém, onde não haviam encontrado o que buscavam, para pedir algo que o 'eu' tinha e que era sua luz, não seu sangue. Então Filêmon começa a ministrar seus ensinamentos aos mortos, dando origem ao Primeiro Sermão.

Começam assim os Sermões, a 30 de janeiro de 1916, sendo atribuídos a Basílides de Alexandria, pensador gnóstico do século II, sobre o qual falamos na primeira parte. Segundo Aniela Jaffé, Jung lhe disse que:

> A partir de então os mortos vieram a ser para mim, cada vez mais claramente, as vozes do não respondido, do não dissolvido e do não redimido [...][11].

Por certo, Jung parece distinguir, em suas reflexões sobre os mortos, entre aqueles que não foram para além de sua época: por um lado, aqueles que não se individuaram, pois permaneceram atados a alguma modalidade coletiva e, por outro, aqueles que conseguiram diferenciar-se, individuar-se. Os primeiros vivem no além em condições de obscuridade e obnubilação.

Em seu texto tardio, "Sobre a vida depois da morte", Jung assinala:

> Se existe uma existência consciente depois da morte, parece-me que ela se situaria na mesma direção que a consciência da humanidade, que possui em cada época um limite superior, mas variável. Muitos seres humanos, no momento de sua morte, não só ficaram aquém de suas próprias possibilidades, mas sobretudo muito distantes daquilo que outros homens ainda em vida tornaram consciente, daí sua reivindicação de adquirir, na morte, esta parte da consciência que não adquiriram em vida[12].

No caso que nos ocupa, trata-se dos cristãos que repudiaram sua fé, mas que não foram capazes de compreender a nova mensagem. Filêmon dá início ao sermão dizendo que ele começa pelo nada, que é o mesmo que a plenitude, porque nela há tanto cheio como vazio, assim como qualquer outra propriedade. A isto dá o nome de 'Pleroma', e nele se acabam o pensar e o ser.

E embora tudo pertença ao Pleroma, a criatura se caracteriza por diferenciar-se essencialmente do Pleroma, porque isto é o que corresponde a sua aspiração natural. Este princípio, chamado *principium individuationis*, é a essência do homem e é por isso que tanto a indiferenciação como o não diferenciar se tornam perigosos para ele.

---

[11] *Memórias*, p. 195, cf. tb. p. 326.

[12] Ibid., p. 314.

Por certo, o 'princípio de individuação' é aquele que explica o porquê de algo ser um 'indivíduo' (*individuum*, *a-tomos*, 'não dividido'). A expressão é latina; mas, como se sabe, o primeiro pensador que tratou este tema amplamente foi Aristóteles. Não podemos nos deter neste complexo conceito e em seu desenvolvimento, que atravessa toda a história da filosofia. Cabe assinalar que na obra de Jung a 'individuação' é concebida psicologicamente a partir de um processo de diferenciação e integração, isto é, como um conceito dinâmico de conciliação dos opostos[13].

O Pleroma é o 'lugar' onde não é possível a 'individuação', pois tem como propriedades pares de opostos (cheio e vazio; vivo e morto etc.) que em realidade não 'são', porque no próprio Pleroma se anulam. Já em nós essas propriedades são efetivas porque estão diferenciadas e só podemos vivê-las em nome da diferenciação, da individuação. Filêmon acrescenta que ao pretender o bem e o belo – esquecendo a essência do homem que é a diferenciação – também nos encontramos com seus opostos, já que, no Pleroma, estão unidos. Contudo, quando nos diferenciamos de um extremo também nos diferenciamos do outro e não caímos no Pleroma; ou seja, no nada.

Por certo, a diferenciação é alcançada sendo diversa segundo a essência, não segundo o pensamento; pois neste último caso, se cai no oposto do diverso ('o igual'). Em outras palavras, trata-se de ser diversamente, não de pensar diversamente ou, se se prefere, de seguir o caminho da diferenciação dando conta dos opostos sem identificar-se com nenhum. O ensinamento apela ao pensar, porque é ali que o caminho da diferenciação se perde, já que isso ocorre sempre que o pensar se dissocia da essência.

A nosso entender, não se deve compreender aqui 'pensar' como o mero raciocinar ou a função 'pensamento', mas como todo movimento psíquico que dependa do 'eu' e, por consequência, se aplica a toda função psíquica. Também o sentir pode seguir um polo em detrimento do outro e nos fazer cair no Pleroma. Por outro lado, em termos psicológicos, a imaginação ativa é a função ("função transcendente") que, devidamente exercida, enlaça 'pensar' e 'essência', porque ela mesma é manifestação da quintessência (do 'si-mesmo') no plano das funções psíquicas.

Filêmon transmite esses ensinamentos com o propósito de libertar estes cristãos que repudiaram sua fé e que, ademais, não foram capazes de conhecer o que

---

[13] Cf. PIERI, P.F. "Individuazione". In: *Dizionario Junghiano*. Turim: Bollati Boringhieri, 1998, p. 350-363.

agora lhes transmite e que lhes propiciará sua verdadeira libertação ou morte. Filêmon explica ao 'eu' em dúvida que se trata de um saber do qual não se pode duvidar, porque apenas no mundo do 'eu' há erro; nesse outro mundo as coisas não são distintas de como se as conhece, embora possa haver graus de saber[14].

{7} Segundo Sermão: Lições sobre o Deus supremo Abraxas
31 de janeiro de 1916

PERSONAGENS: 'Eu' – Filêmon – mortos.
SÍNTESE: Os mortos querem saber acerca de Deus e perguntam se está morto. Deus ou o Sol (*Hélio*) não está morto e é inseparável do diabo, pois ambos são propriedades do Pleroma, menos diferenciadas do que a criatura. Diferenciam-se, respectivamente, pelo cheio e o vazio, a geração e a destruição, mas o 'efetivo' está acima deles e os une. Esse é o Deus ignorado, Abraxas, mais indeterminado ainda e ao qual só se opõe o irreal. É força, duração, mudança. Os mortos fazem tumulto, e Filêmon os ensina, pois se trata de um Deus que conhecem, ainda que não o saibam. De fato, é o único Deus que pode ser conhecido. Não lhes ensina o Deus que une, o Deus que ama, pois a este repudiaram, mas o Deus que dissolve.

Na noite seguinte, os mortos reaparecem e perguntam onde está Deus e se "Deus está morto". Pode-se observar que estes mortos que vêm de Jerusalém provêm do passado, mas carregam o signo de nossos tempos, o da "morte de Deus". Sem dúvida, nossa época é uma época de morte e desaparecimento de Deus (tal como Jean-Paul, Hegel e Nietzsche anteciparam). Esta fuga dos deuses que Hölderlin proclamara se cumpre porque o homem contemporâneo perdeu seu vínculo vivo com a espiritualidade tradicional, com sua enorme riqueza de símbolos[15]. Em relação à "morte de Deus", Jung assinalou:

> Mas seria mais correto dizer: "Ele se despojou de nossa imagem, e onde poderíamos voltar a encontrá-lo?"[16]

---

[14] Filêmon desaparece inclinando-se e tocando a terra com a mão. Quando o simbólico se concretiza, se torna 'invisível'.

[15] A respeito da tese de Nietzsche "Deus está morto", cf. *La Gaya Ciencia*. Torrejón de Ardoz: Akal, 1988 [trad. C. Crego e G. Groot]. • *Así habló Zaratustra*. Madri: Alianza, 1972 [trad. A. Sánchez Pascual].

[16] *Psicologia e religião* [OC 11/1], § 144. Jung trata aqui do tema da "morte de Deus".

Jung constata que o divino rechaçado reaparece como sintoma ou, quando se procura uma abertura ao simbólico, como símbolo de uma totalidade atuante que busca realizar-se graças a uma *dynamis* autêntica e indeclinável:

> Como os mandalas modernos apresentam paralelos surpreendentes e bem próximos em relação aos antigos círculos mágicos, em cujo centro geralmente encontramos a divindade, é evidente que no mandala moderno o homem – enquanto expressão mais profunda do "si mesmo" – não substituiu a divindade e sim a simbolizou[17].

As ideias centrais deste Sermão ministrado por Filêmon são as seguintes:
- Deus não está morto e é plenitude efetiva (criação) do Pleroma.
- Deus (chamado 'Hélio'[18]) é criatura na medida em que é diferenciado e determinado, embora se diferencie dela porque é menos claro e determinado.
- Deus (como cada ser criado e incriado) é também o Pleroma.
- Tudo o que não diferenciamos cai no Pleroma e se anula no seu oposto.
- O diabo é vazio efetivo (destruição) do Pleroma.
- Deus e diabo são as primeiras manifestações do Pleroma ou o nada.
- O Pleroma pode existir ou não, pois se anula em tudo.
- Ainda que não existam Deus e diabo, basta que tenhamos que falar deles. Por outro lado, a criatura os diferencia sempre de novo, a partir da indiferenciação do Pleroma.
- Tudo o que se diferencia a partir do Pleroma é par de opostos; por isso a Deus sempre corresponde o diabo.
- O efetivo está acima de Deus e diabo e unifica vazio e cheio. Esse Deus é Abraxas.

A máxima revelação é Abraxas, o Deus ignorado ou esquecido, mais indeterminado que Deus e o diabo. Jung assinalou, em um de seus seminários, que 'Abraxas' seria um nome inventado:

> Os gnósticos deram este nome a sua divindade suprema. Ele era o deus do tempo. Na filosofia de Bergson, na *durée créatrice*, expressa-se a mesma ideia. [...] Assim como este mundo arquetípico do inconsciente coletivo é em grande medida paradoxal, sempre sim e não, assim também a figura de Abraxas significa

---

[17] Ibid., § 157.

[18] Jung trata da mitologia solar em *Transformações e símbolos da libido* (1912, OC B, § 177s.), mas também em um ciclo de conferências recentemente publicado: "Um seminario ritrovato di Jung su Opicino de Canistris", in: *Carl Gustav Jung a Eranos 1933-1952*, Turim, Antigone, 2007, p. 163-176.

começo e fim, ela é vida e morte, por isso é representado por uma figura monstruosa. Ele é um monstro, pois encarna a vida da vegetação ao longo de um ano, a primavera e o outono, o verão e o inverno, o sim e o não da natureza. Daí que Abraxas seja totalmente idêntico ao demiurgo, o criador dos mundos. E como tal é indubitavelmente idêntico a Purusha ou Shiva[19].

Quais são as propriedades de Abraxas?
- Nada se lhe contrapõe, por isso sua natureza é "efetiva" e está acima de Deus e diabo.
- Se o Pleroma tivesse uma essência, Abraxas seria sua manifestação e, contudo, também é criatura na medida em que se diferencia do Pleroma.
- Abraxas é "força, duração, mudança".

Os mortos se levantam indignados e o 'eu' adverte Filêmon de que assim ele separa os homens do Deus ao qual podem orar. Contudo, Filêmon explica que ensina aos mortos porque, diferentemente dos vivos, eles desejam o ensinamento. Os mortos precisam da salvação, pois repudiaram o Deus cristão, o Deus do amor, depois de terem repudiado o Deus mau ou o diabo. Por isso lhes ensina um Deus que vai além desses opostos repudiados, um Deus que dissolve a união, que desagrega o humano, e destrói violentamente. Pois, a quem o amor não une, lhe "força o temor". Por certo, esses mortos vivem em nós e esse Deus é o Deus vindouro que habita em nossa interioridade.

{8} *Terceiro Sermão:* Abraxas Summum Bonum e Infimum Malum

1º de fevereiro de 1916

PERSONAGENS: 'Eu' – Filêmon – mortos.
SÍNTESE: Fala-lhes novamente sobre o Deus Supremo. O homem toma do Sol o *Summum Bonum*; do diabo, o *Infimum Malum*; e de Abraxas, a vida *indeterminada*, que é a mãe do bem e do mal. O poder de Abraxas é ambivalente, pois engendra ambos os polos: verdade e mentira, bem e mal etc. Pode-se conhecer esse, mas

---

[19] *Visions* II, 16 de novembro, p. 806s. [OC B – Seminários: *Visiones*]. A notícia de Irineu de Lyon em *Contra as Heresias* I, 24,7, diz literalmente: "Distribuem as 365 posições locais dos céus como os astrólogos. Com efeito, tendo recebido suas doutrinas, as transformaram dando-lhes o selo próprio. Abraxas é o chefe daqueles e por isto tem em si (a soma de) os 365 números" (in: GARCÍA BAZÁN, F. *La gnosis eterna* – Antologia de textos gnósticos griegos, latinos y coptos. Vol. 1. Madri: Trotta, 2003, § 146). A relação do nome Abraxas com o número 365 se encontra também no papiro mágico grego IV, 330-362, que contém a chamada 'liturgia de Mitra'.

não o compreender. Filêmon parece enfatizar o aspecto temível deste Deus, dado que os mortos eram cristãos que repudiaram a ordem da unidade e da comunidade, já que não aceitaram a fé no Pai do céu que julga com medida justa. Filêmon utiliza o termo Deus porque sabe que o homem nunca chamou o regaço materno da incompreensibilidade com outro nome.

Na noite seguinte, os mortos lhe exigem que continue a lhes falar de Abraxas. Filêmon lhes transmite o Terceiro Sermão. Abraxas é o deus dificilmente reconhecível e seu poder supremo escapa à vista do homem. Reúne em si o poder de Deus (*Summum Bonum*) e do diabo (*Infimum Malum*).

Abraxas é ambivalente; é o poder do Sol e do abismo, da vida e da morte, da verdade e da mentira, luz e trevas. Abraxas é o monstro do inframundo e serpente alada, hermafrodita inferior, senhor das rãs e dos sapos, o amor e seu crime, santo e traidor, claridade da luz e profundeza da noite de loucura etc. E a uma lista de atributos que expressam sua natureza paradoxal se agrega outra em que se adverte que Abraxas é a potência, a *dynamis*, que atravessa toda a realidade:

> [...] Abraxas é o mundo, seu próprio vir-a-ser e cessar.

Por isso, este Deus é tanto o pavor do filho diante da mãe quanto o amor da mãe pelo seu filho. Abraxas é o Deus terrível, pois sua potência se manifesta, por exemplo, em nossos atos unilaterais de aproximação a Deus ou ao diabo. Assim, quando se crê no Deus-Sol, se dá ao diabo poder de atuação. Mas Abraxas, enquanto modelo do supremo, é ao mesmo tempo expressão mais alta do Pleroma e paradigma da criatura contra o Pleroma e seu nada. Em outras palavras, por expressar em si a máxima contradição, manifesta o Pleroma, mas na medida em que mantém essa tensão de opostos, se diferencia dele. Em 1942, Jung advertia:

> [...] o conceito de um Deus que tudo abarca tem de incluir necessariamente o seu oposto. A coincidência, no entanto, não pode ser muito radical, porque senão Deus se anularia a si mesmo. A ideia da coincidência dos opostos tem de ser completada ainda por seu contrário, a fim de alcançar o pleno paradoxo e, consequentemente, a validade psicológica[20].

Os mortos se enfurecem ante este ensinamento, parecem não o compreender. Filêmon explica, contudo, que este Deus pode ser conhecido, mas não

---

[20] "O espírito Mercurius" [in: OC 13], § 256.

compreendido. Se compreendido, dir-se-ia que é isto ou aquilo. Filêmon ensina isso aos mortos que repudiaram o Deus do céu, pois é Abraxas o Deus que Filêmon conhece e, o que é mais importante, é o Deus que "eles conhecem sem serem conscientes disso".

O 'eu' não compreende, contudo, por que chama de Deus o incompreensível e cruelmente contraditório. Mas Filêmon responde que se a essência superpoderosa do homem e do universo fosse a lei, assim a chamaria. Contudo, este superpoder não corresponde a uma lei, mas a linguagem humana sempre chamou de 'Deus' o "regaço da incompreensibilidade".

> Na verdade, este Deus é e não é, pois do ser e do não ser procede tudo o que foi, é, e o que será (p. 351).

Dito isso mais uma vez, Filêmon toca a terra com a mão e se dissolve.

{9} Quarto Sermão: Deuses e diabos

3 de fevereiro de 1916

PERSONAGENS: Filêmon – morto – 'eu'.
SÍNTESE: Abaixo do Deus Sol, supremo bem, e de seu contrário, o diabo, há muitos bens e males e, debaixo dois Deuses-diabo, o Ardente – *Eros*, e o Crescente – a Árvore da Vida. O um é o Deus Sol, o dois é *Eros*, o três é a Árvore da Vida e o quatro, o diabo. Como se pode ver, se configura aqui uma quaternidade com dois eixos polares, um Deus-diabo, e outro, *Eros*-Árvore da Vida. Há pluralidade de deuses, de homens, e não vale a pena adorar a multiplicidade de deuses. Filêmon explica que não pode ensinar aos mortos o Deus uno e múltiplo, pois o repudiaram pela fé. Por isso, deram poder às coisas e por esse 'superpoder' que outorgaram merecem ser chamados de deuses.

Na noite seguinte, os mortos lhe pedem que lhes fale dos deuses e dos diabos.
Neste sermão, se desdobram os opostos que caracterizam a estrutura e a dinâmica deste "cosmos". Esquematicamente, poderiam ser apresentados assim:
- Por cima de tudo, a oposição Deus-Sol (supremo bem) e diabo.
- Abaixo há muitos bens e males, mas também há dois Deuses-diabo, ou seja, dois princípios que incluem a tensão dos dois anteriores: o Ardente (*Eros*) que é chama que consome e o Crescente (Árvore da Vida), que cresce lentamente através dos tempos.

Esta dupla polaridade pode se expressar assim:

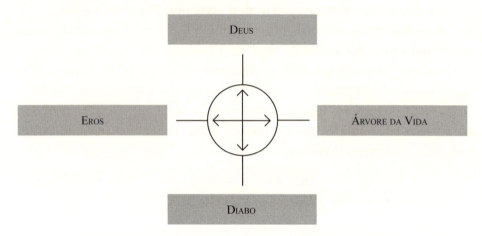

Com relação a Eros, Jung assinalou em sua obra teórica:

> [...] O erotismo por um lado, pertence à natureza primitiva e animal do homem e existirá enquanto o homem tiver um corpo animal. Por outro lado, está ligado às mais altas formas do espírito. Só floresce quando espírito e instinto estão em perfeita harmonia. [...] "Eros é um grande demônio", declara a sábia Diotima a Sócrates. [...] Eros não é a totalidade da natureza em nós, mas é pelo menos um dos seus aspectos principais[21].

Este sermão poderia ser apresentado segundo a seguinte estrutura:

Um: é o começo, o Deus Sol.

Dois: é o Eros que vincula dois e se estende com sua luz.

Três: é a Árvore da Vida, que enche o espaço com corpos.

Quatro: é o diabo que abre o fechado, dissolve os corpos e destrói tudo, tornando-o nada.

E embora o texto não prossiga com a enumeração, pois a quaternidade de certo modo é a totalidade, cabe acrescentar:

Quinto: é a pluralidade de deuses e de diabos. Cada estrela é um deus e cada espaço que preenche uma estrela é um diabo. É preciso reconhecer a pluralidade de deuses e não os reduzir à unidade, pois nesse caso se mutila a própria essência. (Também se fala de deuses brilhantes do céu cujo senhor é Hélio e deuses obscuros da terra cujo senhor é o diabo.)

Sexto: são os homens.

---

[21] *Psicologia do inconsciente* [OC 7/1], § 32-33. "A teoria do Eros" é uma reelaboração de 1928 de seu anterior estudo de 1917 intitulado "A teoria sexual", cf. OC 7/1, § 16-34.

Os deuses são poderosos e suportam sua diversidade; já os homens são débeis e precisam da comunidade para poder aguentar sua singularidade. Os deuses querem se tornar homens e os homens foram deuses e se encaminham a Deus. Não há que se adorar nem aos deuses, nem, muito menos, ao Deus, pois o diabo engole tudo. Quando Filêmon finaliza seu ensinamento, os mortos irrompem com gritos de zombaria e se afastam.

Obviamente, este sermão enfatiza o "processo de individuação". Os deuses, do ponto de vista psicológico, equivalem aos arquétipos ou, melhor ainda, às infinitas formas que requerem do homem para "encarnar-se". Mas o homem deve assumi-los sem se identificar com eles, sob pena de ser devorado pelo inconsciente.

O 'eu' diz a Filêmon ter a impressão de que este se equivoca, pois parece que ensina uma crua superstição politeísta. Mas Filêmon lhe ensina que os mortos repudiaram ao Deus uno, único e não múltiplo; mas, em realidade, embora o ignorem, admitem os muitos deuses ao terem dado nome a todas as coisas do ar, terra, água, ao haver 'contado' todas as coisas, e ao haver possuído as coisas da natureza, árvores e metais sagrados. Em síntese:

> [...] deram às coisas poder e não o sabiam.

Em suma, acabou o "mês" (a era) deste Deus único e os múltiplos deuses irrompem. Não se trata, esclarece Filêmon, de um politeísmo inventado, mas dos muitos deuses e suas potentes vozes que destroçam a humanidade.

Estes mortos zombam de Filêmon, mas se tivessem feito expiação por todos seus sacrilégios, não levantariam sua mão assassina contra seus irmãos. Entretanto, esperamos sob a luz reflexa da Lua que um novo Sol renasça. E, beijando a terra pede à Mãe que o filho dela seja forte. Depois, olha para o céu e percebe o quanto é escuro este lugar da nova luz.

{10} Quinto Sermão: A Igreja e a santa comunidade

PERSONAGENS: Mortos – Filêmon.
SÍNTESE: O mundo dos deuses se manifesta na espiritualidade (os celestiais) e na sexualidade (os terrenos), a primeira é feminina e a segunda, masculina. Mas no homem a sexualidade é mais terrena e na mulher é celestial. O inverso se dá no espiritual; a espiritualidade do homem é celestial e se dirige ao grande; a da mulher é mais terrena e se dirige ao pequeno. O ser humano se diferencia da espiritualidade e da sexualidade; não as possui, antes é possuído por elas, que são demônios. O ser-individual se diferencia da comunidade, mas esta é necessária em virtude

da debilidade do homem frente a deuses e demônios. Comunidade e indivíduo são opostos complementares, a comunidade é o calor e o indivíduo a luz.

Ao chegar a noite seguinte, os mortos sempre entre zombarias e gritos exigem de Filêmon uma instrução sobre a Igreja e a santa comunidade.

Assim, Filêmon apresenta a comunidade como uma expressão de opostos complementares. Estes são, em síntese, os princípios fundamentais:
- O mundo dos deuses se manifesta na espiritualidade (deuses celestiais) e na sexualidade (deuses terrenos).
- A espiritualidade (*Mater Coelestis*) é feminina, recebe e capta; e a sexualidade (*Phallos*)[22] é masculina e é o pai terreno.
- A espiritualidade do homem (da mulher) é mais celestial (terrena) e se dirige ao grande (pequeno). Quando isso não ocorre, é mentirosa e diabólica.
- A sexualidade do homem (da mulher) é mais terrena (espiritual).

A seguir consignamos um esquema que mostra sinopticamente a espiritualidade e a sexualidade do homem e da mulher.

Espiritualidade e sexualidade não são propriedades do ser humano, mas poderosos demônios (*daimones*) ou manifestações dos deuses que possuem. Quando o homem convoca a sexualidade, o falo a situa entre o ser humano e a terra, e quando convoca a espiritualidade, a mãe a situa entre o céu e a terra. Se a espiritualidade e a sexualidade não são encarados como *daimones* perigosos e inevitáveis, mas dos quais é mister se diferenciar, cai-se no Pleroma. Devido à debilidade do homem, de seu ser individual, é necessária a comunidade que pode estar sob o signo espiritual da mãe ou sob o signo sexual do falo[23]. Em virtude da debilidade ante estes demônios, é mister uma comunidade. A comunidade e o ser-individual são opostos complementares; a primeira é profundidade e preservação e o segundo é altura e aumento. E sobre o falo, Jung sustentou anteriormente que:

> O falo é a essência que se move sem membros, vê sem olhos, que sabe o futuro; e como representante simbólico do poder criativo ubíquo clama a imortalidade[24].

---

[22] Em *Transformações e símbolos da libido* (1912) [OC B, § 209], Jung argumentou: "O falo é a essência que se move sem membros, vê sem olhos, que sabe o futuro; e como representante simbólico do poder criativo ubíquo, reivindica a imortalidade". Prossegue falando sobre deuses fálicos.

[23] "A comunidade nos dá calor, a vida solitária nos dá luz" (p. 353).

[24] Cf. *Transforções e símbolos da libido*, p. 127.

Em síntese, com relação à comunidade, embora esta proteja o homem dos *daimones*, pode também absorvê-lo. Por isso, a autêntica participação do indivíduo na comunidade se realiza mediante seu processo de individuação.

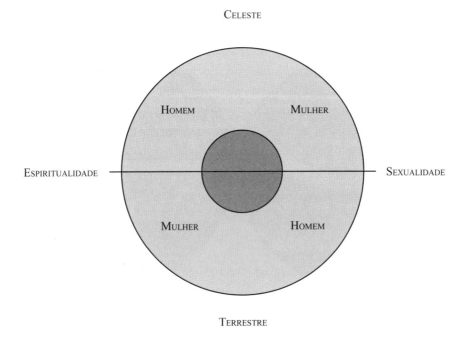

{11} Sexto Sermão: Os opostos serpente-pássaro

Data incerta

PERSONAGENS: Mortos – Filêmon – 'eu'.

SÍNTESE: A serpente e o pássaro se estabelecem como símbolos da alma ctônica e urânica, respectivamente. Filêmon evidencia o apego dos mortos à zombaria e sua incapacidade para a redenção. Somente incorporando a loucura tem alguma possibilidade. O ancião faz o 'eu' compreender a situação.

O demônio da sexualidade, a serpente, é metade humana, e significa desejo de pensamento. O demônio da espiritualidade submerge em nossa alma como pássaro branco e é pensamento de desejo. Após o Sermão, lhes diz que eles não se libertaram da fé por agarrarem-se à zombaria. Diante da defesa de sua racionalidade, lhes ensina que devem levar loucura à razão. "Teu conhecimento é uma loucura e uma maldição. Tu queres tocar a roda para trás?" Isso é o que acontece, responde Filêmon, e diz que sai do círculo da oscilação e, assim, Jung experimenta que as palavras

J.C. Barchusen, *Elementa Chemicae*, Leiden, 1718.

de Filêmon moverem os lábios dele, Jung: "Tu és eu, eu sou tu". Parece que os mortos captaram que estão cegos pela verdade e veem através do erro. "Eles o conheceram e sentiram e se arrependeram, voltarão e vão implorar com humildade". Como se pode notar, este reconhecimento detém a 'enantiodromia', isto é, o movimento cego e pendular dos opostos, e produz-se uma integração. Os mortos ficam calados e na expectativa, e Filêmon assim profere o Sexto Sermão. Neste sermão, Filêmon mostra que o demônio da sexualidade (ou seu símbolo) é a serpente e o demônio da espiritualidade é o pássaro branco. A serpente é uma alma terrena; é aparentada com os espíritos dos mortos e busca aqueles que não encontraram seu caminho rumo ao ser individual. O pássaro branco é uma alma semicelestial; permanece com a Mãe e por vezes se eleva. É casto, traz notícias de longe, leva nossa palavra à Mãe e manda ao ser individual. A serpente tem poder sobre o falo, eleva as ideias clarividentes da terra, mas apesar de não querer, pode ser-nos útil. A serpente

> [...] escapa de nosso controle e nos mostra assim o caminho que não encontraríamos só com nossa inteligência (p. 353).

Os mortos lhe dizem com desprezo que deixe de falar de deuses e de homens, pois sabiam de tudo isso faz tempo. Filêmon lhes faz ver que eles repudiaram a fé e ficaram com a zombaria, e por isso são miseráveis. Os mortos se creem inteligentes, não miseráveis, e exaltam sua razão, pois seu pensar e sentir são puros como água cristalina. Filêmon lhes propõe, contudo, que acrescentem esta loucura, esta sem-razão a sua razão, e assim poderão encontrar o caminho. Se aceitassem este saber, se libertariam, a compaixão os invadiria e poderiam romper o círculo da oscilação até alcançar a pedra imóvel da calma.

De certa maneira, este saber é o contrassentido que sacrifica seu apego à vida dos homens e a seus preconceitos:

> Este saber é o machado do sacrificador (p. 353).

Contudo, os mortos o rechaçam; por um momento, o ensinamento transmitido (embora não compreendido pelos mortos) faz que a roda volte atrás e a terra enverdeça. Por um momento, o homem se encontra a si mesmo. E desta vez os mortos se retiram em silêncio. Filêmon se inclina para a terra, diz que tudo está cumprido, mas não acabado, e depois desaparece.

O 'eu' fica em estado de confusão, mas na noite seguinte o 'eu' tem a ocasião de perguntar a Filêmon o que é que ele fez. Filêmon responde:

> Tudo está andando seu caminho costumeiro. Nada aconteceu e, no entanto, aconteceu um doce e indizível mistério: saí do círculo giratório (p. 353).

Figura *Systema Munditotius*. Recriação livre de María Ormaechea, a partir do original de Jung.

É quando o 'eu' percebe que as palavras de Filêmon movem seus lábios, nos ouvidos do 'eu' soa a voz de Filêmon e os olhos do 'eu' o veem a partir de dentro:

> Tu saíste do círculo giratório? – Que confusão! Tu és eu, eu sou tu? Não o senti como se a roda das criações tivesse parado, e tu dizes que saíste do círculo giratório? (p. 353).

Ante esta situação misteriosa, o 'eu' pede ao mago que lhe ensine.

E Filêmon lhe diz que pôde deter a roda e os mortos receberam o ensinamento, embora estejam cegos pela verdade e só vejam através do erro. Se arrependerão e voltarão com humildade e o repudiado será seu tesouro. O 'eu' gostaria de perguntar o essencial a Filêmon, mas este se vai e ele fica a sós com sua alma silenciosa sem saber o que dizer a respeito do mistério insinuado, mas não revelado.

{12} Sétimo Sermão: Sobre os homens

8 de fevereiro de 1916

PERSONAGENS: Mortos – Filêmon – 'eu'.
SÍNTESE: O homem é a porta entre o mundo externo e o interno; é o Abraxas deste mundo. Filêmon lhe diz: "Por isso [os mortos] precisam aprender o que não sabiam, que o ser humano é uma porta pela qual se espreme para passar o comboio dos deuses e o vir-a-ser e desaparecer de todos os tempos".

Com o cair da sétima noite, os mortos retornam e pedem que lhes ensine sobre os homens.

Em última instância, o homem é uma porta através da qual os próprios mortos que provêm do mundo externo dos deuses, demônios e almas penetram no mundo interno. O homem é pequeno, mas neste mundo é Abraxas.

Desta vez, quando Filêmon termina, os mortos se calam. E, de certo modo, é como se a compreensão permitisse que se libertem, pois um peso cai deles e vão para o alto como a fumaça sobre o fogo.

E ante o pedido do 'eu', Filêmon lhe esclarece que os mortos estavam convencidos da nulidade e transitoriedade dos homens, embora soubessem que o homem é o criador de seus deuses. Mas tiveram de aprender que o homem é "o devir e o transcorrer de todos os tempos". O homem é o instante eterno do mundo, vida e duração que não se extingue; quem reconhece isso deixa de ser chama e se converte em fumaça:

> O que é momento e duração eterna? Tu, ser, és eterno em cada momento (p. 354).

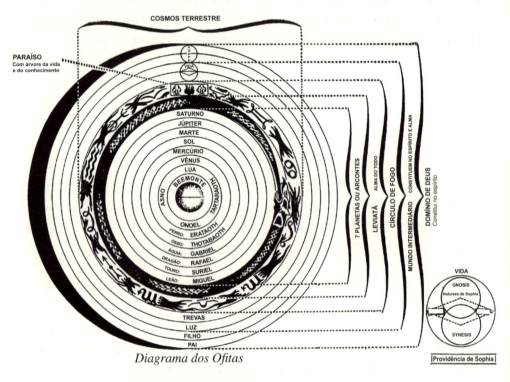

Diagrama dos Ofitas

Diagrama dos ofitas, baseado no esquema de Irineu de Lyon.

Desse modo, redimiu o ser existente das obscuridades do tempo, de deuses e de diabos; ou seja, dos opostos. Mas o 'eu' pergunta quando lhe dará de presente o tesouro preto e dourado, e sua luz azul de estrela. Ao que Filêmon responde que lhe dará quando tiver entregado à chama sagrada tudo o que quer queimar.

Um apêndice aos Sermões – Os Sermões aos Mortos e o Systema Munditotius: Abraxas e o homem

Temos repetidamente aludido à figura de Abraxas, mas ainda é imprescindível que aprofundemos a concepção deste Deus ambíguo, modelo do 'Deus vindouro'. Isso é exigido não só pela relevância e complexidade deste símbolo, mas também por certa desorientação da crítica especializada. Cremos, além disso, que pode lançar luz, ao pôr em correspondência os Sermões e o *Liber Novus*, em geral, com o *Systema Munditotius*, um mandala realizado pelo próprio Jung, pois como se poderá ver há razões para supor que de algum modo o *Systema* é a forma visual dos Sermões. Dois artigos publicados recentemente por Barry Jeromson[25] lançam não pouca luz sobre a questão, mas cremos que ainda permanece sem solução o enigma referente à natureza específica deste Deus paradoxal, dentro da cosmologia junguiana. Por certo, não pretendemos resolver todo o complexo simbólico envolvido, mas aspiramos a uma apresentação de conjunto ordenada e à resposta a algumas questões centrais.

Em 1955, o *Systema Munditotius* de Jung apareceu publicado anonimamente numa edição especial de *Du* dedicada às conferências de Eranos. Numa carta a Walter Corti, de 11 de fevereiro de 1955, Jung declarou explicitamente que não queria que seu nome aparecesse. A isso acrescentou os seguintes comentários:

> Ele descreve as antinomias do microcosmo dentro do mundo macrocósmico com suas antinomias. No ponto mais alto, a figura do rapaz dentro do ovo alado, chamado *Erikapaios* ou *Fanes* e, lembrando assim, uma figura espiritual dos deuses órficos. Sua antítese escura nas profundezas é designada aqui como Abraxas. Ele representa o *dominus mundi*, o senhor do mundo físico, e é um criador-do-mundo de natureza ambivalente. Brotando dele vemos a Árvore da Vida, chamada *vita* [vida], enquanto sua contraparte superior é uma árvore de luz na forma de um candelabro de sete chamas chamado *ignis* [fogo] e *Eros* [amor]. Sua luz aponta para o mundo espiritual da criança divina. Também a arte e a ciência pertencem a esta esfera espiritual, a primeira representada como uma serpente alada e a se-

---

[25] JEROMSON, B. "*Systema Munditotius* and Seven Sermons: symbolic collaborators in Jung's confrontation with the dead". In: *Jung History*, 1, 2, 2005-2006, p. 6-10. • JEROMSON, B. "*Systema Munditotius*: Mandalas, Myths and a Misinterpretation". In: *Jung History*, 2, 2, 2007, p. 20-27.

gunda como um rato alado (como atividade de cavar buracos!). O candelabro baseia-se no princípio do número espiritual três (duas vezes três chamas com uma grande chama no meio), ao passo que o mundo inferior de Abraxas é caracterizado pelo cinco, o número do homem natural (duas vezes cinco pontas de sua estrela). Os animais do mundo natural que o acompanham são um monstro demoníaco e uma larva. Isto significa morte e renascimento. Uma outra divisão do mandala é horizontal. À esquerda vemos um círculo indicando o corpo ou o sangue, e dele surge uma serpente, que se enrosca no *Phallus*, enquanto princípio generativo. A serpente é escura e clara, apontando ao mundo escuro da terra, da lua e do vazio (por isso chamado satanás). A parte clara da plenitude está à direita, onde do círculo brilhante *frigus sive amor dei* [frio o amor de Deus] a pomba do Espírito Santo alça voo, e a sabedoria (*Sophia*) derrama água de uma dupla taça para a esquerda e para a direita. Esta esfera feminina é a do céu. A grande esfera caracterizada pelas pontas ou raios em ziguezague representa um sol interior; dentro desta esfera está repetido o macrocosmo, mas com a região superior e a região inferior invertidas como num espelho. Estas repetições devem ser imaginadas como infinitas em número, tornando-se cada vez menores até chegar ao núcleo mais interno, o próprio microcosmo[26].

Poder-se-ia supor, além disso, que Jung se inspirou no esquema de Irineu de Lyon baseado na cosmologia dos gnósticos ofitas, que foi recolhido por Celso em *Verdadeira doutrina* nos anos 177-180 d.C. e, pouco mais de meio século mais tarde, por Orígenes em *Contra Celso* VI, 24-38. Assim como o *Systema Munditotius*, trata-se de um diagrama circular que representa a totalidade do cosmos. Consignamos aqui o diagrama, mas não nos detemos em detalhar suas convergências e divergências, pois isso excede nosso interesse imediato[27].

O *Systema Munditotius* se compõe de quatorze anéis e em seu centro tem uma estrela de dezesseis pontas. Estes anéis estão agrupados em quatro e o quinto é 'ígneo'. Por certo, esta imagem ilustra num plano algo que se deve conceber como se estivesse construído em esferas concêntricas. O diagrama põe de manifesto opostos que estão representados por ícones contrapostos entre si, tanto horizontal como verticalmente: por exemplo, a Lua (esquerda), o Sol (direita), Fanes (acima), Abraxas (abaixo) etc. Como ressalta Jeromson, o mandala pode ser 'lido' em suas oposições vertical/horizontal; esquerda/direita e interior/exterior.

---

[26] JAFFÉ, A. *C.G. Jung* – Bild und Wort. Olten/Friburgo: Walter Verlag, 1977, p. 75.

[27] Cf. GARCÍA BAZÁN, F. *Gnosis* – La esencia del dualismo gnóstico. Buenos Aires: Castañeda, 1978, p. 119s., 170.

Descrevemos a seguir as principais imagens e legendas deste mandala, tendo-se em conta que apenas reproduzimos uma recriação:

1) Fora do círculo encontramos as seguintes inscrições:

Pleroma.
Inane – plenum (vazio – cheio).
Mundus exterior maior (Mundo exterior maior).
Abraxas dominus mundi (Abraxas, Senhor do Mundo).

Isto significa que tudo é o Pleroma e que, em última instância, é esse vazio-cheio descrito no Primeiro Sermão. Por isso, este mandala é o sistema de todos os mundos.

A questão que queremos resolver é: Qual é o lugar de Abraxas? Por que aparece como *dominus mundi* ["Senhor do Mundo"]? É casual que seja a única divindade cujo nome aparece fora do Pleroma?

2) Entre o primeiro círculo e o segundo:
- Horizontal: *dea luna* (esquerda) – *deus sol* (direita).
- Vertical: Abraxas (inferior) – Erikapaios/Fanes (superior), cujo nome está fora do círculo, segundo mencionamos; seu corpo de serpente está no anel exterior, mas a parte superior de seu corpo de leão avança sobre o círculo seguinte. Cada um está no meio de seis estrelas que na parte inferior têm a legenda '*dii*', 'deuses'.

3) Entre o segundo círculo e o terceiro (e em alguns casos apoiada no mesmo):
- Horizontal: *Mater natura – s. terra* (esquerda) – *mater coelestis*.
- Horizontal: *diabolum – Spiritus Sanctus*.

O *diabolum* está ilustrado com a serpente. Apoia-se no quarto círculo que é vermelho, aludindo ao sangue ou ao corpo, e se enrosca em torno ao *Phallus* como princípio gerador. O *Spiritus sanctus* está ilustrado com uma pomba com um cálice duplo. Trata-se do reino claro da plenitude que está à direita, de onde se eleva do círculo brilhante *frigus sive amor dei* (frio ou o amor de Deus) a pomba do Espírito Santo e a sabedoria (*Sophia*), que se derrama de um cálice duplo à direita e à esquerda:
- Vertical: *Vita* (inferior, ilustrado com uma Árvore da Vida) – *ignis* e *eros* (superior, ilustrado com um candelabro de sete chamas).

Na parte inferior e de cada lado da Árvore da Vida, aparece à esquerda um monstro diabólico coroado, e à direita, uma larva. Jung esclarece que isto alude à morte e renascimento. É significativa a seguinte legenda latina, até onde se consegue ler: "*corpus humanum et deus monos et mundi interiores minoresque. Mors et vita futura*" (Corpo humano e Deus uno e mundos interiores e menores; e morte e vida futura).

Na parte superior, à esquerda do candelabro, há um rato alado com a inscrição *scientia* e, à direita, uma serpente alada com a inscrição *ars*. O próprio Jung esclarece que o rato da ciência, embora alado, se caracteriza por fazer buracos.

O quinto círculo, marcado com pontas ou raios, representa um sol interno. Dentro desta esfera se repete o macrocosmos, mas enquanto o eixo horizontal serpente/pomba mantém sua orientação esquerda/direita, o eixo vertical se inverte; isto é, Abraxas está na parte superior e Fanes na inferior. Isto se repete *ad infinitum* até alcançar o centro mais interno, o próprio microcosmos.

Jeromson detalha com razão como várias das oposições que este quadro mostra correspondem aos Sermões. Mas o que não fica solucionado é a suposta contradição com relação à natureza de Abraxas nos Sermões e no *Systema*. Contudo, para nós, o *Systema* concorda totalmente com os Sermões e, além disso, esclarece uma nuança sutil.

Antes de mais nada é preciso esclarecer, de acordo com que já assinalamos, que a 'cosmologia' do *Liber Novus* não é gnóstica, no sentido estrito do termo. Nesse sentido, pode-se pensar que Jung tenha reinterpretado o próprio conceito de Abraxas. Por isso, nosso interesse não consiste em saber se Jung interpretou corretamente determinadas concepções gnósticas, mas sim qual é a sua própria concepção.

Sabe-se que Jung toma Abraxas como o Deus Supremo, quando na realidade parece que ele deve ser compreendido como um demiurgo, um Deus inferior, um *dominus mundi*. Insistimos, para além do gnosticismo, cabe perguntar por que aparece sob esta última condição quando na realidade é um Deus Supremo. Cremos que a resposta é simples e em boa medida pode ser vista na própria imagem.

1) Abraxas aparece ante os homens como o Deus dos vermes porque sua ambiguidade faz que no plano externo seja vista como obscuro, como expressão do polo do mal.

2) Se se observa a imagem, poder-se-á ver que o eixo vertical se inverte a partir do sexto círculo. Ou seja, ali se pode ver a imagem de Abraxas na parte superior, "sustentando" intimamente o deus Fanes, luminoso, exterior. Por definição, Abraxas supera as polaridades, mas tal obscuridade não pode menos que apresentar-se em primeira instância como ameaçadora.

O próprio Jung concebe Abraxas como o Deus que reúne todos os *samskaras*, todas as tendências inconscientes e, por isso, é ao mesmo tempo o que domina o mundo e o Deus que melhor recria o Pleroma.

O *Systema Munditotius* é o *yantra*, o sistema simbólico que guia na integração de opostos, num movimento que implica uma recriação do Pleroma de um modo individual, único e irrepetível, É, em certo sentido, uma expressão visual do modo de incubação do Deus vindouro no homem.

Décimo quarto momento: Redenção e conciliação (inconclusa)

{13} Tentativa de redenção pelo obscuro

PERSONAGENS: 'Eu' – negro (morte) – Mãe – Filêmon – a sombra azul (Cristo).
SÍNTESE: Aparece a figura preta de olhos dourados, a morte, e lhe avisa que traz a renúncia à alegria e o sofrimento humanos. Filêmon completa o que lhe disse o negro e lhe mostra, no céu da noite escura, a Mãe. Filêmon diz a ela que Jung quer se tornar filho dela, mas ela o adverte de que deve primeiro se purificar, pois está misturado, está composto de sofrimento e alegria. Assim, obediente, o 'eu' permanece em abstinência. Para consegui-lo deve manter-se fiel ao amor e assim livrar-se da sujeição aos homens e às coisas e adquirir a infantilidade da Mãe. Com isso consegue que a morte comece como uma nova vida e que o amor supere o pecado. Filêmon lhe traz um peixe e assim aparece uma sombra, Cristo. Filêmon se dirige a Cristo, o honra e primeiro descreve como os homens não seguiram o exemplo de sua vida sublime. Sua obra está inacabada porque os homens não a assumiram como própria e não estão dispostos a seguir sua própria vida sem imitação. São eles que a deixam inacabada, porque está acabada. Chegou o momento em que cada um deve realizar sua própria obra de redenção.

Após dizer essas palavras, aparece uma figura preta com olhos dourados. É, no fim das contas, a morte, que traz a renúncia à alegria e o sofrimento humanos. Filêmon completa o que a figura preta disse e mostra ao 'eu' um mistério incomensurável: assim, vê a noite, a terra obscura e acima o céu que tem a forma de uma mulher com um manto sétuplo de estrelas que a recobre totalmente. Filêmon se dirige à Mãe e diz que ele (o 'eu') quer converter-se em seu filho. A Mãe responde que não pode aceitá-lo como filho, pois ainda precisa se purificar. Deve permanecer em abstinência, pois se compõe do sofrimento e da alegria do homem. E embora Filêmon, disfarçado, lhe traga uma tentação, o 'eu' obediente permanece em abstinência. Mantém-se fiel ao amor e com isso entrega ao padecer do dilaceramento, e assim adquire a infantilidade da Grande Mãe [Tentativa de redenção pelo obscuro] e alcança a libertação do jugo aos homens e às coisas. Quem pode acolher o amor, acolher voluntária e voluntariosamente a dor e o sofrimento, se desliga dos homens e das coisas. Permanecer fiel ao amor implica colocar-se acima de todo pecado.

Quando cai a noite, Filêmon lhe traz um peixe prateado para consolá-lo. E quando o 'eu' o fita, vê junto à porta uma sombra, Cristo, trajando vestimenta da exaltação. Filêmon o honra e primeiramente descreve como os homens não tomaram o exemplo de sua vida sublime. Mas tomá-lo como exemplo não é imitá-lo, mas sim assumir a própria vida, ser fiel à própria essência. Assim interpreta, por exemplo, o perdão à adúltera[28], ou sua infração da lei do sábado (Sabbat)[29]. Sua obra está inacabada porque os homens não a assumiram e não estão dispostos a seguir sua própria vida, sem imitação, e, ademais, são infantis. São eles que a deixam inacabada, porque na realidade a obra de Cristo está acabada, já que entregou sua vida: toda sua verdade, todo seu amor, toda sua alma. É chegado o momento em que cada um deve realizar sua própria obra de redenção. Um novo mês (platônico), uma nova era começou.

Quando Filêmon termina e a sombra desaparece, o 'eu' pede perdão, pois isto foi dirigido aos homens e o 'eu' é um homem. Contudo, como Filêmon se dissolve na escuridão, decide se dedicar ao que lhe compete, ser fiel a seu amor, sofrer o que deve sofrer.

{14} A desobediência do 'eu'

PERSONAGENS: 'Eu' – Filêmon – Elias – Salomé – alma.
SÍNTESE: Com seus assassinatos, com seus excessos, os homens servem à serpente de Deus. As atrocidades se acentuam quando antecedem o renascimento do Deus, um Deus que não é monolítico, mas paradoxal. Em sonhos reaparecem Elias e Salomé. Elias se declara débil e pobre, pois um excesso de seu poder passou para Jung. Não sabe da morte de Deus e nem que há múltiplos deuses e demônios que se tornaram novamente seres humanos. Elias não pode compreender a morte do Deus único e que a multiplicidade das coisas únicas é o único Deus. Salomé, contudo, parece compreender um pouco: "O ser e a multiplicidade me agradam, mesmo que não sejam novos e não durem para sempre". A alma volta a encontrar-se em grande tormento, e quando o eu se oferece para ser intermediário junto aos deuses, ela lhe responde que eles querem seu espírito humano, já que os deuses sofrem porque ele deixou para eles o tormento. Jung pensa o mesmo dos deuses e quer, por sua vez, o espírito deles, a graça divina. Os deuses lhe pedem obediência, que ele faça por eles aquilo que sabe não querer fazer. Jung não aceita, pois já não há mais obediência incondicional. Por outro lado, Jung sustenta que os deuses estão insatisfeitos pela saciedade e agora, com o homem, devem aprender a carên-

---

[28] Cf. Jo 8,1-11.

[29] Cf. Jo 9,13s.

cia. A alma (dividida em pássaro e serpente) lhe traz a mensagem dos deuses e lhe adverte que eles estão indignados. E ainda que a alma recorra à figura do diabo para convencê-lo, o 'eu' a descobre e assim os deuses se rendem. Foi o diabo – paradoxalmente – que ajudou a purificá-lo, a libertá-lo dessa obediência dos deuses, que, por outro lado, de vez em quando se alegram por isso. Mas a unilateralidade 'diabólica' atravessou seu coração, e a ferida do dilaceramento ardeu nele (no 'eu').

No curso da outra noite, o 'eu' escuta um discurso de Filêmon que assinala que, depois de ter engravidado o corpo moribundo do submundo e dali dado à luz a serpente do Deus, vê o lamento e a loucura a que os homens estão submetidos. Com seus assassinatos, com seus excessos, os homens servem à serpente de Deus. As atrocidades se acentuam quando antecedem o renascimento do Deus, um Deus que não é monolítico, mas paradoxal. Com seus assassinatos, com seus excessos, os homens servem à serpente de Deus. E o que é pior, o fazem porque não sabem fazer nada melhor.

Pouco depois vê em sonhos Elias e Salomé. Elias se mostra diminuído e diz que o excesso de seu poder foi para o 'eu'. Além disso, informa que recebeu de uma voz trovejante (que depois qualificou de pagã) uma palavra blasfema acerca da "morte de Deus", pois só há um Deus e este não pode morrer. O 'eu' se surpreende de que Elias, com sua clarividência, não saiba que o Deus uno se foi e que tomaram seu lugar muitos deuses e diabos. Em *Memórias*, Jung comentou:

> As formas do inconsciente são também "desinformadas" e têm necessidade do homem ou do contato com a consciência para adquirir "saber". Quando comecei a me ocupar com o inconsciente, as "figuras imaginárias" de Salomé e de Elias desempenharam um grande papel. Logo passaram a um segundo plano para reaparecer cerca de dois anos mais tarde. Para meu grande espanto elas não tinham sofrido a menor mudança; falavam e se comportavam como se nesse ínterim nada tivesse ocorrido. Entretanto, os acontecimentos mais inauditos tinham-se desenrolado em minha vida. Foi-me necessário, por assim dizer, recomeçar desde o início para lhes explicar e narrar tudo o que se passara. De início fiquei bastante espantado. Só mais tarde compreendi o que tinha acontecido: as figuras de Salomé e Elias haviam nesse meio-tempo soçobrado no inconsciente e em si próprias – poder-se-ia dizer, fora do tempo. Elas ficaram sem contato com o eu e suas circunstâncias variáveis e "ignoravam" por essa razão o que se passara no mundo da consciência[30].

Diante deste comentário, estranho para ambos os interlocutores, Salomé diz que só o novo dá prazer e por isso amamos o vindouro e não o existente. E, com ironia, acrescenta que por isso sua alma (Salomé, a alma do 'eu'?) também quis

---

[30] *Memórias*, p. 309.

uma mudança, um homem novo. Por isso, Elias também ama o vindouro e não o existente, e seguramente sabe isto que crê não saber. Do relato de Elias se pode depreender que ele sabe que recebeu essa mensagem, mas não a compreendeu. É o 'eu' que deve dizer-lhe que o Deus único está morto, desintegrou-se numa multiplicidade e do mesmo modo a alma se tornou múltipla e se dividiu em serpente e pássaro, pai e mãe, Elias e Salomé. Por isso, é preciso que o 'eu' separe Salomé e Elias de sua alma e os coloque como demônios. A Elias desagrada essa multiplicidade de deuses e é árduo pensá-las. Mas o 'eu' responde que não é preciso pensá-la, deve-se observá-la, pois é um quadro. E Salomé, que primeiramente havia pensado o simples como prazeroso, reconhece que pode ser tedioso e que o múltiplo agrada. Salomé, que agora compreende mais do que Elias, diz a este que os homens parecem ter tomado a dianteira; o múltiplo é mais prazeroso e o Uno, mais simples e tedioso. Elias, aflito, se pergunta se ainda existe o Uno quando está junto ao múltiplo, e o 'eu' lhe ensina que o Uno não exclui o múltiplo.

Mas Elias pergunta se o novo é bom, e em seguida conclui que nada há de novo, pois, do contrário, não poderia pressagiar, já que ele vê o futuro no espelho do passado. Finalmente, ele vai se desagradando porque no mundo dos homens sempre se erra. Contudo, quando Salomé se retira, ela sussurra ao 'eu' que o ser e o múltiplo a agradam, embora não sejam novos nem eternos.

Finalmente, a alma volta a encontrar-se num grande tormento e, quando o 'eu' se oferece como mediador junto aos deuses, a alma responde que eles querem seu espírito humano, já que os deuses sofrem porque ele lhes deixou tormento. O 'eu' pensa o mesmo dos deuses e quer, em troca, o espírito divino. Cristo tampouco retirou o tormento de seus seguidores, antes, o aumentou. Os deuses fizeram o homem sofrer graves tormentos e nunca se saciaram. Inclusive inventaram novos tormentos até o ponto de obcecá-lo, até fazê-lo crer que já não havia mais deuses, e que só havia um Deus todo-poderoso, de tal modo que quem tivesse que lutar com os deuses fosse tomado por louco. Os deuses lhe pedem obediência, que faça por eles aquilo que sabe não querer fazer. O 'eu' não aceita, pois já não há mais obediência incondicional. Por outro lado – afirma o 'eu' – os deuses estão insatisfeitos de saciedade e agora devem aprender com o homem a carência. A alma (dividida em pássaro e serpente) se vai preocupada e assustada, pois pertence ao gênero dos deuses e demônios e sempre tende a converter o 'eu' em um de sua espécie. Finalmente, lhe traz a mensagem dos deuses e o adverte de que eles estão indignados. E embora a alma recorra à figura do diabo para convencê-lo, o 'eu' a descobre, e assim os deuses se rendem. Foi o diabo – paradoxalmente – quem ajudou a purificá-lo, a libertá-lo dessa obediência dos deuses que, por outro lado, às vezes se alegram de poder fazer exceções à lei eterna. Os deuses se mostram indulgentes e aceitam isto como um sacrifício. Mas a unilateralidade 'diabólica' atravessou seu coração e a ferida do dilaceramento ardeu nele (no 'eu').

{15} Cristo e satã – A conciliação inconclusa

1º de junho de 1916

PERSONAGENS: 'Eu' – Filêmon – sombra azul (Cristo).
SÍNTESE: O 'eu' encontra Filêmon conversando com a sombra azul e lhe oferece hospedagem, dizendo-lhe que o verme que ele rechaçou volta para ser integrado.

Aparece a Filêmon uma sombra azul, Cristo. Filêmon lhe comunica que ele está no seu jardim e que pode encontrar nele e em sua esposa Baucis um lar. Por certo, eles são os anfitriões dos deuses pois "demos hospedagem a teu verme assustador". Filêmon lhe dá razões para reconhecer que a natureza de Cristo é também a da serpente. A sombra o admite e lhe diz que traz a beleza do sofrimento, pois é disso que necessita o anfitrião do verme.

O 'eu' encontra Filêmon no jardim, na sombra de uma árvore. Filêmon nota a presença de uma sombra azul, Cristo, e dá boas-vindas dizendo-lhe que o pecado do mundo deu beleza ao seu rosto. Mas a mesma sombra, dirigindo-se a Filêmon como Simão o Mago[31], pergunta quem está no jardim de quem.

Filêmon lhe diz que ele está no seu jardim, o de Simão e Helena, agora convertidos em Filêmon e Baucis, anfitriões dos deuses, na verdade, do verme assustador[32].

A sombra não parece compreender que não está em seu próprio jardim, no mundo dos céus.

Filêmon lhe ensina que é o mundo dos homens, mas os homens se transformaram, pois já não são escravos, embusteiros dos deuses ou enlutados de Cristo, mas que concedem hospedagem aos deuses. E como deram hospedagem ao seu

---

[31] Para uma exposição atualizada de Simão Samaritano (o Mago) e seus seguidores, incluindo fontes, testemunhos, interpretações e bibliografia, cf. GARCÍA BAZÁN, F. *La gnosis eterna*. Vol. 1. Op. cit. Cap. 1: "Simón y los simonianos", p. 47-81.

[32] Em *Memórias*, Jung expôs: "Ao longo das peregrinações oníricas encontra-se mesmo muitas vezes um velho acompanhado por uma moça, e em numerosos relatos míticos encontram-se exemplos desse mesmo par. Assim, segundo a tradição gnóstica, Simão o Mago, peregrinava com uma jovem que tirara de um bordel. Ela se chamava Helena e era tida como uma reencarnação de Helena de Troia. Kingsor e Kundry, Lao-tsé e a dançarina são exemplos do mesmo caso" (p. 185).

irmão satã, que ele rechaçara no deserto, agora vem Cristo, pois onde está um, está o outro. E quando a sombra teme ter sido apanhada em uma armadilha, Filêmon lhe sugere que reconheça que sua natureza também é serpentina; seja na prefiguração da serpente de bronze, em sua prática da cura, em sua descida ao inferno...[33]

A sombra então pergunta se por acaso ele sabe o que ela lhe traz; Filêmon sabe que aquele que é anfitrião do verme precisa de seu irmão, mas ignora qual é seu presente. O verme trouxe abominação e espanto.

> Respondeu a sombra: 'Eu te trago a beleza do sofrimento. É disso que precisa quem é hospedeiro do verme" (p. 359).

Com este oximoro, com este paradoxo, com esta tarefa, conclui o *Liber Novus*.

---

[33] Em *Aion*, Jung se refere à serpente como uma alegoria de Cristo (cf. OC 9/2, § 369, 385, 390) (*Aion*, p. 244, 256, 258).

Segunda parte – O caminho simbólico do *Liber Novus* | 479

Hildegard von Bingen, "A Trindade em sua íntegra Unidade" (*Scivias*, visão 2, segunda parte).

Tortura de Simão o Mago. Capitel de Autun, princípios do século XII.

Índice onomástico de *O Livro Vermelho*

Para facilitar a leitura de *O Livro Vermelho*, consignamos a seguir nomes presentes no *LV*, segundo a paginação da edição brasileira.

Nome [ocorrências] páginas
Acta Sanctorum [1] 265
Adão [1] 301
Alexandria [4] 206, 267, 268, 275
Amfortas [1] 302
Amônio [14] 267s., 275, 282
Anticristo [6] 242, 243, 318, 327, 359
Ararat [1] 327
Baal [2] 259
Baucis/Βαυκίς [3] 312, 314, 316
Bretanha [2] 268, 271
Brimo [1] 340
Buda [3] 248, 250, 277
Calvário [1] 254
Cícero [1] 294
Davi [1] 276
Eros [3] 351
Eva [2] 245, 247
Evangelho (s) [9] 251, 260, 267, 268, 272, 329, 341
Ezequiel [1] 294
Fausto [3] 293, 318, 322

Fileto [1] 275
Fílon [3] 268, 269, 271
França [1] 265
Gália [1] 268
Gêmeos [1] 314
Gólgota [1] 254
Guilherme Tell [1] 265
Gurnemanz [1] 303
Hades [3] 319, 326, 340
Hap [3] 339, 340, 345
Helena [2] 359
Hélio [6] 270, 271, 272, 349
Hermes Trismegisto/Ερμησ Τρισμεγιστυσ [1] 312
Herodes [1] 245
Hórus [1] 272
Isaías [3] 229, 296-297, 300
Isolda [1] 318
Itália [2] 276
Jacó [1] 281
Jerusalém [2] 294, 346
Jesus Cristo [32] 229, 234, 235, 242, 243, 244, 251, 252, 253, 254, 260, 268, 272, 283, 293, 294, 295, 296, 297, 298, 299, 300, 304, 310, 314, 315, 316, 317, 318, 325, 327, 358
João (Evangelista) [4] 229, 268, 269, 270
João Batista [4] 246, 249, 268, 325
José [1] 327
Judas [1] 241
Judeia [1] 272
Klingsor [1] 302
Kundry [2] 302, 303
Mãe Celestial/*Mater Coelestis* [5] 248, 250, 253, 352, 355
Maria [3] 249, 251, 252
Mefistófeles [1] 323
Mime [1] 251
Moisés [1] 312
Nápoles [2] 276
Nietzsche [8] 293, 298

Nilo [3] 272, 275, 336
Novo Testamento [1] 268
Odin [1] 327
Osíris [5] 272
Pã [1] 350
Papa [3] 248, 250, 316
Parsifal [5] 302, 303
Pedro [3] 248, 250
Pequeno Polegar [2] 320, 321
Pérsia [1] 276
Príapo [1] 350
Prometeu [1] 247
Sábado [1] 356
Sagradas Escrituras [4] 259, 268, 270, 275
Salerno [1] 259
Santo Inácio [1] 265
Santo Sepulcro [1] 294
São Cristóvão [1] 283
São Francisco [1] 265
São Sebastião [1] 281
Schiller [1] 265
Seth [1] 272
Sexta-feira Santa [2] 302, 304
Siegfried [4] 241, 242
Simão o Mago [3] 359
Summa [1] 270
Tiamat [2] 278, 280
Tomás de Kempis [7] 292s., 302
Trindade [4] 319, 320
Tristão [1] 318
Troia [1] 247
Ulisses [2] 245, 247
Wilhelm, Richard [1] 360

Índice temático de *O Livro Vermelho*

Para facilitar a leitura de *O Livro Vermelho*, consignamos a seguir principais temas do *LV*, segundo a paginação da edição brasileira.

Tema [ocorrências] páginas

Absurdo [15] (trad. Bras.: também como contrassentido) 229, 230, 234, 235, 241, 242, 244, 271, 284, 287, 297, 304, 329, 330, 336

Anabatistas [3] 294s., 304

Anão/anões [6] 251, 253, 264, 278, 321, 343

Arca da Aliança [1] 276

Árvore da Vida [8] 300, 301, 325, 340, 351, 364

Bufão [4] 234, 236, 303

Cachorro(s) [13] 238, 272, 273, 275, 277, 289, 311, 330, 340, 341, 343, 344, 345

Camaleão/χαμαιλέων [1] 277

Carro do sol [2] 270, 272

Chave [2] 250, 345

Consolo/consolar [5] 277, 307, 308, 341, 356

Corvo [2] 326

Culpa [13] 239, 241, 242, 248, 249, 250, 253, 254, 290, 291, 303, 319, 325

Daimon(es) [3] 248, 352, 353

Dança/dançar [13] 260, 261, 273, 276, 284, 323, 324

Desmedido/presunçoso [8] 280, 281, 292, 295, 306, 333, 343, 358

Dom [10] 303, 307, 308, 323, 345, 350

Erudição/erudito [14] 230, 232, 233, 239, 261s., 264, 270, 271, 272, 292, 302

Escaravelho [6] 237, 239, 271, 339

Eterno retorno [2] 311, 358

Falo/*phallos* [1] 352

Gnóstico [1] 271

Guerra, Primeira Grande [10] 231, 239, 240, 241, 244, 253, 254, 274, 335, 336

Idade Média [3] 330, 333

Ideia absoluta [1] 243

Imitação/imitar/imitador(a) [15] 231, 245, 246, 249, 251, 253, 270, 292, 293, 294, 295, 296, 302, 343, 356

Infantil [9] 233, 234, 275, 276, 310, 312, 316, 333, 334, 335-336, 342, 353, 356

Ínfimo(a) [19] 235, 275, 280, 299, 300, 304, 310, 332, 348, 350

Judeu(s) [8] 259, 260, 268, 272, 338

Leão [14] 238, 248, 249, 250, 251, 252, 254, 277, 280, 281, 303, 310, 329, 350

Logos/Λόγοσ [18] 269, 280, 281

Lua [15] 246, 261, 264, 266, 267, 270, 283, 351, 352

Macaco [6] 241, 245, 249, 344, 346

Mandrágora [1] 304, 311

Martyrium [1] 326

Método intuitivo [2] 294, 295

Mito(logia)/mítico [7] 265, 266, 271, 298, 328

Mundo superior/mundo da superfície [5] 252, 315, 327, 344

Natal [2] 284

Odisseia [1] 247

Pagão [15] 259, 260, 268, 272, 275, 276, 315, 335, 357

Paranoia [1] 295

Peixe(s) [11] 266, 267, 287, 289, 314, 356

Polícia [3] 294s.

Politeísmo [2] 351, 352, 357, 358

Pomba [6] 245, 300, 344

Predeterminar [2] 247, 311

Pré-pensar (tradução brasileira: pensar prévio) [40] 247-248, 250, 251, 252, 253

Principium individuationis [1] 347

Rã(s) [12] 266, 327, 328, 333, 350, 352

Rei da Espanha [1] 265

Romance [9] 262

Romanos [2] 268, 338

Romântico [4] 262, 263

Salamandra [1] 339

Santa Ceia [5] 317, 342, 344, 355

Sapo (s) [4] 329, 339, 350, 355

Serpente(s)/cobra(s) [47] 237, 238, 239, 244, 245, 246, 247, 248, 249, 251, 252, 253, 270, 278, 279, 280, 282, 283, 287, 288, 289, 299, 304, 307, 308, 309, 315, 317, 318, 320, 322, 323, 324, 325, 326, 327, 328, 329, 342, 343, 350, 353, 355, 356, 357, 358, 359

Serpentiforme [4] 248, 251, 317, 318

Si-mesmo [25] 234, 235, 236, 237, 245, 249, 250, 254, 263, 266, 267, 277, 288, 289, 291, 304, 310, 311, 330, 337, 338, 339, 341, 353, 356

Simiesco [1] 249

Simpatia [2] 312, 313

Sofista [5] 260, 313

Sombra azul (Cristo) [3] 316, 356, 359

Submundo [16] 240, 246, 252, 262, 280, 288s., 299, 304, 324, 350, 356

Summum Bonum [3] 350, 351

Suprassentido (trad. bras.: sentido supremo) [27] 229s., 235, 238, 239, 250

Teologia [2] 260, 292

Touro [7] 278, 280, 281, 285, 299

Unilateral/unilateralidade [10] 238, 243, 244, 247, 248, 253, 301, 303, 311, 359

Útil/utilitário [1] 229

Verme(s) [26] 278, 280, 281, 283, 289, 297, 302, 320, 327, 333, 339, 340, 342, 344, 359

Zodíaco [1] 311

Índice geral

Sumário, 7
Prólogo à segunda edição, 9
Prólogo, 15
Lista de obras de Jung e abreviaturas, 21
Introdução, 27
    O conteúdo, 39
    O caminho simbólico, 41
    Civilização em transição, 46
    Unidade e diversidade do *opus* junguiano, 54
Cronologia, 65

Primeira parte – Em busca das chaves, 81

1 O *Liber Novus*: a voz do espírito da profundeza, 85
2 Algumas chaves para compreender o inexplicável, 94
3 Uma profecia que clama em cada homem, 110
    As formas da loucura e a voz da profecia, 113
    As três profecias: guerra, magia e religião, 115
    Apocalipse – A comunidade de vivos e mortos e a conciliação
       Cristo-anticristo, 118
4 O suprassentido: imagem do 'Deus que virá', 122
    Cristo, 126
5 As tradições religiosas no *Liber Novus* – O peculiar 'sincretismo' da psique, 129
    O homem de ciência frente ao não racional, 132
    O cristianismo, 133
    Cristianismo e judaísmo, 136
    Os profetas destes tempos: Nietzsche (*Zaratustra*), Goethe (*Fausto*), 138

Cristianismo e paganismo, 142
Magia, 143
Religiões, mitologias e mistérios arcaicos, 149
Religiões orientais, 155
As religiões mistéricas: o mitraísmo, 161
Gnosticismo e hermetismo, 168
    Gnosticismo, 169
    Hermetismo, 177

6 A alquimia – Uma chave do *Liber Novus*, 179
A primeira aproximação de Jung à alquimia, 181
Chaves da alquimia, 186
Alquimia – O sonho do cristianismo, 194
Sombra, 194
História de Sophia, 194
Sophia Mediatrix, 195
Cristo e o *Filius Philosophorum*, 197
Lapis-Cristo, 198

7 O legado de uma obra inacabada, 201
O impulso da totalidade, 201
Uma ciência que se faz eco do "espírito da profundeza", 203
A *dynamis* do Pleroma: um legado de *O Livro Vermelho* para o conceito de "energia psíquica", 206
O alcance apocalíptico da obra de Jung, 211
Uma questão aberta: o divino e o humano, 212
Uma mensagem sem tempo para este tempo, 212

SEGUNDA PARTE – O CAMINHO SIMBÓLICO DO *LIBER NOVUS*, 215

1 Introdução, 217
Um mapa geral do *Liber Novus*, 220
Liber Primus – O caminho daquele que virá, 222
Liber Secundus – As imagens do errante, 224
Aprofundamentos, 227
Os personagens, 235
Sobre as imagens de *O Livro Vermelho*, 244
Imagens do *Liber Primus*, 245
Imagens do *Liber Secundus*, 248

2 *Liber Primus* – O caminho daquele que virá, 259
   Primeiro momento: O espírito da profundeza, 263
   Segundo momento: Despertar (caps. I-IV), 274
      Capítulo I – O reencontro da alma, 274
      Capítulo II – Alma e Deus, 277
      Capítulo III – Sobre o serviço da alma, 281
      Capítulo IV – O deserto, 283
      Experiências no deserto, 285
   Terceiro momento: Sacrifício (caps. V-VIII), 286
      Capítulo V – Descida ao inferno no futuro, 286
      Capítulo VI – Divisão do espírito, 291
      Capítulo VII – Assassinato do herói, 294
      Capítulo VIII – Concepção do Deus, 296
   Quarto momento: *Mysterium* (caps. IX-XI), 299
      Capítulo IX – *Mysterium* – Encontro, 299
      Capítulo X – Instrução, 305
      Capítulo XI – Solução, 313
      Uma reflexão sobre o leontocéfalo, 326
3 *Liber Secundus* – As imagens do errante, 333
   Quinto momento: Para além do diabo e do santo (caps. I-VII), 338
      Capítulo I – O Vermelho, 338
      Capítulo II – O castelo na floresta, 343
      Capítulo III – Um dos degradados, 347
      Capítulo IV – O eremita. *Dies* I, 351
      Capítulo V – *Dies* II, 357
      Capítulo VI – A morte, 361
      Capítulo VII – Os restos de templos antigos, 364
   Sexto momento: O ciclo de Izdubar (caps. VIII-XI), 366
      Capítulo VIII – Primeiro dia, 366
      Capítulo IX – Segundo dia, 371
      Capítulo X – As encantações, 374
      Capítulo XI – A abertura do ovo, 388
   Sétimo momento: Inferno e morte sacrificial (caps. XII-XIII), 389
      Capítulo XII – O inferno, 390
      Capítulo XIII – O assassinato sacrificial, 391

Oitavo momento: A divina 'loucura' (caps. XIV-XVII), 393
    Capítulo XIV – Divina loucura – Nona aventura – Noite I, 393
    Capítulo XV – *Nox secunda*, 394
    Capítulo XVI – *Nox tertia*, 399
    Capítulo XVII – *Nox quarta*, 401
Nono momento: Da magia ao sacrifício (caps. XVIII-XX), 406
    Capítulo XVIII – As três profecias, 407
    Capítulo XIX – O dom da magia, 408
    Capítulo XX – O caminho da cruz, 411
Décimo momento: O mago (cap. XXI), 414
    {1} Filêmon e o ingresso na magia, 414
    {2} A alma-serpente. A Última Ceia e a união dos opostos, 419
    {3} A união de Deus e do diabo e o sacrifício dos Cabiros, 422
    {4} A inanidade dos mortos, 425
    {5} O novo *Mysterium* de Elias e Salomé que não se consuma, 427
    {6} O autêntico *Mysterium*: o amor que une o terreno e o celestial, 429
    {7} O filho não engendrado, 432
    {8} Solidão: estar consigo mesmo, 433

4 *Liber Tertius* – Aprofundamentos, 434
    Décimo primeiro momento: A solidão do 'eu' e o reencontro com a alma, 440
        {1} O 'eu' a sós com o 'eu', 440
        {2} Reencontro com a alma, 441
    Décimo segundo momento: Novo ensinamento de Filêmon, 443
        {3} Assumir vícios e virtudes: caminho ao 'si-mesmo' e a Deus, 443
        {4} O compromisso com os mortos, 446
        {5} Reaparição da alma carregada de ambiguidade, 448
    Décimo terceiro momento: Sermões aos Mortos, 451
        {6} Primeiro Sermão: O Pleroma, 451
        {7} Segundo Sermão: Lições sobre o Deus supremo Abraxas, 455
        {8} Terceiro Sermão: Abraxas *Summum Bonum* e *Infimum Malum*, 457
        {9} Quarto Sermão: Deuses e diabos, 459
        {10} Quinto Sermão: A Igreja e a santa comunidade, 461
        {11} Sexto Sermão: Os opostos serpente-pássaro, 463
        {12} Sétimo Sermão: Sobre os homens, 467
        Um apêndice aos *Sermões* – Os Sermões aos Mortos e o *Systema Munditotius*: Abraxas e o homem, 469

Décimo quarto momento: Redenção e conciliação (inconclusa), 473
  {13} Tentativa de redenção pelo obscuro, 473
  {14} A desobediência do 'eu', 474
  {15} Cristo e satã – A conciliação inconclusa, 477
Índice onomástico de O Livro Vermelho, 481
Índice temático de O Livro Vermelho, 485

CULTURAL
Administração
Antropologia
Biografias
Comunicação
Dinâmicas e Jogos
Ecologia e Meio Ambiente
Educação e Pedagogia
Filosofia
História
Letras e Literatura
Obras de referência
Política
Psicologia
Saúde e Nutrição
Serviço Social e Trabalho
Sociologia

CATEQUÉTICO PASTORAL
Catequese
  Geral
  Crisma
  Primeira Eucaristia

Pastoral
  Geral
  Sacramental
  Familiar
  Social
  Ensino Religioso Escolar

TEOLÓGICO ESPIRITUAL
Biografias
Devocionários
Espiritualidade e Mística
Espiritualidade Mariana
Franciscanismo
Autoconhecimento
Liturgia
Obras de referência
Sagrada Escritura e Livros Apócrifos

Teologia
  Bíblica
  Histórica
  Prática
  Sistemática

VOZES NOBILIS
Uma linha editorial especial, com importantes autores, alto valor agregado e qualidade superior.

REVISTAS
Concilium
Estudos Bíblicos
Grande Sinal
REB (Revista Eclesiástica Brasileira)

VOZES DE BOLSO
Obras clássicas de Ciências Humanas em formato de bolso.

PRODUTOS SAZONAIS
Folhinha do Sagrado Coração de Jesus
Calendário de mesa do Sagrado Coração de Jesus
Agenda do Sagrado Coração de Jesus
Almanaque Santo Antônio
Agendinha
Diário Vozes
Meditações para o dia a dia
Encontro diário com Deus
Guia Litúrgico

CADASTRE-SE
www.vozes.com.br

EDITORA VOZES LTDA.
Rua Frei Luís, 100 – Centro – Cep 25689-900 – Petrópolis, RJ
Tel.: (24) 2233-9000 – Fax: (24) 2231-4676 – E-mail: vendas@vozes.com.br

UNIDADES NO BRASIL: Belo Horizonte, MG – Brasília, DF – Campinas, SP – Cuiabá, MT
Curitiba, PR – Fortaleza, CE – Goiânia, GO – Juiz de Fora, MG
Manaus, AM – Petrópolis, RJ – Porto Alegre, RS – Recife, PE – Rio de Janeiro, RJ
Salvador, BA – São Paulo, SP